Uma história social do morrer

FUNDAÇÃO EDITORA DA UNESP

Presidente do Conselho Curador
Mário Sérgio Vasconcelos

Diretor-Presidente
Jézio Hernani Bomfim Gutierre

Superintendente Administrativo e Financeiro
William de Souza Agostinho

Conselho Editorial Acadêmico
Danilo Rothberg
João Luís Cardoso Tápias Ceccantini
Luiz Fernando Ayerbe
Marcelo Takeshi Yamashita
Maria Cristina Pereira Lima
Milton Terumitsu Sogabe
Newton La Scala Júnior
Pedro Angelo Pagni
Renata Junqueira de Souza
Rosa Maria Feiteiro Cavalari

Editores-Adjuntos
Anderson Nobara
Leandro Rodrigues

ALLAN KELLEHEAR

Uma história social do morrer

Tradução
Luiz Antônio Oliveira de Araújo

© Allan Kellehear 2007
© 2013 Editora Unesp
Esta edição é publicada por acordo com a Cambridge University Press.

Título original: *A Social History of Dying*

Direitos de publicação reservados à:
Fundação Editora da Unesp (FEU)
Praça da Sé, 108
01001-900 – São Paulo – SP
Tel.: (0x11) 3242-7171
Fax: (0x11) 3242-7172
www.editoraunesp.com.br
www.livrariaunesp.com.br
feu@editora.unesp.br

CIP-Brasil. Catalogação na publicação
Sindicato Nacional dos Editores de Livros, RJ

K37h

Kellehear, Allan
    Uma história social do morrer / Allan Kellehear; tradução Luiz Antônio Oliveira de Araújo. – 1.ed. – São Paulo: Editora Unesp, 2016.

Tradução de: *A Social History of Dying*
ISBN 978-85-393-0631-2

    1. Morte – História. I. Araújo, Luiz Antônio Oliveira de. II. Título.

16-33488
CDD: 306.9
CDU: 30:2-186

Editora afiliada:

Este lírio – guarde-o até o nosso próximo abraço

De um para outro no seu leito de morte,
27 de novembro de 1907

– Anônimo (*Thysia: An elegy*, p.13)

Sumário

Agradecimentos   9
Introdução   13

Primeira parte — A Idade da Pedra

1 A alvorada da consciência da mortalidade   29
2 Viagens à ultravida: a morte como morrer   63
3 O primeiro desafio: prever a morte   97

Segunda parte — A Idade Pastoril

4 O surgimento do sedentarismo   131
5 O nascimento da boa morte   165
6 O segundo desafio: preparar-se para a morte   195

Terceira parte — A era da cidade

7 A ascensão e a propagação das cidades   229
8 O nascimento da morte bem administrada   271
9 O terceiro desafio: domar a morte   311

Quarta parte – A Idade Cosmopolita

10 A ascensão exponencial da modernidade   347
11 O nascimento da morte indigna   389
12 O desafio final: programar a morte   429

Conclusão   459
Referências bibliográficas   469
Índice remissivo   505

Agradecimentos

Este livro deve seu desenvolvimento inicial ao período em que fui professor visitante de Estudos Australianos na Universidade de Tóquio. O ano agradável e estimulante lá passado, longe das pressões do meu trabalho habitual na Unidade de Cuidados Paliativos da Universidade La Trobe, na Austrália, propiciou-me tempo útil para desenvolver o arcabouço teórico desta obra. Agradeço o apoio e a oportunidade ao Ministério das Relações e Negócios Exteriores australiano e à Universidade de Tóquio.

Minha gratidão também se estende a Fran Spain, colega e funcionária administrativa na Unidade de Cuidados Paliativos na Universidade La Trobe. Fran é meu principal apoio na captação e organização de um grande número de empréstimos bibliotecários ou interbibliotecários, na checagem e obtenção de material incógnito na internet, além de uma ajuda preciosa nas tarefas editoriais e bibliográficas. Desejo agradecer, também, a Dennis Warren, Graham Murray, Marnie Sier, Jonelle Bradley, Jane Rudd, Rosemary Sciacca e a Sharon Karasmanis, da biblioteca da Universidade La Trobe (Bundoora), pelo busca decidida de referências, pelo auxílio em horas insólitas, e às vezes inconvenientes, e pelo apoio amável e prestativo à minha pesquisa.

Também me beneficiei com as oportunidades de discussão e o aconselhamento de diversos colegas que me ofereceram sua *expertise* para apoiar o meu trabalho quando ele desbordava os limites da minha. Agradeço a Kevin Stafford, do Departamento de Ciências Veterinárias da Universidade de Massey, e a Ian Endersby, da Sociedade Entomológica de Victoria, por sua experiência e conhecimento do reino animal; a Chris Eipper e John Morton, da Escola de Sociologia e Antropologia da Universidade La Trobe, por sua experiência e conhecimento respectivos das teorias da comunidade e dos ritos e crenças fúnebres dos aborígines australianos e das crenças entre as tribos aruntas; a Sue Kippax, do Centro Nacional de Pesquisa Social de HIV da Universidade de New South Wales, pela experiência e conhecimento dos dados internacionais da aids; a Christina Pavilides, do departamento de arqueologia da Universidade La Trobe, pela experiência e pelo conselho no campo da etnoarqueologia. Malcolm Johnson, da Universidade de Bristol, e Beatrice Godwin, da Universidade de Bath, compartiram afavelmente sua experiência e conhecimento da literatura relevante sobre o atendimento a idosos e dementes.

Vários colegas e amigos examinaram partes ou a totalidade do manuscrito e ofereceram *feedback* crítico, sugeriram referências adicionais e me ajudaram a fortalecer os argumentos e observações. Estendo a minha gratidão a Chris Gosden, do Departamento de Arqueologia da Universidade de Oxford; a Glennys Howarth, do Centro para Morte e Sociedade da Universidade de Bath; a Lynne Ann DeSpelder (Cabrillo College)

Uma história social do morrer

e a Al Strickland, autores do *best-seller* norte-americano *The Last Dance*; a Bruce Rumbold e Fran McInerney, da Unidade de Cuidados Paliativos da Universidade La Trobe; a Jan Fook, do Centro de Desenvolvimento Profissional da Universidade La Trobe; e à minha editora Venetia Somerset. A todos esses amigos, colegas e instituições, o meu sincero obrigado.

Introdução

Estudar o morrer é como olhar para uma poça de água. Nela vemos o reflexo do tipo de gente que viemos a ser. Por trás das imagens frágeis e transitórias do nosso eu individual que aparecem na superfície, existem sugestões de companhia menos familiar: estranhas marés de história, ressacas culturais que fluem e refluem abruptamente na vida. As ondulações dessas forças tangem e trabalham a nossa identidade, primeiro para criá-la, e depois para testá-la antes da sua destituição final na morte. Tais influências são tão sutis, deveras tão íntimas na nossa vida cotidiana, que geralmente mal lhe notamos o funcionamento por baixo da obsessão moderna de nos apresentarmos aos demais como distintos e individuais. No entanto, a conduta no morrer evidencia muito o poder delas sobre nós.

Este livro é uma tentativa de tomarmos distância dessas imagens, de fazer um exame grande-angular da história humana dos fins e identificar e descrever os padrões principais do morrer ao longo da história. Embora tudo acabe morrendo no fim, nem todos os caminhos desse fim são os mesmos; nem sempre morremos da mesma maneira. Isso porque os seres humanos não compartilham uma herança cultural e um ambiente físico comuns. Abundam as crenças religiosas idiossincrásicas em torno ao fato da morte, como atesta qualquer enciclopédia dos costumes humanos. Contudo, notável e surpreendentemente, grande parte do nosso comportamento pessoal perante a morte se mostra em apenas um punhado de estilos simples.

Cada um desses estilos de morrer conta ansiosas histórias do viver em determinados ambientes físicos, econômicos e sociais. A conduta no morrer projeta uma luz intensa e inclemente nas rugas de preocupação fundamente sulcadas na face da nossa história humana. Esse comportamento porta todas as influências inequívocas das pressões do nosso viver: dos ataques animais, a propriedade de bens e a ascensão das profissões aos desafios de conviver com o envelhecimento, o autoritarismo e a alienação social.

O morrer apresenta um espelho a esses tipos de origens incidentais e institucionais. Desse modo, a experiência de morrer é a medida mais comumente ignorada da nossa história mais ampla como seres humanos à proporção que tentamos — às vezes com sucesso, às vezes tragicamente — viver uma vida que sempre é tanto herdada quanto intimamente ligada a outras pessoas. No fim da vida, o reflexo na poça revela o contexto maior e as condições da nossa dependência em relação àquelas outras. De maneiras boas e confortantes, ou simplesmente pesarosas, a qualidade moral e social do nosso viver é verdadeiramente medido pelo padrão da nossa chegada e partida.

Uma história social do morrer

O que é morrer?

Em termos biológicos, morrer dura apenas alguns preciosos segundos ou, ocasionalmente, minutos. O processo físico da morte geralmente começa com a falência de um órgão e, a seguir, se espalha, apagando meticulosamente as luzes à medida que vai saindo de cada cômodo do corpo. A paralisação tecidual e depois celular transforma tudo em papa, depois em gases, depois em pó. E então o "nosso" pó simplesmente se une a uma micropartícula irmã maior. Para você e para mim, esse não é o "morrer" que observamos e vivenciamos como pessoas. Não é o "morrer" que vemos, acariciamos e com o qual conversamos. Não é o morrer que superamos ou com o qual vivemos como sobreviventes ou como pessoas de saúde frágil. Tampouco é o "morrer" de um animal consciente com lembranças brevemente guardadas, ou que as leva consigo longa e diletamente ao mundo que porventura nos aguardar (ou não) quando os processos biológicos enfim tiverem acabado conosco para sempre.

Há outros livros sobre o processo de morrer, sobre os problemas emocionais que as pessoas às vezes suportam quando tentam chegar a um acordo com a promessa da sua própria morte; jornadas altamente pessoais, reflexivas, espirituais. E há livros sobre o morrer a partir de uma visão mais médica, física; livros que contêm descrições complexas de como o corpo se desmantela violenta, insidiosa ou depressivamente sob as pressões de diferentes processos de doença. Meu livro não é uma visão forense dessas maneiras de morrer.

O morrer que aqui discuto diz respeito à vida que vivemos no espaço urgente criado pela *consciência* de que a morte nos submergirá em breve. Falo no *morrer como uma antecipação autoconsciente da morte iminente e nas alterações sociais no nosso estilo de vida, provocadas por nós mesmos e pelos outros, que se baseiam em tal consciência.* Essa é a parte viva e consciente do morrer, muito mais que aquele que observamos como a ruína final de uma máquina biológica deteriorada. Como se vive a vida nesse período? Por que vivenciamos o nosso morrer de maneiras que parecem ser fixas? O que impulsiona a repetição social e psicológica que vemos com frequência nessas ocasiões? Qual é o *Zeitgeist* — o espírito e os valores culturais da época — responsável por essas formas psicológicas e ações sociais quando elas ascendem à proeminência ou são eclipsadas por outras formas ao longo da nossa história?

Nas páginas seguintes, eu tentarei revelar gradualmente que a natureza do morrer hoje é um amálgama de características herdadas das tradições passadas — urbanas, rurais e pré-históricas —, mas também das atuais pressões econômicas, políticas e de saúde pública impostas pelo nosso tempo e pelas nossas sociedades. Para descrever cada período histórico, começarei com um capítulo que sintetiza os aspectos notáveis de sua cultura mais dominante: o caráter econômico e cultural da época que é responsável por seus padrões de saúde, doença e morte. Essas amplas descrições lançarão as bases, ou seja, proporcionarão um pano de fundo contra o qual devemos entender o nosso morrer.

Cada segundo capítulo acerca do período histórico delineará o estilo dominante do morrer típico da época. Procuro mostrar as características morais e culturais por trás dos diversos estilos de conduta no morrer, os tipos de público social com o qual cada pessoa morrente tem de se relacionar de algum modo. Também descreverei as tensões e contradições que puxam ou empurram o moribundo à medida que ele aspira a criar ou a resistir à morte arquetípica do seu tempo.

Cada terceiro capítulo discutirá o principal pensamento cultural, ou, em outras palavras, a psicologia social por trás do modo como os morrentes se comportavam nesse período. Todo morrer apresenta desafios próprios aos quais temos de reagir, assim como um machado de pedra tem um cabo criado para ser empunhado ou uma flauta é concebida para os dedos e os lábios. Do mesmo modo, as pessoas morrentes e seu público têm expectativas mútuas e elas não ocorrem aleatoriamente, mas são determinadas por seu próprio *"design"*: a prevalência de certas doenças, as exigências interpessoais das instituições sociais e econômicas, os amplos mas frequentemente encobertos imperativos morais e expetativas sociais.

O objetivo deste livro

Escrevi este livro porque o estudo e o conhecimento da experiência social de morrer se tornaram altamente díspares, fragmentados e, às vezes, idiossincráticos. A partir desse contexto, senti necessidade de escrever um volume que enfocasse dois importantes propósitos. Primeiro, analisar e revisar o melhor desse diverso material em torno a uma ampla narrativa histórica pode servir de novo ponto de partida no intuito de lançar novos debates sobre o significado de morrer. Uma abordagem ampla pode propiciar uma clareza vibrante e contraste, deslocando nossa atenção dos detalhes mais sutis dos pequenos estudos para os pontos comuns inerentes ao seu número. Segundo, ao identificar temas comuns no nosso comportamento e motivos durante este exercício, espero proporcionar uma posição privilegiada mais profunda, ainda que acessível, e mais interessante de onde refletir sobre nosso destino comum.

No passado, houve uma proliferação de livros de teoria social empenhados em especular acerca da experiência de morrer e da morte. Parte desse material não tenta sequer se relacionar com a literatura empírica e política da sala contígua das ciências sociais. Mesmo que se admita que boa parte da teoria social frui da sua própria companhia, é difícil extrair dessa literatura *insights* a respeito da experiência humana de morrer. A escrita é frequentemente pomposa, esotérica e geralmente letárgica para com qualquer evidência, mesmo de tipo ordinário, encontrada nos numerosos estudos do morrer publicados desde a década de 1960.

Por outro lado, os muitos estudos empreendidos e publicados nos últimos quarenta anos são limitadíssimos na sua capacidade de falar com as descobertas uns dos outros ou mesmo de generalizar. Os estudos qualitativos de vinte ou trinta moribundos nos anos 1960 e início dos 1970 entraram na literatura de revistas, ao passo que hoje os mesmos tipos de estudos, agora armados até os dentes de metodologias autoconscientes, são feitos em descrições do tamanho de um livro. Não houve muita mudança.

As histórias do morrer, particularmente de escritores ocidentais, geralmente são bastante especializadas, costumam abranger décadas de uma vez, habitualmente em regiões altamente específicas da Grã-Bretanha ou da Europa. Há exceções famosas, e são citadas infindavelmente como representativas do nosso "passado" ou "tradição" de morrer. Não obstante, mesmo as histórias que abarcam mil anos, como a evocativa escrita pelo historiador francês Philippe Ariès, não falam na origem nem na diversidade do morrer na história humana.

Uma história social do morrer

Sobre a morte e o morrer, há ainda uma literatura cada vez mais volumosa, bem como compêndios para estudantes, oriunda do cuidado paliativo: ambos costumam sintetizar os estereótipos do morrer formados a partir da reciclagem de histórias anteriores. Algumas dessas obras prestam excessiva atenção às ideias sobre a "boa morte", e, em consequência, seu trabalho subestima ou, menos sensivelmente, reconhece que os cuidadores profissionais alteram nos termos mais fundamentais a maneira como as pessoas morrem. Também há uma atenção exagerada ao morrer de câncer nessa literatura, um enfoque que, involuntariamente, marca outras importantes formas de morrer atualmente, especialmente de velhice e de aids.

Também vemos a palavra "tradição" muitíssimo empregada para indicar certo passado indiferenciado, dando uma ênfase desmedida às sociedades medievais. Muitas vezes, porém, as características gerais de uma conduta antiga, como o morrer, são determinadas por épocas inimaginavelmente mais recuadas e por tipos muito diferentes de economia e sociedade. A história das influências sobre o morrer atual não remonta meramente à Idade Média, mas aos nossos vínculos mais profundos, primordiais, com os primeiros humanos e a sua herança biológica e social com todos os animais.

Por fim, deve-se observar que, à diferença do estudo dos ritos fúnebres ou do luto, a experiência de morrer tem sido claramente subestimada. Em grande medida, nós investimos esforços na descrição e, dentro dela, em questões relacionadas principalmente com o corpo e os cuidados emocionais. Assim, neste livro, eu tentei levar a cabo um mapeamento e desenvolvimento conceituais através da análise crítica e da supervisão da literatura. Dei destaque à vida interpessoal, política e cultural da experiência de morrer. Colhi e examinei os principais tipos de pesquisa da matéria – a partir das ciências clínicas, comportamentais, sociais e humanidades – e liguei esse conhecimento coletivo do morrer a certos períodos da história, da cultura e da epidemiologia. Posteriormente, liguei esse conhecimento periódico, local e de saúde pública a tipos particulares de organização social e econômica, primeiro identificados com épocas anteriores, mas não necessariamente a elas restritos.

A seguir, delineio quatro estilos representativos de morrer que, surgidos em seus diferentes períodos históricos, depois os dominaram. Tais descrições são epítomes ideais do comportamento comum, recorrente, no fim da vida. Também geraram ou conviveram com outros padrões relevantes e discrepantes de morrer que divergem das formas arquetípicas, e, quando representam tensões importantes para as formas principais, esses estilos contrários também são discutidos. Mais adiante, ofereço argumentos sobre o que acredito que sejam os propulsores por trás de todos esses estilos básicos.

À medida que se desdobram minhas descrições e argumentos, rejeito toda tentativa de associar minha história a qualquer uma das agora desacreditadas preocupações com o "progresso" como um tema heroico da história; ou qualquer sugestão de que eu esteja assumindo a superioridade "moral" de uma cultura sobre outra, tal como está comumente implícito em certas histórias que envolvem padrões de linearidade. Sejam quais forem os demais defeitos e imperfeições que venham a apresentar nos seus argumentos ou detalhes, nem todas as histórias são inevitavelmente falhas e elitistas. Seu valor contínuo e perene está no papel prático que desempenham como argumentos, metodologias até, que funcionam como boletins escolares sugeridos em uma exploração em andamento sobre quem somos e o que nos impeliu e continua nos impelindo como pessoas.

Hoje as sociologias históricas são convites acessíveis à análise e ao debate. Bem que tal estilo de erudição examine cautelosamente a evidência, que para a sociologia não tem menos importância do que a história, o mais importante não é a evidência em si, mas o seu potencial de sugerir visões novas ou inovadoras da experiência humana. As histórias podem ser meios agradáveis e claros de organizar as ideias sobre como as coisas começaram e por que se diversificaram do modo como parecem ter se diversificado. Eu reconheço – creio que juntamente com a maioria dos leitores – que a minha opinião é simplesmente um argumento, um ponto de vista, um modo de organizar o mobiliário do mundo, ainda que apoiado em uma concepção fundada em provas. Cada história, como toda ciência social, faz parte de uma conversa em andamento.

Nesse contexto, pois, o sociólogo Anthony Giddens[1] tem razão em nos lembrar do caráter descontínuo da modernidade, aliás, de toda a história. O historiador J. M. Roberts[2] acerta ao recordar que toda cronologia é seletiva. O biólogo Jared Diamond tem razão quando nos alerta para o fato de as histórias lineares serem muito abertas para acusações de progressismo, elitismo e até racismo. Mas outro sociólogo, Max Weber,[3] também nos lembra de que não devemos tomar muito literalmente os escritos a respeito da história e da cultura.

---

1 Giddens, *The Consequences of Modernity*.
2 Roberts, *The New Penguin History of the World*.
3 Weber, *The Theory of Social and Economic Organization*.

As sociologias históricas, como a que apresento aqui, podem ser recursos heurísticos úteis. Podem nos ajudar a explorar as mudanças entre os indivíduos e as sociedades mediante a construção de tipologias ideais unidas apressadamente a partir das evidências etnográficas e historiográficas do momento. Uma vez que poucos exemplos do mundo real se ajustem a esses "tipos", a maior parte da nossa experiência se aproxima mais ou menos deles, servindo para aprofundar nosso entendimento das diferenças, superposições e exceções nessas representações mais ou menos fixas e literais. Essa é a minha intenção aqui. Com tais qualificações declaradas e tais avisos aceitos pelo leitor, acredito que até agora a história do nosso morrer se desenvolveu da maneira a seguir.

Visão geral

Nossa origem humana, assim como as experiências e significados básicos que dela derivamos, não pode ser separada dos hábitos, preferências e experiências de toda vida orgânica. Para entender a base do nosso viver e morrer, não convém traçar uma divisória exageradamente nítida entre nós e a outra matéria viva, se só assim não confundimos nossa herança com nosso desenvolvimento subsequente. O significado que atribuímos à morte é, sem dúvida, nosso e exclusivo da nossa espécie, mas o desafio original e o próprio impulso a lhe dar sentido podem ter raízes mais profundas na própria consciência em desenvolvimento da vida, mas particularmente naquelas expressões do reino animal. Desdenhar essa herança é arrogância na melhor das hipóteses, um engano na pior.

Uma história social do morrer

A partir dessa origem ainda obscura, grande parte do nosso passado humano é uma história de caçador-coletor. Nós vivíamos em sociedades em escala reduzida caracterizadas por grupos nômades em busca de alimento e abrigo seguro. A vida costumava ser breve e terminar abruptamente por acidente ou desventura. Mas esses também eram povos que não viam (e os exemplos atuais não veem) a vida e a morte como tipos de existência claramente separados. A natureza humana e a animal, por exemplo, não eram consideradas como opostas. O além-mundo – o mundo além dos nossos sentidos – era um lugar invisível no qual as pessoas podiam de repente se encontrar após uma morte inesperada. Naquele mundo, o morrer torna-se uma jornada aventurosa, mas frequentemente repleta de terror – uma jornada para a ultravida – e o desafio dessa existência é antecipar sua consequência, assim como estar preparado para os seus testes inevitáveis.

As culturas de assentamento chegaram mais recentemente. Cerca de doze mil anos atrás, as primeiras roças e hortas, juntamente com a criação de animais, criaram uma era pastoril para muitos povos em todo o mundo, paralelamente a uma continuada presença caçadora-coletora. Pouco depois do surgimento dessas pequenas fazendas e aldeias, seguiram-se as primeiras cidades. Os primeiros agricultores e habitantes das cidades podiam viver mais tempo e tinham mais possibilidade de ver a morte se acercar que seus pares caçadores-coletores. Aqueles lugares e tempos permitiam que o morrer se tornasse uma atividade tanto deste mundo, quanto de um outro.

Preparar-se para a morte passou a ser a dádiva e o imperativo moral que o morrer lento outorgava à sociedade de assentamento. Nas fazendas e aldeias rurais, os camponeses e os primeiros agricultores tratavam de arranjar as coisas com os parentes: as pessoas aspiravam à boa morte. Nas cidades, lugares em que os forasteiros geralmente eram aglomerados por motivos econômicos, políticos ou militares, as pessoas morrentes começaram a "administrar" seus assuntos de morte envolvendo terceiros profissionalizados: as pessoas aspiravam à morte bem administrada. Nessas duas "tradições" paralelas, os fazendeiros e camponeses davam destaque à preparação para a morte, ao passo que os habitantes urbanos se esforçavam muito para domar o caos e a incerteza da sua iminência.

No período moderno atual, época que optei por denominar Idade Cosmopolita, as pessoas vivem em um conjunto de ordenações sociais e econômicas mais globais. As antigas divisões e hierarquias sociais características das sociedades do passado, como a posição, o gênero, a religião, a etnia ou a classe social, apagam-se umas nas outras. Os avanços da saúde pública e do atendimento médico nos últimos cem anos têm elevado a expectativa de vida nos países industriais ricos do mundo. Todavia, os processos de globalização na comunicação e no movimento humano significam que as infecções "novas" ou revividas da modernidade recente, como o HIV ou a tuberculose, vão aonde está a ação sexual e da pobreza, e, como sempre, essa ação está em toda parte. Ao anular nosso antigo conhecimento do risco, tal mistura globalizante de riqueza e pobreza, de expectativas de vida longas e curtas, confunde as esperanças populares das nações ricas e pobres naquilo que elas creem ser verdadeiro na sua perspectiva de vida e morte.[4]

---

4 Beck, *Risk Society: towards a new modernity*.

Uma história social do morrer

Morrer neste período cosmopolita produz cada vez mais mortes que não são nem boas nem bem administradas para ninguém. Com frequência, a tentativa das pessoas de se preparar para a morte – como faziam nas comunidades agrícolas há milênios – ou de domesticá-la através do cuidado médico ou de outras formas de atendimento profissional – como acontecia nas cidades há milênios – é frustrada, distorcida ou simplesmente negada.

Recentemente, morrer passou a ser um assunto vergonhoso: rotulado negativamente pelos outros, inerentemente humilhante para os seus alvos humanos, que lhe opõem resistência. O desafio social e moral para todos os pilhados nessas batalhas modernas pela identidade no fim da vida torna-se súbita, mas não surpreendentemente, o problema de programar a morte. Como evitar o infamante deslize para formas estropiadas de identidade se, ainda ontem, nos postávamos, orgulhosos, ombro a ombro com a principal grei de companheiros de viagem na vida? Como retardar ou transcender tal declínio de modo a nos disfarçarmos de um "outro normal" enquanto pensamos em meios de nos reabilitar ou dispensar com o nosso novo eu adulterado? Em semelhante cenário, "a última dança", como DeSpelder e Strickland[5] descreveram poeticamente o morrer, está se tornando uma valsa cada vez mais privilegiada para os pouquíssimos dançarinos convidados para o derradeiro baile no fim da vida.

Morrer – agora longe, muito longe da sua origem sobrenatural – transformou-se em um conjunto de julgamentos e testes deste mundo. O morrer continua sua reversão do

---

5 DeSpelder; Strickland, *The Last Dance: encountering death and dying*.

sobrenatural à medida que a secularização apaga nossa visão de lá ou só permite as descrições mais vagas daqueles lugares. Cada vez mais, a lenta deterioração do envelhecimento e o vagaroso apagar-se da consciência vivido à medida que os anos passam colocam uma pergunta nova e urgente acerca do morrer e do viver. Agora mais gente indaga diariamente se morrer passou a ser "viver" apenas no nome. Esse é o tipo de pergunta que as pessoas fazem cada vez mais ao mundo, e o registro etnográfico, histórico e sociológico do nosso morrer ao longo de toda a história humana revela a fonte cultural, se não as estruturas de saúde pública, por trás dessa ansiedade moderna.

Só podemos começar a formular um caminho por entre essas novas preocupações e problemas sociais tomando distância, adotando uma visão grande-angular da origem, assim como da arquitetura institucional presente, e perguntando: o que se pode fazer? Para começar a formular uma resposta pessoal a essa pergunta, cabe-nos empreender a nossa jornada de avaliação e reflexão, primeiramente seguindo o rastro da história e da sociedade delineado nas próximas páginas.

Primeira parte
A Idade da Pedra

Não mais nas árvores, e tampouco livre do reino animal, a humanidade adquire o costume da errância e da vida nas cavernas. Severa, a existência imprevisível também significa morte imprevisível. Todo morrer gradual da pessoa precisa encontrar um espaço mais simbólico em que ocorrer, dando assim um ímpeto importante às ideias acerca da viagem ao além-mundo.

Capítulo 1
A alvorada da consciência da mortalidade

Todo animal entende a morte. Nisso os seres humanos não diferem e nunca diferiram deles. Na literatura ocidental, há uma longa história que traçou uma linha demarcatória entre nós e os animais, mas grande parte dela foi motivada pela crença cristã em que nos parecemos mais com os anjos que com os bichos.[1] Somente os seres humanos sabem que vão morrer, "coisa que o resto do universo desconhece", afirmou Blaise Pascal.[2] "A raça humana é a única que sabe que há de morrer e só o sabe pela experiência", concorda Voltaire[3] e ainda acrescenta: "Uma criança criada sozinha e levada para uma ilha deserta não teria mais ideia da morte do que um gato ou uma planta". Ele subestima o gato, suspeito eu.

---

1 Bednarik, A major change in archaeological paradigma, *Anthropos*, v.98, 2003, p.513.

2 Pascal, *Pensees*, p.116.

3 Voltaire apud Enright (Org.), *The Oxford Book of Death*, p.ix.

Recentemente, humanistas como Ernest Becker[4] e Norbert Elias[5] defenderam o *status* único de ser humano devido à nossa consciência "especial" da mortalidade, por nós herdada a partir do dom do desenvolvimento do ego, muito mais que por conta de uma natureza divina. "Somente os seres humanos conhecem a morte porque o ego fixa o tempo", assevera Becker,[6] desdenhando, no mesmo parágrafo, os "animais inferiores", que não só carecem de consciência da mortalidade como são incapazes até de dizer que dia é hoje.

Elias[7] dá continuidade a essa celebração autocongratulante da "singularidade" humana afirmando que, embora nós compartilhemos o nascimento, a doença, a juventude, a maturidade e a morte com os animais, por uma razão especial que ele mais supõe que demonstra, somente os seres humanos *sabem* que vão morrer. O exemplo que lhe parece evidente é o da "mãe macaca" que passa um bom tempo carregando o filhote morto "antes de jogá-lo em um lugar qualquer e deixá-lo lá". Entretanto, a relação entre os animais enlutados e seus apegos nem sempre se caracterizam tão simplesmente. Essas opiniões depreciativas a respeito das experiências da morte, do morrer e da perda nos bichos sempre foram presunçosas e empiricamente equivocadas. Nós somos animais, e os animais conhecem a morte. E, na ordem dessas coisas, somos retardatários até.

---

4 Becker, *The Birth and Death of Meaning*.
5 Elias, *The Loneliness of Dying*.
6 Becker, *The Birth and Death of Meaning*, p.28.
7 Elias, *The Loneliness of Dying*, p.3-5.

Consciência animal da morte

A escritora de histórias de cachorro Marjorie Garber[8] fez a pergunta: Os cães sabem quando a sua hora está chegando? Ela acredita que sim. Garber oferece dois relatos de cachorros que parecem compreender a perspectiva da sua própria morte. Certa noite, um cão velho acordou todos os membros da família visitando-os um a um na cama. De manhã, encontraram-no morto na sua própria caminha. Outro *pet*, depois de "espreitar" uma reunião de família em que se decidia sacrificá-lo por causa de uma invalidez crônica, melhorou subitamente no dia seguinte, segundo se conta. Talvez esses relatos exagerem os fatos. É possível que o primeiro cão estivesse pedindo socorro e que a saúde do segundo tenha melhorado por mera coincidência. No entanto, a interpretação alternativa de "consciência da mortalidade" não é tão inverossímil quando colocada em um contexto observacional mais amplo com outros relatos de animais.

Os nossos parentes mais próximos – os primatas – compreendem a morte, evidentemente. Por exemplo, os macacos-vervet têm diversos gritos de alarme para a presença de cobras, e, ao ouvi-los de outros membros da espécie, examinam o chão.[9] Quando alertados para a presença de águias, correm em busca de proteção ou abandonam as árvores o mais depressa possível. Essa conduta é evidência de um sistema de comunicação complexo capaz de indicar identidade e localização. Eles

---

8 Garber, *Dog Love*.

9 Fichtel; Kappeler, Anti-Predator behaviour of group living Malagasy primates: mixed evidence for a referential alarm call system, *Behavioural Ecology and Sociobiology*, v.51, 2002.

entendem a morte ou, pelo menos, a ameaça de morte e têm uma linguagem com que comunicá-la.

O famoso ecologista sul-africano Eugène Marais, autor de *The Soul of the Ape* [A alma do macaco], registra a história de uma mãe *Papio ursinus* (um babuíno) cujo filhote se feriu acidentalmente algumas semanas depois de nascer. Quando o pequeno lhe é retirado, ela dá infinitos sinais de sofrimento, inclusive gritos incessantes durante a noite. O filhote morre em tratamento e é devolvido à mãe enjaulada. Esta acolhe o pequeno cadáver com vozes carinhosas, tocando-o com as mãos e os lábios. Mas, ao perceber que está morto, perde o interesse pelo corpo, mesmo quando o retiram da jaula. A *Papio ursinus* reconheceu a morte.

Na mesma obra, Marais[10] descreve um incidente parecido com uma égua cujo potro de dois dias se afoga em um rio. Ela presencia o afogamento, o resgate do corpo e o enterro subsequente. Apresenta grande aflição durante os acontecimentos, mas quando o corpo foi recuperado, "tocou-o repetidamente com o focinho, relinchando baixinho. Depois de lá ficar e presenciar o enterro, começou a correr furiosamente ali por perto, relinchando pelo potro". Voltou duas vezes ao rio, mas não à cova. Esse padrão de procura e aflição durou mais oito dias. Ela não se interessava pela cova, e sim pelo lugar da morte: o rio.

Talvez excessivamente influenciado por ideias materialistas, Marais explica esse desinteresse pela cova como uma "memória causal deficiente", mas acho que o contrário é verdadeiro. A vida que ela conhecia naquele potro desapareceu no rio, não no local em que o enterraram. Sua memória parece excelente

---

10 Marais, *The Soul of the Ape*, p.124-7.

quanto a esse fato e seu luto – porque se trata de luto – honra justamente aquele lugar. Atualmente, o local da morte propriamente, mais que o do sepultamento, também está se tornando cada vez mais importante para a recordação dos seres humanos e isso não indica "memória casual" defeituosa ou reação de luto defeituosa.[11] A égua reconheceu a morte, sabia onde havia chegado para o seu potro e apresentou claros sinais de luto que as outras espécies, como os seres humanos, são capazes de identificar e com os quais podem sentir empatia.

Os elefantes também demonstram uma sofisticada consciência da morte, do morrer e do luto. Não se dirigem aos tais "cemitério de elefantes" tão popularizados nas histórias infantis,[12] mas reconhecem, sim, os restos de um dos seus, mesmo que já em estado esqueletal. O etologista Moss[13] observou uma família de elefantes que topou com a carcaça de uma fêmea jovem. Depois de inspecionar fisicamente o corpo com as trombas e as patas, alguns começaram a jogar terra nele. Outros arrancaram folhas das palmeiras para cobri-lo, e, se um guarda-florestal não tivesse aparecido de repente, a família teria praticamente "sepultado" a ossada. Somente o fato de estarmos falando em elefantes dissuade certos comentaristas de interpretarem isto como elefantes sepultando um dos seus.

Moss[14] também fez várias observações sobre elefantas com aparência letárgica se arrastando atrás da manada durante muitos dias após a perda de um filhote pequeno. Acaso não se trata

---

11 Howarth, Dismantling the boundaries between life and death, *Mortality*, v.5, n.2, 2000.

12 Moss, *Elephant Memories: 13 years in the life of an elephant Family*, p.269.

13 Ibid., p.270.

14 Ibid., p.271.

de sinais de depressão ou dor, uma mistura que geralmente chamamos de "luto"? Penso que não é muito temerário argumentar que os elefantes "entendem" a morte como uma perda, e é possível que entendam até mais.

Recentemente, Langbauer[15] observou elefantes acariciando um semelhante morto junto de um olho d'água ao chegarem e ao partirem, e também carregando as presas e os ossos dos membros mortos do grupo. Em 1966, a Sociedade de Proteção à Vida Silvestre da África do Sul[16] descreveu um líder de manada observando e ajudando um companheiro velho e doente a beber água e a ficar de pé. Passado algum tempo, auxiliou o elefante doente na entrada na mata e o matou, cravando a presa entre o olho e a orelha (o lugar exato, observa a Sociedade, em que um caçador atiraria). Isso foi um show de liderança ou um exemplo raro de eutanásia no reino animal?

Nas ordens animais inferiores, os gambás são conhecidos por se "fingir" de mortos. Parecem saber que aparência tem a morte para os predadores e simplesmente a "simulam". Norton, Beran e Misrahy[17] mediram as ondas cerebrais e a atividade comportamental dos gambás atacados por cães em uma experiência inovadora dificilmente reproduzível hoje em dia. O gambá se enrola, os membros ficam frouxos e flácidos, o corpo, imóvel; e o animal parece insensível a estímulos externos. No entanto, os registros do eletroencefalograma mostram atividade cortical normal. Em outras palavras, o gambá está

---

15 Langbauer, Elephant communication, *Zoo Biology*, v.19, 2000.

16 Wildlife Protection Society of South Africa, Elephant herd-leader puts an end to ailing aged cow, *African Wildlife*, v.20, 1966.

17 Norton; Beran; Misrahy, Electroencephalograph during "feigned" sleep in the opossumm, *Nature*, v.204, n.162, 1964.

realmente "fingindo-se de morto". Embora talvez não tenham a consciência da mortalidade apresentada pelos mamíferos superiores como os cães, os cavalos, os elefantes e os primatas, até mesmo os gambás mostram que um reconhecimento simples da mortalidade é um importante acréscimo adaptativo ao seu arsenal de estratégias de sobrevivência. E esse reconhecimento, essa mera ideia ou instinto sempre foi muito forte e elementar no reino animal. Consideremos mais alguns exemplos.

Gibran[18] menciona um dos vários peixes tropicais que "se fingem" de mortos para atrair a presa. Deitam-se de lado na areia ou na pedra, ficam imóveis, a barbatana dorsal recolhida, e às vezes mudam até de cor e padronagem do corpo. Quando um peixinho curioso chega a um metro de distância, eles arremetem e capturam a presa.

Hoser[19] descreve um mecanismo de defesa semelhante na serpente australiana *Unechis flagellum*. Quando ameaçada, ela se transforma em um rolo teso, retorcida ou enlaçada em uma pose rígida, geralmente com a cabeça escondida, e fica imóvel. Hoser especula que esse fingir-se de morta provavelmente tem o fim de parecer incomestível, mas os entomologistas – observadores do mundo dos insetos – têm outras ideias.

---

18 Gibran, Dying or illness feigning: an unreported feeding tactic of the comb grouper Mycteropaerca Acutirostris (Serranidae) from the southwest Atlantic, *Copeia*, v.2, 2004.

19 Hoser, Little Whip Snake *Unechis Flagellum* (McCoy, 1878), *Litteratura Serpentium*, v.10, n.2, 1990.

A simulação da morte, também conhecida como tanatose,[20] é observada nos besouros,[21] nos gafanhotos[22] e nos grilos.[23] Os entomologistas que fizeram tais observações alegam que essa quiescência "ocorre naturalmente" para desencorajar os predadores, já que lutar pode incitá-los a matar. Até mesmo os girinos de certas espécies[24] demonstraram experimentalmente que a inatividade reduz a predação da lagarta da libélula.

Desde os elefantes, cavalos e primatas até os peixes, cobras e insetos, vêm se demonstrando a consciência da morte como uma fonte de temor, sofrimento, defesa, ataque e libertação. A morte é uma experiência para a qual eles e seu grupo são vulneráveis, mas também um comportamento potencialmente estratégico quando reconhecido a certo nível consciente ou inconsciente, neurológico ou instintivo, e depois imitado. Enquanto seres humanos, a nossa consciência da morte, longe de ser única, é uma herança direta e demonstrável da nossa ascendência animal e das nossas conexões biológicas animais.

Pode ser que a linguagem e o desenvolvimento cognitivo e tecnológico nos separem dos nossos pares animais,[25] mas

---

20 Norris, General biology. In: Naumann (Org.), *Systematic and Applied Entomology: an introduction*, p.84.

21 Rivers, Beetles in Textiles, *Cultural Entomology Digest*, v.2, 1994.

22 Feisal; Matheson, Coordinating righting behaviour in locusts, *Journal of Experimental Biology*, v.204, n.4, 2001.

23 Nishino, Motor output characterizing thanatosis in the cricket Gryllus Bimaculatus, *Journal of Experimental Biology*, v.207, 2004.

24 Lambert, Mechanisms and significance of reduced activity and responsiveness in resting frog tadpoles, *Journal of Experimental Biology*, v.207, 2004.

25 Bingham, Human uniqueness: a general theory, *Quarterly Review of Biology*, v.74, n.2, 1999.

a simples consciência da mortalidade não é responsável pela nossa singularidade. O desafio mortal para os seres humanos na nossa história inicial não deriva de um disseminado reconhecimento animal dos fatos da morte, mas da antecipação da chegada da morte e da reflexão sobre os seus possíveis significados, ou mais até, da contemplação da possibilidade de a morte ter algum significado. Essa possibilidade, de que a própria morte tenha significados além dos fatos mortais dos restos físicos, veio a ser a maior influência cultural responsável pelo que normalmente designamos como "a experiência social de morrer".

O significado de morrer

Um pré-requisito fundamental do processo que denomino morrer é um ser sensível capaz de ter consciência da morte. Como mostrei, a maior parte dos animais é capaz dessa consciência básica. Porém, sobre esse simples reconhecimento, é preciso que se erija uma propensão a refletir sobre a nossa abordagem pessoal da morte: entender que estamos em um vetor inevitavelmente impelido para a morte. Esse entendimento fundamentalíssimo do morrer possibilita a todos nós vermo-nos ocasionalmente como "gente morrente". Não podemos saber ao certo quantos outros animais têm essa capacidade, mas não faltam provas de que nós, seres humanos, certamente a temos.

Por sua vez, essa experiência filosófica de morrer produz muita reflexão teórica, arte, música, dança, teatro e trabalho acadêmico como reações meditativas à possibilidade humana da morte. Entretanto, um fato pré-moderno mais direto e urgente, como uma hemorragia grave e incessante no nosso próprio corpo, ou uma dor que piora constantemente, ou um diagnóstico médico moderno de um estado fatal cria outra experiência mais próxima do "morrer". Trata-se da experiência de morrer logo, da expectativa da morte a uma distância de minutos, horas ou semanas.

Dentro da experiência desse sentido mais compacto do morrer, temos de reconhecer que morrer também é uma viagem. Aqui termina a questão "filosófica" e começa a "breve contagem pessoal dos dias" até a morte. Há uma psicologia particular nessa experiência que envolve o esforço pessoal para "dar sentido" ao fato de que logo morreremos. Esse reconhecimento da iminência do fim inaugura um ciclo mental de reflexões frequentemente constituído de análise da vida, esclarecimento dos valores, experiências de crise, meditações sobre ganhos e perdas e negociações em torno ao medo pessoal, à tristeza, à solidão ou ao dar sentido.

Com "morrer" não me refiro meramente a essa previsão ou reflexão por parte da pessoa sujeita à morte. Morrer também é uma jornada interpessoal que frequentemente inclui preparativos e/ou ritos materiais, religiosos, financeiros, médicos e familiares, bem como testes, tentativas e muitas vezes experiências sociais inesperadas que envolvem outras pessoas. Essas atividades têm variado enormemente ao longo do tempo e do espaço, mas seus padrões estruturais são bem reconhecidos em toda parte. Contudo, o reconhecimento contemporâneo de que as pessoas morrediças apresentam comportamento semelhante frequentemente oculta o fato de que as nossas maneiras atuais de morrer são muito novas, inovadoras até, em termos do contexto geral da história humana. Por exemplo, hoje é comum pensarmos o morrer como o período entre o conhecimento da morte iminente e o fato da nossa morte *biológica*. Mas nem sempre se definiu o fim do morrer na morte biológica, mas sim no momento da morte da identidade da pessoa: e era comum acreditar que essa identidade prosseguia ultravida afora até que ela passasse por outra morte que verdadeiramente a extinguisse. Só então o morrente podia "morrer" de fato.

Cumpre ainda reconhecer que os comportamentos no morrer atualmente conhecidos foram construídos progressivamente durante milhares de anos. Onde se considera que começa e termina o morrer, quem o controla, onde ele ocorre, o que acontece durante esse tempo e que sentido pessoal se lhe dá evoluíram a partir das pressões materiais e culturais da história humana. Como indivíduos mortais, nós nem sempre nos "preparamos para a morte". Esta, aliás, nem sempre foi considerada um fato unicamente biológico. O morrer nem sempre ocorreu no leito de morte. Ao contrário do argumento apresentado pelo historiador francês Philippe Ariès, nós não "controlávamos" o morrer apenas para depois perder esse controle. Na maior parte da nossa história, não controlamos nossa morte; outros ao redor do morrente sempre tiveram mais poder e importância. Mas essa relação interessante presenciou diversos avanços e recuos que continuam hoje, para o bem ou para o mal.

Os motivos pelos quais morremos atualmente pouco têm a ver com o caráter individual, mas muito com a epidemiologia, a religião, a economia e o desenvolvimento do individualismo como forma psicológica dominante entre os seres humanos modernos. Não podemos ver facilmente a evolução da atual conduta no morrer esquadrinhando o registro histórico medieval, por exemplo. Precisamos recuar no tempo tanto quanto possível e isso significa examinar o registro, tal como é, do período pré-histórico do nosso desenvolvimento.

Que a morte tenha tido significados que convinha reconhecer e saber é um simples *insight* cuja existência se deve aos caprichos físicos da nossa vida planetária primordial. Eles provêm da evidência elementar de uma imaginação pré-histórica acossada pela morte súbita, caracterizada por uma psicologia mais identificada com o grupo do que com o indivíduo, e de um tempo em que as cavernas eram consideradas como possíveis entradas de um mundo além deste.

Para entender como a experiência moderna de morrer veio a ser o que é, precisamos retornar aos nossos primórdios e ver de que forma o morrer começou como experiência para os nossos antepassados. Somente analisando o nosso morrer contemporâneo contra a tela mais ampla do morrer ao longo da história é que podemos compreender o desenvolvimento das prioridades contemporâneas em torno à morte. Somente entendendo esse contexto mais amplo é que podemos começar a construir um quadro simples, com a distância que só o tempo pode dar, da lenta e tantas vezes inescrutável história do propósito humano.

Como sempre, pois, o estudo correto do nosso fim tem de começar pelo nosso início.

O contexto social e físico do nosso início

Se a maioria de nós não sustenta ativamente que somos separados dos animais em razão de um desígnio divino ou de um também inexplicável desenvolvimento psicológico, os estudos da humanidade simplesmente costumam desdenhar o fato de que participamos da ordem animal dos primatas. Essa

Uma história social do morrer

continuidade que temos com o reino animal combina pouco com as nossas obsessões cotidianas pela televisão, o telefone celular, as missões Apollo e os debates na sala dos professores sobre Derrida ou o último episódio do *"reality show"* na televisão. E, no entanto, não longe da maior parte dos departamentos de teoria social e econômica, os colegas da arqueologia e da antropologia física estão sempre prontos para nos lembrar da nossa origem de macacos bípedes.

São enormes os problemas para interpretar a história e o comportamento humanos quando só se conta com uma coleção de ossos, artefatos de pedra e algumas pinturas rupestres. Até mesmo os meios científicos de calcular o tempo decorrido, como a datação por radiocarbono, são perigosos e altamente controversos.[26] Não obstante, há um amplo consenso em torno a uma vasta série de fatos que nos dão uma introdução ao mundo da vida e da morte na Idade da Pedra.

Conquanto haja um debate contínuo sobre quando exatamente nós emergimos e por que e quando os nossos primos "hominídeos" parecem ter sido ultrapassados pelos seres humanos "modernos" (*Homo sapiens*), sabemos que os nossos "ancestrais" emergiram há pelo menos 4 ou 5 milhões de anos. Se Jesus Cristo foi crucificado cerca de 2 mil anos atrás, a vida e a sociedade humanas são aproximadamente 25 mil vezes mais antigas. Difícil de imaginar. A própria ordem dos primatas remonta a 65 milhões de anos; as aves, a 160 milhões; e os

---

26 Ver Robb, The archaeology of symbols, *Annual Review of Anthropology*, v.27, 1998; Clark, Neandertal Archaeology: implications for our origins, *American Anthropologist*, v.104, n.1, 2002; mas, especialmente, Bednarik, A major change in archaeological paradigma, *Anthropos*, v.98, 2003.

primeiros mamíferos e dinossauros datam de 220 milhões. Os peixes têm 500 milhões de anos, e é possível que a primeira vida na terra tenha nada menos que 3.500 milhões. (Conste que a origem do nosso sistema solar data de uns 4.600 milhões de anos.)[27]

À época da "nossa" emergência, éramos um tipo "intermediário" de animal chamado "australopitecíneo", ficávamos aprumados, procurávamos comida e geralmente vivíamos nas árvores. Parece que os humanos "de verdade" (*Homo*) surgiram há cerca de 2,5 milhões de anos. Aproximadamente 1,5 milhão de anos atrás, três tipos básicos de seres humanos se tornaram mais claramente identificáveis – principalmente o *Homo erectus*; porém, mais tarde, o *Homo neanderthalensis* e o *Homo sapiens* –, sendo que a maioria deles vivia na África.[28] Houve uma dispersão pelo mundo há algo entre 1 milhão e 1,5 milhão de anos, com o *Homo sapiens* tendendo a ficar na África, os neandertais a se espalharem pela Europa e o *erectus* preferindo os climas eurasiáticos. Essas datas são conservadoras porque, como alerta Bednarik, nossos cálculos podem ter uma defasagem de 90%.[29]

Muito se debate sobre se o neandertal era inferior ou igual ao *sapiens*,[30] se foi aniquilado por este[31] e até se era o nosso

---

27 Klein, *The Human Career: human biological and cultural origins*, p.22-3.

28 Gosden, *Prehistory: a very short introduction*, p.39.

29 Bednarik, A major change in archaeological paradigma, *Anthropos*, v.98, 2003, p.516.

30 D'Errico et al., Archaeological evidence for the emergence of language, symbolism and music: an alternative multidisciplinary perspective, *Journal of Prehistory*, v.17, n.1, 2003.

31 Shea, Neandertals, competition and the origin of modern human behaviour in the Levant, *Evolutionary Anthropology*, v.12, 2003.

Uma história social do morrer

primo intelectualmente retardado.[32] Mas, em todo caso, todos eram seres humanos primitivos e tinham em comum vários fatos epidemiológicos e demográficos importantes.

Há pelo menos 200 mil anos (e provavelmente muito antes), essa gente passou a produzir ferramentas básicas e ornamentos, caçava e coletava alimento, era caçada por outros predadores e levava uma existência breve e perigosa. Parece haver um padrão geral único de mortalidade entre os mamíferos, também constante entre os primatas, isto é, a mortalidade é alta no nascimento e declina rapidamente com a idade.[33] Na fase pré-reprodutiva, as taxas de mortalidade chegam ao mínimo, com exceção talvez dos neandertais.[34]

Mas, no desenvolvimento fetal inicial, os seres humanos gastam vinte e cinco dias a mais produzindo material encefálico (neurônios corticais) que os primatas ou antropoides, e a mielinização (o desenvolvimento de uma camada protetora ao redor dos nervos) fica pronta nos macacos em três anos e meio, ao passo que os seres humanos continuam nesse estágio de desenvolvimento até mais ou menos o décimo segundo ano. O desenvolvimento dendrítico (o processo de ramificação das células nervosas) dura uns vinte anos no ser humano; e

---

32 Dobson, The iodine factor in health and evolution, *Geographical Review*, v.88, n.1, 1998.

33 Gage, The comparative demography of primates: with some comments on the evolution of life histories, *Annual Review of Anthropology*, v.27, 1998.

34 Pettit, Neanderthal lifecycles: developmental and social phases in the lives of the last archaics, *World Archaeology*, v.31, n.3, 2000.

o desenvolvimento cognitivo, cerca de dezesseis anos, em comparação com mais ou menos oito no chimpanzé.[35]

O progresso social que respalda esse demorado desenvolvimento neurológico e cognitivo tão crucial para o nosso sucesso como espécie é igualmente lento. Contudo, apesar do período mais prolongado de vulnerabilidade aos persistentes caprichos e perigos da Idade da Pedra, nós fomos bem-sucedidos na proteção a esse avanço biológico e em colher as recompensas culturais que o acompanhavam. Há muitas teorias acerca de como esse desenvolvimento foi protegido em vez de ser o bem especial embrulhado para presente a todos os nossos predadores que deve ter parecido na época.

Por certo, o progresso tecnológico, especialmente do armamento de pedra e madeira, ajudou-nos a sobreviver. Do mesmo modo, o avanço de padrões sofisticados de comunicação também contribuiu. Ademais, o desenvolvimento de um dispositivo vocal "moderno" para promover a linguagem entre nós também foi uma grande ajuda.[36] O descenso da nossa laringe e a fusão parcial dos nossos tratos respiratório e digestivo deram-nos uma vantagem evolutiva ao passar dos simples "uivos" e padrões de comportamento para o desenvolvimento efetivo de "palavras". Mas outros fatores do nosso crescimento, sobrevivência e confronto com a morte devem ter sido igualmente importantes.

---

35 Kaplan; Robson, The emergence of humans: the coevolution of intelligence and longevity with intergenerational transfers, *Proceedings of the National Academy of Sciences*, v.99, n.15, 2002.

36 Klein, op. cit., p.515-6.

Bingham[37] afirma que a capacidade de matar "remotamente", de matar a distância, deu-nos uma vantagem sobre os nossos concorrentes animais em termos de coleta de alimento, mas também na proteção contra a predação. Além disso, ele alega que a capacidade de monitorar e desenvolver armas, de sofisticá-las e de atacar e se defender como um grupo – o que ele chama de "imposição coligativa" – foi decisiva para a nossa sobrevivência e desenvolvimento.

Também há argumentos e observações etnográficas persuasivas em apoio à hipótese da "avó". Trata-se da sugestão de que a sobrevivência pós-menopáusica é uma característica notável dos seres humanos. O papel social das avós pode nos ter dado uma vantagem de sobrevivência adicional, particularmente em sua relevância para a mortalidade perinatal:[38] ter mais filhos e mantê-los vivos em número maior. Depois dos 45 ou 50 anos de idade, a mulher pode ajudar a cuidar dos filhos dela ou dos das outras mulheres, aumentando a sobrevivência dessas crianças e possibilitando às que se acham em idade reprodutiva ter mais filhos mais cedo.

Independentemente do que quer que tenha aumentado a nossa sobrevivência como espécie, a experiência cotidiana da vida – e da morte – continuou altamente frágil e carregada de perigos do nascimento à senectude: esta para o punhado de felizardos que chegavam a tanto.

Através de cerca de duzentos restos mortais de pessoas da Idade da Pedra, pode-se deduzir que os seres humanos

---

37 Bingham, op. cit.

38 Hawkes, Grandmothers and the evolution of human longevity, *American Journal of Human Biology*, v.15, 2003.

ancestrais viviam em média 36 anos e raramente ultrapassavam os 50.[39] Sofriam elevada mortalidade infantil e expectativa de vida baixa, como, aliás, geralmente continua ocorrendo com os caçadores-coletores contemporâneos. A dieta, a doença, o estresse do calor e da sede, o trauma, a privação e a predação moldam a experiência de fragilidade de todas as sociedades caçadoras-coletoras tanto quanto as da nossa pré-história.

Um contexto epidemiológico

Embora o nosso registro físico de restos humanos seja irregular, com amostras bastante diversas,[40] não faltam indícios a sugerirem que, na Idade da Pedra, as pessoas morriam de uma mescla de doença, desnutrição e trauma. Essas três principais causas de morte ocultam os seus próprios pormenores epidemiológicos interessantes e, até certo ponto, específicos do período. Parecem fortes as evidências de pelo menos duas deficiências importantes na dieta pré-histórica: de vitamina A e de iodo. A deficiência de vitamina A causa a bouba, e os vestígios dessa enfermidade remontam a pelo menos 1,5 milhão de anos.[41] A de iodo provoca o cretinismo, o bócio, danos cerebrais e retardamento mental.

---

39 Klein, op. cit., p.556; Bronikowski et al., The aging baboon: comparative demography in a non-human primate, *Proceedings of the National Academy of Sciences*, v.99, n.14, 2002.

40 Klein, op. cit., p.361.

41 Snodgrass, *World Epidemics*, p.9.

Dobson[42] argumenta que os esqueletos de cretinos se parecem mais com os do neandertal do que com os do *Homo sapiens* sadio e sugere, curiosamente, que talvez os neandertais fossem *sapiens* patológicos. Sejam quais forem os debates taxonômicos e morfológicos que essa opinião possa representar, evidencia-se significativamente a deficiência de iodo durante o período inicial da nossa existência. Como na maioria dos primatas, a mortalidade perinatal era elevada e há alguns indícios da prática do infanticídio. Entre os caçadores-coletores contemporâneos, por exemplo, o povo boxímane de Kalahari, o infanticídio é bem conhecido e fica a critério da mãe caso lhe pareça que o bebê não vai vingar.[43]

Em geral, a vida dos caçadores-coletores era – e é – dura. Persiste a opinião segundo a qual as pessoas desse tipo de economia são na verdade "abastadas", devido à crença de que trabalham menos horas que os povos industriais. Há sérias objeções a esse ponto de vista, tanto em termos metodológicos (os estudos originais da década de 1960 eram defeituosos de várias maneiras) quanto em epidemiológicos (as observações contemporâneas desprezavam a precária expectativa de vida infantil e adulta).[44]

A realidade da maior parte dos caçadores-coletores, golpeada pelos caprichos dos ciclos sazonais, pela fome, a seca, a chuva incessante, a pestilência e a doença, é de fome crônica e

---

42 Dobson, The iodine factor in health and evolution, *Geographical Review*, v.88, n.1, 1998.

43 Pfeiffer; Crowder, An ill child among mid-Holocene foragers of South Africa, *American Journal of Physical Anthropology*, v.123, 2004.

44 D. Kaplan, The darker side of the "original affluent society", *Journal of Anthropological Research*, v.56, n.3, 2000.

subnutrição. Uma vez mais, a erudição ocidental dá consigo refletindo suas próprias ansiedades ideológicas da época. Durante o Iluminismo, a opinião popular acerca dos caçadores-coletores era de que estavam "em extinção". Nos anos 1960, período de sério questionamento e crítica do capitalismo industrial e da modernidade, o estilo de vida caçador-coletor deve ter parecido quase idílico a alguns.[45] Como nos lembra Ernest Gellner: "O homem primitivo [*sic*] vive duas vezes: uma vez em si e para si, e a segunda para nós, na nossa reconstrução."[46]

Além da doença e da subnutrição, o outro grande problema dos nossos ancestrais da Idade da Pedra era o da predação: ser alimento potencial dos outros animais. Os australopitecíneos eram presa dos outros bichos, especialmente dos leopardos; um dos primeiros esqueletos dessa espécie humana era o de uma criança em cujo crânio há indícios de que foi capturada por uma águia.[47] Não se deve pensar que a caça e a coleta fossem as únicas fontes de alimento. Também se recorria à necrofagia, ainda que não tenhamos como calcular a proporção de tempo dedicado a cada uma dessas atividades. Sabemos que tanto a procura de carcaças quanto a caça apresentavam perigo para a saúde. Aquela significava competir com outros necrófagos, o que podia ser arriscado, ao passo que avaliar quando os devoradores principais — leões, hienas ou abutres — haviam se "saciado" com a sua presa era um exercício de adivinhação perigosíssimo.

Os neandertais também eram caçadores "à queima-roupa" e vários autores observam a mortalidade e os ferimentos

---

45 Ibid., p.317.
46 Gellner, *Plough, Sword and Book: the structure of human history*, p.23.
47 Mithen, The hunter-gatherer prehistory of human-animal interactions, *Anthropozoos*, v.12, n.4, 1999.

traumáticos associados a esse estilo de vida.[48] Pettitt[49] revela que é comum os ossos dos neandertais apresentarem traumas significativos na cabeça, no pescoço e nos braços e que entre eles era "raro" chegar à idade adulta sem ter fraturado pelo menos um membro.

Enfim, outra parte importante do quadro sanitário dos povos da Idade da Pedra era o problema da violência. Tem havido muita discussão e debate acerca do papel e do tipo de violência a que as pessoas estavam sujeitas na Idade da Pedra.[50] Gat faz a interessante observação que o padrão de violência – alvos, estilo e índices – é semelhante ao hoje existente entre mamíferos e caçadores-coletores. Apesar dos mitos contrários (a serviço da infindável presunção de acharmos a nossa "singularidade"), os animais matam os seus semelhantes tanto quanto os seres humanos, contanto que o armamento seja equivalente: porretes, pedras, braços, pernas e dentes.

Posto que a arte rupestre aborígine mostre cenas de luta de pelo menos 10 mil anos atrás,[51] a guerra de tipo sistemático provavelmente era bastante escassa. Um motivo fundamental para acreditar nisso, à parte os indícios empíricos que resolveriam a questão, é a observação, feita com frequência, que quem

---

48 Klein, op. cit., p.475; Mithen, op. cit., p.198; Pettitt, Neanderthal lifecycles: developmental and social phases in the lives of the last archaics, *World Archaeology*, v.31, n.3, 2000.

49 Pettitt, op. cit., p.361.

50 Gat, The pattern of fighting in simple small-scale, prestate societies, *Journal of Anthroplogical Research*, v.55, 1999; Cooney, The privatisation of violence, *Criminology*, v.41, n.4, 2003; Nolan, Toward an ecological-evolutionary theory of the incidence of warfare in pre-industrial societies, *Sociological Theory*, v.21, n.1, 2003.

51 Gat, op. cit.

está lutando não pode ao mesmo tempo procurar alimento.[52] Ao que tudo indica, a maior parte da violência ocorre fora da família direta nas sociedades caçadoras-coletoras, e parece que se restringe a incursões, trapaças ou traições contra outros grupos ou indivíduos.

Embora seja rara, a guerra franca pode ocorrer sob a pressão demográfica.[53] Também há certos indícios de massacres. Mas, segundo Thorpe,[54] muitas teorias a respeito dessas fontes de violência são exageradas, carecem de prova sólida, representam interpretações equívocas dos mesmos dados ou baseiam suas análises em estudos de primata. As "armas" podem não ter sido realmente armas, os ferimentos detectados em amostras de osso sujeitam-se a várias interpretações, e quase todas as evidências relevantes de grave violência em massa são recentes: de uns 10 mil anos atrás.

Parece haver um consenso parcial de que a violência era uma fonte comum de ameaça e ferimento, mas vinha de forasteiros ou de outros grupos e muitas vezes como ataques surpresa em disputas por alimento, casamento, território ou honra. Mais controversos são os indícios e o debate acerca do canibalismo humano primitivo.[55]

---

52 Thorpe, Anthropology, archaeology and the origin of war, *World Archaeology*, v.35, n.1, 2003, p.160.

53 Nolan, Toward an ecological-evolutionary theory of the incidence of warfare in pre-industrial societies, *Sociological Theory*, v.21, n.1, 2003.

54 Thorpe, op. cit.

55 Arens, *The Man Eating Myth*, 1979; Villa, Prehistoric cannibalism in Europe, *Evolutionary Anthropology*, v.1, 1992; Turner; Turner, *Man corn: cannibalism and violence in the prehistoric American Southwest*, 1999.

Uma história social do morrer

Há provas óbvias de canibalismo primitivo a partir de marcas de carniçaria em ossos humanos, amostras de quebra de ossos, evidência de cozimento e achado de ossos humanos nas usuais áreas de lixo e alimentos descartados. É possível que se haja praticado o canibalismo para controle populacional, por alimento, por motivos religiosos ou pelo domínio.[56] Simplesmente não sabemos ao certo. O canibalismo pode ter sido praticado há pelo menos 800 mil anos, mas também se ignora até que ponto se difundiu.[57] Uma vez mais, porém, convém notar que o canibalismo também ocorre em uma variedade de mamíferos, insetos e aves, bem como entre nossos irmãos e irmãs primatas.[58] Portanto, em um contexto mais amplo do reino animal, pode ser uma atividade bastante típica, se não comum.

Mundos mortos da Idade da Pedra

Parece óbvio que, para a maioria das pessoas na Idade da Pedra – desde as crianças com alguns minutos de vida até os quarentões –, a morte chegava subitamente. São raras as cenas de morte lenta, talvez por infecção, câncer ou doença cardíaca que veríamos tão comumente nas posteriores sociedades ao estilo de assentamento. Para a maior parte da história humana, durante uns 4 milhões de anos, os mundos da morte dos nossos ancestrais caracterizaram-se por um acontecimento repentino, mas não necessariamente inesperado: ataque de

---

56 Fernandez-Javo et al., Human cannibalism in the early Pleistocene of Europe, *Journal of Human Evolution*, v.37, n.3/4, 1999.

57 P. L. Walker, A bioarchaeological perspective on the history of violence, *Annual Review of Anthropology*, v.30, 2001.

58 Fernandez-Javo et al., op. cit., p.592.

animais ou de outros seres humanos; morte da mãe, do filho ou de ambos no parto; acidente fatal de caça ou busca de alimento; mordida de cobra; ou o súbito resultado de um longo período de subnutrição.

Barrett[59] alerta sobriamente para o fato de que sabemos muito pouco da vasta maioria dos que morreram e de como eles foram tratados. A evidência atual dos depósitos mortuários contém apenas uma fração dos que morreram, e ele avisa que seria um equívoco pensar que representam o padrão completo da morte e do morrer. Thomas[60] faz uma advertência parecida, observando que a motivação das práticas de sepultamento pertence ao reino da religião e que esse é um lugar em grande parte inacessível para a arqueologia. Alguns locais que parecem túmulos podem não o ser e podem, em vez disso, ser sítios de adoração dos ancestrais ou de iniciação. Os ossos muitas vezes eram transportados de um lugar a outro ou enterrados com outros, e a "vida" dos mortos carregada pelos vivos oculta e torna a interpretação dos locais de sepultamento ainda mais complexa.

Mesmo em se tratando de recentes 5 mil anos, há muito debate sobre a arquitetura fúnebre: para quem eram e o que significavam as tumbas.[61] E os modestos restos e artefatos de que dispomos são objeto de acaloradas "guerras" de interpretação na arqueologia: entre os que têm visão literalista e os de

---

59 Barrett, The living, the dead, and the ancestors: Neolithic and early Bronze age mortuary practices. In: _____; Kinnes (Orgs.), *The Archaeology of Context in the Neolithic and Bronze Age*, p.32.

60 Thomas, Death, identity and the body in Neolithic Britain, *Journal of the Royal Anthropological Institute*, v.6, 1999, p.654.

61 Bradley, *The Significance of Monuments: on the shaping of human experience in Neolithic and Bronze age Europe*.

opiniões mais "pós-modernas" sobre a "leitura" de objetos a partir de "marcos" pessoais e culturais atuais e particulares.[62] Os funerais intencionais e simbólicos anteriores a 30 mil anos são objeto de vigorosos debates, mas outros alegam que é possível documentar funerais de até 170 mil anos![63]

No entanto, os túmulos dizem coisas importantes para compreender de modo elementar como se encarava o morrer. Em primeiro lugar, a crença em uma ultravida parece bastante comum, pelo menos no fim da Idade da Pedra, há cerca de 30-50 mil anos. Os barcos funerários da Escandinávia têm no mínimo 2 mil anos,[64] e os indícios de navegação datam de pelo menos 60 mil anos.[65] Há no mínimo 6 mil anos, os cães também eram sepultados, às vezes como parte dos bens tumulares dos humanos. Havia práticas fúnebres comuns na Europa, na América do Norte e na Ásia.[66] Temos boa evidência de alimentos e decorações elaborados em túmulos de 10 mil anos atrás, de mortos vestidos com esmero, de funerais diferenciais com base no *status* ou até de possível luto provocado.[67]

---

62 Robb, The archaeology of symbols, *Annual Review of Anthropology*, v.27, 1998.

63 D'Errico et al., Archaeological evidence for the emergence of language, symbolism and music: an alternative multidisciplinary perspective, *Journal of Prehistory*, v.17, n.1, 2003, p.25.

64 Muller-Wille, Boat graves: old and new views. In: Crumlin-Pederson; Munch Thye (Orgs.), *Ship as Symbol in Prehistoric and Medieval Scandinavia*.

65 Adams, Ships and boats as archaeological source material, *World Archaeology*, v.32, n.3, 2001.

66 Larsson, Mortuary practices and dog graves in Mesolithic societies of southern Scandinavia, *L'Anthropologie*, v.98, n.4, 1994.

67 Ver Cullen, Mesolithic mortuary ritual at Franchthi cave, Greece, *Antiquity*, v.69, n.263, 1995; Cauwe, Skeletons in motion, ancestors

E, se os túmulos e os bens tumulares forem indícios insuficientes de crenças pré-históricas em uma vida além do corpo, também contamos com a evidência controversa das pinturas rupestres. As cavernas eram – e ainda são – usadas com uma grande variedade de funções: como abrigo, para rituais, expressão gráfica, trabalho, depósito, lixo ou mineração e sítio de culto e sepultamento dos mortos.[68] Mas, em geral, as pinturas encontradas nas antigas cavernas indicam claramente as crenças sobrenaturais da Idade da Pedra.[69]

Muitas pinturas rupestres representam uma diversidade de preocupações desde os ritos da puberdade das meninas, da primeira caça dos meninos e os matrimoniais até as experiências fora do corpo, danças da chuva e histórias de caçada.[70] Uma das cavernas mais famosas, a de Chauvet, na França, apresenta imagens de animais que podem datar de uns 30 mil anos. Argumenta-se que parte dessa arte, assim como de outros exemplos do sul da África, é "xamanística". Clottes e Lewis-Williams[71] afirmam, com base nas crenças dos caçadores-coletores atuais, que as cavernas eram frequentemente consideradas como a entrada de outro mundo. Muitas vezes, as sombras projetadas

---

in action: Early Mesolithic collective tombs in southern Belgium, *Cambridge Archaeological Journal*, v.11, n.2, 2001; McDonald, Grief and burial in the American southwest: the role of evolutionary theory in the interpretation of mortuary remains, *American Antiquity*, v.66, n.4, 2001.

68 Bonsall; Tolan-Smith (Orgs.), *The human use of caves.*

69 Clottes; Lewis-Williams, *The Shamans of Prehistory: trance and magic in the painted caves.*

70 Lewis-Williams, Putting the record straight: rock art and shamanism, *Antiquity*, v.77, n.295, 2001.

71 Clottes; Lewis-Williams, op. cit.

nas paredes pelas luzes ou tochas sugerem animais. Outras imagens representam figuras semi-humanas, semianimais, que têm sido associadas a imagens comumente vistas em estados alterados de consciência.

Lewis-Williams[72] evoca amiúde a possibilidade de pelo menos uma parte dessa arte representar pessoas mortas ou o espírito dos mortos. Às vezes pode se tratar de ancestrais; às vezes, de xamãs falecidos; ou, às vezes, do espírito de pessoas comuns. E tanto Lewis-Williams[73] quanto Bahn[74] levantam a possibilidade de as pinturas não se destinarem à visitação pública. Algumas delas se encontram em regiões tão inacessíveis de cavernas profundas que, possivelmente, a *tarefa* de colocá-las em tais lugares é que tem significado sobrenatural ou religioso. Grande parte dessa interpretação se infere da continuidade nos enredos míticos do atual povo boxímane de Kalahari, próximo dos sítios sul-africanos.[75] Mas a avaliação do estilo da arte das cavernas é notoriamente pouco confiável porque, entre outras coisas, os arqueólogos carecem de qualificação ou aptidão para julgar a arte. Eles apenas palpitam, como nós.[76]

---

72 Lewis-Williams, Quanto: The issue of "many meanings" in Southern African San rock art research, *South African Archaeological Bulletin*, v.53, n.168, 1998.

73 Lewis-Williams, Chauvet: the cave that changed expectations, *South African Journal of Science*, n.99, 2003.

74 Bahn, Dancing in the dark: probing the phenomenon of Pleistocene cave art. In: Bonsall; Tolan-Smith (Orgs.), *The Human Use of Caves*, p.35-7.

75 Lewis-Williams, Quanto: The issue of "many meanings" in Southern African San rock art research, *South African Archaeological Bulletin*, v.53, n.168, 1998.

76 Bednarik, A major change in archaeological paradigma, *Anthropos*, v.98, 2003, p.515.

Não obstante, *podemos* dizer que há forte indicação de que, na Idade da Pedra, as pessoas acreditavam que a morte fosse outro tipo de vida; há ampla evidência de que os nossos antigos ancestrais se esforçavam, como nós ainda fazemos, para dar algum sentido à morte e ao morrer. Porém, como parecia haver pouquíssimo morrer de maneira pessoal ou socialmente antecipada, talvez este não existisse tal como o entendemos no presente. Nós costumamos pensar no morrer pessoalmente consciente como os processos interpessoais anteriores à morte física. Mas claro está que esta é uma ideia moderna gerada pela experiência moderna de morrer. Presumimos que o morrer deve acontecer *antes* da morte.

Mas Lucas[77] sugere que, para as pessoas da Idade da Pedra tardia (aliás, da Idade do Bronze precoce, há cerca de 6 mil anos), o processo de morrer fazia parte da própria morte. Ele pode não ter precedido a morte biológica do modo como geralmente supomos hoje. Aliás, uma grande porção do que atualmente presumimos que seja uma viagem póstuma à ultravida, devia ser encarada como "morrer" pelos nossos ancestrais da Idade da Pedra. Visto dessa maneira como uma atividade póstuma, o morrer significa que a morte se torna um processo daquilo que Lucas chama de "ancestralização", um rito de passagem em três etapas. A primeira inclui o sepultamento do cadáver. A segunda, a decomposição e desarticulação, o descarnamento forçado ou a quebra dos ossos. A etapa final pode incluir a remoção dos ossos para outro sítio, talvez sob ou à entrada da residência do falecido.

---

77 Lucas, Of death and debt: a history of the body in Neolithic and early Bronze age Yorkshire, *Journal of European Archaeology*, v.4, 1996.

Se Lucas tiver razão, nesse período da história humana, grande parte do "morrer" ocorre como um processo que segue a morte em vez de precedê-la. A maior parte dos ritos (mas talvez nem todos) pertencentes aos funerais provavelmente se ocupava da perda e da transformação da identidade, e os túmulos deviam ser instalações de processamento dos ritos de passagem. Nesse contexto, então, somente *uma parte* do que estamos habituados a encarar como ritos fúnebres o é deveras, ao passo que muitos desses ritos, especialmente as primeiras partes deles, podem ser, na realidade, ritos que apoiam o "moribundo" durante o seu morrer como viagem ao além-mundo.

Para entender toda a gama de possíveis significados do "morrer" na Idade da Pedra, precisamos examinar a experiência social e física dos possíveis significados pré-morte e pós-morte. Isso torna uma compreensão religiosa dos significados das experiências de morte-para-ancestral tão crucial quanto quaisquer indicadores médicos e sociais das experiências de morrer-antes-da-morte durante esse período.

Resumo das características do morrer na Idade da Pedra

Agora vou avaliar as características importantes do morrer na Idade da Pedra. Parece haver quatro elementos essenciais para entender a experiência das pessoas daquele tempo. Em primeiro lugar, *o mundo da morte na Idade da Pedra é um lugar de morte repentina*. Acidente, trauma e predação humana e animal ocorrem com pouco ou nenhum aviso, deixando tempo exíguo para a reflexão e o preparo.

O próprio contexto epidemiológico da morte significava que quaisquer prescrições *institucionais* para o morrer seriam quase sem sentido: quem teria tempo para levá-las a cabo? As reflexões a respeito da morte, se e quando ocorriam, provavelmente se davam nas ocasiões de narrar histórias, quando as pessoas estavam bem, ou ocupadas com os ritos fúnebres, ou em momentos distantes da ameaça direta.

Em segundo lugar, como havia poucas oportunidades de vivenciar o morrer de estilo pré-morte, *a verdadeira experiência de morrer pode ter sido deslocada.* Morrer era, provavelmente, uma experiência pós-morte. É possível que o que geralmente associamos a ritos de passagem para a morte nos funerais e túmulos também se tenha incorporado a outros ritos do morrer. Não se tratava simplesmente de reconhecer a passagem de uma identidade deste mundo para o outro, mas também a transição de um papel social (*e.g.*, chefe, mãe ou criança) para outro (*e.g.*, ancestral, deus, protetor). Igualmente, uma passagem ou um morrer "bom" pode ter outros indicadores alheios a quaisquer observações do quanto a pessoa morreu bem física ou medicamente, por assim dizer. Para entender o "morrer" daquele tempo, quiçá precisássemos perscrutar os mapas cosmológicos sobre a morte, ouvir e observar os sobreviventes e aprender os presságios de viagens boas e ruins para o outro mundo.

Nesse contexto, podíamos argumentar inicialmente que talvez o morrer como o entendemos atualmente — um período de transição vivente e social da pessoa moribunda — não existisse enquanto experiência pré-morte. Esses processos sociais eram muito mais dependentes dos sobreviventes que o levavam a cabo em nome do morto. Os membros sobreviventes da família ou do grupo podiam lhe "dar" um "morrer".

Fosse qual fosse a cosmologia de crenças e rituais que tal processo póstumo de morrer implicasse, podemos dizer que, pela perspectiva de um morrediço moderno, havia uma ausência do *self* e, portanto, do autocontrole do moribundo sobre o processo de morrer. Entretanto, isso é só parcialmente verdadeiro e só de um modo especificamente pessoal. De maneira social mais ampla, o próprio morrer existe nesses processos, mas como uma identidade criada pela imaginação social do grupo sobrevivente. Neste ponto, seria legítimo perguntar: o *self* está "realmente" presente nesse tipo de morrer?

O *"self"*, como Herbert Mead observou certa vez,[78] tem um "mim" e um "eu". O "mim" é o conjunto interno, privado, de pensamentos, emoções, valores e lembranças que constituem o que pensamos que somos. O "eu", por sua vez, é o modo mais geral como os outros nos conhecem. Desse "eu", sempre participamos como os demais *imaginam* que somos. Não quero usar esta discussão para separar a óbvia diversidade do *"self"* que é uma parcela inevitável dos dois mundos. Mas é claro que há uma superposição, com grande parte de um transformando-se no outro em diferentes contextos vitais. O sentido "interno" do *self*, à medida que nós, enquanto crianças, vamos crescendo, usualmente é alimentado pelo sentido das outras pessoas e a experiência de nós, do mesmo modo como o que fazemos e dizemos aos outros afeta o seu próprio senso do *self*. Basta lembrar que ambas são partes cruciais do *self*, e, na morte, pelo menos uma (o "eu") continua sobrevivendo e vivendo. Esse "eu" é o *self* chave que experimenta o "morrer" na Idade da Pedra.

---

78 Mead, *Mind, Self and Society from the Standpoint of a Social Behaviorist*, p.173-8.

Tal *self* é preparado para o mundo da morte por um conjunto de rituais fúnebres provavelmente descritos pelos mitos predominantes do grupo. Na medida em que esses mitos são criados, apoiados e ritualmente mantidos por cada um quando ainda em vida, também se pode dizer que a "pessoa morrediça enquanto mim" "participa" das suas próprias preparações para o outro mundo, coisa que inclui a "ancestralização", na expressão de Lucas. E, assim, o "mim" muito pessoal e interno pode não estar inteiramente ausente do morrer, mas algo afastado do lugar em que nós, leitores modernos, inicial e automaticamente situaríamos esse "mim".

O self *morrediço da Idade da Pedra se dispersa* em uma identidade mais ampla com a identidade mais ampla do grupo antes e depois da morte. Junto à repentinidade da morte e ao deslocamento do morrer, essa é a terceira característica importante do morrer nesse período da história humana.

Por fim, se a maior parte do morrer da pessoa ocorria em outro lugar (no além-mundo) e a maior parte das tarefas do morrer pertencia aos demais, a única característica do morrer que restava para as pessoas da Idade da Pedra era poder *antecipá-la*. Esse era um traço singular do "mim" da Idade da Pedra, quando a morte viesse (e todos sabiam que viria), o destino morrente da pessoa era decidido e negociado pelos outros após a morte dela. Desse modo, quaisquer que fossem as cenas do além-mundo que tivéssemos aprendido durante a vida, cada qual podia pelo menos prever e imaginar esse tipo de morrer para si.

Como todas as ordens superiores dos animais, nós podíamos reconhecer a morte, mas não a prever. Todavia, ao contrário de todos os animais que nos precederam, *podíamos prever ter um "morrer"*. Depois que o nosso corpo jazesse imóvel e a nossa respiração cessasse para sempre, nós podíamos antecipar o processo de transformação que nos permitiria aguardar os outros, proteger o nosso antigo parente, voltar a caçar em um lugar mais luminoso em que a caça era abundante e as águas, doces.

A Idade da Pedra foi o nascimento da primeira e mais importante característica duradoura do morrer humano: a antecipação de uma existência adicional além da morte biológica, ou seja, de uma ultravida. E, com o decorrer dos milênios, esse traço da imaginação humana viria a ser a pedra fundamental sobre a qual se erigiriam todas as outras características posteriores do morrer. Como particularidade primeira, ela criaria problemas, paradoxos e desafios que os desenvolvimentos sociais ulteriores teriam de enfrentar.

Mas, há dezenas de milhares de anos, a consciência da morte da humanidade deu esse primeiro passo natural rumo a outro: antecipar e imaginar o morrer. Esse passo cultural se evidencia e expressa nos antigos desenhos rupestres e ritos fúnebres como uma conceitualização da morte enquanto uma viagem social do espírito humano. E todo o desenvolvimento subsequente da conduta no morrer, tal como a conhecemos hoje, remonta a essa fundação elementar.

Capítulo 2
Viagens à ultravida: a morte como morrer

Depois de uma análise dos indícios arqueológicos acerca dos mundos da vida e da morte dos nossos antepassados da Idade da Pedra, e aceitando a incerteza da teoria e da evidência sobre aquela época, o que podemos dizer do modo como as pessoas morriam no período?

Obviamente, as pessoas sempre estiveram cientes da morte como uma parte inerente do seu equipamento biológico e social. Trata-se do equipamento que compartimos com a maioria dos animais, talvez com todos. Mas, além dessa consciência da mortalidade e como parte da nossa crescente autoconsciência humana, nós tomamos conhecimento paulatinamente da perspectiva real da morte pessoal. Em outras palavras, diante da grande ameaça biológica interpessoal ou interespécies, sempre tivemos consciência daquela série de momentos ou minutos do nosso próprio morrer. Quando dessangrávamos ao dar à luz, ou nos víamos gravemente feridos em um acidente de caça, ou durante um episódio de traição mortal contra nós, sabíamos naqueles momentos que a nossa morte estava muito próxima. Que se achava a minutos, talvez a segundos, de distância. Na

Idade da Pedra, a consciência pessoal do morrer deve ter sido frequentemente breve e súbita.

Do ponto de vista moderno, o aspecto mais interessante do morrer na Idade da Pedra é que só no espaço dessa consciência o indivíduo parece capaz de pensar, sentir ou fazer o que quer que seja antes da sua morte, pois, em praticamente todos os demais aspectos, são *as outras pessoas*, não o *self*, que dominam a subsequente produção social do morrer. Um *self* ativamente envolvido parece ter pouca atuação nas características pré-morte do drama pessoal de morrer.

A segunda particularidade mais interessante do morrer na Idade da Pedra parece ser o ato social da herança. Uma vez mais do ponto de vista moderno, herança não é a entrega de presentes *do* morto ou moribundo *aos* sobreviventes, e sim o ato de os sobreviventes passarem as possessões do moribundo ou morto para o próprio moribundo ou morto, que os usará na sua subsequente viagem para o além. A herança é um ofertar ritual de prendas ao morrente.

Isso realça o terceiro interessantíssimo traço do morrer, que é a maneira como os outros geralmente controlam a produção social da morte na comunidade. Embora o "moribundo" enfrente muitos obstáculos e desafios ao "morrer" – uma viagem majoritariamente sobrenatural –, a maior parte da capacidade de fazer frente a essa viagem e transcender ou lidar com os seus problemas há de estar nas mãos dos membros da comunidade do morrente. Este provavelmente ficou à mercê das provisões herdadas dos sobreviventes.

Os bens tumulares que se espalham nos jazigos humanos dessa época são prova do ato de herança, uma jornada implícita empreendida pelo enterrado e as decisões tomadas

Uma história social do morrer

pelos sobreviventes sobre o que é útil dar ao morto para essa jornada.

Enfim, o peso da despedida – levar a cabo o último adeus – deve ter custado muito aos sobreviventes. Chego a essa conclusão por dois motivos. Primeiramente, como a morte quase sempre apanhava de súbito muita gente pré-histórica, eram os sobreviventes que tinham mais tempo real para levar a cabo os ritos de despedida; e, em segundo lugar, como um ato social para com o fim da própria jornada social do morrediço, geralmente cabia aos sobreviventes realizá-lo bem depois de ocorrida a morte biológica: semanas, meses, anos depois.

Digno de nota nesses tipos de ritos de despedida é o quanto o adeus aos moribundos como fantasmas muda de estilo a ponto de demonstrar mais ambivalência do que o afeto que era de se esperar. Os sobreviventes são atraídos para os entes queridos pelo luto, mas não desejam que eles retornem como espíritos desencarnados capazes de prejudicá-los. As despedidas sujeitam todos os participantes da jornada do morrer a esse paradoxo.

Em suma, pois, o morrer na Idade da Pedra provavelmente começava pouco antes da morte biológica real, mas se prolongava para muito além dela. Grande parte do morrer era uma viagem ao além-mundo. Com muita frequência, a iniciação física do morrer estava nas mãos dos outros, animais ou humanos, e ritualmente, acidentalmente ou na traição. E a herança de bens tendia a favorecer o morrediço, não os sobreviventes, porque ele precisava fazer uma viajem amiúde perigosa sem o apoio social da família, dos amigos ou da tribo. Por isso o morrer não é uma experiência realmente "aqui e agora", e sim uma jornada "lá e depois" ao outro mundo. Isso também tornava o ato de despedida ambivalente.

Essas características formam o fundamento de toda a compreensão humana do morrer e são a base de todas as suas subsequentes derivações e iterações culturais e históricas. Portanto, é importante elaborar alguns pormenores de cada uma dessas particularidades do morrer na Idade da Pedra para podermos ver como cada uma serviu de alicerce a desenvolvimentos históricos posteriores, mas também para ver como cada período apresentou desafios sociais e espirituais únicos à sua gente. Contudo, antes de me entregar a essa tarefa, quero ensaiar algumas críticas, reservas e ansiedades importantes regularmente expressas na literatura arqueológica acerca do método que vou empregar.

O problema da analogia

Neste capítulo, empregarei certa literatura etnográfica recente para ilustrar mais amplamente as "viagens ao outro mundo" entre os povos pré-históricos. Recorrerei a algumas jornadas de caçadores-coletores e pequenos horticultores, sobretudo do Pacífico e da Austrália. Faço-o como mera ilustração de alguns temas destacados que, acredito, podem ter povoado a mente de homens e mulheres pré-históricos. Não sustento que conceitos de além-mundo ou de jornada específicos dos indígenas australianos sejam idênticos aos dos nossos antepassados pré-históricos. Apenas sugiro que alguns temas relevantes, como os perigos da ultravida, a própria ideia de viagem, a de atuação pessoal dentro de uma jornada ao mundo do além, ou talvez o uso transfigurado dos bens materiais tumulares como objetos de que os mortos podem lançar mão como auxílio são ideias antiquíssimas, provavelmente oriundas da nossa pré-história.

Uma história social do morrer

Muitos arqueólogos se oporão com veemência a essas sugestões, por modestas que sejam, segundo me parece. A simples tarefa que levo a cabo — a de empregar *insights* etnográficos modernos para ajudar a iluminar o comportamento pré-histórico — é comumente denominada "etnoarqueologia" nos círculos arqueológicos. Gosden[1] fala por muitos críticos quando qualifica esse passo interpretativo de "dúbio", "implicitamente progressista" e "imoral".

As interpretações que aplicam dados etnográficos ao registro arqueológico são "dúbias" porque sofrem do problema da "equifinalidade": processos diferentes podem produzir resultados iguais.[2] As analogias não se sujeitam realmente à falsificação, mas estão sujeitas à crítica segundo a qual a interpretação (ética) de um *outsider* não pode ser verdadeiramente cotejada com a visão de mundo (êmica) do *insider* há muito tempo morto.[3]

O pensamento analógico é "progressista" porque supõe que os pequenos horticultores ou os caçadores-coletores contemporâneos têm crenças iguais ou parecidas com as das populações da Idade da Pedra e, por conseguinte, acham-se muito mais abaixo na escala evolutiva do que, por exemplo, as sociedades industriais.[4] Pela analogia histórica e etnográfica, a

---

1 Gosden, *Anthropology and Archaeology: a changing relationship*, p.9.

2 Hunt; Lipo; Sterling (Orgs.), *Posing Questions for a Scientific Archaeology*.

3 Gould, Some current problems in ethnoarchaeology. In: Donnan; Clewlow Jr. (Orgs.), *Ethnoarchaeology*; David; Kramer, *Ethnoarchaeology in Action*.

4 Stahl, Concepts of time and approaches to analogical reasoning in historical perspective, *American Antiquity*, v.58, n.2, 1993; Barnard, Images of hunters and gatherers in European social thought. In: Daly; Lee (Orgs.), *The Cambridge Encyclopedia of Hunters and Gatherers*.

história mundial é uma ascensão constante e incremental desde as ferramentas de pedra até as missões espaciais Apollo, em termos não simplesmente tecnológicos, mas também sociais e econômicos.

Quiçá – para garantir que não há aonde ir em termos acadêmicos – a crítica à ênfase excessiva à diferença entre nós e os nossos ancestrais seja contrabalançada pela crítica oposta, segundo a qual o pensamento analógico é insensível à diferença.[5] Nós consumimos o desconhecido com o conhecido,[6] ocultando qualidades de mudança ou de singularidade. É provável que muitos comportamentos e crenças tenham desaparecido sem deixar vestígio. As analogias são inaceitáveis porque, entre outras coisas, boa parte do material etnográfico delas extraído é tendencioso, incompleto ou metodologicamente falho.[7] E Veit[8] acrescenta que tais interpretações são susceptíveis de "projeção inconsciente" no passado de atitudes modernas para com a morte. Mas o uso da analogia como meio de iluminar o passado persiste, não por teimosia, mas porque são poucas as alternativas. De resto, grande parte da crítica à analogia é exagerada.[9]

---

5 Wobst, The archaeo-ethnology of hunter-gatherers or the tyranny of the ethnographic record in archaeology, *American Antiquity*, v.43, n.2, 1978.

6 Wylie, The reaction against analogy, *Advances in Archaeological Method and Theory*, v.8, 1985, p.107.

7 David; Kramer, *Ethnoarchaeology in Action*, p.52.

8 Veit, Burials within settlements of the Linienbandkeramik and Stichbandkeramik cultures of central Europe. On the social construction of death in early Neolithic society, *Journal of European Archaeology*, v.1, 1992, p.108.

9 Wylie, op. cit.

A arqueologia "depende fundamentalmente" do pensamento analógico[10] e continua sendo um dos principais meios de deitar luz na possível "lógica social" do comportamento passado.[11] Até mesmo o pessimista Gosden confessa, com relutância, que a arqueologia seria dificílima sem a etnografia e que, no fim, ela é uma ferramenta comparativa útil.[12] A maioria das interpretações em todas as ciências é analógica ou começa como analogia. Nós tentamos compreender o desconhecido a partir daquilo que já conhecemos. Sim, as analogias são propensas ao erro, mas podem ser controladas; existe a capacidade de discriminar de modo que o desconhecido não seja totalmente consumido pelo conhecido.[13] E, ademais, argumentam David e Kramer,[14] sem a analogia, as nossas interpretações do registro arqueológico seriam "inefavelmente tediosas" e próximas do sem sentido. Nós nos refugiaríamos definitivamente em comentários secundários sobre cerâmica e nunca nos atreveríamos a dizer algo importante acerca da religião, da organização social ou da economia.

As analogias não têm a finalidade de resolver debates – isso lhes é impossível –, mas podem sugerir hipóteses, teorias ou interpretações para fomentar o trabalho empírico, a discordância ou a teorização que enriquecem a tarefa das ciências humanas não simplesmente como "dados", mas também como

---

10 Stahl, Concepts of time and approaches to analogical reasoning in historical perspective, *American Antiquity*, v.58, n.2, 1993, p.235.

11 Veit, op. cit., p.108.

12 Gosden, *Anthropology and Archaeology: a changing relationship*, p.9.

13 Wylie, op. cit.; Binford, *Constructing Frames of Reference: an analytic method for archaeological theory building using hunter-gatherer and environmental data sets.*

14 David; Kramer, op. cit., p.44.

"conversa" sobre quem nós podemos ter sido, quem somos e como talvez sejamos no futuro.

Quando descrevo as viagens ao além-mundo neste capítulo, não quero sugerir que elas não existam como importantes histórias religiosas ou sociais do nosso tempo e sociedade. Não sugiro que façam parte de um plano "evolucionário", desígnio ou encenação humana. Mas proponho, sim, que as jornadas do espírito humano ao além-mundo são antiquíssimas; que nelas se pode encontrar a ideia de "morrer" na sua forma mais arcaica; e que tais imagens e narrativas formam uma base fundamental para as nossas preocupações presentes com o morrer. Essas viagens ao outro mundo não são "primitivas" em comparação com as nossas. Parecem ser exatamente iguais a muitas das nossas atuais. O importante é que essas imagens do morrer estão em evidência quando outras características mais recentes não estão. Só essa presença antiga já as torna dignas de um exame mais detido.

Enfim, e acima de tudo, eu argumento que a natureza vetusta das "viagens ao além-mundo", quando exposta a uma série de pressões epidemiológicas e demográficas em desenvolvimento, da Idade da Pedra aos tempos modernos, sugere e promove desafios culturais particulares para todas as populações que vivem essas interseções. As jornadas ao outro mundo em épocas de vida breve, morte violenta e economia em escala reduzida geram desafios diferentes e exercem diferentes pressões sociais em comparação, por exemplo, com a expectativa de vida longa, as doenças crônicas e as economias medievais. E, embora haja grande variação de conteúdo, cor e até sofisticação nessas reações, podemos caracterizá-las de um modo estrutural, se não uniforme. Eu não questiono reações especificamente regionais. Não alego que os desafios que identifico são os únicos identificáveis, mas argumento que pelo menos estes causaram outros subsequentes que atualmente nos influenciam. Outras interpretações sobre o desafio específico do período são possíveis. Eu meramente defendo que aquela que eu identifiquei pelo menos figure legítima e racionalmente entre elas.

Assim, por exemplo, a analogia das jornadas ao além-mundo dos aborígines talvez não equivalha às de determinada comunidade de *Homo erectus*, uma vez que algumas dessas comunidades podem ter identificado uma necessidade de ir além dos bens tumulares como um modo de se preparar para a viagem, ao passo que outras talvez não hajam dado esse passo "extra". No entanto, pelo menos algumas delas hão de ter identificado necessidades importantes sugeridas por viagens ao outro mundo e é possível que, em desenvolvimentos econômicos e sociais sedentários subsequentes na história, nós tenhamos herdado o legado dessas comunidades sem nome e desconhecidas. Eis um passo especulativo digno de ser levado em consideração, ainda que apenas para motivar outros a sugerirem alternativas. Examinemos agora algumas dessas possíveis características do morrer na Idade da Pedra.

Possíveis característas do morrer na Idade da Pedra

Uma breve consciência do morrer

Por óbvio que seja que a experiência pessoal de morrer é breve em casos de acidente, doença súbita ou ataque surpresa, claro está que nem todas as pessoas morreram assim na Idade da

Pedra. Há evidências de que um número significativo – quem há de dizer se majoritário ou minoritário? – delas morreu gradualmente de velhice ou enfermidade. Não temos como saber a forma desse tipo de morte, mas parte da evidência de assassinato deliberado pode não ter sido por traição.

O famoso estudo da magia e da religião, *The Golden Bough* [O ramo dourado], de *sir* James Frazer, comenta que o assassinato ritual é uma forma comum de morte em muitos povos caçadores-coletores e horticultores. Frazer argumenta que, para muitos "povos primitivos", a continuidade da força e o uso dos reis divinos estão ligados à sua capacidade de morrer com tal força. Em outras palavras, os seguidores deviam matar os deuses-homens que apresentassem fragilidade ou os primeiros sintomas de doença. Matar esse deus em estado de vigor garante aos seguidores capturar sua alma em boas condições e transferi-la a um sucessor. Além disso, a segurança do mundo fica assegurada quando se providencia para que ele não se deteriore com nenhum paralelo de deterioração do seu deus.

Sem embargo, o assassinato ritual de reis divinos e homens-deuses não se restringe aos círculos aristocráticos, e Frazer relata a aplicação dessa eutanásia assistida a outras pessoas comuns. Os mangaios do Pacífico Sul, nas Novas Hébridas, os kamants da Abissínia, os índios chiriguanos da América do Sul e os fijianos figuram entre os muitos que acreditam que as almas aparecem no além-mundo na imagem exata que tinham antes da morte. Portanto, os inválidos aparecem inválidos na ultravida. Os fracos e frágeis idem, e as crianças pequenas engatinham como engatinhavam na existência terrena. A morte voluntária é um modo de controlar o destino da pessoa e de lhe dar a melhor chance de uma boa vida no outro mundo.

Uma história social do morrer

O costume do suicídio voluntário por parte dos velhos, que figura entre os seus usos mais extraordinários, também está ligado às superstições concernentes a uma vida futura. Eles creem que as pessoas adentram as delícias do Elísio com as mesmas faculdades mentais e físicas que possuíam na hora da morte, em suma, que a vida espiritual começa ali onde termina a existência corpórea. Com semelhante opinião, é natural que eles desejem passar por essa mudança antes que seus poderes mentais e físicos fiquem fragilizados pela idade a ponto de privá-los da capacidade de ter prazer. Somem-se a esse motivo o desprezo que se sente à fraqueza em uma nação de guerreiros e os maus tratos e insultos que aguardam os que já não podem se proteger.[15]

E, assim, entre os chiriguanos da América do Sul, o parente mais próximo tratou de quebrar a espinha de um ente querido com um machado a fim de ajudá-lo a evitar a morte natural. Entre os antigos índios do Paraguai, um homem foi tratado com festa e manifestações de alegria, alcatroado e emplumado (da melhor maneira possível, com plumagem vivamente colorida) e, a seguir, enterrado vivo em um enorme vaso de barro. Da África à Índia, à Escandinávia e à Ásia, as pessoas encontraram diversos modos de matar os parentes, amigos e governantes idosos – e a fazê-lo, digamos, com compaixão! As mulheres não escapavam necessariamente a esse destino, pois, em lugares como as ilhas Fiji ou a Etiópia, os homens eram frequentemente encerrados em uma choça vedada, tendo por última

---

15 Notas de *US Exploring Expedition: Ethnology and Philology*, de H. Hale [1846], apud Frazer, *The Belief in Immortality and the Worship of the Dead*, v.2, p.11-2.

companhia uma jovem que com ele morria. Ou as esposas eram estranguladas ou incineradas para acompanhar o marido.[16]

Em muitos ou na maioria desses tipos de morrer, as pessoas diretamente envolvidas tinham mais do que minutos para vivenciar a dimensão pessoal e interpessoal desse ato. Aliás, em tais casos, a experiência de morrer podia ser bastante elaborada. Como muitos desses tipos de práticas são antiquíssimas e se propagavam entre culturas muito diversas e vastamente separadas, é possível – por certo não inadmissível – acreditar que os povos da Idade da Pedra também hão de ter vivenciado alguns tipos de morrer parecidos com esses.

Sabemos com segurança que, para muita gente, a duração da consciência do morrer decerto era brevíssima devido à incapacidade circunstancial comum de prever a morte por acidente, traição ou doença súbita. Mas também é possível, por causa da natureza disseminada e antiga do "assassinato compassivo" do caçador-coletor, que algumas pessoas tenham podido controlar e plasmar a condição social, espiritual e até física do seu morrer. Mesmo assim, tal morrer também seria de curta duração, talvez não mais que um ou dois dias de cerimônia antes do assassinato ritual. Essa possível variante não nos exime de observar que esse morrer breve – do ponto de vista da pessoa morrente – era provavelmente uma regra independente do *status* social ou do costume regional.

---

16 Frazer, *The Belief in Immortality and the Worship of the Dead*, v.2, p.13-21.

Uma história social do morrer

Herança para o moribundo

Thomas[17] argumenta que a motivação para as práticas de sepultamento habita o reino da crença religiosa e da escatologia: áreas inacessíveis para os arqueólogos. Trata-se de um território de especulação e, quando tentamos desenvolver um quadro do morrer na Idade da Pedra, temos de reconhecer que esse é o tipo de exercício com que estamos firmemente engajados. Entretanto, podemos obter dicas a partir da descrição etnográfica recente e disciplinar nossa especulação temperando o pensamento com a razão. Klein[18] alega que não há exemplos de bens tumulares dos neandertais, porém Lewin[19] discorda, citando e descrevendo diversos exemplos. Esses dois destacados antropólogos, todavia, concordam que os neandertais enterravam os mortos. Em dezesseis de vinte casos, sepultaram os corpos em posição fetal. Há indícios ambíguos de depósitos tumulares como simples ferramentas, camadas de pólen ou círculos de pedra, sendo que tudo isso talvez indique um comportamento intencional por parte dos sobreviventes, mas também pode evidenciar poluição do sítio, eventualidade ou invasões animais. Uma vez mais, Lewin[20] favorece a ideia de comportamento intencional, alegando que "a eventualidade teria de ser invocada em demasiados casos para explicar a associação de corpos a ferramentas de pedra, a alinhamentos de corpos e assim por diante". Isso parece indicar que, tal como

---

17 Thomas, Death, identity and the body in Neolithic Britain, *Journal of the Royal Anthropological Institute*, v.6, 1999, p.654.

18 Klein, *The Human Career: human biological and cultural origins*, p.467-8.

19 Lewin, *Human Evolution: an illustrated introduction*, p.158.

20 Ibid., p.158.

os outros seres humanos primitivos, aqueles hominídeos "ocasionalmente sepultavam os mortos com um grau de ritual que reconhecemos como humano".

Mas o posicionamento fetal dos cadáveres parece ser deliberado, sim, e pode razoavelmente indicar ideias de renascimento ou sono. Será tão insensato acreditar que os presentes fossem oferendas religiosas ou meramente sentimentais aos mortos, sobretudo se os vivos acreditassem que aqueles morriam para eles, mas nasciam para outro mundo além dos sentidos? Certamente, mais tarde e em meio aos sítios de sepultamento do *Homo sapiens*, a evidência de bens tumulares aumenta surpreendentemente. E, se os bens tumulares dos *sapiens* são condizentes com crenças em uma ultravida, por que é tão insano supor que os neandertais – como uma espécie coexistente – a compartilhassem à sua maneira?

Seja como for, em sepulturas de, no mínimo, 10 mil anos atrás, existe ampla evidência de alimento, decorações, chifres, ossos animais, dentes de peixe, ferramentas de pedra, conchas, ocra,[21] e ainda mais tarde, até de cães[22] e barcas[23] como bens tumulares. Há pelo menos 10 mil anos, os caçadores-coletores sepultavam os mortos em ocra e tinham alguns tipos de rituais que desarticulavam os ossos dos cadáveres a fim de

---

21 Cullen, Mesolithic mortuary ritual at Franchthi cave, Greece, *Antiquity*, v.69, n.263, 1995.

22 Larsson, Mortuary practices and dog graves in Mesolithic societies of southern Scandinavia, *L'Anthropologie*, v.98, n.4, 1994.

23 Muller-Wille, Boat graves: old and new views. In: Crumlin-Pederson; Munch Thye (Orgs.), *Ship as Symbol in Prehistoric and Medieval Scandinavia*.

possibilitar aos vivos carregá-los com objetivos sociais ou religiosos.[24] Tem-se evidência datada de, no mínimo, 5 mil a 3 mil anos de outeiros (mamoas) ou lugares sepulcrais empregados com fins de memória.[25]

Em muitas das primeiras nações dos aborígines australianos, a propriedade dos mortos era enterrada com eles, usualmente armas ou ferramentas.[26] Os aborígines de Victoria Ocidental sepultavam os mortos com todas as propriedades de um homem, com a possível exceção de seu machado de pedra, que era demasiado valioso para que o grupo o perdesse. A nação wurundgerri seguia um costume semelhante, colocar um propulsor de lança na cabeceira do túmulo de um homem ou um bastão de cavar quando se tratava de uma mulher.[27] Clavas, lanças e bastões de madeira dura, até mesmo partes de uma canoa, eram acompanhantes tumulares para auxiliar o espírito do moribundo em sua viagem ao outro mundo, mas também para que o espírito não tivesse nenhuma razão inquieta para retornar em busca de ajuda.

Somente umas poucas nações aborígines não seguiam essa prática, preferindo colocar as possessões perto ou sobre a tumba durante algum tempo antes de lavá-las e distribuí-las entre os membros da comunidade. Essa prática particular é uma

---

24 Cauwe, Skeletons in motion, ancestors in action: Early Mesolithic collective tombs in southern Belgium, *Cambridge Archaeological Journal*, v.11, n.2, 2001.

25 Lucas, Of death and debt: a history of the body in Neolithic and early Bronze age Yorkshire, *Journal of European Archaeology*, v.4, 1996, p.105.

26 Frazer, *The Belief in Immortality and the Worship of the Dead*, v.1, p.145.

27 Ibid., p.146.

exceção à regra e, segundo a observação de Frazer,[28] também um ponto de inflexão na sensibilidade econômica dos caçadores-coletores. Segundo ele, os bens tumulares são um desperdício econômico quando vão além do alegórico ou simbólico, pois atendem os "interesses imaginários dos mortos" em detrimento dos "interesses reais dos vivos".

Não obstante, o enterrar de bens tumulares significativos, ou seja, de bens tumulares com genuíno valor econômico e social, é um sinal inequívoco de que o cumprimento da obrigação de herança ia em direção ao morrediço e não deste para os sobreviventes.

Pode-se observar facilmente que os bens tumulares dos povos da Idade da Pedra tardia e de sociedades recentes de caçadores-coletores indicam duas mudanças importantes em nossas ideias sobre a experiência de morrer. Primeiramente, morrer é uma importante jornada que requer equipamento e, em segundo lugar, as obrigações de herança prendem os sobreviventes à responsabilidade de fornecer esse equipamento essencial. As duas características têm a ver com a concepção do morrer como uma viagem ao além-mundo. Que tipo de viagem era essa?

Morrer como viagem ao além-mundo

A ideia de morte como viagem ao além-mundo é uma discussão muito antiga na literatura acadêmica.[29] Na sua obra

---

28 Ibid., p.149.

29 Ver, por exemplo, Berger et al. (Orgs.), *Perspectives on Death and Dying: cross-cultural and multidisciplinary views*; Couliano, *Out of this World: other-world journeys from Gilgamesh to Albert Einstein*; Obayashi (Org.), *Death and Afterlife: perspectives of world religions*.

emblemática em três volumes *The Belief in Immortality and the Worship of the Dead* [A crença na imortalidade e a veneração dos mortos], Frazer assevera que essa é provavelmente a crença mais antiga da humanidade.

Clottes e Lewis-Williams[30] alegam que mesmo a ideia de viajar a reinos "sobrenaturais" é primordial no xamanismo: aqueles que induzem, controlam e exploram estados alterados de consciência. Adotando uma abordagem neuropsicológica desses estados alterados, Clottes e Lewis-Williams argumentam que o xamanismo e, portanto, as viagens ao além-mundo eram reconhecidos e descritos já em uma época remota como o Alto Paleolítico (ou início da Idade da Pedra). O sistema nervoso dos mamíferos em geral e dos humanos em particular é capaz de aceitar e gerar facilmente estados alterados de consciência, como sonhos, transes e alucinações. A capacidade de induzir tais experiências pela ingestão de ervas ou plantas especiais ou mediante rituais de repetição e privação sensorial é antiquíssima e também disseminada nas sociedades caçadoras-coletoras recentes e contemporâneas. Na arte rupestre do Alto Paleolítico, Clotter e Lewis-Williams documentam e interpretam as imagens cambiantes e mescladas de formas parcialmente humanas e parcialmente animais como fundamentais nessas particularidades alucinatórias do xamanismo.

As bem conhecidas viagens ao outro mundo da Mesopotâmia, do antigo Egito, da China taoista[31] ou da cristandade

---

30 Clottes; Lewis-Williams, *The Shamans of Prehistory: trance and magic in the painted caves*, p.12.

31 Couliano, op. cit.

medieval[32] têm como fundamento histórico, se não neuropsicológico, as atualmente em grande parte esquecidas viagens para o além da Idade da Pedra.

Podemos somente ensaiar alguns exemplos comparativamente recentes de tais jornadas como amostras ilustrativas e análogas daquelas a que já não temos acesso. Descreverei apenas três das muitas documentadas por Frazer em *Belief in Immortality*. Posto que não faltem críticas à sua obra, a maioria se dirige às confusões teóricas sobre a relação entre mito e ritual, às simplificações da psicologia do caçador-coletor, ao gosto inadequado pela comparação religiosa em termos morais e à exposição de explicações geralmente mais implícita que explícita.[33] Entretanto, a maior parte dos críticos concorda que a obsessão de Frazer pelos relatos extremamente minuciosos de crenças e costumes nos proporciona um legado de material descritivo ainda digno de séria consideração como uma rica fonte de referência antropológica. São somente essas descrições, não as suas teorias, que nós exploramos nas próximas páginas.

Nas Novas Hébridas,[34] as pessoas imaginam que, imediatamente depois da morte, a alma que parte permanece nas imediações, provavelmente observando a comoção em torno ao seu falecimento. Há um período de incredulidade em que o defunto contempla os companheiros aldeões com pena, porque ele está bem e um tanto consternado com suas reações de

---

32 Zaleski, *Otherworld Journeys: accounts of near-death experiences in medieval and modern times*.

33 Para uma excelente análise desses problemas, ver Ackerman, *J.G. Frazer: his life and work*.

34 Frazer, *The Belief in Immortality and the Worship of the Dead*, v.1, p. 361-2.

pesar para com aquele que foi o seu corpo físico. Passado algum tempo, essa contemplação o entedia e ele se volta para uma linha de montanhas e a segue até chegar a um desfiladeiro. Salta sobre o desfiladeiro, mas, se não conseguir chegar ao outro lado, retorna à vida. Se for bem-sucedido no salto, inicia a viagem para o além-mundo. Caso tenha matado pessoas durante a existência terrena, encontra-as. Elas o insultam e agridem com porretes e adagas.

Entre as outras experiências "testes" no caminho, figuram uma quebrada profunda, na qual ele pode cair e entrar no esquecimento, e um porco selvagem que espera escondido para devorar as almas desprevenidas. Decisivos para sobreviver a essas provas são os preparativos e a proteção providenciados por ele e os parentes durante a sua vida. As orelhas têm de ser furadas para que a alma possa saciar a sede com água na ultravida. Ele deve ter tatuagens para comer boa comida quando morto. Precisa plantar vacuás para trepar quando estiver fugindo do porco selvagem. Os pais hão de construir casinhas a fim de acomodar arco e flechas para o futuro espírito dos filhos ou plantar vacuás para o espírito das filhas.

Em Fiji,[35] as provações da viagem são igualmente numerosas. Depois da morte, o espírito topa com um vacuá no qual tem de jogar um dente de baleia. Se errar, quer dizer que as suas esposas não estão sendo estranguladas para vir ter com ele. Se acertar a árvore, as esposas podem segui-lo no caminho espiritual. A alma dos solteiros encontra uma enorme mulher monstro-fantasma que tenta devorar todos os solteiros que cruzam seu caminho. Porém, mesmo que a alma sobreviva a

---

35 Ibid., p.462-7.

essa dura experiência, um duende a espera mais adiante, trepado em uma pedra perto de uma praia fantasma. Poucas almas sobrevivem a esse encontro e acabam enfrentando "a segunda morte":[36] a morte real da pessoa.

Entretanto, se sobreviver a essas provações, o morrente chega a um precipício no qual o aguarda uma barca. Olhando por cima do precipício, um deus ou o representante de um deus faz perguntas sobre a sua vida. Convida-o a se sentar em um remo. Isso pode ser um truque, ainda que nada surpreendente. Se a pessoa se sentar na extremidade chata do remo, o deus a joga no precipício fazendo-a cair em um céu de segunda classe. Nesse céu de segunda classe, ela pode enfrentar novos sofrimentos dependendo do que fez ou deixou de fazer na vida; os castigos dos homens e das mulheres são diferentes. Os favorecidos pelos deuses à beira do precipício vão para o verdadeiro Elísio, que é muito parecido com a ideia da eterna Summerland [Terra do verão] dos espíritas ocidentais: céu límpido e calor, boa comida e boa companhia, bênção além das palavras.

Nesse Elísio fijiano, a alma pode residir durante muito tempo ou enfim voltar à terra como uma espécie de deus. As almas também podem voltar à terra com boas ou más intenções. Há muita discordância quanto a essa matéria. Contudo, a observação mais importante a se fazer a respeito dessas jornadas é que a morte biológica só anuncia o *início de um novo período de vida post-mortem*, que pode resultar em extinção genuína. Em outras palavras, o "morrer" do *self* da pessoa não ocorre na morte biológica, mas depois dela, geralmente nas mãos de algum acidente genuinamente grave ou desgraça com seres sobrenaturais. O

---

36 Ibid., p.465.

morrer, caso aconteça, começa depois da morte biológica. E, segundo a lenda fijiana, acontece com a maioria das pessoas.[37]

As diferentes nações dos aborígines australianos têm uma diversidade de crenças relativas ao que acontece à pessoa depois da morte biológica. As de algumas nações são parecidas com as das culturas do Pacífico analisadas anteriormente. Por exemplo, os nativos do Estreito de Torres vão para uma terra espiritual. As nações do sudeste da Austrália geralmente acreditavam que as almas subiam ao céu, sendo que algumas acabavam se transformando em estrelas.[38] Nas nações aborígines da Austrália central, em particular, predomina a crença na reencarnação. O espírito dos mortos simplesmente renasce em antigas famílias ou tribos. Para efeito de acompanhar uma "experiência pessoal de morrer" – uma que teoricamente precise da continuidade de um *self* antigo –, tais crenças poderiam implicar a morte imediata no exato momento da morte biológica. Mas não é o caso.

Conforme Frazer,[39] a existência do antigo *self* se prolonga em um "estado intermediário" por doze a dezoito meses até ser criado em um outro *self* (usualmente com componentes remanescentes do *self* antigo). Durante esse estado intermediário, a alma geralmente fica perto do lugar original da morte biológica ou do sepultamento. Essas pessoas "morrediças" podem ser úteis ou perigosas para os antigos parentes em sonhos, doença ou fortuna econômica e social. Uma segunda cerimônia às vezes marca a morte "real" dessa gente. Os aruntas outrora praticavam uma caça ao fantasma de doze a dezoito meses após a

---

37 Ibid., p.467.
38 Ibid., p.133-4.
39 Ibid., p.164.

morte. Nesse rito, as pessoas da tribo do morto sentiam que de doze a dezoito meses de permanência entre eles são suficientes. Visitando o lugar em que a pessoa morreu, geralmente no antigo local de acampamento, um bando de homens e mulheres bem armados dançava e gritava durante algum tempo antes de obrigar, literalmente, o fantasma a voltar ao túmulo. Ali eles dançavam e batiam a terra do túmulo, deixando claro para todos que queriam que o morto ficasse naquele lugar até ser chamado à vida seguinte.[40]

Ao norte da região habitada pelos aruntas, outro grupo de tribos pratica o enterro de árvore: colocam o cadáver em árvores em que a carne se decompõe. Depois disso, os ossos são desarticulados e colocados em um vaso de madeira e entregues a uma parenta para ser sepultados. Outras tribos guardam um osso do braço ou o crânio, que mais tarde é destroçado para simbolizar o fim da vida. Nesse ponto, a alma vai se reunir a outras almas à espera do renascimento.

Em todos esses exemplos, podemos ver que a viagem social, psicológica e espiritual do morrer, como um conjunto de tarefas a ser cumprido pelos indivíduos morrentes a fim de completar sua vida antes da extinção ou de entrar em uma nova existência no Elísio ou em outro corpo, ocorre sobretudo após a morte biológica. A morte é um "morrer" e seu significado principal do ponto de vista da pessoa que morre é colhido no curso de uma "viagem ao além-mundo".

---

40 Ibid., p.373-4.

Controle comunitário do morrer

Durante essa viagem ao outro mundo, a alma morrediça – a caminho seja de uma nova vida, seja de uma segunda morte – depende de sua antiga comunidade não só para qualquer medida de sucesso ao enfrentar os desafios de todas as provações, como até nas questões bem mais simples de moral e sustento. Como vimos, nas cerimônias de caça ao fantasma dos aruntas, a coletividade chega até a lembrar bastante energicamente a pessoa morrente de que está na hora de tomar rumo. De doze a dezoito meses é muito tempo para um morto permanecer junto dos seus antigos lugares.

Na viagem fijiana ao outro mundo, conta-se que certo chefe se beneficiou muito com a amável doação de uma arma de fogo entre seus bens tumulares. Quando topou com o duende matador de almas, esse chefe teve oportunidade de disparar o mosquete para distrair o monstro e, assim, conseguiu passar correndo e chegar ao céu de Fiji.[41]

Como já dito, muitas nações aborígines enterram seus caçadores com lanças para serem usadas na ultravida, ou com o bastão de cavar no caso das mulheres. Há oferenda de alimento em muitos túmulos, fogueiras acesas para manter as almas aquecidas e, ocasionalmente, constroem-se cabanas para que o defunto tenha abrigo enquanto aguarda o seu tempo de renascer. Podem-se imaginar as almas famintas, com frio, indefesas e desabrigadas, às quais não se proporcionaram tais confortos, e as possíveis consequências físicas para os vivos que se negaram a proporcioná-los. Portanto, os bens tumulares – pelo

---

41 Ibid., p.465.

Allan Kellehear

menos em muitas sociedades caçadoras-coletoras recentes – não são simplesmente provisões de viagem para quem morre longe de sua antiga comunidade, mas também meios de que os vivos lançam mão construtivamente para apaziguar os mortos. Mas o propósito fundamental da oferta de bens tumulares não termina aqui.

Muitas nações aborígines providenciavam bens tumulares não só para sustentar as jornadas dos fantasmas e apaziguá-los, como para impedi-los de retornar. As almas morrentes às vezes desejam voltar – ou ficar –, e isso os vivos não podem permitir aos recém-falecidos. A fim de evitar que os fantasmas retornem para incomodá-los, todos os antigos pertences do morto, estejam como estiverem, podem ser sepultados ou incinerados com ele. Se os falecidos contarem com tudo quanto necessitam, não terão motivo para voltar. Mas, se a provisão de bens materiais for insuficiente para mantê-lo afastado, é preciso tomar outras precauções. O povo kwearriburra, da região australiana de Queensland,[42] decapitava os mortos, assava-lhes o crânio, depois partia os restos em pedaços e os deixava entre as brasas da fogueira. Quando o fantasma quisesse seguir a tribo, descobria que lhe faltava a cabeça e se punha a procurá-la enquanto as brasas a queimavam, coisa que o obrigava a voltar para a vida mais segura, ainda que limitada, do túmulo.

Assim, ainda que as pessoas morrentes vivessem até morrer outra vez ou se tornar cidadãs de outra sociedade além do mar, das nuvens ou das montanhas, seu controle sobre os fatos após a morte era muito restrito. Seus antigos sentimentos, as escolhas sociais a elas disponíveis após a morte, o alcance e o

---

42 Ibid., p.153.

tipo de apoios sociais que podiam esperar dos antigos parentes, sua segurança e equipamento de defesa, suas provisões e, às vezes, até mesmo o tempo à sua disposição para a jornada, tudo dependia da atitude e dos costumes dos que sobreviviam. Mesmo entre os poucos para os quais a morte biológica não era um acontecimento repentino, como aqueles que podiam ser submetidos ao assassinato ritual, o período de morrer, as cerimônias ou festivais que marcavam esse período e a maneira da morte geralmente eram prescritos pelo costume, e os desejos individuais desempenhavam pouco ou nenhum papel.

A despedida ambivalente

Enfim, como boa parte do morrer ocorre em uma viagem invisível ao além-mundo, a pessoa morrediça tem não um, mas dois *status*. Em primeiro lugar, é parente, membro de uma comunidade em que foi mãe, pai, irmão ou irmã, chefe ou amigo de algumas pessoas ou outro. Mas ela é, ou será, mais do que a soma desses antigos papéis sociais. Em breve, será um fantasma. O fantasma pode ser útil ou uma coisa temível.

E, embora os espíritos possam se identificar com ancestrais, deuses ou totens benevolentes, o fantasma novo precisa ser apaziguado para que não procure vingança nem descarregue ressentimento nos vivos. Como mencionamos na seção anterior, alguns bens tumulares são motivados tanto pela intenção de apaziguar quanto pelo altruísmo. A queima do crânio dos mortos ou a marcação das árvores com círculos para que o fantasma fique dando voltas em vez de seguir os parentes são exemplos de práticas concebidas para dar um adeus verdadeiramente definitivo. Por mais afeto que haja, também há um medo muito real de voltar a ver o morrente. Desejo e repulsa coexistem no despedir-se dos morrediços.

Entre os nativos do Estreito de Torres,[43] os mortos geralmente são levados para fora primeiro pelos pés para impedi-los de regressar. As cerimônias fúnebres também são festivais de despedida e para persuadir a alma a empreender a viagem ao além-mundo e deixar os sobreviventes levarem a vida em paz. As demonstrações exageradas e muitas vezes violentas de dor podem ter motivação genuína, mas sua expressão também é moldada pelo temor de que uma demonstração inadequada atraia a ira do falecido.

Bem que os mortos – enquanto espíritos morrentes – tenham certa atuação que lhes possibilita aparecer em sonhos, ajudar na caça, dar conselhos ou trazer má sorte ou doença aos vivos, tal atuação é reconhecida pelo grande arsenal de ritos, festivais e costumes dos vivos que limitam, controlam e repelem essa influência.

A ambivalência das despedidas representa a natureza dúplice do *status* do morrente como uma pessoa amada em vida e temida na morte. No mundo do invisível, poucas coisas são certas, e passar para esse mundo significa que raras almas têm responsabilidade direta pelas pessoas que deixaram. Os sobreviventes só podem maximizar as condições sociais pelas quais os morrediços reconhecem os seus antigos sentimentos e lealdades juntamente com as suas obrigações futuras como novos viajantes em outro mundo.

---

43 Ibid., p.174.

Uma história social do morrer

Temas recorrentes do morrer

Em geral, podemos deduzir vários temas importantes em torno às principais características do morrer entre os caçadores-coletores e as comunidades horticultoras recentes. Primeiramente, o que hoje chamaríamos de experiência "pessoal" de morrer é geralmente uma experiência dos mortos. No centro da maior parte das concepções de morte está a ideia da continuidade da vida, e essa vida pode ter duas partes: o destino final, que talvez seja como o Elísio, como o Inferno; ou simplesmente terreno, como na teoria da reencarnação. Trata-se daquilo que os teólogos modernos costumam denominar destinos escatológicos. (A exceção a isso geralmente é se a alma viajante sofrer uma "segunda" morte que significa a extinção.) A segunda vida é a vida anterior da pessoa em transição da existência antiga de entidade biologicamente viva para o novo *status* de viajante ao além-mundo. Os teólogos descrevem amiúde esse tempo inicial como período paraescatológico.[44] Eu diria que essa segunda vida é a vida "real" da pessoa morrente, e esse *status* particular provavelmente é o único *status* de "morrente" admissível para um povo da Idade da Pedra cuja demografia e epidemiologia raramente permitia um tipo significativo de morrer antes da morte. Como vimos nos relatos etnográficos recentes de jornadas ao além-mundo, mesmo aqueles com um significativo morrer antes da morte também incluiriam o período de viagem.

Em segundo lugar, se tivermos razão em propor que a estrutura, se não o conteúdo, das etnografias recentes do morrer

---

44 Hick, *Death and Eternal Life.*

está ligada a comportamentos da Idade da Pedra, a partir de uma perspectiva moderna, convém reconhecer que o morrer antigo era em grande parte controlado pelos outros membros da comunidade, além de ser uma viagem perigosíssima. Quase tudo no morrer da Idade da Pedra há de ter parecido complexo, vulnerável e ambíguo.

Como Pettitt[45] observa ironicamente, a vida dos neandertais podia ser desagradável, tosca e breve, mas seu morrer também era horrendo, arriscado e prolongado. Morrer na Idade da Pedra era uma jornada dramática, espetacular até, rumo a um destino geralmente surreal, ainda que incerto. O sucesso ou o insucesso da pessoa dependia de uma combinação de habilidades individuais com os ritos e deposições feitos em seu nome pelos antigos parentes e a comunidade.

Finalmente, apesar da importância e da complexidade da viagem do morrer e apesar da importância do apoio da comunidade e dos familiares nessa viagem, em geral, o indivíduo vivo tinha escassa ou nenhuma ideia de quando ou como esperar a morte. Até mesmo os chefes que eram mortos ritualmente pelos seguidores podiam ser os últimos a saber que sua hora tinha chegado. Somente as esposas, que presenciavam a decadência do desempenho sexual, ou os guerreiros jovens, que notavam a perda do vigor no outro, faziam essas estimativas do tempo adequado.

A morte pode chegar no parto, ou durante uma caçada, ou na guerra, na ignorância da armadilha mortal de uma tribo inimiga. Em todos esses encontros ou circunstâncias existem

---

45 Pettitt, Neanderthal lifecycles: developmental and social phases in the lives of the last archaics, *World Archaeology*, v.31, n.3, 2000, p.362.

as incertezas e probabilidades da própria morte e do morrer. Se a viagem à ultravida é a primeira principal característica do morrer e do controle da comunidade na Idade da Pedra, o segundo traço subjacente a ambos é o problema da expectativa. O desafio de prever a própria morte provavelmente era o problema-chave com que todos os seres humanos vivos topavam ao contemplar circunstâncias mortais, conversar sobre elas ou enfrentá-las. Por que a previsão da morte era o significado primordial da vida para os morrentes na Idade da Pedra?

Previsão e incerteza

Inicialmente, pode parecer que o morrer como um fato e como uma viagem é uma questão de certeza, mas um momento de reflexão sugere outra coisa. Nas economias industriais modernas, as pessoas dão por claro e certo que morrerão velhas, a menos que tenham uma morte intempestiva ou desafortunada, como muitos a encarariam: homicídio, acidente ou doença terminal. Na Idade da Pedra, é sensato acreditar, pelo que sabemos da demografia e da epidemiologia da época, que o acidente, o assassinato e as infecções de ação rápida deviam ser a experiência dominante. A expectativa do envelhecimento decerto era considerada insólita ou até excepcional como nós achamos que são os acidentes. A incerteza fazia parte da previsão da morte na Idade da Pedra tanto quanto a certeza moderna atualmente prognostica o envelhecimento por si mesmo.

A certeza de ter a experiência de uma viagem ao outro mundo provavelmente era compensada, se não eclipsada, pela incerteza de sobreviver a ela. As jornadas ao além-mundo — a se dar crédito aos relatos etnográficos recentes de caçadores-coletores — são experiências arriscadíssimas, ironicamente com pouca chance de sobrevivência do *self*. Hoje em dia, a secularização das sociedades industriais tende a persuadir as pessoas a não esperarem vivências de além-túmulo, mas os relatos populares e de outras pesquisas de experiências de quase morte ou de visões dos enlutados tornam essa nova "verdade" não tão certa assim. Até os materialistas admitem a contragosto que, depois da óbvia inconsciência mortal, o cérebro pode entretê-los durante um pouco mais de tempo do que admitiríamos outrora.

Nesse contexto de incerteza da Idade da Pedra, pois, o desafio mais significativo para as pessoas daquele tempo era, provavelmente, o da expectativa. Digo expectativa em dois sentidos: como uma qualidade da mente que sugere que nos impacientamos na espera e, em segundo lugar, como um agir antecipado. O morrer na Idade da Pedra devia gerar esses tipos de expectativa dos seguintes modos sociais e psicológicos.

A espantosa viagem ao outro mundo produzia quatro reações compreensíveis. Primeiro, o desejo da pessoa de identificar exatamente quando está prestes a ser lançada nessa experiência. Macaco, cavalo ou humano, ninguém gosta de choque. Entre os homens-deuses ou reis divinos, prever um assassinato ritual pode ser psicologicamente útil, se não politicamente estratégico. Mesmo para os homens e as mulheres comuns, a previsão exata da morte oferece opções úteis como de preparação ou de planos de fuga.

Segundo, a incerteza e a ansiedade da viagem ao além-mundo seriam uma forte motivação para evitá-la. Em relação direta com esse temor estaria a forte motivação para discernir os sinais de sua aproximação, sobretudo falando em termos biológicos. O desejo de reconhecer sinais sobrenaturais ou físicos da morte iminente há de ter sido alimentado pela ansiedade mística. Também pode haver implicado psicologicamente, ao menos em parte, o desejo de aprender a manejar riscos e, por conseguinte, foi importante para o desenvolvimento de armas de longo alcance e das organizações defensivas do período descritas por Bingham.[46] O desejo de evitar a morte – não simplesmente como perda interpessoal – também seria um importante incentivo social e pessoal a buscar técnicas sanitárias ou médicas tais como eram naquela época.

Em terceiro lugar, é provável que a previsão do morrer como viagem ao outro mundo também fosse importante para o crescimento e a popularidade do xamanismo. Em muitas sociedades caçadoras-coletoras recentes, o envolvimento com as práticas xamânicas – transe, ingestão de droga, tamborejar ritual, privação sensorial, isolamento prolongado, indução de dor, dança vigorosa ou canto incessante – pode afetar a metade da população.[47] Essa relação entre xamanismo e jornadas à ultravida figura há muito tempo nos controversos debates sobre as pinturas rupestres da Idade da Pedra. Tal curiosidade e o desejo de saber mais acerca da viagem ao além-mundo podem ter origem na remota Idade da Pedra. É possível que esse interesse antiquíssimo pelos truques e técnicas de sobrevivência na jornada ao outro mundo tenha sido o precursor de preocupações e continuidades semelhantes nas religiões históricas, como o judeo-cristianismo, o taoismo, o budismo, os extáticos iranianos e outras formas mais recentes de misticismo.[48]

---

46 Bingham, Human uniqueness: a general theory, *Quarterly Review of Biology*, v.74, n.2, 1999.

47 Clottes; Lewis-Williams, op. cit., p.12-4.

48 Couliano, op. cit.

Enfim, o desafio da antecipação não para na necessidade de mudar de comportamento na expectativa da maior viagem que temos a possibilidade de empreender. As pessoas da Idade da Pedra provavelmente desejavam prever o próprio morrer agindo de antemão: planejando e preparando-se para a morte. Em outras palavras, podemos esperar que um desejo de "morrer" anterior à morte biológica "real" tenha nascido na Idade da Pedra porque foi lá, na alvorada da nossa história, que se reconheceram pela primeira vez as vantagens de tal preparação.

Se tivéssemos um "morrer" neste mundo – ainda que por um breve período –, poderíamos usar esse tempo para obter certo conhecimento útil na viagem à ultravida. E pedir conselho, orações e até equipamento para a jornada. Pensando bem, a pessoa talvez tivesse tempo, efetivamente, para solicitar certas armas, alimentos ou ritos que seriam realizados se ela tivesse a mera oportunidade de pedir antes do fato da própria morte biológica. Bastava poder prever o morrer no outro mundo passando antes por um antecipado morrer neste! Ademais, seria possível planejar a sucessão nas famílias, tribos ou comunidades inteiras, dependendo do *status* de cada qual, se tivéssemos um morrer neste mundo antes do da ultravida. Também se poderiam prever perdas econômicas e fazer planos para compensá-las. Aliás, poderíamos participar desses planos se contássemos com a possibilidade de agir antecipadamente, de adiantar um pouco o nosso morrer.

De todas essas maneiras, a expectativa é uma implicação que afeta a conduta e, como um ímpeto para agir de antemão, parece ter sido um desafio crucial, se não essencial, surgido a partir do morrer na Idade da Pedra que criou a forma psicológica, social e espiritual de todo o comportamento subsequente no

Uma história social do morrer

morrer. No próximo capítulo, voltarei a atenção a como exatamente a qualidade da expectativa criou esse *design* básico que plasmou o nosso desejo e medo no ato de morrer.

Capítulo 3
O primeiro desafio: prever a morte

O que produz mais atividade em uma pessoa: a previsão ou a ignorância? O que produz mais ansiedade: a previsão ou a negação e a ignorância? Uma pessoa, qualquer uma, pode permanecer desinteressada, complacente ou passiva diante de uma ameaça conhecida que ela presencia repetidamente? A morte *move* as pessoas?

A resposta a todas essas perguntas é que a morte motiva e ativa as pessoas como poucas outras coisas porque, historicamente, a morte biológica é encarada não como morte propriamente, e sim como a parte mais complicada e desafiadora do viver. Nessa "parte final" do viver, após a morte biológica, mas antes da possibilidade de aniquilação do *self* mediante subsequentes provações ou transformação, há um perigoso período de teste. Embora esse "morrer" signifique que não há retorno, também pode significar grandes coisas para você e para mim. Decerto, a pessoa morrediça pode esperar ver coisas ou ter encontros que ela nunca viu nem teve na vida. Então, a grande questão com que todos os que morrem são obrigados a lidar é a de como maximizar as condições em que o morrente tenha sucesso nas suas difíceis e muitas vezes atemorizantes provas na ultravida.

Essa questão final e única cria o maior ciclo humano de desafio e reação de que qualquer um pode participar. Nos dois capítulos anteriores, eu sugeri que o desafio da expectativa pode logicamente ter tido um papel crucial no viver e morrer humanos ao gerar as seguintes reações antecipatórias defensivas possíveis: o desejo de prognosticar a chegada da morte; o desejo de repeli-la; o desejo de identificar os riscos de se deparar com ela. Também pode haver outras reações antecipatórias mais tolerantes quando, depois de tudo o mais, a pessoa reconhecer a morte como inevitabilidade: o desejo de saber mais a seu respeito; o desejo de se preparar para ela; e o desejo de planejar o seu entorno. Eu não sugiro que, na Idade da Pedra, determinado conjunto de respostas ao desafio de antecipar a morte tivesse prioridade sobre outro. Tampouco proponho que um conjunto seja mais ou menos importante que o outro. Não sugiro que todas as respostas sejam naturais a um ou outro grupo nem que somente um, ou dois, ou cinco, ou seis dessas respostas tivessem de estar presentes em qualquer tempo. Simplesmente proponho que tais respostas – defensivas e aceitantes – representam uma reação compreensível e até lógica ao desejo de prever a morte, um acontecimento que obviamente seria extremamente desafiador e difícil de prognosticar naquele tempo. É justamente a imensidão desse desafio ubíquo que me leva a pensar que ele tornou a preocupação social de antecipar a morte a atitude social e psicológica definidora da época. Descrevamos o que cada uma dessas respostas pode significar em termos práticos, sociais e evolucionários.

Uma história social do morrer

Reações defensivas ao antecipar a morte

O desejo de prever a chegada da morte

Esse desejo pode motivar as pessoas a observarem mais detidamente a afecção e a doença e a "armazenarem", por meios orais ou escritos, o conhecimento assim adquirido. Tal desejo de antever a morte pode levar a uma inspeção igualmente cuidadosa dos encontros sociais ou políticos capazes, por sua vez, de levar a um conflito fatal. Observações simples, como são feitas com bastante frequência, passam a constituir a base do padrão de reconhecimento de sinais de "perigo". Assim como as aves ou os babuínos reconhecem a possibilidade de morte nas serpentes ou nos falcões que se aproximam de sua comunidade, em uma formação humana particular, o estilo do armamento e até a vestimenta podem indicar a diferença aprendida entre um grupo de caçadores estrangeiros ou um de guerreiros.

É possível reconhecer alguns tipos de ferimentos como curáveis; outros se mostram incuráveis, insanáveis. Deve ter tardado milhares de anos para que se reconhecesse o significado de uma hemorragia, ou da perda de sangue na mulher durante a menstruação, ou ainda a quantidade de sangue escoado dos vasos de um homem. As manchas ou inchaços na pele, a mudança de cor do pus, os ataques e convulsões, a dor temporária e a crônica: todos esses sintomas precisaram ser mapeados e classificados como coisas com as quais se devia aprender a conviver em oposição àquelas que matavam depressa — ou muito mais tarde. Convém procurar explicações para os sinais de morte tanto políticos como físicos porque, embora seja inevitável, para a maioria das pessoas ela sempre chega por acidente ou maldade.[1]

De maneiras tão simples, a estratégia política ou militar defensiva é prevista, compartilhada e transmitida de geração a geração. Do mesmo modo, as artes médicas particulares criadas por uma comunidade passam, cada vez mais, a fazer parte da prática e da sabedoria de vida dessa comunidade. As relações internacionais, tanto quanto a medicina e a enfermagem, têm raízes históricas no desejo de prever a morte e não ser fatalmente surpreendido – como se passava tão amiúde com as pessoas na Idade da Pedra.

O desejo de repelir a morte

Assim como o desejo de prever a morte incentiva mais observação e organização de indivíduos e grupos, o desejo defensivo complementar de rechaçar a morte quando ela se acerca estimula a inovação tecnológica.

Esse desejo particular sugere a aplicação de energia social e política na defesa militar e nos sistemas de alerta para ataques de outros grupos humanos e animais. Esse tipo de consciência leva, naturalmente, a outros desejos de encontrar os locais de residência mais seguros contra os predadores ou os ataques surpresa. É claro que isso despertaria o interesse pelas cavernas livres de residentes animais, mas também e compreensivelmente pelos lugares altos com uma boa visão da região circundante. O uso de animais como os cães, os gansos, os pássaros ou os cavalos também proporciona bons sistemas de alarme e

---

1 Bowker, *The Meanings of Death.*

segurança conta ataques surpresa de grupos humanos rivais ou predadores.

Uma vez instalada a doença, o desejo de evitar as que resultam na morte também pode despertar um interesse pela cura, mas igualmente pela magia e pelos ritos supersticiosos para arredar a morte. O interesse pela "tecnologia" e pelas técnicas de "gestão emergencial" na sociedade da Idade da Pedra levaria naturalmente à ânsia por amuletos, feitiços, bem como ao encanto por certos objetos a que se atribui a capacidade de auxiliar um amigo ou parente afetado. Nessas formas simples, vemos as sugestões ou possibilidades pré-históricas do desenvolvimento subsequente da magia, da bruxaria, do sacrifício e de outras feitiçarias, mas também da farmacologia, da medicina, da cirurgia e das práticas de saúde pública, como o isolamento, a contenção ou o banimento.

A identificação dos riscos causadores de morte

Como vimos na nossa análise anterior dos mundos da vida e da morte na Idade da Pedra, duas fontes essenciais de morte são o ataque de predadores e o de outros seres humanos. Tais incidentes regulares naturalmente gerariam o desejo de evitar ambas as circunstâncias. Um dos principais motivos pelos quais os neandertais parecem ter tantos ferimentos nos restos esqueletais é serem caçadores de curta distância: eles pagavam o preço dessa proximidade da caça.[2] Decisivo para uma taxa de sobrevivência melhor durante a caçada foi o desenvolvimento de armas de alcance longo ou mais longo.

---

2 Mithen, The hunter-gatherer prehistory of human-animal interactions, *Anthropozoos*, v.12, n.4, 1999, p.198.

A capacidade de matar "remotamente" e não de perto teve duas consequências: facilitar a evitação do risco de morte ou ferimento grave durante a caçada, muito embora a mesmíssima tecnologia, na verdade, aumentasse o risco de morte ou ferimento grave causado por inimigos que empregavam os mesmos meios contra suas vítimas. Sem embargo, é de se supor que obter comida fosse uma prioridade maior dos caçadores da Idade da Pedra do que o homicídio, de modo que a tecnologia há de ter surgido primeiramente enquanto meio de administrar as circunstâncias perigosas da caçada. Também se pode dizer – referindo-se a qualquer armamento – que a capacidade de matar a distância era superior tanto nas ações defensivas quanto nas ofensivas. Assim, em primeiro lugar, o ímpeto de desenvolver armas sofisticadas foi uma ótima reação defensiva à gestão do risco de morte e ferimento.

Aliás, em sua teoria acerca da singularidade humana, Bingham[3] argumenta que a linguagem e o desenvolvimento tecnológico combinados com a alta função cognitiva se podem explicar pela nossa capacidade de matar e ferir a distância e de fazê-lo com apoio social, aprimoramento do armamento e monitoração e vigilância sociais. O ímpeto de semelhante organização social para matar pode ter sido o desejo básico de evitar ser morto na tentativa de obter o almoço.

As implicações sociais disso transferem-se facilmente para o desenvolvimento subsequente de estratégias militares para se proteger, mas também para atacar os outros. Curta é a distância

---

3 Bingham, Human uniqueness: a general theory, *Quarterly Review of Biology*, v.74, n.2, 1999.

entre isso e a ideia de cultivar e criar o seu próprio alimento e ter uma coisa chamada exército para defendê-lo.

O matar e o evitar ser morto mediante o desenvolvimento de armas, porém, só podem ser uma consequência da estratégia defensiva para evitar a morte. A gestão do risco também há de ter provocado períodos de observação da presa, assim como de quais vegetais induziam doença e quais não. Tais observações também devem ter levado a benefícios complementares, como a compreensão do ciclo vital e das fontes alimentares de animais. Esse conhecimento seria útil não só na escolha de animais mais jovens, mais vulneráveis, para caçar, como também ao sugerir a possibilidade de domesticação e criação.

Outras ideias sugeridas pelo desejo de evitar danos são a preferência por lugares de residência defensivos, pelas fortificações e pela vigilância não só contra os animais, como também contra a inclemência do tempo e os acidentes geográficos perigosos. Todas ou algumas delas devem ter ocorrido a um grupo de nômades da Idade da Pedra, mas não a outro. A comunicação entre os grupos há de ter tido um papel na propagação de ideias novas, ou o isolamento de grupos inteiros pode ter impedido que a notícia das inovações se espalhasse além de um deles. Simplesmente não há como sabê-lo.

Reações aceitantes na previsão da morte

É claro que nem todas as reações à perspectiva da morte foram e são defensivas. Em todas as sociedades, há aceitação e reações curiosas à possibilidade de morrer. Às vezes, as pessoas desejam saber mais acerca do inevitável e tentam se preparar ou se planejar para essas circunstâncias finais da mortalidade.

Allan Kellehear

Aprender acerca da morte

Já vimos que o tema de um dos debates mais importantes da arqueologia é o significado das pinturas rupestres da Idade da Pedra. É difícil saber se essas pinturas representam fatos reais ou desejados, ou refletem estados alterados de consciência. Quando nos afastamos de meras representações de animais, mãos humanas ou órgãos sexuais, geralmente damos com uma coleção intrigante de figuras semi-humanas e semianimais. Com frequência, imagens insólitas de bichos ou semibichos se acham em partes muito inacessíveis das cavernas, e esse fato, juntamente com a mescla de figuras humanas-animais, levou o destacado arqueólogo Lewis-Williams[4] a concluir que pelo menos *parte* dessa arte representa os mortos ou o espírito dos mortos.

Lewis-Williams acredita que uma parcela da arte rupestre retrata ancestrais, xamãs mortos ou, por vezes, simplesmente o espírito de pessoas comuns. E baseia seus argumentos e interpretações em continuidades nos enredos míticos dos povos atuais situados nas imediações dessas cavernas antigas. Através de uma variedade de estratégias — dor, privação sensorial, tamborejar, ingestão de alimentos especiais ou participação em ritos particulares —, os homens e mulheres antigos talvez pudessem alterar seu estado de consciência a fim de explorar o que subsequentemente enxergavam como relances do "outro mundo". Tais ideias não são necessariamente fantásticas, e as jornadas xamânicas são bem conhecidas hoje em dia como

---

4 Lewis-Williams, Quanto: The issue of "many meanings" in Southern African San rock art research, *South African Archaeological Bulletin*, v.53, n.168, 1998; Lewis-Williams, Chauvet: the cave that changed expectations, *South African Journal of Science*, n.99, 2003.

estados alterados de consciência induzidos pelo LSD, pela mescalina e por diversas drogas farmacológicas que alteram a mente.

Se parecer exagerado aceitar que o xamanismo fosse tão disseminado entre os primeiros caçadores-coletores — coisa que não se deve basear na sua ocorrência comum nas populações caçadoras-coletoras recentes —, uma exploração de viagens ao além-mundo podia ser feita ainda mais facilmente nos sonhos. A ideia de que os sonhos são jornadas genuínas e "reais" a um outro mundo — um mundo em que é possível encontrar os mortos e outros animais estranhos — também é uma crença comum nas sociedades caçadoras-coletoras e pode ser uma fonte de crença em que tais experiências podem dar um *insight* ou conhecimento acerca do "outro mundo".

Preparar-se para a morte

A reação social e pessoal aceitante mais óbvia à inevitabilidade da morte é preparar-se para a sua eventualidade. Como vimos nos relatos simples de recentes viagens ao outro mundo de fijianos e aborígines australianos, há certo bom senso em fazer preparativos. Em Fiji, por exemplo, é muito sensato ser casado antes de morrer (para garantir que as esposas o acompanhem ou evitar a mulher monstro que devora os solteiros). Nas Novas Hébridas, convém furar as orelhas antes de correr risco de morte, do contrário, a pessoa sofrerá sede eternamente no além-mundo; ela precisa ter tatuagens, do contrário, a comida que come durante a jornada será pobre; a pessoa ou pelo menos os seus pais devem plantar muitos pandanos. Esses são apenas alguns exemplos das muitas possibilidades de boa preparação, durante a vida, para a viagem ao além. Mas não são os únicos preparativos úteis.

Para alguns, o morrer na jornada à ultravida *pode levar à imortalidade*, bem que muitos, ao contrário, estejam sujeitos a simplesmente sofrer uma "segunda" morte aniquiladora durante essa viagem. Um modo importante de se sair bem é não ir simplesmente bem armado e assegurar a observância de todos os costumes que tenham implicações no além-mundo. Curiosamente, também se sugere com frequência que elucidar valores é uma boa preparação para a viagem. Nas Novas Hébridas, quem matou gente pode esperar um encontro com suas vítimas, que o insultarão e agredirão com porretes e adagas.

As jornadas ao outro mundo são repletas de trapaceiros e trapaças, e isso certamente sugere a importância de valorizar a experiência e cultivar certa sofisticação que se pode denominar "sabedoria". No além-mundo, os fantasmas, duendes, monstros ou deuses geralmente premiam a compaixão na vida e costumam pagar a crueldade com crueldade. Tais histórias sugerem certa utilidade no refletir sobre os valores sociais e pessoais que temos na vida. Entre os caçadores-coletores, a cosmologia da vida e da morte pode ter uma dimensão moral, e, amiúde, isso provoca uma elucidação de valores para todos os membros da comunidade.

Planejar a morte

Enfim, é possível fazer planos para a inevitabilidade da morte assegurando que as obrigações familiares sejam fortes. Afinal, é dos parentes que quase sempre dependemos para que enterrem as coisas mais úteis que vamos usar na viagem à ultravida. Evidentemente, grande parte desse planejamento está associada ao *status*, assim como atualmente entre os povos industriais. Quanto mais elevado o *status*, maior a necessidade de planejamento da sucessão, por exemplo. Alguns reis-deuses hão de ser assassinados antes que se tornem demasiado frágeis ou adoeçam a ponto de permitir que suas energias sejam perdidas para a comunidade ou para o rei ou xamã seguinte.

A substituição no lugar central por ele ocupado na partida de caça, na procura de comida ou coleta de alimento em geral ou na criação dos filhos talvez precise ser planejada para o caso de morte inesperada. Mesmo a perda de um filho chega a ter implicações na obtenção de alimento importantes para um grupo de nômades. No caso do planejamento da sucessão e da gestão do conflito a respeito de quem sucederá em quais posições, pode ser necessário estabelecer leis orais ou, pelo menos, certas considerações sobre prioridades de *status*.

Esses tipos de planejamento, assim como as reflexões anteriores sobre a preparação para a morte, devem ter sido a base de considerações e desenvolvimentos ainda maiores para quem pertencia a comunidades mais complexas e populosas, e mais ainda para quem tinha possessões. E, como veremos mais adiante, é justamente esse o caso nos povos que desenvolveram sociedades sedentárias em situações pastoris e urbanas.

A antecipação da morte em estilo defensivo pode ser vista como um ímpeto importante para a ampla expansão de ideias, se não realidades sociais, de organização militar, medicina e ciência. Os estilos mais aceitantes de antecipação da morte favoreceram claramente o desenvolvimento e a ascensão de ideias e organização religiosas e espirituais.

Assim, pode-se ver facilmente que o problema do morrer na Idade da Pedra tornou-se uma relevante — talvez a mais relevante — força motriz social da atividade e desenvolvimento culturais. A questão da antecipação para os morrentes pode ter sido o único grande impulso rumo à formação da cultura, ao desenvolvimento de leis, a novas organizações, a tecnologias e ciências. É possível que isso tenha resultado em maior ou menor desenvolvimento de um povo para outro, de modo que o desafio constante de prever o próprio morrer resultou em mudanças pequenas para alguns e grandes para outros. Não podemos dizer o que gera as condições para que uma sociedade tenha uma linha mais sofisticada de desenvolvimento tecnológico ou organizacional do que outra, mas podemos dizer que os ímpetos pessoais e sociais estão ampla e ricamente demonstrados nos mundos da morte e do morrer na Idade da Pedra.

Nos termos do debate moderno sobre a morte e o desenvolvimento da cultura, nossas reflexões e observações atuais sobre o morrer na Idade da Pedra sugerem que prever a morte, mais do que negá-la, é crucial como uma força social criativa. Antecipar a morte pode ter sido fundamental para todo o nosso importante desenvolvimento político, econômico, espiritual e científico.

Assim sendo, a sociedade foi construída não para nos proteger da morte, e sim para nos ajudar a prevê-la e a nos preparar para os seus desafios bastante específicos. Em oposição à graciosa observação contemporânea segundo a qual a vida não é um ensaio, ergue-se a contraobservação mais sóbria da pré-história, segundo a qual ela pode muito bem ser justamente isso. A vida – como desenvolvimento pessoal e social na sociedade – pode, sim, ter sido encarada inicialmente como um ensaio para os desafios da viagem ao além-mundo.

Para a maior parte da história e da pré-história humanas, a sociedade era sinônimo de religião, sem distinção nítida entre as duas como atualmente as vivemos. A religião/sociedade nos proporcionava um entendimento não só dos desafios "por vir" como a compreensão complementar da própria finalidade da vida. A finalidade era prever a viagem ao outro mundo tanto no modo defensivo quanto no aceitante.

Se rompermos a conexão antiga e intrínseca entre os nossos entendimentos de como *esta* vida nos prepara para a do *além*, a maioria das nossas atividades humanas, sociais e econômicas fundamentais parece desprovida de sentido. Se descartarmos as ideias religiosas acerca da jornada à ultravida como uma forma de morrer, classificando-as de ilusão ou mito com pouca ou nenhuma verdade literal, a compreensão pessoal fica abruptamente alienada da produção cultural do significado original.

Sem esses nexos, a atividade humana parece sem sentido; os indivíduos se tornam náufragos do seu próprio ceticismo; e o entendimento se transforma em um projeto arbitrário e pessoal. E, é claro, tais conclusões são exatamente as tiradas amiúde pela teoria social psicanalítica: a inspiração filosófica do humanismo secular. Se prever o nosso morrer não for o que as sociedades têm praticado há tanto tempo, o seu contrário – negar a morte – pode ser a causa de todo esse comportamento evolucionário criativo.

A antecipação da morte *versus* a negação da morte

No século XX, a psicanálise foi uma de várias abordagens modernas do conhecimento francamente hostis às ideias religiosas. Como o marxismo, que se desenvolveu mais ou menos na mesma época, a psicanálise procurava contestar diretamente a ideia religiosa de que mundos inteiros existiam invisivelmente para o mundo material da vida cotidiana. Com a ajuda desses desafios filosóficos à religião, a visão biológica materialista (nós somos unicamente carne e ossos), a empírica (o que não se pode ver ou medir não vale como conhecimento) e a humanista-racionalista (quem insiste no irracional deve ter uma agenda social ou política oculta de interesse próprio) passaram a dominar, particularmente na produção acadêmica.

Como não há nenhum mundo além deste, assevera o discurso acadêmico, a formação da cultura há de se basear não na antecipação, e sim na negação. Não é a antecipação, mas o *medo da morte* que impele uma energia ansiosa a construir para nós um escudo contra a mortalidade. A formação da cultura é o nosso desejo inconsciente de repelir a morte, de ser imortais, nos nossos legados de conhecimento, política, edifícios, impérios, medicina e ciências. A negação da morte, combinada com o desejo igualmente fértil do prazer, é a casa das máquinas de toda atividade humana.

Assim, a psicanálise assume coerentemente uma visão associológica da história humana, coisa que leva alguns comentaristas simpatizantes, como Christopher Lasch,[5] a descartar as incursões psicanalíticas na história, na antropologia ou mesmo na biografia. E isso apesar do interesse em rastrear as conexões psicanalíticas – úteis no mais – entre tipos de sociedades e os indivíduos dominantes e celebrados por elas produzidos. A psicanálise desdenha a agenda explicitamente religiosa das sociedades (porque não pode haver um além-mundo "real"), preferindo propor um motivo humano político e/ou inconsciente para o nosso comportamento evolucionário. Já que a

---

5 Lasch, *The Culture of Narcissism*, p.33-4.

jornada à ultravida é obviamente absurda, uma ficção, uma coisa sem substância real, todas as energias criativas sociais, econômicas e políticas por trás da formação da cultura devem ter outra razão de ser.

Os teóricos psicanalíticos parecem nunca se importar com o fato de, durante a maior parte da história humana – aliás, desde o começo –, pouca gente ter realmente participado da opinião segundo a qual a viagem ao outro mundo é absurda. Nessa análise, segundo os seus proponentes, deve-se dar primazia à teoria psicanalítica moderna, não aos outros pontos de vista humanos. O fato de as instituições sociais de todas as sociedades anteriores se orientarem para o além-mundo deve ser desprezado, pois o tema dessa atenção evolucionária era e é intolerável para a psicanálise fundada no materialismo.

Em 1959, Norman O. Brown reforçou e reposicionou sua visão freudiana da morte exaltando o papel do "instinto de morte" nos seus escritos psicanalíticos. A cultura, argumentou ele, impede o indivíduo de satisfazer seus desejos de maneira desinibida. A sociedade inibe. E o indivíduo reprime seus desejos em troca de outras recompensas do grupo: segurança, proteção ou apoio. Nessa compensação, a cultura do indivíduo provê substitutos dos pais, proteção contra ter de ser independente e "ficar sozinho no escuro".[6]

Essas observações são estranhas, despropositadas até, já que os seres humanos são uma espécie de primata e esses animais são (1) naturalmente gregários, não cultivam um estilo de vida solitário; e (2) baseados em uma reciprocidade de trocas mútuas e em relações distintas das antigas relações pais-filhos, que

---

6 Brown, *Life against Death: the psychoanalytic meaning of history*, p.99.

são caracteristicamente unilaterais. De resto, é difícil imaginar caçadores-coletores adultos ou horticultores primitivos com medo do escuro, uma vez que a maioria deles conheceria muito bem os ruídos da escuridão. Se houvesse necessidade de um motivo para ficarem juntos, a simples ideia de apoio recíproco, de parceiros sexuais, de provisões defensivas e alimentares compartilhadas seria uma explicação mais do que adequada. É difícil entender por que um teórico precisaria conjeturar um medo humano de "ficar sozinho no escuro". Como no caso de muitos escritos psicanalíticos, às vezes é difícil discernir quem está falando em nome de quem.

A história da sociedade também é, pois, a história da repressão, e Brown alegou que nós precisamos levar uma vida mais "irreprimida", uma vida mais consciente do corpo, que reconheça todos os desejos emanados desse corpo. Tratava-se de uma opinião muito atraente e oportuna nos Estados Unidos do início da década de 1960, e Ernest Becker a ampliou e popularizou nos anos 1970.

Becker[7] retomou a argumentação de Brown com certa reestruturação da solução, ou seja, a solução da repressão e da negação inevitáveis da morte pela humanidade não consistia simplesmente em se livrar da repressão (ele não acreditava que isso fosse possível), mas lutar heroicamente entre as limitações da submissão social e a necessidade do desejo individual. Nós precisávamos encontrar um "caminho do meio", uma conclusão existencialista psicanalítica que nos fizesse reconhecer que somos ao mesmo tempo objetos (corpos físicos com necessidades e destinos físicos) e sujeitos (autoconscientes, seres intelectuais

---

7 Becker, *The Denial of Death*.

Uma história social do morrer

produtores de conhecimento e reflexão). Precisávamos entregar à sociedade o que a sociedade exigia, mas, ao mesmo tempo, encontrar um modo de realizar o nosso caráter e as necessidades da espécie. Este também era um ensaio datado e bem ao gosto da filosofia popular dos Estados Unidos nos anos 1970.

Becker alegava que todos os sistemas culturais eram sistemas "heroicos" — fossem religiosos, seculares, científicos, civilizados ou primitivos. Tais sistemas destinavam-se a nos dar um senso de transcendência sobre a morte: um senso de importância, de "valor primário", um sentido inabalável de que a nossa contribuição nos confere certa qualidade mínima de imortalidade.

A morte nos "apavora", segundo Becker. Nós vivemos com contradição. Enquanto pessoas, esforçamo-nos para nos refazer espiritual e psicologicamente, e então morremos porque somos simplesmente corpos físicos. Tememos a aniquilação,[8] afirma ele, alheio à evidência etnográfica contrária do mundo, pois realidade e medo andam juntos.[9] A única pergunta a que falta responder é por que, se todo o mundo receia a morte, pouca gente a encara ou age sobre ela. A resposta, claro está, é que as pessoas a reprimem.[10] E, ainda que concorde envergonhadamente que é impossível perder com um argumento desses, Becker, imperturbável, dá continuidade ao desenvolvimento de sua tese.

A exceção desgarrada e ocasional à ideia de que nós todos somos conduzidos, dirigidos, e nos distraímos da percepção

---

8 Ibid., p.13.
9 Ibid., p.17.
10 Ibid., p.20.

Allan Kellehear

de que vamos morrer não chega a ser rejeitada nem mesmo por cortesia. Os camponeses, por exemplo, raramente apresentam esse comportamento conduzido. Pelo contrário, parecem frequentemente abertos para as questões da morte e do morrer, porém, esses tipos culturais como os camponeses sofrem assassinato de caráter por parte da pena de Becker, que nos conta que eles apresentam "loucura real":[11] propensão oculta ao ódio e ao ressentimento verdadeiros, à desavença, à briga, à altercação, à mesquinharia, à superstição e à obsessão. Infelizmente, essas características não conseguem separar os povos industriais dos camponeses, mas, é claro, sem empregar descrições específicas da sociedade ou da cultura, a tarefa de distinguir grupos culturais diferentes fica muito mais difícil para Becker.

A opinião de Becker ainda é popular como teoria sobre morte e sociedade e, portanto, segue sendo uma importante (se não ilógica) tese contrária à previsão da morte como propulsora da formação da cultura humana. Tendo editado um volume de ensaios de admiradores confessos de Becker, Dan Liechty[12] e outros autores muito se empolgam com o trabalho empírico de Greenberg, Pyszczynski e Solomon,[13] inexplicavelmente autodescritos como os "três patetas".[14] Esses autores tentam usar algumas ideias de Becker como hipóteses de autoestima

---

11 Ibid., p.24.

12 Liechty (Org.), *Death and Denial: interdisciplinary perspectives on the legacy of Ernest Becker.*

13 Greenberg; Pyszczynski; Solomon, A perilous leap from Becker's theorizing to empirical science: terror management theory and research. In: Liechty (Org.), *Death and Denial: interdisciplinary perspectives on the legacy of Ernest Becker.*

14 Ibid., p.3.

Uma história social do morrer

e medo da morte. Mas, tendo em conta que o medo da morte como medo do aniquilamento ou da perda da autoidentidade é uma associação comum nas economias industriais ocidentais, não surpreende descobrir que, nesses lugares, as reflexões a respeito da morte induzam uma reação à ameaça.

O estabelecimento de um medo universal da morte é tarefa de uma pesquisa transcultural, não simplesmente para amostras de pesquisa de juízes norte-americanos, estudantes universitários ou norte-americanos com distúrbios psicológicos. Suas outras pesquisas feitas na Alemanha, na Holanda, em Israel, no Canadá ou na Itália não chegam a ser estudos transculturais. Se o medo da morte for "universal", é preciso desenvolver medidas psicométricas para as sociedades caçadoras-coletoras, bem como para as de pequenos horticultores. As atitudes para com a morte em sociedades mais seculares precisam de comparação com sociedades em que as atitudes religiosas prevalecem em um ambiente social em grande parte inconteste.

Brown, Becker e seus adeptos apresentam pouca evidência empírica em apoio ao que alegam ser "inconsciente". Em termos de simples argumento, ainda resta explicar por que uma ideia mais complexa e inacessível — como a negação da morte — tem poderes explanatórios superiores à argumentação e às observações sociológicas mais simples acerca de como grupos e culturas evoluíram em reação a ideias religiosas sobre o morrer e aos desafios do além-mundo nelas identificados.

Frequentemente, esses trabalhos são escritos para os já conversos à psicanálise, para os de persuasão psicanalítica compartilhada, que, por conseguinte, não se ocupam seriamente dos dados arqueológicos, etnográficos e sociológicos disponíveis. Como vimos na discussão de Becker sobre os camponeses, as exceções antropológicas são rapidamente incluídas, muitas vezes de modo rude e depreciativo.

Todavia, tanto Brown como Becker são reações tardias do século XX à "indigência" intelectual e espiritual produzida pela secularização e a gentrificação dos trabalhadores durante esse momentoso período de industrialização. Sem religião atualmente, as pessoas se voltam mais amiúde para a psicologia em busca de significado pessoal e social. Como o próprio Becker observa, a psicologia passou a ser a nova "religião".[15] No entanto, isso não impediu a sociologia de promover essa visão aistórica e antirreligiosa do desenvolvimento humano.

Zygmunt Bauman,[16] como Brown e Becker antes dele, confessa com certa timidez que emprega um método denominado "psicanálise do inconsciente coletivo". Argumenta que as instituições e culturas sociais são o resultado oculto, mas às vezes direto e franco, do enfrentar o problema da mortalidade e a necessidade de reprimir esse conhecimento. A cultura trata da transcendência e tem duas tarefas importantes. Primeiramente, nós precisamos sobreviver, o que para ele significa aumentar a longevidade, alçar a morte acima do mundano e aprimorar a qualidade de vida. Em segundo lugar, temos de perseguir a imortalidade, o que para ele significa incorporar certas atividades ou objetos vitais com significado e memória imortais.

Se fosse para adotar uma simples visão antecipatória da morte, como argumento que os povos da Idade da Pedra devem ter feito, as duas tarefas da cultura como transcendência poderiam ser (1) preparar e adquirir aptidões para os desafios

---

15 Becker, *The Denial of Death*, p.255 et seq.

16 Bauman, *Mortality, Immortality and Other Life Strategies*, p.8.

vindouros na jornada à ultravida; e (2) deixar um legado que auxilie os demais nos desafios futuros. Em outras palavras, como vimos, a crença em outra existência, ainda que não necessariamente melhor, pode encorajar a sobrevivência, a qualidade de vida, o altruísmo, além de imbuir os objetos e atividades de significado e memória imortais, não para *criar imortalidade*, mas para *assistir e antecipar a sua eventualidade em outro lugar além desta vida*.

Como os teóricos psicanalíticos anteriores, Bauman é um materialista recalcitrante que define a morte como "nada" ou "incognoscível". Só podemos falar na morte dos "outros" e na nossa própria mediante "metáfora". Deixando de lado o fato de que só podemos falar na maioria das coisas na vida usando metáforas, particularmente nas experiências pessoais complexas, afirmar que a morte é "nada" encerra um debate em andamento sem o benefício ou a delicadeza de um argumento. Assim, uma vez mais, tais obras são escritas para os crentes na visão material da morte. Começam com essa premissa como o ponto de partida comum inegociável.

Trata-se de um ponto de partida estranhamente ideológico para um sociólogo, pois, *se* tomarmos como ponto inicial a visão do participante da sua vida e significado, é desnecessário ter posição pessoal no tocante ao nosso destino final na morte para desenvolver um argumento social sobre o significado da atividade humana. Somente se desacreditarmos essa atribuição própria de significado ao seu comportamento é que precisamos empregar suportes teóricos alternativos como a negação, o medo, a repressão e outros que tais. E, embora possa haver bom sentido nesse procedimento metodológico no trabalho com indivíduos, é uma aventura de alto risco metodológico e ético na condução de uma análise institucional ou cultural.

Semelhantes posturas de desprezar ideologicamente a explicação que uma cultura dá à sua conduta têm suscitado frequentes e justificáveis acusações de etnocentrismo.

Bauman prossegue alegando que "imortalidade não é mera ausência de morte; é o desafio e a negação da morte".[17] A mortalidade gera o desenvolvimento da cultura, da história e da arte. Parafraseando Elias Canetti, Bauman pergunta: se não fôssemos morrer, quantos achariam que vale a pena viver? A resposta, se Bauman ou Canetti quisessem ouvi-la do registro etnográfico, é que muita gente acharia que vale a pena aparentemente! A maioria das civilizações, inclusive as da Idade da Pedra com evidência de viagens ao além-mundo, não encarava a vida e a morte em termos tão contraditórios, paradoxais. Longe de ser o contrário da vida, a morte era a sua continuação. O desafio de muitas jornadas ao outro mundo *não* era morrer pela segunda vez, e sim sobreviver como um deus ou uma pessoa comum, se não para sempre, talvez durante muitíssimo tempo.

Bauman enxerga a morte como uma ideia mais ofensiva do que a maioria das outras; nós não temos condições emocionais de pensar ou vivenciar a nossa morte. E, como não podia deixar de ser, cita a cansativa e surrada frase de Rochefoucauld segundo a qual não se pode olhar diretamente nem para o sol nem para a morte. Eterna exageração do óbvio, atualmente ela também é obsoleta e irrelevante. Pode-se olhar para ambos indiretamente: como hoje fazem a astronomia e a física ao estudar o sol; e com os estudos da quase morte, as pesquisas dos hospitais de doentes terminais e cuidados paliativos, assim como os estudos do luto quando se explora o próprio tema da morte.

---

17 Ibid., p.7.

Por fim, há uma incongruência implícita nos argumentos de Bauman em geral. Eu não vejo necessidade nem indício disseminados para reprimir a história da mortalidade. A dita necessidade de reprimir o horror do vazio da morte não pode ser logicamente verdadeira, ou pelo menos carece de sentido, se, para começar, o objeto do medo não estiver presente. Nós reprimimos uma coisa, não o vazio, o nada, mesmo pela lógica do próprio Bauman. Essa exceção absurda revela a ideologia, não a sociologia.

Bem ilogicamente, esse componente ideológico na argumentação de Bauman leva a afirmações ainda mais extremas como "a cultura seria inútil não fosse a devoradora necessidade de esquecer (a morte/mortalidade)".[18] Mas podemos ver outra possibilidade ao examinar o mundo da vida e da morte da nossa pré-história, a saber, que a morte não precisava transcender porque os conceitos deles de morte dificilmente eram tão aniquilantes como o de Bauman (ou de Freud, Brown ou Becker, aliás). A morte era uma *vida* que requeria de nós antecipação, estudo e talvez preparo. Além disso, na Idade da Pedra, havia outras necessidades mais prementes do que simplesmente a morte a exigirem a nossa capacidade transcendental, sendo o exemplo mais óbvio o sofrimento cotidiano.

Recentemente, Clive Seale[19] revisitou alguns desses supostos — se não argumentos — psicanalíticos, mas, em vez de dar ênfase à negação da morte, concentrou-se no decaimento do nosso corpo. Não inteiramente convencido da tese da negação da morte dos nossos colegas psicanalíticos, ele argumenta

---

18 Ibid., p.31.
19 Seale, *Constructing Death: the sociology of dying and bereavement*.

que o crescimento da subjetividade reflexiva humana em um corpo efêmero, temporário e frágil requer uma "defesa" contra a morte.

Seale acredita que a medicina e a psicologia oferecem certa medida de proteção e apoio contra as ansiedades desse decaimento recrutando as pessoas, ainda que com cuidado, para comunidades imaginárias de moribundos e enlutados. Tal ideia amplia os interesses intelectuais das ciências sociais anglófonas, aumentando pressupostos materialistas com o próprio interesse de Seale pelo individualismo e pela hipocondria. A preocupação com o corpo — suas operações, forma e resistência — é uma obsessão da nova classe média dos países industrializados de todo o mundo atual. Mas acaso esse e outros argumentos fundados na psicanálise se aproximam daquilo que motivou os nossos antepassados durante a maior parte da pré--história e história da formação da cultura?

O meu argumento é que nós não somos nem nunca fomos um povo negador da morte.[20] Não o somos porque, como mostrei, a maior parte dos animais superiores não nega a morte — e eles são nossa herança genética e social. E também não o somos porque, por assombroso que possa parecer inicialmente ao leitor não religioso, temos vivido historicamente para prever e nos preparar para outra viagem além da presente existência. É desimportante arbitrar a "verdade" fundamental de tal mensagem. Para esta principal observação, uma observação e argumentação sociológicas, o fato de a maioria das pessoas *acreditar* na jornada ao além-mundo deve contar como o fator

---

20 Kellehear, Are we a "death-denying" society? A sociological review, *Social Science and Medicine*, v.18, n.9, 1984.

Uma história social do morrer

mais persuasivo e importante para explicar o subsequente comportamento formador de cultura. A ficção da ultravida, caso seja deveras uma ficção, tem mais potencial explanatório em termos empíricos do que a ficção alternativa que prova a sua própria existência pela incapacidade de se demonstrar a si mesma: a negação da morte.

Nós sempre adquirimos o aprendizado de antecipar a morte ou aspiramos a antecipá-la e pedimos aos demais que nos assistam ou nos ajudem a assistir os outros nas nossas ações diretas ou no nosso legado a eles para esse futuro que é a morte. Realizamos essas tarefas em palavras e atos, com flores ou armas nos túmulos, com o fortalecimento dos vínculos de parentesco e com o conhecimento de mitos e lendas.

A jornada à ultravida ao longo da jornada humana neste mundo é uma litania dos desafios que temos de enfrentar na morte. Não é a "realização de um desejo" porque, em qualquer cultura e em qualquer tempo, poucos a desejariam.

Mas negar a estrutura das viagens ao além-mundo é ficar sem nada, sem objeto pelo qual interagir com a nossa longa história. A brecha deixada por esse passo metodológico anômalo significaria que nós temos de procurar efetivamente outro motivo mais descabelado para o nosso fazer. E quem assumiu essa virada particular e essa tarefa desnecessária foram os adeptos da teoria psicanalítica, cuja aversão por qualquer coisa religiosa afastou-lhes o olhar da própria cultura, levando-o para os mais especulativos mecanismos internos do inconsciente.

Se a morte de fato não for nada, se não houver viagem ao outro mundo quando o corpo deixar de se mover, a vida há de parecer realmente inútil, vazia e sem sentido: o estado de espírito cada vez mais comum nas pessoas modernas em toda parte quando confrontadas com a morte. E isso porque a verdade sociológica talvez seja que nós fazemos quase tudo quanto fazemos pelos mesmos desafios, perigos, significados e prêmios das nossas jornadas coletivas ao além-mundo formuladas pelos nossos ancestrais.

A maior parte dos intelectuais que leem o argumento da negação e compartilham seus pressupostos acadêmicos desdenha igualmente a religião como um sistema de crença pessoal. E, de fato, atualmente nós temos o direito de abraçar ou desprezar qualquer ideologia *como uma opção de estilo de vida pessoal*. Mas integrar essa rejeição pessoal à análise sociológica ou histórica custa caro. Quem não reconhece que a maior parte das pessoas, na maior parte das épocas da história e da pré-história humanas, considerava as religiões repositórios de importantes verdades ignora o principal motivo pelo qual a cultura existe. Descartar o poder criativo e literal das interpretações religiosas da morte é abrir mão do recurso mais óbvio e poderoso de que dispomos para explicar como obtivemos o que hoje temos na sociedade e na cultura.

A redução do papel seminal da religião na compreensão da morte e do significado disso no desenvolvimento da sociedade é um erro sociológico cardinal. E de nada serve simplesmente racionalizar a religião como parte da "negação da morte". As religiões, como argumenta Bowker,[21] não são a negação da morte, mas justamente o contrário: a primazia do problema da mortalidade e da imortalidade como desafios a serem enfrentados no aqui e agora.

---

21 Bowker, *The Meanings of Death.*

Uma história social do morrer

A religião e as abordagens da morte aceitantes e defensivas

O que se pode discernir, ainda que vagamente, a partir dos escassos indícios arqueológicos da Idade da Pedra é que a vida costumava ser breve, acabava bastante abruptamente, mas sempre impunha respeito junto à tumba. Os indícios dos bens tumulares e das pinturas rupestres da baixa Idade da Pedra sugerem pelo menos o interesse em manter os mortos no lugar em que jaziam, garantindo que tudo a que tivessem apego fosse enterrado com eles ou, no máximo, os apoiasse em uma viagem imaginária.

E, posto que houvesse, obviamente, energias sociais propensas à abordagem defensiva da morte – a fim de impedir ou reduzir o seu dano –, uma abordagem mais aceitante e fundada na curiosidade pode ter incentivado o desenvolvimento da religião em períodos subsequentes. Couliano[22] divide em dois campos o debate teórico em torno à religião. O primeiro, a abordagem sociológica, encara as ideias religiosas basicamente como ideias sociais acerca das relações, mas elas são reificadas a bem da disseminação em diferentes limites comunitários e de gerações. A reificação das ideias ajuda a sua propagação criando um corpo de ideias que pode ser estudado e modificado de geração a geração. Há uma boa economia de esforço no estabelecimento e preservação de mitos e lendas quando eles são portadores de importantes informações técnicas e sociais.

---

22 Couliano, *Out of this World: otherworld journeys from Gilgamesh to Albert Einstein.*

Nesse contexto, Max Weber,[23] por exemplo, sugere em *Sociologia da religião* que "as formas mais elementares de comportamento motivado por fatores religiosos ou mágicos são orientadas para *este* mundo". Muitas vezes, os motivos religiosos têm valores econômicos e sociais úteis que ajudam a organizar o caos criado pela morte. Segundo Durkheim,[24] esses valores são um modo importante de o morrer social continuar após o fato biológico, porque isso possibilita a gestão social dos estresses e tensões produzidos por qualquer morte em uma comunidade.

A segunda abordagem relevante da morte é a psicológica, que atribui a ascensão das religiões à sua capacidade de explicar e guiar as pessoas nas experiências de "*self* duplo" ou de encontro com os mortos ou estranhos vivenciados em sonhos, ritos xamânicos ou outros estados alterados de consciência.[25] Não há motivo substancial para optar por uma dessas duas abordagens acadêmicas. Basta dizer que as religiões certamente contêm e transmitem importantes informações técnicas e sociais úteis à sobrevivência, à segurança, ao apoio, ao controle e à administração de comunidades através dos seus ritos e mitologias. Obviamente, todas as pessoas querem explicação para a aparição de "outro *self*" ou dos mortos em sonhos, as visões dos enlutados, os devaneios hipnagógicos ou as lembranças. As religiões atuam como importantes recursos para esse exercício.

De resto, a morte tem tido outras funções econômicas e sociais úteis. Bloch e Parry[26] sugerem que ela sempre esteve

---

23 Weber, *The Sociology of Religion*, p.1.
24 Durkheim, *The Elementary Forms of the Religious Life*, p.70 et seq.
25 Couliano, op. cit., p.33-4.
26 Bloch; Parry (Orgs.), *Death and the Regeneration of Life*.

associada a ciclos produtores de vida, a questões de fertilidade. Seja para a renovação, a criação ou a manutenção da vida nas pessoas, nos animais ou nas plantações, a morte é essencial para a função de dar vida, às vezes literalmente, às vezes simbolicamente. Mesmo nos casos bastante raros em que não se evidencia uma crença na jornada à ultravida, ela tem um papel na capacidade do grupo de se apropriar dos produtos da natureza. Esse papel se pode ver na apropriação do sucesso na caça, por exemplo. Também é possível apropriar-se simbolicamente dos produtos da natureza, embora isso seja percebido como não menos "real", como quando se obtêm energias do abate e da subsequente apropriação dos poderes do inimigo.[27]

Woodburn[28] documenta quatro povos caçadores-coletores africanos, três dos quais não têm crenças substanciais no outro mundo, e ainda observa que "a morte é um meio de vida para eles". Ele quer dizer que os caçadores-coletores vivem uma rotina diária de matar para subsistir e que isso, por sua vez, gera e sustenta mitos e ritos para a vida. Até mesmo aí, vemos certa compreensão de como, paradoxalmente, a morte cria e mantém a própria vida.

É infindável a base metafórica da morte como viagem própria ou jornada de energias que revelam não a morte, e sim a vida uma vez mais. Bowker analisa muitas dessas metáforas potentes, todas as quais têm sido mencionadas ou usadas nas religiões do mundo desde tempos imemoriais:

---

27 Weber, *The Sociology of Religion*, p.9.

28 Woodburn, Social dimensions of death in four African hunting and gathering societies. In: Bloch; Parry, (Orgs.). *Death and the Regeneration of Life*, p.187.

[...] se a semente cai no solo e torna a nascer em uma vida mais abundante, talvez o corpo também o faça; se a mesmíssima respiração (que enfim retorna para o ar na morte) é o ar que, quando eu o tiver respirado, você pode inalar por sua vez, quiçá aquilo que eu fui em vida seja respirado em outra vida; se a fumaça da fogueira pode ser levada para além do discernimento céu afora, quem sabe a fumaça do corpo cremado leva a realidade daquela pessoa para além do discernimento presente; se o sal dissolvido na água desaparece e, no entanto, se se provar a água, o sal continua indubitavelmente presente, pode ser que nós também nos dissolvamos na terra ou no fogo ou na água e, mesmo assim, continuemos perceptivelmente presentes; se a serpente muda de pele e continua vivendo com seus envoltórios mortos e inúteis, talvez nós também descamemos este corpo e vivamos em uma nova percepção.[29]

Obayashi[30] afirma essa observação na sua pesquisa editada das religiões mundiais, notando que estas consideram a morte como perenemente importante e essencial a todos os seus mitos, ensinamentos doutrinários, práticas fúnebres, mas também como as próprias raízes do estilo de vida e dos comportamentos de uma sociedade.

O tema da morte *como uma vida a ser dada pela vida* é amplamente absorvido por Bowker,[31] que argumenta que o mistério da morte está no centro de todas grandes religiões do mundo. O papel das religiões era preparar seus adeptos (os quais eram praticamente todos durante a maior parte da história humana)

---

29 Bowker, op. cit., p.5.

30 Obayashi (Org.), *Death and Afterlife: perspectives of world religions*.

31 Bowker, op. cit.

Uma história social do morrer

para a viagem e os desafios que inevitavelmente se lhes apresentariam na morte. Os teólogos cristãos denominavam parescatologia o tempo social entre o conhecimento da morte biológica e o destino final do *"self* duplo" ou alma da pessoa, mas pode-se chamá-lo facilmente de "morrer", porque é a viagem entre este mundo, que aqui começa, e o "outro mundo", que lá termina.

O simples fato da morte biológica, e dos desafios potenciais da ultravida, está no próprio centro das nossas grandes religiões históricas, do Egito e a Mesopotâmia ao cristianismo medieval e ao budismo de hoje. Isso não deve surpreender ninguém, já que um relance da análise anterior da consciência da Idade da Pedra da mortalidade e da jornada ao além-mundo havia preparado o caminho para *exatamente este tipo de ênfase.*

A diversidade das crenças religiosas no tocante à morte não apoia a ideia de que as religiões ofereçam o conforto compensatório de uma ultravida. Assim como muitas religiões tanto o oferecem quanto não o oferecem, e é a visão seletiva acadêmica que sustenta efetivamente que esse é o seu atrativo. Bowker argumenta que as visões do além-mundo sublinharam questões de sacrifício e amizade. Tais questões sempre exploraram ou examinaram a preocupação contínua com o valor da sobrevivência, da busca, da natureza do bem e do mal e da interconexão de todas as relações. Elas têm sido o repositório de discursos existenciais do povo através da sua presença na parábola, no mito e na escatologia.

Longe de ser realização de desejo, compensação ou projeção, como nos fariam acreditar os teóricos psicanalíticos, a morte e o morrer têm sido o fogo e a fúria entre os debates pessoais e comunitários sobre valores de altruísmo e sacrifício, de um lado, e desespero, hedonismo e niilismo, de outro. A morte é a nossa maior indagação; a comunidade, a religião e a ciência, as nossas maiores respostas a ela; e o morrer, o maior teste de ambas para cada um de nós que o sofre. O desenvolvimento e a sofisticação desses três desafios começaram aqui, na Idade da Pedra, desde as sugestões ambíguas das imagens rupestres de cerca de 30 mil anos e os enterros intencionais e simbólicos de 30 mil a 100 mil anos atrás.[32] O assentamento permanente aumentou as exigências de cada um de nós enquanto espíritos transformados em deuses, e à medida que esses deuses passavam a exigir mais de nós. A época do assentamento veria a antecipação curiosa se transformar em obsessão pela preparação.

---

32 D'Errico et al., Archaeological evidence for the emergence of language, symbolism and music: an alternative multidisciplinary perspective, *Journal of Prehistory*, v.17, n.1, 2003.

Segunda parte
A Idade Pastoril

A Idade Pastoril é a história da ascensão dos primeiros agricultores e camponeses e de seus vínculos estreitos com os cereais e o gado, uma relação que desencadeou um morrer gradual em virtude de um paradoxo singular: o aumento da sobrevivência e da expectativa de vida em meio à epidemia. O morrer retrocede de sua imaginada viagem ao além-mundo havia muito tempo.

Capítulo 4
O surgimento do sedentarismo

Uma coisa extraordinária e improvável aconteceu há cerca de 12 mil anos. Não foi a invenção da roda, um feito sumério de uns 4 mil anos atrás.[1] Tampouco a invenção do bumerangue pelos caçadores-coletores da Austrália, nem o desenvolvimento da bela cerâmica japonesa há aproximadamente 10 mil anos.[2] Foi, isto sim, o desenvolvimento da agricultura,[3] um grande progresso um tanto misterioso que, enfim, significou o abandono da vida errante e o início do assentamento em um lugar: fato que alteraria definitivamente o mundo até então conhecido. Para o assombro contínuo dos nossos colegas acadêmicos na maioria das disciplinas e em toda parte, alguns dos nossos antepassados começaram a deixar o nomadismo para estabelecer acampamentos permanentes ou semipermanentes.

No Oriente Próximo, em lugares como a Palestina, o Egito e o Iraque, nós começamos a cultivar cevada e trigo; na África,

---

1 Daniel, *The First Civilizations: the archaeology of their origins*, p.49.

2 Klein, *The Human Career: human biological and cultural origins*, p.542.

3 Lewin, *Human Evolution: an illustrated introduction*, p.215.

milhete, sorgo, batata-doce e tâmara. Na China, milhete e, naturalmente, o arroz, ao passo que, no sudeste da Ásia, os primeiros lavradores plantavam arroz, cana-de-açúcar, inhame e batata-doce.[4] No Novo Mundo, em lugares como a América Central e América do Sul, produzíamos milho, feijão, batata e abobrinha. Na Europa Ocidental, a agricultura começou mais devagar, sendo que a maioria dos povos ainda participava de economias marinhas ou continuava caçando o veado e o javali locais nos campos.[5]

Em todo o mundo, ao que parece independentemente e em lugares vastamente separados como o Oriente Próximo, a Índia, a China, o sudeste da Ásia ou as Américas, nós começamos a praticar a domesticação de plantas e animais.[6] No vale do Indo — lugar atualmente ocupado pelo Paquistão —, os habitantes criavam e conservavam o gado, os camelos, os búfalos, os asnos e os cavalos. Os antigos chineses faziam o mesmo com o gado e os cavalos, mas também criavam carneiros, porcos, cães, galinhas e o bicho-da-seda![7]

Tendo atravessado o estreito de Bering rumo ao Alasca, entre 50 mil e 25 mil anos atrás, os nossos antepassados nas Américas deixaram indícios de agricultura de aldeia pelo menos há 6.500 anos.[8] Por volta de 3000 a.C., a agricultura estava virtualmente estabelecida na Europa Ocidental[9] e a sociedade

---

4 Larson, Biological changes in human populations with agriculture, *Annual Review of Anthropology*, v.24, 1995, p.186.

5 Phillips, *Early Farmers of West Mediterranean Europe*, p.26.

6 Scarre; Fagan, *Ancient Civilizations*, p.11.

7 Daniel, *The First Civilizations: the archaeology of their origins*, p.78, 92.

8 Ibid., p.119-23.

9 Phillips, op. cit., p.110.

pastoril, lá e em todo o mundo, seria o tipo principal de vida social da maioria dos povos que ainda não continuavam caçando e coletando. A partir dessa existência pastoril, desenvolver-se-ia outra sociedade, ainda mais nova, que posteriormente ficou conhecida como a "cidade".

Mas a cidade chegaria bem depois. Pousaria à margem ou por cima da sociedade pastoril e representaria apenas uma pequena minoria da população durante a maior parte da história humana. Mesmo na Europa de 1500, 80% das pessoas vivia em assentamentos rurais de menos de 5 mil habitantes.[10] Em todo caso, há quem argumente que, sem a agricultura, as cidades e os Estados seriam impossíveis.[11] Sem as grandes comunidades agrícolas da Idade Pastoril, não existiriam as "civilizações antigas" nem os reinados divinos dos faraós no Egito há 5 mil anos. Sem os camponeses lavradores não existiriam os impérios grego e romano, nem a antiga civilização pré-indiana, como a de Harappa, nem as grandes dinastias chinesas. Milhares de anos antes dos maias, toltecas e astecas da Mesoamérica e dos incas da região andina da América do Sul, existiram camponeses lavradores de aldeia, e é a essa gente que dedicamos o presente capítulo, porque foi a sua experiência de morrer que, mais tarde, proporcionou os fundamentos de outra forma modificada nas cidades.

Por que ocorreram esses desdobramentos? Por que, depois de centenas de milhares de anos, provavelmente mais do que isso, os nossos antepassados se fixaram em um lugar? O que os

---

10 Kozlofsky, *The Reformation of the Dead: death and ritual in early modern Germany, 1450-1700*, p.14.

11 Scarre; Fagan, op. cit., p.59.

levou a desejar estabelecer-se em uma vida sedentária de agricultura e pastoreio?

O contexto social e físico da pastorícia

Tudo indica que a vida pastoril foi coisa gradual. A partir do espreitar, seguir e caçar um rebanho selvagem de animais migrantes e do buscar alimento nas plantas sazonais, alguns de nós arriscamos a horticultura. Passamos a plantar feijões ou grãos, quase todos silvestres, e então, tendo comido o produto colhido, seguíamos viagem. Em certos grupos da baixa Idade da Pedra, a caça, a coleta e a busca de víveres deu lugar à jardinagem. Esses primeiros jardineiros demoravam-se algum tempo para plantar e colher antes de ir fazer o mesmo em outro lugar. A duração de sua estada geralmente era maior que a exigida pela caça e a coleta, e também tendia a fazer que as pessoas morassem em uma extensão comparativamente menor de regiões que sustentavam suas colheitas.[12] Em certos casos, o sedentarismo – residir mais permanentemente no mesmo lugar – precedeu a domesticação das plantas e dos animais: por exemplo, alguns caçadores e coletores se tornaram sedentários em razão do apego a uma região por motivos religiosos ou familiares.[13] Em outros, porém, o contrário é verdadeiro: a agricultura causou a fixação.[14] Foram uns poucos passos simples para estimular esses jardineiros ocasionais a continuar a plantar permanentemente, ou para incentivar os caçadores a fazerem

---

12 Nolan, Toward an ecological-evolutionary theory of the incidence of warfare in pre-industrial societies, *Sociological Theory*, v.21, n.1, 2003.

13 Scarre; Fagan, op. cit., p.60.

14 Lewin, op. cit., p.217-9.

mais nos seus acampamentos do que simplesmente dormir ou descansar. Mas que passos terão sido esses?

O primeiro motivo importante dessas mudanças foi o próprio período global. A Era do Gelo chegou ao fim há aproximadamente 10 mil anos, fato que provocou a propagação de ervas selvagens em regiões antes nunca vistas.[15] Outro fator que acompanhou esse clima mais quente foi o surgimento de férteis vales fluviais e planícies aluviais, que, sendo perfeitos para a agricultura, podiam sustentar populações maiores. Esses ecossistemas foram cruciais para o desenvolvimento de civilizações com aldeias grandes e cidades.[16]

Lewin[17] alega que a transição de uma existência caçadora-coletora para uma voltada para a pastorícia e a agricultura deve ter dependido de uma combinação de fatores. As pressões demográficas em grupos pequenos, mas em crescimento, e a complexidade social cada vez maior do aumento do número de membros "improdutivos", como as crianças pequenas, os chefes e os sacerdotes ou curandeiros especializados, hão de ter sido relevantes nessa mudança.

Scarre e Fagan[18] apoiam parte dessa especulação, sugerindo que um desenvolvimento lento de simples tribos para cacicados chefiados por indivíduos pode ter gerado pressões especiais sobre os recursos alimentares. E sugerem que talvez houvesse uma tensão ou competição permanente pelo poder entre grupos de parentes e os poderes centralizados (como um conselho ou grupo de anciãos). O aparecimento de um poder não

---

15 Ibid., p.218.
16 Daniel, op. cit., p.56.
17 Lewin, op. cit., p.218
18 Scarre; Fagan, op. cit., p.27-9.

baseado no parentesco entre governantes e governados há de ter sido o ponto de partida da ascensão do Estado, da necessidade de impostos e, portanto, da necessidade de modestos excedentes de víveres para pagá-los. Mas sempre se postulam teorias menos grandiosas.

Hall[19] argumenta que os cemitérios podem ter definido os primeiros acampamentos e vice-versa, e talvez tenham originado assentamentos permanentes quando outros motivos promoveram essa mudança, por exemplo, quando o lugar passou a ser a sua própria fonte de alimento devido à domesticação da fauna e da flora locais. Thomas[20] avança um pouco essa ideia, sugerindo que os túmulos de câmara teriam sido um modo pelo qual as primeiras comunidades agrícolas podiam se identificar com características particulares da terra como extensões de sua identidade através dos antigos costumes de venerar os mortos ou antepassados.

O apego aos mortos, o desenvolvimento da identidade por referência aos ancestrais e a identificação pessoal e grupal que essas duas ideias possibilitavam podem, deveras, ter levado alguns grupos a criarem acampamentos "base" antes de se dedicarem à agricultura. Se isso for verdade, talvez se torne possível a necessidade de transformar esses lugares, por seu turno, em recursos econômicos, assim como religiosos ou simbólicos. O acadêmico e documentarista Jacob Bronowski propõe como esse último passo foi possível.

---

19 Hall, Burial and sequence in the later Stone Age of the Eastern Cape, South Africa, *South African Archaeological Bulletin*, v.55, 2000.

20 Thomas, Death, identity and the body in Neolithic Britain, *Journal of the Royal Anthropological Institute*, v.6, 1999.

Bronowski[21] conta a história do desenvolvimento do trigo de pão e do papel fundamental que esse cereal desempenhou no desenvolvimento do modo de vida pastoril. Antes de 10 mil anos atrás, o trigo era umas das várias gramíneas selvagens que se propagaram mais generalizadamente com o recuo da Era do Gelo. Mais ou menos por essa época, o trigo selvagem hibridou com um trigo-de-perdiz silvestre. Não se sabe por que isso ocorreu. A hibridação "natural" é bastante comum no mundo vegetal, de modo que, pelo menos em princípio, esse fato não foi especialmente inusitado.

A partir dessa hibridação, surgiu o cereal conhecido como "farro". Este era um grão mais gordo que seus parentes, mas isso não o impedia de viajar como os outros: no vento. As sementes eram presas a cascas muito aerodinâmicas – uma característica de sobrevivência bem útil e bem fértil para uma gramínea. Mas, ao que parece, o "farro" também hibridizou. Uma vez mais, não se sabe por quê, mas Bronowski nos convida a continuar pensando isso como uma série de coincidências fortuitas ou acidentes do destino. No entanto, essa rodada de hibridação tornou o novo trigo produzido tão densamente compacto na espiga que a futura viagem aérea foi virtualmente descartada.

Agora o trigo de pão, que ele veio a ser, precisava de um processo mecânico que quebrasse a casca do grão e então, e só então, essa nova forma de semente brotaria onde fosse lançada. O trigo de pão, tal como o povo pastoril, se havia criado no sedentarismo e na dependência mais ou menos ao mesmo tempo que seus homólogos humanos do período. Assim,

---

21 Bronowski, *The Ascent of Man*, p.65-8.

justamente quando os caçadores-coletores começaram a se assentar para plantar coisas, entrou em cena um novo trigo que precisava literalmente de uma mão: da mão humana como registraria a história.

A história do trigo selvagem para o "farro" e deste para o trigo de pão é útil na nossa coleta de razões para explorar a investigação em andamento a fim de entender a passagem da humanidade para a agricultura. Mas vale a pena lembrar dois pontos. Primeiro, a domesticação da vida vegetal, tão crucial para o desenvolvimento da agricultura a partir de tais pontos globalmente difundidos, não depende do desenvolvimento fortuito do trigo na Europa e no Oriente Próximo. A atividade agrícola é diversa e tem uma gama igualmente diversa de produtos e fontes. Assim, o padrão desse desenvolvimento global pode ter menos a ver com a disponibilidade de espécies selvagens para domesticar *per se* do que com o clima, a geografia física e os padrões de pragas e resistência amplamente favoráveis específicos da Eurásia naquela época.[22]

Em segundo lugar, convém considerar o problema "ovo ou galinha" com a sugestão de Bronowski de que o desenvolvimento não foi "acidental". Pode perfeitamente ter sido acidental, mas pode igualmente ter resultado de uma experimentação constante de criação e domesticação por pessoas muito incentivadas a criar espécies animais e vegetais mais fáceis de manejar, comer e multiplicar. Quem está fixado em um lugar e em meio a uma população em crescimento, pode, compreensivelmente, querer produtos vegetais ou animais que ofereçam maior quantidade. É fácil compreender por que uma espiga de

---

22 Diamond, *Guns, Germs and Steel: the fates of human societies*, p.126.

qualquer trigo que tivesse o dobro ou o triplo da quantidade de sementes era uma proposição mais atraente do que o modelo anterior, mais escasso, desse alimento.

Sejam quais forem os motivos, parece que o desenvolvimento da domesticação de vegetais e animais, a importância crescente dos cemitérios, as mudanças climáticas que produziram oportunidades ambientais férteis, assim como a intervenção humana na genética das plantas ou suas alterações biológicas casuais naquela época, criaram um contexto que levou ao sedentarismo. E este foi decisivo para o desenvolvimento subsequente da vida aldeã. Cada vez mais gente viveria — e morreria — com cada vez mais gente ao seu lado.

À medida que iam crescendo, algumas aldeias se uniam, às vezes física e geograficamente, às vezes em termos parentais ou simbólicos, e às vezes as duas coisas. No Egito e na Mesopotâmia, os primeiros Estados surgiram por volta de 3000 a.C., mas suas tradições agrícolas eram duas vezes mais antigas.[23] Alguns desses primeiros Estados, governados por grandes chefes e por uma classe de administradores e castas sacerdotais, eram verdadeiras cidades. Em outras palavras, o desenvolvimento político e social gerado pelas comunidades agrícolas por vezes criava espaços físicos imponentes que centralizavam um "reino", identificando-o com templos, mercados, administrações e exércitos.

Não obstante, as primeiras cidades não eram necessariamente cidades tal como as entendemos hoje em dia, lugares que definem claramente uma distinção política e administrativa urbana/rural. Por exemplo, na Atenas antiga, talvez a cidade

---

23 Scarre; Fagan, op. cit., p.48-9.

mais urbanizada e populosa da era greco-romana, as diferenças culturais e políticas entre aldeia e campo eram frágeis.[24] Os cidadãos atenienses geralmente eram camponeses ou proprietários rurais. A vida pastoril era *a* vida, não o mercado, como ocorre amiúde nas cidades modernas.

Robin Osborne descreve bem a cidade antiga quando observa:

> O que é diferente na cidade grega mais se revela no contraste entre ela e as cidades dos períodos romano, medieval e moderno inicial. A cidade grega não é simplesmente uma aldeia, não pode se divorciar do campo. No período romano, isso já não era verdade nem mesmo na própria Grécia. No fim da era romana, o campo se organizava quase independentemente da cidade: os mercados aldeões evitavam a necessidade de viajar à cidade para intercambiar bens; os homens se consideravam oriundos de uma aldeia, não de uma cidade, e registravam as aldeias como o seu lugar de origem; a política da aldeia e a da cidade não tinham quase nada em comum. A cidade romana tardia pressagia a cidade medieval cercada sobre a qual Pirenne escreveu: "Uma vez fora do portão e do fosso, estamos em outro mundo ou, mais exatamente, no domínio de outra lei".[25]

Porém, mesmo quando as cidades antigas que celebravam a vida rural se separaram dessa origem, e os camponeses ricos criaram mais riqueza mediante a aquisição de terra dos mais pobres, a cidade muitas vezes se tornou um Estado com uma

---

24 E. M. Wood, *Peasant-citizen and Slave*, p.107-8.

25 Osborne, *Classical Landscape with Figures: the ancient Greek city and its countryside*, p.193-4.

elite cada vez maior. Essa elite expandiu seu poder usando vários meios: a acumulação oportunista de terra, a competição violenta e coerciva com os outros chefes, a guerra e/ou os impostos sobre membros da comunidade que não tardaram a virar "súditos".[26]

E, conquanto enfim tenha se tornado todo-poderosa no sentido administrativo e político, a cidade continuou sendo dependente do campo, como é até hoje. E, posto que ela tenha se tornado e continue sendo um viveiro de doença, morrer e morte ligados ao que denominamos "epidemias", a verdadeira *fonte* epidemiológica de grande parte da morte moderna não se acha na vida urbana, e sim, anterior e ironicamente, na vida pastoril. As experiências pastoris de doença criariam um novo estilo de morrer bastante diferente do da Idade da Pedra e lançariam mais um fundamento substancial no modo como as pessoas se comportariam ao morrer na cidade moderna.

Certo contexto epidemiológico

A epidemiologia da Idade Pastoril é a história dos padrões de saúde e doença entre os agricultores e camponeses primitivos. Depois dos caçadores-coletores, o campesinato, como grupo humano, veio a ser o segundo tipo cultural mais importante da nossa história. Alguns calculam que os camponeses correspondiam a aproximadamente 80%-90% da população das épocas medieval e moderna.[27]

---

26 Scarre; Fagan, op. cit., p.48-9.
27 Rosener, *The Peasantry of Europe*, p.13.

Recentemente, Wolf[28] definiu os camponeses como a população entre as "tribos primitivas" e a "sociedade industrial" e asseverou que eles constituíam a maioria da espécie humana. Isso evocou comentários anteriores de Robert Redfield,[29] o famoso etnógrafo das sociedades camponesas, que as descreveu como "sociedades parciais": parcialmente tribais e parcialmente urbanas, um tipo intermediário.

Mais recentemente, Rosener[30] apoiou essa visão dos camponeses como um grupo de pessoas que apresentavam características culturais parcialmente "tribais" e parcialmente urbanas. Os camponeses possuem uma divisão do trabalho diferente, ligada à agricultura, mas que trabalham junto com comerciantes e artesãos. Têm um forte apego cultural à terra e à tradição. A terra é considerada como uma extensão do eu; a agricultura não é um mero ganha-pão, mas um modo de vida.[31] Em todo o mundo, essa conexão "com o solo e o território" é visível.[32]

Nós subestimamos com frequência a importância dos camponeses na história porque o trabalho acadêmico favorece os grupos mais parecidos conosco: os que sabem falar e escrever como nós.[33] Também há discordâncias significativas quanto à definição e ao papel histórico desempenhado pelos camponeses

---

28 Wolf, *Peasants*, p.vii.

29 Redfield, *Peasant Society and Culture: an anthropological approach to civilization*, p.25.

30 Rosener, op. cit., p.7.

31 Redfield, op. cit., p.27, 116.

32 Watanabe, *The Peasant Soul of Japan*; Stein, *Peasant State and Society in Medieval South India*.

33 Bailey, The peasant view of the bad life. In: Shanin (Org.), *Peasants and Peasant Societies*, p.299.

no mundo.[34] Embora alguns teóricos e observadores argumentem que as sociedades camponesas são igualitárias e não geram Estados ou "alta" literatura, não falta quem divirja, citando desenvolvimentos literalmente opostos, por exemplo, na sociedade camponesa da Índia.[35] Bem que alguns aleguem que os camponeses sempre têm uma relação com a cidade, outros argumentam que não é necessariamente assim e citam, por exemplo, os governantes watusis em Ruanda.[36]

Mas o camponês é um trabalhador rural comprometido principalmente com o labor agrícola. Nos tempos "lentos", também pode ser artesão ou politicamente engajado, como de fato foi no papel de cidadão-camponês na Atenas antiga.[37] Ele é uma pessoa que adota, com bastante frequência, o fatalismo perante a vida, é social e politicamente conservador, detesta o comércio ou o sucesso individual e faz dos parentes e vizinhos a sua preocupação principal. Quando ficaram sob a influência do Estado, os fazendeiros ou lavradores primitivos se tornaram de algum modo subservientes às exigências e sanções de um poder (frequentemente) externo: senhores, reis, faraós ou chefes.

Os camponeses sustentaram grandes cidades-Estado em toda parte desde o Oriente Próximo (em 3500 a.C.) até a Mesoamérica (1000 a.C.) e os Andes.[38] Geralmente pagavam impostos na forma de grãos, gado e moedas de metal e eram usados como conscritos militares e civis em tempo de guerra e de

---

34 Rosener, op. cit., p.2-4.
35 Stein, op. cit.
36 Wolf, op. cit., p.10-1.
37 E. M. Wood, op. cit. p.108.
38 Wolf, op. cit., p.11.

reconstrução.[39] Têm sido descritos das mais diversas maneiras em termos políticos, ora como o cerne dos valores da nação, ora como uns conservadores ignorantes que não sabem quais são os seus interesses reais.[40] Quando seus soberanos faziam exigências excessivas, eles morriam feito moscas, ou abandonavam suas terras, ou até, em raras ocasiões, alçavam-se em rebelião.[41]

Os camponeses não eram escravos, nômades ou nobreza, mas meramente a população humana dominante na Idade Pastoril desde os últimos 12 mil anos de desenvolvimento humano até o presente e as mudanças muito recentes na urbanização e industrialização. Até certo ponto, a maior parte das sociedades camponesas dependia dos mercados, mas, do ponto de vista epidemiológico, sua dependência dos animais mudaria o mundo de muitas outras maneiras que não no sentido simplesmente econômico.

Pelos tabletes da Suméria de 2200 a 1600 a.C, sabemos que as primeiras populações dessa região sofriam de uma diversidade de doenças que iam da disenteria amébica, da tuberculose e da epilepsia até a lepra, a gangrena e cálculo renal.[42] Mas a observação geral a ser feita a respeito da doença e da morte nas comunidades agrícolas de todo o mundo durante o período pastoril é a diferença entre os "velhos mundos" – por exemplo, a China, o Oriente Próximo, a Europa – e o "Novo Mundo": as Américas. Durante a maior parte da Idade da Pedra, convém lembrar, as pessoas não conheceram as infecções ecopatogênicas

---

39 E. M. Wood, op. cit. p.84.

40 Rosener, op. cit., p.2-4.

41 Stein, op. cit., p.19-21.

42 Kinnier Wilson, Diseases of Babylon: an examination of selected texts, *Journal of the Royal Society of Medicine*, v.89, n.3, 1996.

Uma história social do morrer

contagiosas, como a varíola, a febre amarela, a malária, o sarampo ou a poliomielite.[43] Elas viviam em pequenos grupos e estavam sempre em movimento no encalço da presa e longe de seus próprios dejetos. Também não tinham animais. As doenças infectocontagiosas vieram com o sedentarismo.

Quando deixamos de percorrer a paisagem para nos fixar na atividade agrícola, houve uma deterioração geral das condições de vida com o aumento constante das doenças infeciosas e parasíticas. A saúde bucal, por exemplo, caiu vertiginosamente devido à ingestão mais elevada de açúcares, de alimentos macios (devido à cocção) e das impurezas "arenosas" da moedura do cereal.[44] Mas o verdadeiro problema não eram os dentes ruins nem a imundície crescente nos nossos espaços de moradia; era, isto sim, a coabitação com animais.

A diferença fundamental entre a epidemiologia do Velho Mundo e a do Novo Mundo é que as cidades e comunidades daquele viviam com os animais domesticados em estreita proximidade com os seres humanos (por exemplo, vacas, galinhas, cavalos). Isso estimulava e incubava uma transferência de agentes patogênicos. Havia uma ausência quase completa de animais domesticados no Novo Mundo (com exceção dos cães) e esse é o principal motivo pelo qual as enfermidades do Velho Mundo se propagaram desenfreadamente durante a expansão colonial europeia nas Américas.[45]

Por exemplo, o provável primeiro bacilo de tuberculose que causou a doença humana era de tipo bovino. O aumento

---

43 Stannard, Disease, human migration and history. In: Kiple (Org.), *The Cambridge World History of Human Disease*, p.36.

44 Larson, op. cit., p.198-9.

45 Watts, *Disease and Medicine in World History*, p.7.

da densidade da população animal ocasionado pela pecuária teria favorecido a difusão da tuberculose bovina. Nós recebemos esse bacilo ou na carne ou no leite infectado.[46] O bacilo da tuberculose e o da lepra derivavam do mesmo gênero, com reações imunológicas e imunidade cruzada semelhantes. Mas, ainda que possamos rastrear as nossas infecções de tuberculose até chegar nas vacas, sua evolução para epidemias precisa de grandes comunidades humanas para sobreviver.

O sarampo, por exemplo, também precisa de um nível populacional mínimo para sobreviver em anfitriões humanos vivos. Atualmente, nós reconhecemos esse nível em aproximadamente 400 mil a 500 mil pessoas para que o sarampo evite a sua própria extinção.[47] Os pequenos agrupamentos de caçadores-coletores não podem sustentar semelhantes *pools* de doença por causa de seu tamanho modesto, mas as comunidades agrárias/camponesas oferecem possibilidades melhores; e as cidades, naturalmente, são ambientes ideais.

Assim, a sociedade pastoril criou as condições necessárias à transferência de bactérias e vírus entre as espécies, e as cidades, por sua vez, transformaram-se na casa das máquinas do desenvolvimento e disseminação dessas infecções. Os centros urbanos dependiam do campo para sobreviver, e isso significava um fluxo constante de imigrantes das áreas rurais. O comércio e a guerra introduziram novas pressões sobre a produção local de micróbios em mutação.[48]

---

46 Manchester, Tuberculosis and leprosy in antiquity: an interpretation, *Medical History*, v.28, 1984, p.163-4.

47 McNeill, Disease in history, *Social Science and Medicine*, v.12, n.2, 1978, p.79.

48 Stannard, op. cit., p.36.

Mas, apesar dessas epidemias frequentemente devastadoras e da elevada mortalidade infantil (em cada três partos, menos de um recém-nascido sobrevivia tempo suficiente para se casar),[49] em geral, as curvas da mortalidade eram mais achatadas em vez da rápida ascensão da morte com a idade.[50] As pessoas desenvolveram imunidade a toda uma gama de doenças infecciosas, e tanto as enfermidades quando nossas reações imunológicas se desenvolveram durante sucessivas ondas de novas infecções durante a vida. Por fim, as moléstias mais antigas passaram a afetar principalmente as crianças. A caxumba, o sarampo, a coqueluche, a catapora e outras tornaram-se "doenças da infância", deixando de ser um problema significativo para a maioria dos adultos.[51]

Um bom lembrete de que, a despeito da baixa expectativa de vida no nascimento, muita gente chegava a ter vida longa, como ilustram as autópsias feitas em bem conservados cadáveres chineses de 2 mil anos de idade.[52] Uma mulher de 50 anos morreu de ataque cardíaco, um infarto do miocárdio devido à oclusão de uma artéria coronária esquerda: um sinal clássico de doença "moderna". A autópsia de um homem de 60 anos mostrou importantes indícios de arteriosclerose e doença coronária, mas tudo indica que ele morreu de peritonite como um fato secundário causado por uma úlcera gástrica perfurada. Talvez se tratasse de um executivo altamente estressado da China antiga.

---

49 Watts, op. cit., p.10.
50 Larson, op. cit., p.198.
51 Stannard, op. cit., p.36.
52 Cheng, Glimpses of the past from recently unearthed ancient corpses in China, *Annals of Internal Medicine*, v.101, 1984.

Até os papiros do antigo Egito sugerem que na época existia aids ou algo muito parecido naquele reino. Ablin, Gonder e Immerman[53] sugerem que a chamada doença AAA, ou mal do sêmen, contribuiu para o tabu das relações homossexuais ou o causou. Mas, a despeito das epidemias, dos óbitos perinatais e dos esquisitos ataques cardíacos ou úlceras, a população humana cresceu constantemente no período pastoril.[54]

A taxa de natalidade subiu constantemente, ao passo que o coeficiente de mortalidade caiu. Isso provavelmente se deve à ingestão mais elevada de calorias ou ao aumento da fertilidade graças à redução da atividade e do estresse físicos, mas é bem possível que a explicação desse enigma demográfico esteja na sobrevivência infantil. Pennington[55] argumenta que os pais que mantêm os filhos vivos têm sucesso reprodutivo superior, e isso complementa as observações de Hawkes,[56] que também afirma que ter filhos mais velhos e avós favorece a sobrevivência do resto da prole, assim como possibilita às mães ter mais filhos mais cedo.

Nas sociedades pastoris, poucos dos que adoeciam pediam socorro a um médico. A maioria desses primeiros curandeiros profissionais vivia nas cidades ou só atendiam os governantes.[57] Em compensação, os agricultores recorriam frequentemente

---

53 Ablin; Gonder; Immerman, AIDS: A disease of Egypt? *Nova York State Journal of Medicine*, v.85, n.5, 1985.

54 Pennington, Causes of early human population growth, *American Journal of Physical Anthropology*, v.9, 1966.

55 Pennington, op. cit., p.272.

56 Hawkes, Grandmothers and the evolution of human longevity, *American Journal of Human Biology*, v.15, 2003.

57 Watts, op. cit., p.24, 66-7.

à família, a um curandeiro de aldeia ou aos encantos mágicos oferecidos por ambos. Mas isso não significava que não se tomassem medidas mais amplas do tipo "saúde pública" para prevenir ou deter as doenças que se propagavam nas aldeias. Em antigas sociedades camponesas africanas, já se conheciam agentes e vetores transmissores, como os mosquitos e as moscas,[58] e isso complementava as teorias existentes de bruxarias e espíritos causadores. Também havia tabus de visitas ou relações sexuais durante certos períodos de propagação de doença promovidos por reis, chefes ou sacerdotes, assim como recursos de primeiros socorros como a sutura, a tala e técnicas de sangria em algumas antigas sociedades agrícolas astecas.[59]

Mas a epidemiologia da saúde, doença e morte do camponês não se esgota na referência a enfermidades infecciosas e sua biologia e patogênese. Sem dúvida alguma, as bactérias das vacas e das galinhas, dos piolhos e das pulgas (especialmente das pulgas dos ratos responsáveis pela peste) predominaram em grande parte das sociedades europeias, do Oriente Próximo e asiáticas de 10 mil anos atrás, mas os fatores culturais também decidiam *quem* devia morrer. Na China, por exemplo, os padrões camponeses da morte podem ser parcialmente explicados pela composição dos lares.[60] Os meninos viviam mais que as meninas por ser herdeiros preciosos que exigiam mais recursos para ser mantidos vivos. O poder e o *status* dos avós

---

58 Waite, Public health in pre-colonial East-Central Africa, *Social Science and Medicine*, v.24, n.3, 1987, p.199.

59 Wassen, On concepts of disease among Amerindian tribal groups, *Journal of Ethnopharmacology*, v.1, 1979, p.287.

60 Campbell; Lee, A death in the family: household structure and mortality in Liaoning 1792-1867, *History of the Family*, v.1, n.3, 1996.

tinha um efeito deletério na expectativa de vida das crianças, sugerindo que esses avôs disputavam recursos com os netos. O risco de mortalidade da mulher diminuía com a presença de um filho, e os homens com esposa viviam mais porque ela era a sua principal enfermeira.

Mas um conjunto mais sinistro e perigoso de práticas culturais afetava a saúde e o risco de mortalidade dos primeiros agricultores e camponeses em muitos Estados. Na China, no Egito, na África e na Mesoamérica, o sacrifício humano era uma importante causa de morte. Daniel[61] descreve "holocaustos de vítimas humanas nos funerais reais na China" do tempo da dinastia Shang, por volta de 2000 a 1000 a.C. Conquanto os cálculos variem muito, Josefsson[62] menciona números próximos de 2 mil "sem contar as esposas ou escravos" sacrificados nos funerais dos reis na África Ocidental e Central. Scarre e Fagan[63] estimam que, na sociedade asteca de 1200 d.C. a 1500 d.C., cerca de 20 mil pessoas eram sacrificadas anualmente. Os sacerdotes lhes abriam o peito com uma faca de obsidiana, extraíam-lhes o coração e o esmagavam em um símbolo de pedra do sol no alto das pirâmides astecas. Algumas vítimas eram prisioneiros de guerra (*i.e.*, camponeses ou agricultores de um lugar qualquer nos arredores) ou "voluntários" locais cujo padecimento seria "recompensado" com a "imortalidade".

---

61 Daniel, op. cit., p.100.

62 Josefsson, The politics of chaos: on the meaning of human sacrifice among the Kuba of Zaire. In: Cederroth; Corlin; Lindstrom (Orgs.), *On the Meaning of Death: essays on mortuary rituals and eschatological beliefs*, p.156.

63 Scarre; Fagan, op. cit., p.464.

Uma história social do morrer

No Egito antigo, depois do trabalho agrícola realizado na estação da cheia, os camponeses geralmente eram recrutados para ajudar a erigir os projetos cívicos locais, geralmente os mausoléus em forma de pirâmide de seus governantes. Isso resultava em grave desnutrição, deformidade esqueletal e baixa expectativa de vida da ordem de 18 a 40 anos. Esta contrastava muito com a expectativa de vida da corte egípcia de entre 50 e 75 anos. A subnutrição era um estado social e físico crônico dos povos pastoris de todo o mundo, e alguns observadores afirmam que esse era o *problema* mortal subjacente à susceptibilidade às doenças infecciosas; outros alegam que essa, por si só, era uma fonte importante de morte. Cohen[64] argumenta, por exemplo, que cerca de 40% da população europeia do século XIV foi aniquilada pelas epidemias e fomes que prepararam o terreno imunológico que tanto lhe falhava.[65]

Enfim, Dansky[66] e Behringer[67] lembram-nos que as ondas de epidemias geralmente vinham acompanhadas de ondas de recriminação assassina e de caça a bodes expiatórios. Sem uma explicação biológica para as epidemias, as pessoas se culpavam mutuamente. Um refinamento dessa busca das causas sociais de cada epidemia levou à queima, ao afogamento, à tortura, ao encarceramento e à inanição de inestimáveis milhões de pessoas dos grupos minoritários, como os judeus, as mulheres (especialmente as reputadas bruxas), os povos itinerantes e outros estrangeiros em trânsito, além dos homossexuais.

---

64 Cohen, *The Wealth of the World and the Poverty of Nations*, p.11.

65 Ver também a extensa análise desse problema de Fogel, *The Escape from Hunger and Premature Death*, 1700-2100.

66 Dansky, *Now Dare Everything: HIV-related psychotherapy*, p.28-33.

67 Behringer, *Witches and Witch-hunts: a global history*.

Assim, para os povos pastoris, a morte resultava de doenças infecciosas, com ou sem um estado subjacente de subnutrição, sendo que as mais graves tinham origem na nossa nova relação com os animais, na criação e guarda de porcos, cavalos, gado ou galinhas. Outras doenças graves foram disseminadas pelas demais consequências indesejáveis do sedentarismo, como a água poluída, os cães hidrófobos, a falta de higiene e o acúmulo de lixo e grãos tão do agrado dos animais daninhos, como os camundongos e ratos.

Outros povos pastoris tinham necessidade de fugir não das doenças infecciosas, e sim das ameaçadoras ideias de sacrifício humano e culpa que algumas elites cultivavam sobre o sucesso agrícola, religioso, cívico ou sanitário. E, enquanto os reis, os chefes e os exércitos desse período pastoril usavam os camponeses como combustível dos sacrifícios humanos, os camponeses e agricultores se matavam entre si com igual entusiasmo na sua própria busca das causas humanas da miséria epidêmica que os assolara recentemente. A guerra e os temores cívicos começaram a matar e a matar em números enormes, nunca vistos até então nas altercações usuais de uma vida caçadora-coletora.[68]

Mas o desenvolvimento mais importante que a epidemiologia da sociedade pastoril havia oferecido à humanidade e que a distinguia da Idade da Pedra foi o fato de agora a maioria das pessoas poder ver a morte chegar. Não só os sobreviventes podiam participar do processo de morrer, mas, pela primeira vez na história humana, os morrentes puderam tomar parte ativamente nesse período breve e derradeiro da vida.

---

68 Nolan, op. cit.

Uma história social do morrer

Pastorícia, camponeses e morte

Na Idade Pastoril a morte se desacelerou. Começou a se afastar gradualmente da maioria das pessoas enquanto acontecimento repentino e foi se tornando algo que nós podíamos prever nas horas ou dias seguintes. O sedentarismo, com a ajuda das suas doenças infecciosas, significou que as pessoas passaram a demorar um pouco a morrer. Deu a elas e às que observavam algum tempo juntas para conversar, orar, tentar uma resistência de última hora ou ritualizar a sua ocorrência.

Na Europa do século XIV, por exemplo, calcula-se que aproximadamente um terço da população – urbana e rural – morreu de peste bubônica. Só na cidade de Londres, entre 1500 e 1665, verificaram-se dezessete surtos diferentes de peste.[69] Nesse contexto histórico – e houve muitos parecidos no mundo todo durante o período pastoril –, as pessoas aprenderam a observar e compreender os padrões de comportamento corporal e social que pressagiavam a morte. As doenças infecciosas, durante muitos anos de vida comunitária, criaram reconhecimentos de padrão que possibilitava aos indivíduos e às comunidades entender e transmitir conhecimento acerca da morte iminente. Eles aplicavam esse conhecimento ao seu próprio caso e também ao dos familiares ou amigos.

Isso não quer dizer que o mundo da morte do período pastoril prescindisse de um "morrer" que existia puramente como uma "viagem ao além-mundo", tal como existiu outrora e continua existindo nas sociedades caçadoras-coletoras de todo o mundo.

---

69 Slack, Responses to plague in early modern Europe: the implications of public health, *Social Research*, v.55, n.3, 1988, p.434-5.

Aliás, a persistência da ideia de morrer como viagem à ultravida tem equivalentes espetaculares e impressionantes nas comunidades pastoris, como evidenciaram os egípcios nas suas sofisticadas boas práticas tumulares há 5 mil anos[70] e os igualmente notáveis navios-túmulos da Escandinávia de 2 mil anos atrás.[71]

O costume camponês comum do "devorador de pecados" também é um testemunho do fato de a viagem ao além-mundo ter continuado sendo uma fase importante do morrer na Idade Pastoral, se bem que em paulatino desaparecimento. Dorson,[72] citando um escritor do século XVII chamado Aubrey, descreve a prática dos camponeses ingleses nos séculos XVI e XVII.

> Havia nos funerais do condado de Hereford o antigo costume de se ter à disposição gente pobre que tomasse para si todos os pecados do falecido. Segundo o hábito, quando o morto era levado para fora da casa e colocado no féretro, traziam um pão e o davam ao devorador de pecados por cima do corpo, assim como uma escudela de bordo [*gossips bowle*] cheia de cerveja para beber e seis centavos em dinheiro, como recompensa por ele tomar para si [*ipso facto*] todos os pecados do defunto, eximindo-o de andar depois de morto.

Mas o momentoso ato no mundo pastoril do morrer tinha em conta um reconhecimento anterior do morrer. Na verdade, a experiência pastoril "invertia" uma pequena parte do morrer

---

70 Spencer, *Death in Ancient Egypt.*

71 Muller-Wille, Boat graves: old and new views. In: Crumlin-Pederson; Munch Thye (Orgs.), *Ship as Symbol in Prehistoric and Medieval Scandinavia.*

72 Dorson (Org.), *Peasant Customs and Savage Myths*, p.321-2.

como viagem à ultravida fora daqui, situando *neste* mundo essa parte de sua experiência. O morrer passou a ser uma experiência deste mundo, além de uma jornada ao além.

Somente com o advento e a difusão do sedentarismo que acompanhou a agricultura é que vemos os primeiros sinais importantes do morrer como ato social e pessoal nas rotinas e rituais deste mundo, assim como do outro. A fome e a subnutrição também eram mortes lentas e, justamente por causa disso, davam tempo para entender que a pessoa ou sua família não tardariam a morrer. A guerra e até os sacrifícios humanos eram tragédias que preveniam as vítimas. Nenhum guerreiro vai à guerra sentindo-se imortal. Tanto ele quanto sua família sabem dos riscos. Ambos têm tempo para iniciar comportamentos capazes de alterar os hábitos sociais regulares de trabalho e lazer cotidianos. Em outras palavras, uma ameaça genuína de morte cria um senso do morrer que altera o comportamento futuro de maneiras específicas, causando despedidas ou preparativos especiais para o caso de a morte realmente ocorrer.

Nas mais diversas sociedades camponesas, essa ideia de "morrer" – como algo previsível – levou comunidades inteiras a desenvolverem o interesse por prognosticar a morte e a criarem dispositivos sociais para tanto. O estudo das pragas, dos padrões de pluviosidade ou da própria propagação de doenças na aldeia podia ser empregado como sinal que levava a morte pessoal ao próprio lar da pessoa.

Mais especificamente, os camponeses desenvolveriam um arsenal de folclore e sabedoria popular com base nos sinais naturais ou pessoais da morte. O presságio passou a ocupar muitas mentes como um meio importante de prever a morte ou o morrer. Entre os muitos exemplos oferecidos por Berta,[73] acham-se os sonhos com certa atividade agrícola, a dor de dente ou a queda como sinais simbólicos capazes de prever a morte. O comportamento estranho dos animais, como o cacarejar das galinhas, o uivar dos cães ou o piar da coruja, podia ser um chamado para que o doente fosse para o outro mundo. As estrelas cadentes, a coceira no queixo ou os espelhos quebrados e muitos outros sinais talvez agourassem a morte da própria pessoa ou de outrem.

Na Idade Pastoril, o morrer passou a ser — como, aliás, já era no outro mundo — uma provação neste. Quiçá também fosse outro indício importante de que o morrer havia começado, devido à sua semelhança com as provações horrendas e aparentemente sobre-humanas que aguardavam no "outro lado". Fossem as derradeiras horas de alguém que se desidratasse rapidamente e delirasse de febre, fossem as dos cobertos de chagas de varíola ou peste negra, fossem quaisquer das últimas agonias de quem teve o coração literalmente arrancado do peito estando ainda vivo, morrer sempre parecia dramático, um acontecimento impressionante e geralmente assustador.

Sem embargo, a experiência de morrer como uma provação pessoal dramática não era o único sinal ou sugestão que definisse a experiência de todo o mundo como um "morrer". Também comuns no tempo de morrer da pessoa e úteis para definir e reforçar o seu começo eram as amplamente vivenciadas observações do morrediço como alguém *já* em interação com o outro mundo. As visões do leito de morte começavam

---

73 Berta, The functions of omens of death in Transylvanian Hungarian peasant death culture, *Omega*, v.40, n.4, 1999-200.

Uma história social do morrer

a se proliferar, talvez como parte do delírio febril ou induzido pela dor ou então como interações genuínas — quem o pode realmente dizer, mesmo agora?[74] Os camponeses da Europa e da Mesoamérica relatavam comumente as visões do leito de morte e entendiam que elas anunciavam o início do morrer.[75] Desse modo, o processo de morrer passou a ser encarado não simplesmente como uma jornada ao além-mundo, mas como seu começo precoce, ainda em vida, como um processo de intermediação ou uma escala rumo a essa jornada.

Por fim, a chegada desse novo tempo e espaço social — o tempo entre o reconhecimento do morrer e o seu fim propriamente dito — criou uma oportunidade de ritualizar e, portanto, integrar essa nova forma de vida social. Além dos nascimentos, casamentos e mortes, agora o morrer enquanto um novo comportamento podia ser visto como um rito de passagem importante. Durante esse período relativamente breve da vida antes da morte, o moribundo talvez pudesse fazer sugestões sobre como, quando e com que queria ser enterrado.

Pela primeira vez na nossa história, os morrediços puderam ter voz ativa sobre as coisas que haviam de acompanhá-los: que armas, víveres ou objetos de estimação desejavam "levar" consigo. Puderam expressar a preferência por um lugar de sepultamento. Passaram a ter tempo para se despedir de vários parentes. Agora os próprios moribundos podiam participar dos preparativos religiosos do morrer.[76]

---

74 Kellehear, *Experiences Near Death: beyond medicine and religion.*

75 Redfield; Rojas, *Chan Kom: a Maya village*, p.200; Berta, Two faces of the culture of death: relationship between grief work and Hungarian peasant soul beliefs, *Journal of Loss and Trauma*, v.6, p.93.

76 Redfield; Rojas, op. cit., p.198-202.

Os camponeses, para os quais a terra, a sucessão familiar, a honra e o nome são importantes, teriam tempo de se preparar para fazer essas relevantes transferências.[77] Em toda parte, homens e mulheres puderam fazer pela primeira vez algo que lhes era impossível, como morrentes, durante o longo e imprevisível período da Idade da Pedra: puderam se preparar para a morte.

Resumo das características do morrer na Idade Pastoril

Há doze mil anos, nós humanos nos assentamos para uma refeição produzida pelas nossas próprias mãos e com o suor do nosso rosto. No Velho Mundo, tais assentamentos incluíam a criação e o pastoreio de animais, mas, nas Américas, por exemplo, o sedentarismo significou essencialmente agricultura combinada com certa continuação da caça. As pessoas passaram a viver mais, ainda que a mortalidade perinatal permanecesse elevada durante outros milhares de anos. O mundo da morte desses primeiros agricultores e camponeses tinha menos óbitos sem aviso prévio e significativamente mais falecimentos previsíveis.

As mortes previsíveis relacionavam-se com a epidemiologia das doenças infecciosas: a varíola, a malária, a peste bubônica, a disenteria e outras que levavam à morte física vagarosa. A *natureza gradual do morrer* também foi promovida por outra crescente fonte de morte naquele período: as mãos alheias — devido à guerra com os vizinhos, aos sacrifícios humanos para

---

77 Highsmith, Religion and peasant attitudes toward death in 18th century Portugal, 1747-1785, *Peasant Studies*, v.11, n.1, 1983; Gottlieb, *The Family in the Western World from the Black Death to the Industrial Age*; Houlbrooke, *Death, Religion and the Family in England, 1480-1750*.

Uma história social do morrer

apaziguar os deuses ou à realeza que precisava de "companhia e *entourage*" no outro mundo, ou ainda para fins de segurança agrícola ou militar.

Enfim, não devemos subestimar o fato de que depender de uma extensão de terra para ganhar o pão de uma vida inteira, aliás, para ganhar a vida, oferecia outro perigo que promovia a morte gradual: a fome. As inundações e a seca espalhavam a morte em todas as comunidades agrícolas e eram o flagelo das sociedades pastoris desde o início, doze mil anos atrás. Na Europa medieval, por exemplo, estima-se que havia um período de fome mortífera a cada sete ou dez anos. Rosener[78] cita as observações de um médico acerca do efeito sobre os camponeses de um surto de fome na Europa do século XVIII:

> Não posso recordar, a não ser com uma sensação de horror, a angústia da nossa região; estremeço quando penso na situação triste, lúgubre e espantosa de tantos da nossa gente. Os meus pacientes jazem sem a menor esperança de sobrevivência. A primeira safra de feno, a segunda ceifa, as hortaliças, os legumes, as frutas das árvores: tudo perdido. O suor do rosto do lavrador foi em vão. Uma onda de infortúnio e, pior ainda, de prolongada fome afligiu esses desgraçados indivíduos. Não admira que, para salvar sua vida miserável, esses pobres-diabos tenham lançado mão de uma alimentação animalesca e inatural, com isso me refiro ao capim, aos cardos, a uma variedade de ervas daninhas, a caldos feitos de marga, joio torrado, ervilha ou outros tipos de vegetação áspera. Efetivamente, a necessidade os obrigou, no fim, a recorrer ao tipo de comida que as raposas devoram.

---

78 Rosener, op. cit., p.144-5.

Essa morte gradual na sociedade pastoril também fomentou outro desenvolvimento novo e singular: a capacidade de cada indivíduo participar pessoalmente da própria morte. O *eu participante* significava que o morrente podia contribuir efetivamente para os planos de seu funeral ou enterro. Estar avisado possibilitava à pessoa ler orações ou pedir a misericórdia divina quando "fizesse a travessia". E, coisa importante em uma sociedade pastoril, o moribundo também podia tomar decisões quanto à distribuição de bens e propriedades sobre os quais teve o controle durante grande parte da vida.

Em uma economia camponesa, uma parcela essencial do trabalho é a manutenção e substituição da população, das ferramentas, casas e reses, assim como a garantia da continuidade e da transferência do patrimônio familiar, dos papéis e propriedades.[79] A morte paulatina permitia uma participação significativa nesse importante trabalho doméstico e comunitário.

Ademais, na viagem ao além-mundo que os camponeses empreenderiam inevitavelmente, como parte da sua antiga herança dos caçadores-coletores, os moribundos das sociedades pastoris podiam solicitar o equipamento espiritual e físico que achassem que os ajudaria em tais viagens. Na sociedade pastoril, vemos pela primeira vez a pessoa agonizante unir-se aos sobreviventes na série *coletiva* de preparativos para a morte. Esta já não seria responsabilidade exclusiva dos sobreviventes, a não ser nas "circunstâncias trágicas" em que era repentina.

Desse modo novo e inovador, o morrer também se integrou aos rituais da morte ao tornar tanto esta quanto o morrer previsíveis. Posto que a morte sempre fosse certa, o próprio

---

79 Stein, op. cit., p.17.

processo de morrer estava se tornando igualmente certo em um sentido mundano observável. Agora todos o podiam observar efetivamente em vez de imaginar a maior parte desse processo como uma viagem ao outro mundo.

Mas, se morrer veio a ser, pelo menos em parte, uma jornada deste mundo acompanhada durante um breve período pelos parentes e outros familiares, sua quase certeza situava-o no arcabouço camponês mais amplo da previsibilidade. O morrer e a morte passaram a ser como o casamento e os nascimentos, como o plantar e o colher, como as estações boas e os períodos de fome, uma parte da rodada de ciclos previsíveis. O morrer nas culturas pastoris começou a gozar de invariabilidade para os camponeses.

Como observa Bailey,[80] os camponeses planejavam para uma "rodada" de tempo: não um conceito que fosse progressista, isto é, que envolvesse a ideia das coisas melhorando ou finalmente resolvendo-se em um projeto inteiramente acabado ou encerrado. Eles criavam o gado, armazenavam sementes, poupavam para os casamentos; alguns camponeses mais recentes em todo o mundo faziam até testamento. Conspiravam uns contra os outros. A rodada de tempo, nas sociedades pastoris, é um ciclo previsível porque, no ano seguinte, tudo será o mesmo que no anterior. Fosse europeia, fosse americana, fosse asiática, a visão camponesa do morrer engendrava o fatalismo.[81]

A abordagem fatalista da morte, devido à sua semelhança com outros ciclos previsíveis da natureza e do resto da

---

80 Bailey, op. cit., p.315.
81 Redfield, op. cit.; Sourvinou-Inwood, To die and enter the House of Hades: Homer, before and after. In: Whaley (Org.), *Mirrors of Mortality: studies in the social history of death*; Watanabe, *The Peasant Soul of Japan*.

sociedade e da economia pastoris conhecidas, era condizente com aquela sociedade. A morte e, por conseguinte, o morrer não eram estranhos, e poder se preparar pessoalmente para o acontecimento era o sinal quintessencial de boa sorte. E mais: um morrer que permitisse ao homem ou à mulher ver a morte chegando de modo que lhe fosse possível preparar-se para ela com a ajuda da família e da comunidade condizia com tudo quanto o camponês encarava como Vida Boa. Ao fim de uma Vida Boa não falta nada do que os outros, posteriormente, descreveriam como uma Boa Morte: uma morte correspondente aos critérios da própria Vida Boa: ela seguia um padrão gradual e previsível que envolvia os outros em uma saída ordenada para o outro mundo.

Embora seja possível que os caçadores-coletores encarassem a morte com igual equanimidade e fatalismo, o fato real da morte devia ser encarado mais amiúde como má ou boa sorte: como uma experiência sobre a qual eles não tinham controle. Na sociedade pastoril, surge a possibilidade de controle e, com essa possibilidade, um conjunto de obrigações morais para os que circundam o moribundo. A Boa Morte é um morrer moral, um morrer que não pode ser feito bem ou mal como um desempenho social.

Berta,[82] escrevendo sobre a cultura e a morte do camponês húngaro, diz que mortes "normais" e "boas" se seguem a vidas "normais" e "boas" e não são súbitas. A boa morte segue padrões e características reconhecidos e sancionados. Não seguir

---

82 Berta, Two faces of the culture of death: relationship between grief work and Hungarian peasant soul beliefs, *Journal of Loss and Trauma*, v.6, 2001.

Uma história social do morrer

esses padrões, por exemplo, no caso do suicídio, é uma ruptura religiosa e socialmente punível. Nesse arcabouço de viver e morrer, não há lugar para a excentricidade. O sucesso de uma vida – e de um morrer – está na sua conformidade com outras mortes e vidas.[83] Isso mantém a harmonia e o equilíbrio da existência camponesa tão cruciais para suas ideias do que é bom e bem-sucedido em uma vida.[84]

Às vezes, a sugestão ocasional de que o pobre costuma imitar e absorver os valores e atitudes para com a morte da elite urbana[85] oculta o fato de que muitas características básicas da Boa Morte, nos últimos 10 mil anos, provavelmente já estavam bem estabelecidas pelas culturas camponesas. A ideia camponesa da Boa Morte não é uma versão pobre e não urbana dessa forma de morrer.

Muito antes do advento das cidades, as ideias sobre a viagem ao além-mundo, a terra que oferecia carne e grãos à família e a honra do parente ou do nome da pessoa eram objetos valiosos a ser herdados pelos sobreviventes do morrediço. As sociedades pastoris faziam esse papel muito antes que as afetações mais abastadas da elite urbana transformassem tal ritual em um morrer às vezes atlético, romântico e heroico, com tanta frequência relatado pelos observadores da classe média da Europa.[86]

---

83 Bailey, op. cit., p.316.

84 Watanabe, op. cit.

85 Cannadine, War and death, grief and mourning in modern Britain. In: Whaley (Org.), *Mirrors of Mortality: studies in the social history of death*, p.196.

86 Ver, por exemplo, Ariès, *Western Attitudes toward Death*; Cannadine, op. cit.; McManners, *Death and the Enlightenment*; Jalland, *Death in the Victorian Family*.

Não obstante, a Boa Morte — o morrer que permite à pessoa preparar-se para a morte com a cooperação da família e da comunidade — é a maior contribuição da sociedade pastoril para a nossa atual compreensão e experiência de morrer. Assim como a Jornada ao Além-mundo é uma peça importante do quebra-cabeça que chamamos de "morrer", a Boa Morte é o desenvolvimento seguinte que se erige sobre essa ideia da jornada. Mas, a partir da nossa herança pastoril, essa viagem agora começa na própria vida. Doravante, morrer passa a ser uma coisa *viva neste* mundo.

Capítulo 5
O nascimento da boa morte

O "nascimento" da boa morte teve continuidades e semelhanças com seu predecessor — o morrer como viagem à ultravida —, mas também apresentou diferenças importantes. A consciência e a antecipação continuaram sendo questões relevantes para o morrente, assim como para seus parentes. Ser apanhado inadvertidamente é, na melhor das hipóteses, um infortúnio; na pior, trágico. O autoconhecimento da proximidade furtiva da morte tornou-se a primeira propriedade distintiva de uma "boa" morte, porque indicava para os demais uma característica social importante da pessoa. Quem fosse capaz de dizer que estava morrendo havia aprendido claramente a sabedoria do morrer com a experiência dos presságios, feitiços e sinais espirituais, ou simplesmente por já ter presenciado muitas mortes na aldeia.

As enfermidades que normalmente destruíam a vida na aldeia apresentavam sintomas médicos que qualquer testemunha que já os tivesse visto várias vezes reconheceria. Por exemplo, a varíola (o vírus *Variola major*), que Hopkins[1] classificou de

---

1 Hopkins, *The Greatest Killer: smallpox in history*.

"a pior assassina" da humanidade, desfrutava de uma trajetória de três semanas de destruição humana. Na primeira, praticamente não apresentava nenhum sintoma. Mas, no nono dia, os sintomas e sinais se alinhavam de um modo fortíssimo e previsível: dor de cabeça, febre, calafrios, náusea e dor nas costas. Em breve, isso era acompanhado de uma coloração vermelha que, partindo do rosto, se espalhava pelo corpo. Então vinham as erupções, estas se transformavam em espinhas pronunciadas, depois em bolhas, a seguir em pústulas supurantes e, se o doente sobrevivesse, todas essas erupções cutâneas deixariam cicatrizes e deformações permanentes. As pústulas também podiam ser internas e matar a vítima de fortes hemorragias. Tudo isso durava três semanas, e a maioria das pessoas reconhecia e entendia o trajeto. Nas regiões regularmente afetadas, a varíola podia matar um em quatro indivíduos. Nas populações recém--afetadas, chegava a dizimar mais de 80% dos infectados.[2]

Arautos da morte semelhantes eram os períodos de fome, as pragas de insetos e doenças e a escalada das tensões políticas ou religiosas. Alguns acontecimentos — como a fome ou o falecimento de um rei — assinalavam a morte de camponeses com tanta certeza quanto a varíola. Não ter ciência da iminência da morte nas sociedades pastoris seria inexplicável e faria parte de uma morte "ruim", pois viria sem aviso prévio ou oportunidade de controle.

A questão social da herança continuou tendo importância, mas agora, com o estilo de vida sedentário de acumular possessões, o peso da responsabilidade por essa herança se desloca dos sobreviventes para a pessoa morrediça e é uma responsabilidade compartilhada. O equipamento agrícola e as armas para

---

2 Ver Hopkins, op. cit., p.3-5, 220.

a defesa tornam-se itens muito caros para ser sepultados com os mortos. A "defesa" da viagem ao além-mundo começa a adquirir um caráter mais moral, e as boas mortes passam a enxergar nas características da virtude pessoal e social a melhor defesa do destino da pessoa no além. Uma parte integrante dessa vida virtuosa é fornecer provisão adequada aos parentes, aos menos afortunados e/ou à comunidade em geral no seu progresso material neste mundo.

No mundo do morrer anterior, como viajantes para outros mundos, eram os sobreviventes que davam bens para que os moribundos maximizassem as chances de sobrevivência ou melhorassem sua qualidade de vida no além. Agora, nas tradições da boa morte do morrer, cabe ao agonizante legar bens aos sobreviventes para não partir deixando um rastro de caos ou desordem neste mundo. O moribundo torna-se moralmente obrigado em seu papel *vivo* de morrente.

A jornada à ultravida não saiu de cena enquanto preocupação do moribundo. Essa preocupação continua sendo importante, mas agora o vemos desempenhar, no leito de morte, um papel na preparação da sua viagem. Embora viver a vida "certa" casando-se, ou tendo filhos, ou cultivando as plantas "adequadas", ou defendendo as tradições familiares contribua para as bem-aventuranças finais na jornada ao outro mundo, agora o moribundo tem uma chance de pôr as coisas "em ordem" no fim, caso estejam de algum modo erradas. E estar vivo e morrendo proporciona uma oportunidade de reparação antes do embarque efetivo na viagem como morto e morrente. Agora a preparação religiosa para a jornada vindoura está à disposição do agonizante vivo, de modo que, além das outras pessoas, ele mesmo pode orar *por si*.

Nesse contexto, ademais, ao passo que o morrer enquanto viagem ao outro mundo é anunciado pela morte biológica, agora a simples tomada de consciência do morrer assinala o início dessa viagem. O mais importante é que o começo da morte se liberta de suas amarras e tem um conjunto de sinais sociais e psicológicos baseados na percepção pessoal da deterioração física e de circunstâncias ameaçantes à vida. Porém, juntamente com essas continuidades, há importantes diferenças entre o morrer caçador-coletor/além-mundo e os costumes sedentários do morrer estilo de vida/boa morte.

Agora o processo de morrer, que outrora era uma atividade comunitária sem a presença da pessoa morrente – ou com uma presença fantasmagórica indireta –, passou a ser uma parceria mundana entre a comunidade e o moribundo. Este, embora gozasse de privilégios, tinha obrigações importantes. Os preparativos da morte, por exemplo, não deviam ser excêntricos nem idiossincráticos de um indivíduo. Havia procedimentos que observar, pessoas que encontrar, tarefas a serem cumpridas e propriedades a serem dispersas. Em troca desses atos, as comunidades fariam a sua parte no trabalho: possibilitar certos procedimentos sociais, providenciar para que as pessoas comparecessem, apoiar as tarefas, prover testemunhas de atos importantes e sancionar decisões relevantes.

Conquanto as mortes caçadoras-coletoras fossem infelizes ou misericordiosas, agora estavam sujeitas a um julgamento mais específico. O morrer podia ser considerado "bom" ou "ruim". Tão logo desenvolveu uma presença social entre os vivos, ficou sujeito a todo o peso da avaliação social da vida, tal qual os demais ritos de passagem, como o casamento, o nascimento, a iniciação ou outro papel social na comunidade,

Uma história social do morrer

como o de esposa, marido, filho, guerreiro ou ancião. Mais do que nunca, o morrer tornou-se um papel prescrito, uma viagem moral e uma parceria ativa com os futuros sobreviventes.

Nesse contexto de história mundial, a boa morte era formulada, originalmente, como "boa" nos termos descritos e justificados pelos primeiros agricultores e camponeses. A forma ideal de morrer naquela época – e para essa gente hoje – era uma "boa morte" que se ajustasse a todas ou à maioria das prescrições de uma boa vida camponesa ou agricultora. A boa morte, em tal contexto, é um modelo conservador de comportamento concebido e sancionado pelos outros para se harmonizar e afirmar a moral e os valores sociais então dominantes – sejam eles princípios religiosos antigos, expectativas médicas contemporâneas ou expectativas culturais da vida aldeã.

Fundamentalmente, a boa morte, enquanto rito de passagem, tem de saldar suas dívidas com as responsabilidades prevalecentes de reciprocidade social, trocas econômicas e expectativas morais da comunidade, tais como expressas nas relações parentais e comunitárias. Isso é parcialmente possibilitado pela visão do destino futuro, não como um futuro joguete ou vítima dos deuses ou demônios no outro mundo, e sim, pelo menos em parte, ligado à conduta ética de toda uma existência. E essa "existência" inclui os últimos dias e horas do morrer como o fim vivo da própria vida. Ao passo que os ritos fúnebres eram a principal maneira de os vivos prepararem os moribundos para a sua viagem, agora era o modo pessoal como estes viveram que os preparava para a jornada. À medida que as comunidades se aconchegavam no mundo da vida aldeã, a própria vida passou a ser uma preparação e um teste para a morte. A boa morte veio a ser a prova final e o retrato pessoal duradouro de uma vida boa.

Allan Kellehear

O que é boa morte afinal?

A expressão "boa morte" tem dois derivativos comumente citados. O primeiro é a boa morte procedente das palavras gregas *eu thanatos*, obviamente associadas à palavra portuguesa "eutanásia". Eutanásia significa boa morte no sentido de morrer bem, ou seja, sem dor e facilmente.[3] Trata-se de uma morte rápida e branda, mas com o acréscimo da ideia de morrer em "perfeição moral" ou nobre. Não significa necessariamente uma morte acelerada ou assistida por pessoal médico.[4]

Posto que a boa morte dos antigos agricultores e camponeses compartilhasse parte do território moral desse significado, especialmente o do morrer de modo moralmente ideal, o sentido de boa morte que discuto neste capítulo tem etimologia um pouco diferente.[5]

Boa morte, como a empregamos neste capítulo, refere-se ao *kalos thanatos* grego (derivado, por sua vez, do mais comum *to kalos thanein*), que significa morrer belamente ou de um modo ideal ou exemplar.[6] Esse estilo de boa morte não é repentino, mas geralmente se refere a mortes bem preparadas pelos morrentes. Boa morte, neste sentido, é um morrer condizente com a expectativa mais geral da comunidade de tornar a morte tão positiva e significativa quanto possível para o máximo de

---

3 Partridge, *Origins: a short etymological dictionary of modern English*, p.189; ver também *Oxford English Dictionary: a new English dictionary on historical principles*, E325.

4 Ver Van Hooff, Ancient euthanasia: "good death" and the doctor in the Graeco-Roman world, *Social Science and Medicine*, v.58, n.5, 2004.

5 Kellehear, *Dying of Cancer: the final year of life*, p.29.

6 Liddell; Scott, *A Greek-English Lexicon*, p.737.

Uma história social do morrer

pessoas. Boa morte é tanto uma prescrição para o bom morrer tal como entendida e seguida pela pessoa morrente quanto uma atribuição a outros desse morrer.

Nessas duas maneiras básicas, uma "boa" morte pode ser autodefinida como tal pelos próprios moribundos.[7] Os cuidadores como a família ou como os profissionais da equipe médica e de enfermagem também podem definir o que é "bom" em um morrer.[8] Ademais, a comunidade em geral tem igual possibilidade de contribuir para a opinião acerca do valor moral de uma morte ou de um morrer.[9]

A boa morte sempre começa com certa determinação do início do "morrer" e, tradicionalmente, este é autodeterminado pelos próprios morrentes, seja nas sociedades europeias,[10] seja nas não europeias.[11] Após esse conhecimento da iminência da

---

7 Ver, por exemplo, Kellehear, *Dying of Cancer: the final year of life*; Jalland, *Death in the Victorian Family*; Armstrong-Coster, *Living and Dying with Cancer*; Sandman, *A Good Death: on the value of death and dying*.

8 Ver, por exemplo, Young; Cullen, *A Good Death: conversations with East Londreser*s; McNamara, *Fragile Lives: death, dying and care*; McNamara, Good enough death: autonomy and choice in Australian palliative care, *Social Science and Medicine*, v.58, n.5, 2004; Del Veccheio Good et al., Narrative nuances on good and bad deaths: internists' tales from high-technology work places, *Social Science and Medicine*, v.58, n.5, 2004.

9 Ver, por exemplo, Counts; Counts, The good, the bad, and the unresolved death in Kaliai, *Social Science and Medicine*, v.58, n.5, 2004; Seale; van der Geest, Good and bad death: an introduction, *Social Science and Medicine*, v.58, n.5, 2004; Spronk, Good and bad death in ancient Israel according to biblical lore, *Social Science and Medicine*, v.58, n.5, 2004.

10 Ariès, *Western Attitudes toward Death*, p.2-7; Saum, Death in the popular mind of pre civil war America. In: Stannard (Org.), *Death in America*, p.43.

11 Counts, The good death in Kaliai: preparations for death in Western New Britain. *Omega*, v.7, n.4, 1976, p.371.

morte, usualmente se seguiria um costume ritualizado de autopreparação. A diversidade dessa autopreparação depende dos costumes específicos do período e do lugar, assim como do *status* da pessoa que está morrendo. Os preparativos para a morte de chefes ou para o sacrifício humano voluntário podem ser esmerados, como de fato são no caso dos chefes de família camponeses ricos. Nas famílias mais pobres, os preparativos em torno ao morrer podem ser simples.

Mas, seja qual for o *status*, a riqueza ou o período e o lugar da boa morte, sempre foi costume dos povos pastoris transferir o patrimônio da família juntamente com os papéis e a propriedade da pessoa morrente.[12] No cerne, o significado de boa morte é preparar-se bem para a morte, do modo como a comunidade espera, e isso significa ter consideração e providendiar a continuidade e a prosperidade da família e de outras redes sociais consideradas importantes para a comunidade. Para os sobreviventes, as três coisas principais a ser herdades eram os bens materiais (como terra, dinheiro ou equipamento); os bens sociais (como nome, *status* ou ocupações); e os itens pessoais (como joias, caráter ou honra e vergonha).[13]

Gottlieb[14] argumenta que na Europa anterior ao século XVIII, por exemplo, "família" geralmente designava a "casa" e não necessariamente os parentes consanguíneos. O "parentesco" frequentemente incluía afinidades por casamento, adoção ou familiares "fraternizados": uma fraternidade fictícia

---

12 Stein, *Peasant State and Society in Medieval South India*, p.17.

13 Gottlieb, *The Family in the Western World from the Black Death to the Industrial Age*, p.201.

14 Ibid., p.185.

que unia bens por acordo tácito.[15] Um homem idoso e sem filhos podia adotar ou "agregar" um jovem de sua escolha ou conveniência mútua, redigindo um contrato de herança. Os camponeses muitas vezes evitavam a papelada que isso podia envolver por "fraternização". Essas práticas são documentadamente generalizadas no Japão, na China e na Oceania, assim como na Europa. A continuidade da família "[era] uma grande preocupação nas sociedades pretéritas. Os interesses individuais ligavam-se, quando não se subordinavam, a grupos familiares. Estes podiam ser linhagem, uma casa ou outras entidades".[16]

Havia diferentes tradições de herança por ocasião da morte. A herança de herdeiro único, por exemplo, favorecia uma divisão ter/não ter, promovendo casamentos ter-ter e um grande reservatório de trabalho. Wolf[17] afirma que esse *pool* de trabalho deserdado estimulou o desenvolvimento de uma economia industrial. Por outro lado, a herança partível dividia a riqueza uniformemente entre os sobreviventes e/ou descendentes e dava a cada um mais do que um envolvimento no modo de vida camponês: também tornava a existência mais precária para os herdeiros. Entretanto, o autor[18] se apressa a mostrar que a pobreza resultante da herança partível também há de ter contribuído para o desenvolvimento das pequenas indústrias que inicialmente proviam as atividades econômicas estritamente

---

15 Fauve-Chamoux, Introduction: adoption, affiliation and family recomposition: inventing family continuity, *History of the Family*, v.3, n.4, 1998, p.2.

16 Ibid., p.7.

17 Wolf, *Peasants*, p.73-7.

18 Ibid.

agrícolas, mas depois se tornaram independentes delas. Mas, seja como for, Wolf sustenta que essa questão da herança representava uma crise transitória fundamental das famílias camponesas quando o idoso ou agonizante precisava entregar ritualmente o seu manto a outros.

Essa transição chegava a ser tão carregada que algumas sociedades camponesas preferiam que a "preparação" para a morte ocorresse bem antes da iminência dela, em outras palavras, que simplesmente ocorresse na velhice. Kopczynski[19] observou que, entre os camponeses poloneses do século XVIII, a herança transitória sucedia logo que o idoso "se aposentasse" do trabalho ativo. Os processos transitórios muitas vezes sujeitavam o ancião a uma situação de dependência econômica e social, e isso geralmente levava à expulsão do lar da família. Tais ocorrências regulares estimularam os velhos a morarem com outros estranhos ou com um companheiro aposentado. Nesse contexto cultural, era "melhor" morrer na ativa; "velhice alegre era principalmente o privilégio dos camponeses ricos".[20]

Em geral, Houlbrooke[21] define bem a boa morte consuetudinária ao descrevê-la como o domínio dos valores da comunidade (que, na Europa medieval, eram os valores cristãos) em face de uma morte prevista. Tendo certeza de que vai morrer, a pessoa lavra um testamento, dividindo a propriedade equanimemente, faz algumas provisões para os membros mais pobres

---

19 Kopczynski, Old age gives no joy? Old people in the Kujawy countryside at the end of the 18th century, *Acta Poloniae Historica*, v.78, 1998, p.99.

20 Ibid.

21 Houlbrooke, *Death, Religion and the Family in England, 1480-1750*, p.184-219.

da família, recebe a visita das seções religiosas da comunidade, reza e morre cercado pelos familiares e amigos. As prescrições desse tipo de boa morte europeia foram amplamente divulgadas nas cultas classe média e pequena nobreza graças ao *best-seller Ars Moriendi*, publicado em 1450 d.C. Por outro lado, "ruins" eram as mortes que não passavam no teste final de preparação apesar de ter tempo para isso. Claro está que toda morte súbita e sem aviso era "ruim", principalmente o ato privado do suicídio.

Exemplos de boa morte

Sourvinou-Inwood[22] registra que, durante o processo de morrer na Grécia pré-arcaica, antes do século VIII a.C., o moribundo dizia as últimas palavras ao seu círculo social e pedia um enterro adequado. Mas Highsmith[23] menciona os preparativos bem mais aprimorados dos camponeses de Portugal do século XVIII. Os portugueses se preparavam "cuidadosamente" para a morte nas questões ligadas à transmissão da propriedade, nas providências para o seu próprio bem-estar espiritual e na escolha do lugar de sepultura. A maioria dos testamentos se fazia diante dos amigos ou parentes, frequentemente porque o morrente estava muito doente. As instruções para o enterro eram bastante sumárias, uma vez que os moribundos

---

22 Sourvinou-Inwood, To die and enter the House of Hades: Homer, before and after. In: Whaley (Org.), *Mirrors of Mortality: studies in the social history of death*, p.25.

23 Highsmith, Religion and peasant attitudes toward death in 18th century Portugal, 1747-1785, *Peasant Studies*, v.11, n.1, 1983, p.6.

geralmente davam mais importância ao próprio bem-estar espiritual do que ao lugar em que seu corpo enfim descansaria.

Era comum a pessoa morrediça pedir certo tipo de procissão religiosa, ou um número de missas especiais celebradas por sua alma, ou ainda orações em determinada quantidade ou em datas especiais. O exame de Highsmith[24] dos testamentos dos camponeses mostrou que o último desejo era uma questão de família, sendo a morte e o sepultamento considerados problemas da comunidade ou de um herdeiro.

Redfield e Rojas[25] observaram a conduta no morrer dos camponeses maias do México e comentaram, uma vez mais, a ênfase religiosa presente nessa população de lavradores. Os moribundos participam dos preparativos para a ultravida. Se tiverem sido bons, honestos, castos e devotos na vida, vão para a "Glória" (céu); se sua conduta moral não houver sido tão ideal assim, é possível que os aguarde o Purgatório; se tiverem levado existência "ruim", acabarão no "Metnal" (inferno). Essas crenças católicas se misturam com outras, indígenas, exemplificadas pela convicção maia em que os "pecadores", ao morrer, se transformam em rãs, remoinhos de vento, veados ou perus silvestres, dependendo das maldades por eles cometidas.

Quando a morte se acerca, mandam chamar um *maestro cantor*: o "mestre" encarregado das orações. Para garantir a libertação tranquila da alma, convém abrir um buraco no telhado ou deixar uma janela aberta. Perto da morte, o moribundo deve falar sabiamente, pois muitas vezes a alma faz visitas

---

24 Highsmith, op. cit.

25 Redfield; Rojas, *Chan Kom: a Maya village*, p.198-202.

preliminares ao além-mundo.[26] Ocasionalmente, durante um "morrer" difícil, e para auxiliar na libertação da alma, o moribundo é açoitado com uma corda. Por vezes, o xamã o visita para fazer um diagnóstico, tentar a cura ou avaliar o resultado ou a hora da morte esperada, mas isso só costuma acontecer com os idosos.

Spronk[27] descreve a boa morte entre os antigos israelitas. Dentre as muitas características da boa morte figuram ter uma vida longa, morrer em paz – ou seja, em circunstâncias médicas ou sociais razoavelmente pacíficas –, ser sepultado em terra de sua propriedade e ser capaz de certificar, facilitar ou reafirmar a continuidade entre os ancestrais, o *self* e os herdeiros. Counts[28] e Counts e Counts[29] descrevem um conjunto de valores e ritos dos horticultores Lusi-Kaliai na Nova Bretanha Ocidental, Nova Guiné.

Os Lusi-Kaliai enfatizam a morte pacífica depois de uma vida longa: uma vida que minimizou o conflito com os outros (evitando, assim, a feitiçaria por parte desses outros) e os preparativos justos para a transmissão e herança de toda propriedade. Morrer cercado de familiares e amigos e deles poder se despedir também são um traço importante do morrer bem.

Counts e Counts[30] dão o exemplo de um homem chamado Avel, membro importante da comunidade, dotado de talento diplomático e muito justo no trato com todas as suas relações sociais. Respeitadíssimo, não atraía a inimizade de ninguém.

---

26 Redfield; Rojas, op. cit., p.200.
27 Spronk, op. cit.
28 Counts, op. cit.
29 Counts; Counts, op. cit.
30 Ibid., p.893.

Negociava cautelosamente as encrencadas e controversas questões de herança de sua aldeia em uma época em que, por exemplo, o legado de coqueiros locais era uma fonte importante de conflito entre os herdeiros costumeiros (os filhos da irmã de um homem) e os homens que haviam batalhado nos negócios desde que a copra passou a ser o principal cultivo comercial da região.

Avel distinguia sensata e publicamente os coqueiros que havia plantado para os seus filhos dos destinados aos filhos da sua irmã. Isso possibilitava a todos os interessados sentir que a herança lhes era justa e leal. Quando começou a se sentir debilitado pela idade, Avel decidiu que era chegada a hora da morte. Chamou a filha, que morava longe da aldeia, e a esperou sob um abrigo perto de casa. Quando a filha finalmente chegou, ele lhe dirigiu as últimas palavras, virou-se e expirou. Essa foi uma "boa" morte nos termos de Kaliai, quase uma morte ideal do ponto de social, moral e médico.

Mortes ruins

O fato de as boas mortes serem "ideais" é uma observação historicamente crucial e orientadora. Por isso a natureza inusual e a tensão social criadas pela boa morte em relação à preponderância das mortes ruins é que serão a preocupação decisiva das populações urbanas muito posteriores na nossa história. Primordiais em um estilo de morrer cada vez mais urbano serão enfrentar aquele bicho temível, a morte ruim, e promover a boa morte ideal, coisas que produzirão a proliferação e o incremento maciços dos profissionais religiosos, jurídicos e médicos.

Uma história social do morrer

Convém registrar que, mesmo em Kaliai, a morte ruim era a forma mais comum de morrer. A boa morte, além de possível, acontecia com frequência suficiente para que as pessoas aspirassem a ela. Mas a morte súbita, a morte longe da pátria, a morte violenta — inclusive o suicídio — e a morte devido à incompetência dos outros eram muito mais comuns.

O que tornava muitas dessas mortes "ruins" era não só a falta de aviso e, portanto, a ausência da consciência de sua iminência, como também a incapacidade do moribundo de exercer o controle e o preparo que possibilitariam uma transferência tranquila da propriedade material para os herdeiros e dos assuntos espirituais para o além-mundo. Se a boa morte é a afirmação da vida e das relações sociais boas, a morte ruim representa uma afronta ou ruptura dessas relações.[31] A morte ruim não permite honrar as dívidas e obrigações; não dá à pessoa o papel controlador de pôr em ordem os negócios sociais e econômicos. A morte ruim promove desordem.

Mesmo hoje, interculturalmente, acham-se mortes ruins caracterizadas por imagens de morrer sozinho, morrer "cedo" (antes da velhice), morrer longe de casa, da família ou dos amigos.[32] Outras mortes ruins envolvem a "vergonha", como quando a pessoa é morta por uma mulher, morre sem deixar herdeiro ou sem um enterro adequado.[33] A essas mortes ruins, podem-se acrescentar outras, como as de quem morre em agonia, ou ainda criança, ou repentinamente, ou de quem morre

---

31 Ibid., p.895.
32 Seale; van der Geest, op. cit.
33 Spronk, op. cit.

em ruptura com as crenças ou costumes religiosos da comunidade ou em discordância com eles.[34]

A promoção da desordem em uma sociedade pastoril que acentua tão fundamentalmente os ordeiros ciclos da vida é uma catástrofe em si. As estações, os ciclos regulares de semeadura e colheita, os ciclos regulares de nascimento, casamento, novos nascimentos e mortes, que promovem a transferência para a geração seguinte, são regularidades que definem a vida boa nas sociedades pastoris. As mortes ruins desafiam essa ordem criando ambiguidades e possíveis perdas em questões relacionadas com a sucessão, a propriedade, o nome, a honra e os direitos. Elas não são simplesmente perigosas para os sobreviventes e moralmente difíceis para o moribundo, também são desastres comunitários de graus variáveis dependendo do *status* deste. As mortes ruins, tal como as boas, são objeto de interesse público.

Sendo objeto de interesse público, também se tornam campo de batalha política e moral. Morrer vivo, como potencial conduta ritualizada a serviço da ordem social e moral mais ampla, significa que morrer vivo como morte "boa" ou "ruim" também é uma fonte potencial de crítica social e moral. Desse modo, fica sujeito a lutas pelos acontecimentos que simbolizam um tipo de julgamento público de nós outros.

Pat Jalland[35] registra o que ela descreve como um caso "arquetípico" de morte ruim na classe média da Inglaterra vitoriana. Ada Lovelace, uma mãe de 37 anos, estava morrendo de câncer ginecológico cujo regime opiáceo não lhe controlava a

---

34 Jalland, *Death in the Victorian Family*, p.59-76.
35 Ibid., p.61-3.

dor. Sua mãe e seu marido eram grandes inimigos e viviam às turras, e, embora Ada fosse considerada uma "livre-pensadora normalmente muito inteligente e lógica", parece que sucumbiu à obsessão da mãe pelo arrependimento no leito de morte. Durante essa capitulação às súplicas ideológicas maternas, confessou um caso extraconjugal, coisa que arruinou seu relacionamento com o marido.

A representação de *lady* Byron [a mãe de Ada] da morte da filha era muito diferente da do seu genro em motivação, tom e conteúdo. Ela enviou uma série de cartas autoelogiosas em forma de diário à senhorita Emily Fitzhugh, uma amiga devotada, com a intenção de recuperá-las mais tarde como um registro de sua "reputação impecável de mãe" e de sua campanha para obter o arrependimento. O diário também era um registro triunfante de sucesso na batalha contra o genro, chegando a afirmar, a certa altura: "Não posso imitá-lo e abrir fogo por cima de um leito de morte". *Lady* Byron anotou, uma a uma, suas vitórias sobre lorde Lovelace [o marido de Ada], inclusive o fato de ter obtido a guarda do filho mais novo de Ada em 16 de agosto.[36]

Como ilustra o caso anterior, morrer devagar dá tempo à pessoa. Uma boa morte pode aproveitar esse tempo para resolver as pendências, despedir-se e até se preparar espiritual e psicologicamente para a viagem ao além-mundo. Mas morrer devagar também pode criar espaços sociais e temporais para escrever ou reescrever vidas, particularmente se for um morrer prolongado como no caso de Ada (vários meses de deterioração

---

36 Ibid., p.63.

física e mental). Os rivais pessoais e ideológicos podem explorar esse tempo para influenciar um agonizante vulnerável, plasmar e manipular efetivamente o texto social e moral do que é "bom" na boa morte. Assim, a morte boa e a ruim podem coexistir como perspectivas de pontos de vista pessoais diferentes: a pessoa morrente, diversos parentes, amigos ou espectadores e auxiliares.

O modo de morrer dito "tradicional",[37] tão bem exemplificado por milhares de descrições da boa morte nas regiões urbanas ou rurais do mundo todo, em famílias camponesas ou privilegiadas, não se restringe a mostrar o controle possivelmente exercido pelo moribundo na boa morte. Também mostra que o novo poder da pessoa morrediça — emergente nas sociedades pastoris — é objeto constante de ofertas de aquisição, mediação, reclamação e negociação por outros poderosos, cuidadores e auxiliares em várias aparências. O nascimento da morte boa ou ruim, nascida puramente como função do morrer lento, é igual e gradualmente identificado com as lutas da vida real de natureza política que refletem os interesses ideológicos da própria existência. Basicamente, a morte boa ou ruim representa um novo território físico, social e psicológico a permitir que tudo isso se desenvolva nos últimos dias ou horas no leito de morte.

A natureza política da boa morte

O intervalo entre a consciência do morrer e o último suspiro é de importância política crucial porque, em um mundo sem

---

37 Walter, *The Revival of Death.*

reality shows nem telenovelas, morrer era uma atraente performance comunitária de grande relevância social. Com frequência, envolvia toda a família e a casa e, muitas vezes, membros importantes da comunidade, como os anciãos, os xamãs, os chefes ou outros "homens-grandes". A ficção de comunidade e sociedade como um sistema de crenças, valores e atitudes que todos têm para com os demais é testada como em nenhuma outra ocasião. A natureza aparentemente arbitrária das nossas escolhas religiosas, políticas e sociais ingressa no tempo mais testador de todos: o confronto com a morte. Acaso tudo valeu a pena?

As principais crenças cosmológicas acerca dos significados últimos no mundo dão realmente apoio quando é chegada a hora derradeira? Os personagens ou seres do outro mundo existem deveras? O moribundo pode entrevê-los? Os costumes seculares ou milenares relativos à propriedade, à herança de título ou de sangue, conservam significado e importância constantes mesmo em face de dor e sofrimento enormes, mesmo na hora de abrir mão de tudo? Não há momentos de dúvida na imaginação do camponês, na imaginação humana? E se a pessoa morrente tudo rejeitar no leito de morte? O que acontece com ela, conosco? Essas são algumas perguntas capazes de encher muitos espectadores de ansiedade e de lhes redobrar o compromisso de apoiar o moribundo, seja lá como isso venha a ser interpretado; elas podem dar às pessoas uma sensação de temor, reverência e humildade que poucos são capazes de articular.

Essas tensões nascidas da incerteza com o morrer de cada pessoa se evidenciam nos reveladores compromissos descobertos em certos costumes, em certos casos individuais que são excepcionais ou estão incorporados às narrativas simbólicas de mito, tal como aceito por certas épocas e culturas que aspiram à boa morte.

Entre os astecas, por exemplo, o morrer resultava frequentemente do sacrifício humano. Os astecas eram um povo militarista e tinham uma visão das coisas que os obrigava a "alimentar" regularmente o mundo natural: a terra, o céu e as águas.[38] Especialmente importante era alimentar o sol, incumbência dos guerreiros. Esse "alimentar" se realizava com o sacrifício de guerreiros capturados ou voluntários. Scarre e Fagan[39] descrevem os rituais:

> O sacrifício não só renovava o deus ao qual era oferecido como também proporcionava um derradeiro teste de virilidade às vítimas. Os seres humanos tinham importância na ordem cósmica desde que as suas oferendas nutrissem os deuses. Quanto mais valente fosse a oferenda, mais alimentava os deuses – assim a celebrada "Morte Florida", na qual o prisioneiro de guerra ia para a morte pintado e trajando a roupa de gala da divindade, de modo a se tornar um deus simbólico. Os sacrifícios mais importantes eram cercados de rituais elaborados. O rapaz perfeito escolhido para impressionar o deus da guerra Tezcatlipoca assumia o papel do deus durante um ano inteiro. Envergava a roupa de gala divina e tocava flauta. Um mês antes de morrer, era casado com quatro sacerdotisas que personificavam deusas e o acompanhavam, cantando e dançando, quando ele deambulava ao redor da capital. No dia do sacrifício, o jovem subia de bom grado à pedra sacrificial. Em tais ocasiões, o sacrifício humano não era um drama terreno, mas divino.

---

38 Scarre; Fagan, op. cit., p.462.
39 Ibid., p.463.

Nesse caso excepcional, vemos a sociedade se apropriar do corpo da pessoa escolhida para morrer a fim de atingir objetivos ideológicos: apoiar as suas crenças religiosas, militares e econômicas. Em troca desse controle, em troca de tornar uma morte "boa" para a sociedade mais ampla, o escolhido recebia várias compensações que tornavam a morte pessoalmente "boa" para ele. Cabia-lhe comprimir em um único ano toda uma vida de privilégio, luxo e indulgência garantidos: uma oportunidade que talvez não pudesse esperar se simplesmente continuasse levando sua vidinha de agricultor ou guerreiro. Aliás, ele podia acabar tendo o mesmo destino, caso viesse a cair prisioneiro de outros, mas sem as doçuras da indulgência divina e dos preparativos que talvez compensassem, ao menos parcialmente, o fim horrendo que o aguardava.

Além disso, podia vivenciar um morrer público autoindulgente e, ademais, de feição patriótica. Ele criava uma boa morte que beneficiava a todos, mas que também alçava ao auge a sua carreira de guerreiro. Como os atuais heróis do esporte, o sacrifício humano voluntário é o testemunho e a afirmação da "correção" e "bondade" dos valores dominantes na sociedade. Não há de ser tão ruim assim se as pessoas se entregam voluntariamente a essas situações! Mesmo os prisioneiros que vão para a morte como sacrifício têm oportunidade de mostrar coragem e bravura pessoalmente, de afirmar os valores de guerreiro e a virilidade, mas também de mostrar compreensão e compromisso com o significado religioso de seus atos finais. Essa forma de boa morte asteca é um texto em que se lê o roteiro cosmológico do dia. A incapacidade de escrever esse roteiro sobre um grande número de pessoas morrentes representaria o fracasso do programa ideológico da sociedade mais ampla, que, no fim, trata de unir a todos tanto econômica quanto organicamente como uma comunidade em que há lealdade mútua através das ideias compartilhadas.

A mera ideia de herança exerce funções parecidas. Para os antigos agricultores e camponeses de toda parte, ela era uma grande preocupação da vida e da morte.[40] Posto que, na modernidade, a herança seja um bônus para ajudar a pessoa em seu caminho no mundo, "no passado *tudo* tendia a ser herdado", logo, essa era uma preocupação social fundamental.[41] O próprio destino do futuro social, moral e econômico dos indivíduos e grupos reside no comportamento ou nos últimos desejos da pessoa moribunda. Uma família podia ser destruída ou profundamente dividida em virtude de uma transmissão mal administrada de propriedade, nome ou ocupação.

Nos preparativos para a morte, o componente herança é um rito absolutamente essencial que garante a continuidade ou a destruição dos sobreviventes. Tão importante, devo acrescentar, que só o observador mais ingênuo acreditaria que o moribundo tinha o controle total e ininterrupto dessa função social. O controle dos outros é menos evidente quando uma boa morte parece administrar seus "bons" resultados sem nenhuma interferência importante dos sobreviventes, mas, como mencionei anteriormente, as mortes ruins ocorriam com probabilidade igual ou maior. O equilíbrio político nessa situação sempre era cuidadosamente pesado e medido com base nas observações alheias da saúde e estabilidade mentais da pessoa morrente.

---

40 Wolf, op. cit., p.73-7.
41 Gottlieb, op. cit., p.201.

Counts e Counts[42] dão um exemplo excelente da precariedade da herança e do controle em um homem que envelheceu muito e talvez estivesse demasiado senil para confiar em uma boa morte de compêndio. Kolia tinha entre 80 e 85 anos e havia sido um homem-grande na aldeia, mas a idade e a fragilidade o obrigaram a se ocupar de pequenas tarefas nas imediações de sua casa. Ele conversava com outros anciãos, trocando reminiscências, fazia um ou outro trabalho doméstico e cuidava dos netos. Quando tentava participar dos eventos rituais, era delicadamente posto de lado ou desconsiderado. Só o queriam como espectador. Depois de uma cena constrangedora durante a iniciação de uma filha, que provocou muitos risinhos e fez que enfim o levassem "para casa, ainda se queixando", seus filhos resolveram fazer a primeira etapa do ritual fúnebre de Kolia: *antes que ele estivesse morto ou morrendo oficialmente*.

Executaram uma dança (a *aolu*) em que figuras mascaradas representavam a dança dos ancestrais com Kolia, depois disso um ritual ofereceu o pagamento e a distribuição de

centenas de braças de moedas de concha, dinheiro, tapetes de pandano, potes de cerâmica, tigelas de madeira e quarenta porcos. Com o encerramento desses ritos fúnebres, Kolia morreu socialmente. Seus filhos concluíram o complexo de dívidas, obrigações, créditos e vínculos sociais que tinham sido iniciados, para Kolia, por seu pai e seu avô e sobre o qual ele erigiu a reputação de homem-grande [...]. A explicação dada pelos filhos era que faziam aquilo "para que ele veja, antes de morrer, o quanto nós o honramos" [...]. O encerramento dessa cerimônia fúnebre possibilitou

---

42 Counts; Couns, op. cit., p.893-4.

aos filhos tornarem-se eles próprios homens-grandes. Tinham validado sua reivindicação de liderança ao patrocinar a cerimônia para Kolia, um feito normalmente negado aos homens até bem depois da morte do pai.[43]

Essa intervenção bastante dramática dos parentes a fim de assegurar a herança para si foi uma construção excepcional da boa morte pela manipulação do *timing* e da sequência de um rito fúnebre e sinalizando uma compreensão ampla do morrer. Assim fazendo, os filhos de Kolia apressaram uma boa morte antes dos sinais físicos da própria morte, antes até dos sinais autoproclamados do morrer, mas talvez paralelamente ao que eles consideravam sinais mentais óbvios dele.

Não obstante, a importância da herança era considerada tão vital para os sobreviventes que os herdeiros homens a acharam *essencial demais* para que ficasse nas mãos caprichosas do pai idoso e pouco confiável. A boa morte foi adiantada "para ele", de modo que a transição, normalmente responsabilidade da pessoa morrente, fosse "sustentada e controlada" pelos benfeitores. Uma vez mais, longe de ser absoluto, o controle do morrente é uma parceria de interesses surgida de uma mescla de compromissos entre o morrente e sua rede. A importância econômica da herança assegura aguçados interesses (e interferências, se necessário) interpessoais no preparo e *timing* da boa morte.

À parte as necessidades econômicas e militares presentes, muitas vezes se impõem narrativas religiosas adicionais aos espaços psicológico, moral e social da pessoa morrente. A boa

---

43 Ibid., p.894.

morte deve afirmar as ordens econômica e social, mas frequentemente estas são reforçadas ou corroboradas pelas ideologias religiosas. Como vimos no morrer vitoriano de Ada Lovelace, a boa morte costuma ser um espaço contestado, não dos herdeiros ou reabastecendo a ordem econômica, mas do destino da própria alma. O que identifica o início do morrer não são necessariamente os sintomas físicos, mas a intrusão social de criaturas do além-mundo e/ou de seus presságios.

Eu já descrevi os muitos presságios das culturas camponesas húngaras e mencionei a importância social das visões do leito de morte como um sinal do morrer, mas Philippe Ariès,[44] o historiador francês da morte, descreve o famoso texto *Ars Moriendi*, do século XV, que revela o que ocorre à beira do leito de morte cristã boa ou possivelmente ruim. Ele descreve esse livro popular como uma série de escritos e imagens de xilogravura que permitiam ao público tanto alfabetizado quanto analfabeto colher suas mensagens. Tais escritos e muitos milhares de outros em toda a Europa dos últimos quinhentos anos representam o morrer como uma viagem perigosa que encontra partes reais e sobrenaturais num conjunto muito real de interesses pessoais na alma da pessoa.

Na hora da morte, dá-se uma grande batalha entre o bem e o mal, entre anjos bons e a Virgem, por exemplo, e satanás e seus comparsas. Na última provação, o moribundo pode, se tiver se preparado suficientemente durante a vida, se conduzir ao regaço do Senhor e ao céu ou, se demasiado perturbado pelas últimas agonias, escolher mal e ser lançado nas chamas eternas do inferno. A morte boa ou ruim dependia do resultado

---

44 Ariès, *The Hour of our Death*, p.106-10.

de um teste de resistência e força para que todos vissem como o agonizante se conduzia através de um conjunto penoso de tentações que lembravam (não por coincidência) as últimas agonias antes da crucificação de Cristo.

Em 1870, a Igreja católica endossou a publicação de um conjunto de *Memórias de um anjo da guarda* (1873), um livro norte-americano traduzido do francês por seu autor, Chardon. Baseando-se em boa parte da literatura anterior citada pelo próprio Ariès, Chardon documenta o que ele acredita que deveras acontece na hora do morrer:

> Satanás, vendo que sua luta comigo [o anjo da guarda] estava para começar, mostrou uma obstinação desesperada. Que diferença fazia para ele ter sido derrotado e coberto de vergonha até então? Se conseguisse vencer naquele derradeiro combate, consolar-se-ia de seus fracassos anteriores? [...] A uma ordem sua, legiões de espíritos tenebrosos acudiram a auxiliá-lo. Ele dava preferência aos que mais haviam atormentado os bons cristãos durante a vida. Eram os que mais sabiam quem teriam de enfrentar. "Lembrai-vos", disse-lhes satanás, "dos erros que o fizestes cometer. Exagerai-os aos olhos dele tanto quanto antes os diminuístes. Transformai em crime o que antes apresentastes como inofensivo. Esmagai-o sob o peso dessas tristes lembranças. Já oprimido pela enfermidade, ele não poderá opor longa resistência. Desânimo e desespero: eis as vossas armas; se elas não nos renderem a vitória, tudo está perdido. Ide, pois, e superai a vós mesmos. Aquele que o arruinar terá a satisfação de atormentá-lo no inferno.[45]

---

45 Chardon, *Memoirs of a Guardian Angel*, p.276-7.

Uma história social do morrer

O anjo da guarda o acalma:

Deixa o demônio vociferar; continua a ter esperança. Por quem são o padecimento e a morte do Redentor se não para aqueles que, com fé, lhes pedem ajuda e em si mesmos aplicam os seus efeitos? Pensas que Ele, com aquela mão perfurada por amor a ti, te repeliria daquele coração igualmente perfurado por amor a ti? A lembrança das tuas culpas deve humilhar-te, não fazer que percas a coragem.[46]

De histórias montadas a partir da vida dos santos, de fragmentos de experiência comum no leito de morte e de outros pedaços de tecido disperso de antigos dogmas e escatologias, essas narrativas influenciaram os camponeses e a nobreza durante centenas de anos na Europa e nas suas colônias. Desde os camponeses maias do México até as comunidades agrícolas da Irlanda e da Itália, entre as regiões do Pacífico da Oceania e da Austrália e nas Américas, muitos leitores, observadores casuais da iconografia cristã e legiões de crentes moribundos se deram conta de que a boa morte, pelo menos para eles, era um combate *moral*.

Como comentou Ariès a respeito dessas atitudes para com o morrer:

Está fora de cogitação avaliar a vida como um todo antes de sua conclusão, e isso depende do resultado da provação final a que ele deve se submeter *in hora mortis*, no quarto em que expirará. Cabe-lhe triunfar com a ajuda do anjo da guarda e seus

---

46 Ibid., p.279-80.

intercessores e ser salvo, ou ceder às tentações do diabo e se perder [...]. A última provação substituiu o Juízo Final.[47]

A boa morte era amiúde uma luta religiosa, política ou econômica sobreposta às agonias físicas e sociais dos últimos dias ou horas da vida da pessoa. Na sociedade pastoril, o moribundo é recuperado de sua existência anterior qual um piloto solitário a traçar uma rota pela geografia e pelos espaços dramatúrgicos da ultravida. Mas esse atraso em seu lançamento tradicionalmente repentino no além-mundo é menos uma consolação do que um engano prematuro por parte dos interesses conflitivos e dos demônios *deste* mundo.

A melhor coisa que se pode dizer desse conjunto de circunstâncias alteradas do morrer é que o moribundo participa efetivamente desse drama. Os morrentes já não são figuras passivas ou imaginárias sobre as quais escrevemos a história inaugural de sua nova vida emergente. Os moribundos negociam seu novo *status* e sua vida futura com um júri de outros atores. Às vezes eles são a parte mais forte, mas geralmente são a mais fraca; sempre são atores em uma disputa de interesses incerta e cambiante. Dependendo da época e da forma da sociedade em que se encontra, o moribundo precisa ser preparado para praticamente tudo.

O imperativo de preparar

A morte boa e a ruim não são destinos separados, ainda que pareçam julgamentos morais e sociais diferentes. Afinal, uma boa morte é o reverso da morte ruim, cada qual tirando sua

---

47 Ariès, *The Hour of our Death*, p.109.

Uma história social do morrer

descrição e seus adjetivos da sombra da outra. Os lavradores entendem o ciclo: a relação entre noite e dia, entre inverno e primavera, entre semeadura e colheita. Não conseguem imaginar Deus sem o Diabo, independentemente de como ambos sejam definidos em cada época ou sociedade pastoril. Não entendem bem a alegria sem uma referência implícita à tristeza. O esplendor do ganho não tem sentido para o ouvinte sem um enredo de perda. A morte boa e a ruim se contextualizam reciprocamente. Suas formas "naturais" raramente se encontram na vida real porque são constructos sociais, não simplesmente físicos. Sua idealização é condensada a partir de histórias e casos comumente apócrifos, mas recontá-las serve para mapear litorais e recifes escondidos em mares vastos, escuros e desconhecidos.

Mary Bradbury[48] assevera que "a forma da morte é estreitamente associada ao poder regenerativo percebido dessa morte". Precisamente assim, o morrer deste mundo nas sociedades pastoris é um poder social do tipo mais extraordinário e significativo. Aqui, nos dias e horas anteriores à nossa morte real, nós podemos nos lançar positiva, poderosa e decisivamente na transformação afortunada – ou no aniquilamento e autodestruição trágicos. Aqui, nos dias e horas anteriores à nossa morte real, podemos fazer, remodelar ou reafirmar a ordem política vigente em nossa própria casa, aldeia ou comunidade; até mesmo os mapas cosmológicos das próprias ideologias do Estado.

A chave desse poder social está em como nos preparamos para esse combate final dentro e fora de cada um. Na qualidade

---

48 Bradbury, Representation of "good" and "bad" death among death workers and the bereaved. In: Howarth; Jupp (Orgs.), *Contemporary Issues in the Sociology of Death, Dying and Disposal*, p.85.

de agonizante, a pessoa pode optar por exercer esse poder para o maior e mais amplo bem. Ou pode escolher mudar de rumo, imobilizar-se, capitular às pressões rivais ou, ocasionalmente, até divergir. Mas tem de preparar seu enfoque porque as decisões são cruciais para os outros e esses outros observarão, participarão e exercerão suas competências nesse desempenho final. Dependerão do *script* da pessoa morrente e esperarão que ele combine com o seu. Essa gente não só povoa como também define a nossa identidade. Dependerá desse desempenho como de nenhum outro.

Portanto, os bons elementos representam controle, ordem e regeneração do *self* e dos demais. Quase sempre, os maus elementos da morte representam a ausência desse controle, dessa ordem ou regeneração.[49] A boa morte reproduz a ordem social, às vezes até a reforça, ao passo que a morte ruim contesta a ordem da vida. Nessas observações um tanto antropológicas, todo morrer prepara a boa realidade existencial da ordem social de amanhã. Daí a morte exemplar ser um morrer que desafia o caos da biologia e da natureza ao mesmo tempo que torna explicável o inexplicável.

Os preparativos restauram não só a ordem na vida como também a fé nessa ordem. Esse é o caminho comunitário da harmonia social e pessoal. Eis a contribuição mais importante da sociedade pastoril para a superação da desordem e da confusão imprevisíveis da morte experimentada pelos antigos caçadores-coletores. Na Idade Pastoril, o imperativo de preparar, aprestar, a ordem de ontem para amanhã passou a ser responsabilidade de todos.

---

49 Bloch; Parry (Orgs.), *Death and the Regeneration of Life*, p.15.

Capítulo 6
O segundo desafio: preparar-se para a morte

Assim como o Livro de Gênesis demonstrou que a deglutição de uma maçã marcou a entrada da morte no mundo, também é o símbolo da maçã que nos permite entender claramente como nos preparar para ela. Preparar, como sugere o dicionário etimológico de Eric Partridge, entende-se melhor com o emprego da metáfora concernente à humilde maçã. "Preparar" uma maçã, escreve Partridge, é *pare* ("descascar", em inglês) essa fruta; "logo, arrumá-la; logo, cortá-la; logo, adorná-la".[1] E o dicionário etimológico de Shipley sublinha esses preliminares desviando nossa busca de "preparar" para a palavra "*overture*" ("*ouverture*", em inglês), lembrando-nos que "isso acontece no começo, não quando as coisas estão '*over*'" ("terminadas", em inglês).[2]

Tal como a maçã que "descascamos", nós nos preparamos para a morte arrumando os nossos negócios e, portanto, cortamos tudo quanto é desnecessário à própria morte, adornamos

---

1 Partridge, *Origins: a short etymological dictionary of modern English*, p.470.

2 Shipley, *Dictionary of Word Origins*, p.253.

com papéis novos e palavras de despedida e conforto aqueles que nos assistem. A parte da "maçã" que damos aos que nos assistem durante o morrer é a "casca" que recobria o nosso *self* individual: os papéis sociais e símbolos, os apegos materiais e de parentesco, nossos atos e palavras finais que seguram um espelho diante das principais ideologias morais e sociais do dia.

Grande parte da literatura sociológica e psicológica sobre a preparação para a morte nos conduz, como feito no capítulo anterior, por esse processo "descamante" de divisão e herança. Podemos ver nessas descrições da boa morte quem se beneficia com os preparativos e quem são as principais partes interessadas em qualquer experiência do morrer humano. Também vemos facilmente que a ideia de herança pode significar mais do que meros bens materiais e propriedades, incluindo valores, atitudes e crenças culturais, bem como símbolos, *status* e interesses sociais, especialmente os interesses adquiridos.

A sociologia da boa morte está repleta de descrições da preparação para a morte em circunstâncias históricas e sociológicas nas quais os morrentes começaram a herdar certo tempo (e certos bens materiais) para se preparar. Em outras palavras, quando as pessoas de posses começaram a reservar tempo para morrer, a maior parte delas usava esse tempo para se preparar. Mas por que isso? Por que, como às vezes ouvimos nos programas de rádio com participação telefônica do ouvinte, elas simplesmente não se afastam das responsabilidades sociais e tratam de aproveitar as últimas horas, dias ou semanas? Por que, quando o tempo é tão obviamente precioso, nós o gastamos com *preparativos*, ocupando-nos de uma espécie de espírito administrativo de transferência social? Por que, quando finalmente passou a ser uma questão deste mundo, o morrer

Uma história social do morrer

foi subitamente cooptado em tarefas e obrigações? Por que os morrentes fazem tais coisas? Que vantagem têm nisso?

Os motivos da ascensão dos preparativos durante o morrer não são nada claros na literatura de estudos sociais descritivos. Simplesmente acumular possessões não sugere, por si só, a necessidade de preparação para a morte. O grande número de pessoas que hoje morrem intestadas, sem testamento, comprova parcialmente esse fato. A literatura sobre a boa morte – e a morte ruim – é impressionantemente omissa aos motivos psicológicos e sociais da preparação para a morte. Para entender por que os preparativos vieram a ser o segundo maior desafio que temos de enfrentar nas nossas últimas horas de moribundos, nós precisamos consultar, paradoxalmente, a literatura sobre os preparativos feitos *depois da morte* pelos sobreviventes.[3] Os preparativos subsequentes à morte de alguém – frequentemente chamados de ritos mortuários pelos antropólogos – podem nos dizer por que as pessoas morrentes fazem preparativos *antes de morrer*.

Por que as pessoas fazem preparativos após a morte – e durante o morrer

Numa obra fundamental, *Death, Property and the Ancestors* [Morte, propriedade e os ancestrais], Jack Goody examina as principais razões pelas quais os sobreviventes fazem preparativos tão elaborados e, muitas vezes, contraditórios em torno à morte e ao morrer. E situa o nosso entendimento dos ritos mortuários e da herança chamando-nos a atenção para as

---

3 Quanto a isso, ver a excelente análise geral de Davies, *Death, Ritual and Belief.*

opiniões antropológicas conflitantes sobre por que os sobreviventes parecem ao mesmo tempo atraídos e temerosos do seu morrer e da morte. Inicia a análise com observações acerca do trabalho pioneiro de James Frazer.

A análise fundamental de *sir* James Frazer[4] das crenças ligadas aos mortos (que consultamos no segundo capítulo deste livro) gerou indícios ao redor do mundo de que muitas culturas acreditavam que os mortos eram mais hostis aos viventes do que quando estavam vivos. Em consequência dessa crença generalizada, muitas culturas tomam precauções elaboradas para se proteger de seus falecidos. Mas, segundo Goody,[5] Frazer é inseguro quanto à razão de as culturas apresentarem essa ambivalência, esse conflito de sentimentos, para com os finados. Ele entende, por exemplo, as precauções contra fantasmas, mas parece não compreender por que aqueles mortos se tornariam repentinamente hostis aos vivos depois de haver transposto o limiar da morte e da vida.

Malinowski[6] tinha mais a dizer sobre essa tal "hostilidade" dos mortos do que *sir* James, porque, entre outras coisas, sempre foi mais interessado e talentoso no departamento de teoria do que *sir* James. Este, por sua vez, era um ávido colecionador de costumes, um retratista da cultura, mas não um teórico social. Malinowski via a crença na hostilidade dos mortos em termos mais psicológicos: o resultado de uma ambivalência que os sobreviventes sentiam por eles. As pessoas sentem tanto afeto pelos recém-falecidos quanto medo deles. Por quê?

---

4 Frazer, *The Belief in Immortality and the Worship of the Dead.*
5 Goody, *Death, Property and the Ancestors*, p.21.
6 Malinowski, *Magic, Science and Religion.*

Malinowski[7] argumentou que a reação "instintiva" à morte era abrir um quilômetro de distância dela, queimar todos os pertences e lugares da morte, desfazer-se rapidamente dos restos mortais, por vezes até abandoná-los. A religião, porém, garante que "a tradição e a cultura" superem esses impulsos criando cerimoniosamente – através dos ritos – vínculos com o corpo e, paradoxalmente, fixando os sobreviventes no lugar da morte. Mas esse encontro do impulso pessoal com a prescrição cultural sempre é uma decisão incômoda e a ambivalência é o resultado geral.

Uma visão multicultural dos costumes concernentes à morte mostra essas emoções contraditórias: o desejo de preservar o corpo (mumificação), mas também o de se livrar dele inteiramente (cremação); o desejo pelo morto (no acariciar, apalpar ou até comer partes do cadáver) e a repugnância pela sua visão e seu cheiro (em ritos de ablução para as viúvas e sobreviventes e no vomitar presente depois das práticas endocanibais).

Sigmund Freud, como sempre, tinha uma visão muito diferente do motivo subjacente ao tratamento ritual dos mortos. Ele afirma que aquilo que parece ser ambivalência ou medo é na verdade uma manifestação de profunda culpa. A maioria das pessoas sente, em um nível mais profundo, que talvez não tenha feito o suficiente pelo morto quando ele ainda estava em vida ou morrendo, de fato ou em sentimento. Talvez não tenha feito o suficiente para impedir a própria morte.[8]

Freud situa grande parte dessa ambivalência tribal com os mortos no inconsciente, lugar em que cada um de nós tem

---

7 Ibid., p.47-53.
8 Goody, op. cit., p.23.

sentimentos antigos e provavelmente crônicos de ambivalência para com os nossos pais – particularmente as energias sexuais e infantis que sentimos pela mãe e o pai. Em *Totem e tabu*, Freud afirma – ou talvez convenha dizer que ele tenta persuadir – recorrendo à sua agora famosa história da origem edipiana do totemismo, e também de culpa para com os mortos.

O fundamento da teoria freudiana se inspira na teoria darwinista da "horda primeva".[9] Darwin propôs que, como os gorilas e outros macacos superiores, os primeiros seres humanos provavelmente viviam em pequenos grupos dominados por um macho grande. Esse macho mantinha tantas fêmeas para lhe fazerem companhia e favores sexuais quantas ele podia sustentar e defender. E isso significava que outros machos raramente viajavam em sua augusta companhia, a menos que fossem filhos ainda pequenos, sem idade para desafiá-lo.

Em certo momento, porém, os machos jovens desafiavam o macho velho e perdiam – e eram banidos para procurar fêmeas de outro lugar – ou venciam. Se vencessem, matavam o pai e dividiam o espólio entre si até que cada um deles desafiasse os outros para obter o domínio. A seguir, Freud acrescentou a essa história outra contada por Robertson Smith, que ele descreve como "físico, filólogo, crítico da Bíblia e arqueólogo".[10] Robertson Smith se interessava pela origem do sacrifício, especialmente do sacrifício animal. Segundo a sua teoria, o sacrifício animal geralmente concernia a um animal totêmico: um que comumente era vedado matar ou comer.

---

9 Freud, *Totem and Taboo*, p.125.
10 Ibid., p.132.

Uma história social do morrer

Matar um animal totêmico é matar um parente, coisa proibida. No entanto, em ocasiões especiais de importância religiosa, o animal totêmico *é* morto ritualmente por toda a tribo ou seus líderes, e partes do animal são consumidas ritualmente para receber o "poder" original do parente totêmico que se acreditava incorporado a esse animal. Tal rito cria uma sensação comunitária de libertação e remorso, de triunfo simbólico e transferência de poder, mas também de arrependimento e culpa.

Essa antiga prática é considerada tão comum que Freud asseverou que seu significado não podia ser simplesmente uma nota de rodapé estranha e selvagem na cultura e na religião. Pelo contrário, Freud[11] conjeturou que a história de Robertson Smith e a sugerida por Charles Darwin são intimamente ligadas. O sacrifício animal, ao mesmo tempo tabu e repetitivamente comemorativo, é, na verdade, uma celebração da vitória da horda primeva sobre a figura paterna primeva: uma contínua reencenação multicultural de um fato humano primal simbolicamente reencenado pelos caçadores-coletores de todo o mundo como parte da herança animal de seu pequeno grupo.

Independentemente do que se possa dizer dessa história um tanto fantástica (e, para ser justo com Freud, isso não a torna menos verdadeira nem improvável), vale a pena explorar a questão mais ampla de Freud acerca da ambivalência devido à sua aplicabilidade e valor *sociais* e porque ela coincide, embora por motivos diferentes, com outro pensamento antropológico. E, em última análise, à parte os debates sobre o valor empírico ou psicodinâmico do argumento, a crença de Freud em que

---

11 Ibid., p.141-3.

tudo isso equivale não a um *medo* da morte, mas sim a uma *ambivalência*, pode nos aproximar mais de uma ideia que abrange a grande diversidade dos ritos de preparação em torno da morte.

Isso porque Freud identifica não uma, mas duas emoções rivais perante a morte: na dos parentes, como se vê na reação institucionalizada da morte nos ritos mortuários tradicionais, mas também nos ritos sacrificiais que "encenam" uma morte sacrificial. Como toda certeza, ele estava ciente de algo importante aqui, pelo menos ao explorar *os motivos e ações pessoais dos ritos em torno da morte e do morrer*. Essa ideia de ambivalência pessoal — seja qual for a sua fonte original — também é um ponto de vista compatível com as observações mais empíricas de antropólogos como Mead e Goody.

Goody observou que Margaret Mead também acreditava que Freud havia chegado a algo importante nessa ideia de ambivalência. Mas, ao contrário de Freud, não acreditava nem advogava uma teoria da "história que tudo explica" em se tratando de reações à morte. Para entender por que determinado grupo vivencia *diferentes aspectos de ambivalência*, precisamos conhecer as primeiras histórias ou o conjunto de histórias que levaram os parentes mais antigos ou primeiros a reagirem à morte naquele estilo particular de ambivalência característico deles e de sua cultura ulterior.

Goody,[12] porém, contra-argumenta que isso é quase impossível. Nas sociedades pré-literárias é virtualmente impraticável conhecer esse tipo de história. Segundo ele, seria mais proveitoso examinar os "padrões de relações de interdependência". Essa expressão de Goody significa que, na verdade, a fonte e o

---

12 Goody, op. cit., p.23-4.

significado último da ambivalência vivo-morto se podem encontrar como um reflexo surpreendentemente trivial da ambivalência vivo-vivo. Só escrevo "surpreendentemente" porque a teoria passada, como se pode ver anteriormente, tendia a favorecer motivos complexos, às vezes fantásticos, em vez de considerar as possibilidades mais simples e mais facilmente observáveis. E as possibilidades mais simples podem ser mais reveladoras. Na própria obra de Goody, é justamente esse nexo de relações ordinárias que ele explora com sucesso entre o morrer, os mortos e os herdeiros dos lodagaas da África Ocidental.

A preparação para morrer e a ambivalência da vida cotidiana

No capítulo anterior, eu ensaiei o que denominei a natureza "política" da boa morte. Argumentei que, para os principais interesses políticos e religiosos vigentes, os últimos atos do moribundo estavam sujeitos às pressões modeladoras de outras pessoas que, obviamente, podiam se beneficiar com os derradeiros atos do agonizante. Nos três casos discutidos — sacrifício humano, herança material, e tentação e transcendência religiosas —, os preparativos para morrer se transformaram em comportamento social concebido para negociar seu caminho através da complexa variedade de pressões políticas, econômicas e religiosas a que todos estamos sujeitos.

Nós não estamos necessariamente observando o comportamento do morrer como um produto puro e lídimo do desejo pessoal (porque viver raramente é assim), mas como uma espécie de compromisso entre esse desejo e as expectativas sociais mais amplas da sociedade. Como morrer é uma grave crise pública, a pressão é para que as pessoas satisfaçam o *script* social tanto quanto possível. Mas tudo isso descreve o morrer principalmente de um ponto de vista cultural mais amplo, especialmente do ponto de vista do sobrevivente.

Para compreender por que os *morrentes individuais* aceitam essas pressões, temos de reconhecer o papel fundamental das obrigações culturais na criação da experiência pessoal da ambivalência. O behaviorista social George Herbert Mead descreve essa experiência de ambivalência, de conflito íntimo, em uma analogia encantadoramente simples dos jogadores de beisebol.

> Em um jogo de beisebol, há indivíduos rivais que querem ser o centro das atenções, mas isso só é possível jogando a partida. Essas condições tornam necessário um tipo de ação, mas, dentro delas, pode haver todos os tipos de indivíduos competindo avidamente e capazes de arruinar o time. Parece haver abundante oportunidade de desorganização na organização essencial para a equipe. É assim em um grau muito maior no processo econômico. É preciso que haja distribuição, mercados, meios de troca; mas, dentro desse campo, são possíveis todos os tipos de competição e desorganização, uma vez que há um "eu", assim como um "mim" em todo caso.[13]

Por que, então, a pessoa se prepara para o jogo do morrer? Como esse conflito íntimo se expressa no morrer? — claro que não no desejo do moribundo de ser o "centro das atenções". Contudo, há outras necessidades do "mim" que, para se

---

13 Mead, *Mind, Self and Society from the Standpoint of a Social Behaviorist*, p.303.

posicionar, usam a transação social do "eu" jogador de equipe. A resposta de Mead à pergunta acerca dos motivos de se preparar para morrer é que nós temos de nos preparar a vida toda para satisfazer nossas necessidades pessoais conflitantes em face das exigências mais amplas do grupo. Essa ambivalência, esse motivo íntimo colidente na morte só está presente porque presente está durante a totalidade da própria vida.

O moribundo geralmente se vê cara a cara com o medo animal e a aversão herdados à autodestruição, especialmente nas sociedades em que o *self* é uma identidade e uma experiência psicológica e social desenvolvida. Ali onde a pessoa pode debater essa existência ou presença — alguns observadores culturais duvidam da prevalência histórica e até multicultural de um *self* individual —, esse medo pode ser direcionado para o cadáver, como sugeriu Seale,[14] por exemplo. Por outro lado, pode-se sentir naturalmente medo do sofrimento físico no fim da vida, e uma pessoa morrente com uma experiência do *self* mais integrada e comum pode compreensivelmente recuar diante dessa possibilidade. Ao mesmo tempo e por causa desses sentimentos, o agonizante talvez deseje ficar com os outros, redobrando o seu desejo de intimidade, de apoio social, até de reconhecimento do valor da sua existência. Esses últimos desejos atuam como uma espécie de baluarte contra a sensação de iminente falência biológica ou psicológica em face da morte iminente.

Entre os que acreditam que a morte é mera renovação, ainda há o reconhecimento de que deve haver um "assassinato" da identidade velha para dar lugar à "nova". Van Gennep[15] e

---

14 Seale, *Constructing Death: the sociology of dying and bereavement.*
15 Van Gennep, *The Rites of Passage.*

Bloch[16] afirmam que, em todos os "ritos de transição" – casamento, iniciações da vida adulta, nascimento e morte –, a identidade velha tem de morrer para dar lugar à nova, mais forte. Aqui a reação psicológica pode ser tristeza pela perda – não a perda de *toda* a identidade (porque poucos nas sociedades antigas tinham esse tipo de visão niilista), mas perda pela morte da identidade velha. Essa tristeza cria um desejo e um apego paradoxais à vida, à identidade e às redes antigas.

Essas tensões revelam uma sensação de dissipação em oposição ao desejo de reunião e regeneração, em outras palavras, uma ambivalência fundada no próprio fato social de viver e morrer em comunidade. As "ferramentas" sociais, por assim dizer, para satisfazer e abordar esse paradoxo, essa ambivalência, estão na busca de compensações oportunas. Há filosofias a que aderir capazes de atrair a desejável intimidade que ajuda a projetar uma luz de apoio na solitária jornada da morte. Há presentes, ou melhor, legados que restabelecem e fortalecem, ao menos temporariamente, o *status* social e a importância da identidade anterior ou morrediça da pessoa, ao mesmo tempo que apoiam a promessa de uma identidade futura. Essas formas e exemplos de ambivalência são *especificamente* direcionados por preparativos sociais do morrer e da morte.

Aqui, pois, na decisão de agir como um sacrifício humano, de se converter para uma religião que promete um futuro firme e positivo ou de administrar o material remanescente e a herança social para os parentes residem a origem social e as razões pessoais para se preparar para morrer. Nós nos preparamos para morrer porque, assim fazendo, jogando o "jogo"

---

16 Bloch, *Prey into Hunter: the politics of religious experience.*

do morrer, importantes necessidades pessoais só se satisfazem se, ao mesmo tempo, atendermos as expectativas públicas mais gerais. *Satisfazer as nossas obrigações sociais é o grande meio pelo qual satisfazemos as nossas necessidades pessoais.*

Só participando do grande jogo social, particularmente no fim do jogo para nós, é que encontramos a evidência e o apoio cruciais para a nossa existência: passado, presente e futuro. A realidade social, se não realidade sagrada, da vida pessoal passada e continuada se alicerça unicamente na rocha firme e tangível da participação social, no caso, preparar-se para a morte.

A ambiguidade das relações vivo-vivo – do beisebol ao sacrifício humano – simplesmente encontra seu espelho nas relações vivo-morto. O conflito íntimo que todos sentimos na tentativa de atender necessidades pessoais, contanto que também satisfaçamos as necessidades das outras pessoas, é um desafio que não precisa do apoio de nenhuma história primordial fantástica. Sua origem está nos pré-requisitos simples e contínuos de vivermos uns com os outros, permanentemente, de perto em um estilo de vida sedentário. Suas transformações culturais, diversidade e expressões não dependem de um único mito ou de um conjunto único de mitos primordiais, mas igual e persistentemente das interpretações cambiantes de diferentes e sucessivas gerações de pessoas morrentes e seus cuidadores, assim como das pressões ambientais, econômicas e políticas locais sobre ambos a partir da sua sociedade.

Allan Kellehear

Os benefícios pessoais e sociais de se preparar para morrer

Mas, se a ambivalência pessoal inerente à vida social é a base emocional dos preparativos para a morte e o morrer, isso é tão somente para identificar a condição (em si e de si) necessária, mas não suficiente, que impele tais preparativos. Também deve haver incentivos positivos, benefícios pessoais e sociais reais para preparar a exploração desse fundamento emocional: não só para a pessoa morrente como para todos os envolvidos. A partir da leitura atenta dos benefícios dos ritos mortuários, podemos ver paralelos óbvios nos nossos preparativos para morrer.

Controle social e contenção da ameaça

A comunidade, e esta deve incluir a pessoa agonizante, desenvolve uma série de preparativos que permitam uma transição social fluida de modo a minimizar o trauma em todos. Um dos principais benefícios de tais preparativos é o efeito amortecedor ou o controle de dano associado ao estar preparado. Tem sido repetidamente registrado o fato de a morte ameaçar a própria legitimidade dos valores, normas e relações de uma sociedade. Hertz se expressa bem quando comenta:

> A morte não se restringe a pôr fim à vida corporal visível do indivíduo; também destrói o ser social enxertado no indivíduo físico e ao qual a consciência coletiva atribuía grande dignidade e importância. A sociedade da qual esse indivíduo era membro formou-o mediante verdadeiros ritos de consagração e pôs em funcionamento energias proporcionais ao *status* social do

Uma história social do morrer

falecido. Sua destruição equivale ao sacrilégio [...]. A sociedade transmite efetivamente seu próprio caráter de permanência aos indivíduos que a compõem: por se sentir imortal e querer sê-lo, não pode acreditar normalmente que seus membros, sobretudo aqueles em que ela se encarna e com os quais se identifica, estejam fadados a morrer.[17]

Josefsson[18] ilustra esse princípio com observações dos kubas, do Zaire. Quando um rei morria, era habitual seus filhos e seguidores desocuparem suas posições de poder para os seguidores e parentes entrantes do novo rei. No entanto, às vezes, o processo de transição era demorado e tais delongas ou vazios no tempo e nos processos de transição levavam a "guerras civis regulares".

Ochs[19] menciona um exemplo mais recente do caos que pode se estabelecer se as reações emocionais e sociais à morte não forem controladas por meios organizados como os ritos e as cerimônias. Quando John F. Kennedy foi assassinado, mais da "metade da população chorou"; quatro em cinco pessoas disseram que a perda era pessoal e íntima; nove em dez declararam estar sofrendo um "desconforto profundo"; registraram-se tumultos em 110 cidades; e 39 pessoas foram assassinadas.

---

17 Hertz, *Death and the Right Hand*, p.77.

18 Josefsson, The politics of chaos: on the meaning of human sacrifice among the Kuba of Zaire. In: Cederroth; Corlin; Lindstrom (Orgs.), *On the Meaning of Death: essays on mortuary rituals and eschatological beliefs*, p.155.

19 Ochs, *Consolatory Rhetoric: grief, symbol and ritual in the Greco-Roman era*, p.26-7.

Claro está, quanto mais elevado o *status* do morto, tanto maior o impacto emocional e social e, portanto, o potencial de caos.

Não obstante, a reação de muitas pessoas à morte de gente importante mostra que, para elas, essas figuras parecem vidas e símbolos íntimos. Em outras palavras, as figuras ilustres geralmente têm uma vida importante na consciência do dia a dia das pessoas comuns de toda parte. O senso de "proximidade" pessoal prognostica maior inscrição do *script* social "imortal". Às vezes, trata-se de altas autoridades que não conhecemos pessoalmente, mas isso não significa que não nos relacionemos com elas como parentes ou rivais próximos. Tais mortes famosas ilustram bem não simplesmente a distribuição generalizada do poder do luto em razão de uma morte pública, mas o poder emocional de toda morte sobre os sobreviventes.

Os preparativos para a morte, pois, são o que Gennep[20] denominou "ritos de passagem". São dispositivos transicionais concebidos para redistribuir o poder emocional da perda impondo um senso de continuidade.

Manter a continuidade

A "alma" mais importante da pessoa morrente ou morta são, na verdade, seus emblemas e energias sociais, seus papéis, *status* e poderes; estes precisam ser transferidos a outro portador da tocha na comunidade: ao herdeiro ou herdeiros. Logo, os preparativos são atos cruciais que preservam a imortalidade da comunidade, além da imortalidade pessoal. Os morrentes, se tiverem oportunidade ou escolha, devem se preparar porque

---

20 Van Gennep, *The Rites of Passage*.

participam de um contrato social mais amplo, mais longo e inconsciente de preservação da comunidade. São obrigados a redistribuir seus poderes como um ato de reposição da fertilidade para os futuros sobreviventes e seu mundo.

O mapa rodoviário ou plano de a quem e como redistribuir os bens da pessoa geralmente é prescrito por uma familiaridade da vida toda com a adoração do ancestral – ambos, segundo Goody,[21] designados para ser reciprocamente dependentes. Os mitos e ritos em torno aos cultos dos mortos, especialmente a adoração do ancestral, prescrevem uma rede de obrigações e identidades de quem deve assumir a responsabilidade em caso de morte: a deles ou a nossa.

Apoio

Durkheim[22] acreditava que os ritos em geral ajudavam a integrar e reintegrar as pessoas durante uma crise como o nascimento, a iniciação, o casamento ou a morte. Os ritos da morte e do morrer em particular ajudavam as pessoas a deixarem os mortos partirem e, presumivelmente, ajudavam os moribundos a desprender-se dos vivos. Esses ritos também possibilitavam o desenvolvimento de uma estrutura ou plano para a expressão ordenada de emoções poderosas, permitindo controlar o caos potencial, mas com o apoio social e emocional dos outros. Aliás, é a presença dos outros que exerce o controle real, pois eles podem apoiar, encorajar e ajudar fisicamente no trabalho emocional e social de *compartir* a tarefa do controle.

---

21 Goody, op. cit., p.434.
22 Durkheim, *The Elementary Forms of the Religious Life.*

Particularmente quando as medidas para os preparativos são bem prescritas, os moribundos podem obter assistência ativa e prática nessas tarefas de apoio, encorajamento e ajuda aos outros durante suas deliberações. Assim, deve-se compreender a boa morte não simplesmente como um ato individual, mas como um ato da comunidade com a pessoa morrente no seu centro. Cada moribundo e suas comunidades de apoio compartilharão as tarefas de apoio, continuidade e controle.

Esperança

Também convém mencionar que outro benefício importante nesse trabalho conjunto de preparação para a morte e o morrer é a afirmação da nova vida. Malinowski[23] afirmava que os ritos mortuários eram mais positivos do que simplesmente oferecer apoio social para os atores principais. Os rituais também ajudavam a facilitar as transições a que o agonizante e morto deve se submeter.

Os sobreviventes devem prestar atenção, entre outras coisas, à sua nova vida para além do morrer e da morte que estão presenciando agora. Precisam refletir sobre seus novos papéis na vida e no futuro tal como seus morrentes ou mortos indicam e implicam. E a pessoa agonizante deve ser orientada para a nova jornada que está prestes a empreender.

Os preparativos do morrer não são simplesmente uma transferência unilateral do morrente para os vivos, mas também dos vivos para o morrente. Este precisa de ajuda para entender e de apoio para receber o conselho espiritual, apoios

---

23 Malinowski, op. cit.

simbólicos e outros ritos que garantirão uma viagem segura – ou mais segura do que seria se não se fizesse nenhum preparativo.

Poder social e pessoal

Bloch[24] afirma que os ritos nos dão uma sensação de poder social e pessoal. Injetam energias novas no sistema social; revitalizam e reenergizam ideias e papéis antigos. Esse é um velho argumento de Bloch,[25] o qual ele sempre vincula à ideia de fertilidade e regeneração.

A morte é frequentemente associada à renovação da fertilidade: renovada pode ser a fecundidade das pessoas, ou a dos animais e das plantas, ou a dos três. Na maior parte dos casos, aquilo que pareceria ser revitalizado nas práticas fúnebres é o recurso concebido culturalmente para ser essencialíssimo à reprodução da ordem social.[26]

E o que há de mais essencial à reprodução da maioria das ordens sociais são os papéis, os *status* e os símbolos materiais do poder político e administrativo. Na realidade, essas fontes de renovação social são tão importantes que a maior parte das transferências de "fertilidade" ocorre bem antes dos ritos mortuários/fúnebres. Frequentemente começam durante o morrer

---

24 Bloch, *Prey into Hunter: the politics of religious experience*.

25 Bloch; Parry (Orgs.), *Death and the Regeneration of Life*; Bloch, Death and the concept of a person. In: Cederroth; Corlin; Lindstrom (Orgs.), *On the meaning of death: essays on mortuary rituals and eschatological beliefs*.

26 Bloch; Parry (Orgs.), op. cit., p.7.

(se o "morrer" for possível) ou até mais cedo, se a detecção da deterioração dos poderes social e político da pessoa for discernível com antecedência.

Aliás, segundo Goody,[27] muito amiúde há poucos bens, por exemplo, a serem transferidos quando da morte, porque grande parte deles é transferida fisicamente, se não legalmente, para os filhos na idade adulta. Essa transferência, como observei anteriormente, geralmente é prescrita através da familiaridade de toda uma vida com as ideologias sociais e religiosas da adoração do ancestral. Tais ritos identificam as obrigações e as identidades daquele a quem a pessoa deve suas obrigações sociais e materiais.

Consolação e conforto

Freud fez numerosas tentativas de teorizar a religião em *O futuro de uma ilusão*, *O mal-estar na civilização* e *Totem e tabu*. Argumentou insistentemente que os ritos e crenças em torno à morte são celebrados a fim de transformar um fato totalmente sem sentido e sem propósito em um que tenha pelo menos certo sentido. A morte e todas as religiões do mundo que tentaram dar um sentido sobrenatural ao seu significado biológico se complementavam. A morte criava medo e mistério, e a religião criou histórias e ritos para acalmar e consolar.

Freud sempre esteve convencido de que entendia o sentido último da morte; acreditava que era o nada. A partir dessa posição um tanto solitária, mas heroica, ele considerava que a vasta maioria da humanidade que procurava significados nas

---

27 Goody, op. cit., p.310-1.

opiniões religiosas acerca da morte era enganada,[28] estava presa a um estágio infantil do desenvolvimento psicológico[29] ou quiçá fosse simplesmente primitiva ou neurótica[30] e, é claro, meramente projetava e transformava seus medos em espíritos e demônios.[31] No mundo de Freud, pois, preparar-se para a morte acrescentava um elemento extra de conforto e consolação pela participação na própria anestesia psicológica da pessoa contra a perspectiva do aniquilamento pessoal.

Ainda que bem menos célebre, mas de modo muito mais positivo, Ochs[32] concordava que os rituais de consolação – referindo-se particularmente aos funerais – deviam ser encarados como "tentativas de persuadir", mas enfatiza o valor desses "atos retóricos", dessas tentativas persuasivas, no lidar com a própria dor do luto. As comunidades e outros grupos sociais podem precisar de conforto no tocante às relações futuras, mas nem tudo precisa ser encarado como consolações "sobrenaturais". Os ritos da morte *e* do morrer podem consolar e confortar persuadindo os outros com palavras e atos de continuação do apoio, do cuidado e do afeto *durante os atos do próprio morrer*.

Parte do conteúdo social de outros ritos persuasivos, como os fúnebres, hão de apoiar uma visão da viagem ao além-mundo – uma viagem que todos têm mais ou menos por verdadeira ou aceitam. Mas nem sempre a confiança ou a fé proporcionam certeza emocional e, em todo caso, nem sempre durante o trauma da perda; então o *valor primário* da consolação e do

---

28 Freud, *The Future of an Illusion.*
29 Freud, *Civilization and its Discontents*, p.22.
30 Freud, *Totem and Taboo*, p.89.
31 Ibid., p.92.
32 Ochs, op. cit., p.13.

conforto iniciais provavelmente não deriva de mensagens desse tipo. Não, os ritos tanto da morte quanto do morrer propiciam uma união dos parentes, maximizando o apoio social que as pessoas podem oferecer umas às outras nessa ocasião. A imediatez das promessas de apoio e cuidado permanentes (em vez de qualquer realidade testada posteriormente) proporciona o conforto e a consolação *ali e naquela hora*.

Dar heranças e receber presentes, a promessa de apoio ritual após a morte (como as missas e outros ritos) e a troca de palavras de consolo deixam um legado de memória que pode ser duradouro e "imortal" para os sobreviventes, muito além de qualquer promessa religiosa de eternidade ou sobrevivência para todos. Sem dúvida, Freud tem razão em pensar que as crenças e os ritos religiosos oferecem conforto; mas superestima o conhecimento intelectual das crenças "sobrenaturais" nessa consolação. Parece mais provável que as *intimidades interpessoais e a participação em tais ritos proporcionem* — na realidade, cumpram — essas funções emocionais mais diretamente e, por certo, mais adequadamente na situação imediata. O entregador pode ser ou não ser o que parece, mas o que ele entrega de fato à porta chega a ser real e de valor genuíno.

A reinvenção do self

Bloch[33] asseverou que, no âmago de todos os ritos importantes, está não só a ideia de fertilidade e regeneração como também, nesse mesmo processo, uma fortalecente reinvenção do *self*. Na iniciação, no casamento ou na morte e no morrer,

---

33 Bloch, *Prey into Hunter: the politics of religious experience*.

o *self* transcende as transformações naturais do nascimento e crescimento ou envelhecimento e morte (e, portanto, coloca a pessoa acima delas). Os ritos podem fazer isso tomando o controle sobre essas mudanças e processos físicos e tornando--os processos plenamente sociais. Então estes se ligam a um mundo mais amplo, mais profundo e mais sobrenatural. Trata--se de um processo em duas etapas.

Primeiramente, tem de haver uma violência contra o *self* antigo: o aniquilamento de uma identidade anterior como um prelúdio purificador para vir a ser algo mais forte. A purificação ou "aniquilamento" possibilita à pessoa visitar o "além--mundo" e voltar com energias de lá para ser mais forte na sua nova identidade. Bloch[34] descreve esse retorno como uma conquista. A vitalidade é recobrada; a pessoa renasce com energias diferentes. Os ritos ajudam a facilitar, lançam uma jornada ao além e depois celebram o retorno conquistador. Isso se produz em um conjunto de ritos "morrer-para-morte-para-ancestral" como uma experiência comunitária, mas também é uma experiência psicológica para o iniciado e a pessoa morrente.

O transcendental afugenta o "vital" de modo que, com o tempo, a pessoa se torna "inteiramente transcendental". Essa primeira parte da transformação requer o primeiro elemento de violência que, creio eu, consiste em se desfazer das identidades e apegos sociais e morais. Essa violência torna-se um preliminar da segunda recuperação da vitalidade pelo elemento transcendental. Tal processo vaivém é uma tentativa de criar o transcendental na religião e na política.[35]

---

34 Ibid., p.5.
35 Ibid., p.7.

Os ritos preparatórios para morrer, nessa visão antropológica, criariam um processo de encenação para o lançamento da pessoa morrente, em suas novas identidades e poderes, no "outro" mundo. Isso também confirma e prepara seus novos poderes na qualidade de "ancestral" e todos os papéis, obrigações e novos poderes que ela exercerá *neste mundo* no futuro. Trata-se de perspectivas também capazes de prover tanto um senso de poder social renovado quanto consolação e conforto para todos.

Tais benefícios de se preparar para morrer são óbvios para a maioria dos agricultores e camponeses que deles participaram: como sobreviventes, mas também como pessoas morrentes. Os únicos problemas, sendo esses preparativos vistos como patentemente "bons", são como maximizar as condições em que cada vez mais pessoas possam aspirar a eles e quais as barreiras para o seu êxito.

Desenvolvimentos solapadores contra a boa morte

Em todas as sociedades, inclusive na nossa, a morte repentina exclui a maior parte dos preparativos para a morte (posto que não todos). Mas, entre as pessoas que sabem que vão morrer, persiste um conjunto formidável de barreiras que não fazem senão se fortalecer com o tempo. As principais delas são o papel do sofrimento físico, a incerteza religiosa e a herança disputada, sendo que todas, de uma forma ou de outra, surgem do aumento vagaroso e desigual da prosperidade econômica e social.

Uma história social do morrer

Prosperidade e sofrimento físico

Como vimos nos capítulos precedentes, a epidemiologia do morrer nas antigas comunidades agricultoras e camponesas predispunha suas populações à morte lenta, como de desnutrição ou infecções, ou à morte bem previsível que produzia uma identidade "morrente", como a que se pode esperar nos sacrifícios humanos. Houve casos verificados de doenças cardíacas e câncer nas primeiras sociedades pastoris, mas eram incomuns sobretudo porque, no conjunto, o peso demográfico da incidência da morte favorecia os jovens. Em termos claros, nas sociedades pastoris, a maioria das pessoas não morria de câncer ou de doenças cardíacas porque não chegavam a envelhecer a ponto de que esse grupo de enfermidades degenerativas tivesse presença entre elas. Porém, com o tempo, duas mudanças sociais começaram a alterar essa situação.

Em primeiro lugar, à medida que as comunidades agricultoras cresciam e se tornavam mais prósperas, também foi aumentando o número da elite nessas comunidades. Com uma vida melhor em alimento, moradia e condições de trabalho menos duras, essa elite passou a viver mais do que aqueles que a serviam. Aqui podemos ver o início histórico da relação entre o *status* socioeconômico (como o denominam os epidemiologistas) ou a classe social (como preferem os sociólogos) e a expectativa de vida. Quanto mais elevado o primeiro, tanto mais elevada a segunda.

Nesse pedaço de prosperidade nas comunidades agricultoras e camponesas, reside a incidência crescente de experiências de morte e de morrer que, pelo menos em termos médicos, seriam notavelmente diferentes das outras mortes e do morrer ao seu redor. Enquanto as infecções e a subnutrição provocavam febres, a fadiga ligada à desidratação, dor de cabeça, convulsões ocasionais e coma eventual, as doenças cardíacas levavam à morte súbita ou a ataques incapacitantes que deixavam o moribundo mudo. A dor de qualquer incidência cardiovascular era fascinante e desviante, não deixando tempo ou capacidade de se concentrar em outra coisa. Se o sacrifício humano podia esperar agonias espetaculares, mas efêmeras na morte, o câncer levava à dor e ao sofrimento intensos e prolongados que talvez durassem meses.

Outra mudança veio a criar sinergia com a primeira. À medida que as comunidades agricultoras e camponesas de todo o mundo introduziram medidas básicas de saúde pública, por si sós ou por causa de influências coloniais, mais gente passou a viver por mais tempo, fosse da elite ou não. Água mais limpa e sistemas de esgoto, ritos superiores de higiene pessoal e sistemas mais limpos de armazenamento de víveres garantiram não só melhor qualidade de vida como também maior longevidade. E, à medida que a comunidade como um todo passava a viver mais tempo, cada vez mais gente chegava à quinta ou sexta década: a própria coorte com mais possibilidade de ser acometida das maiores doenças degenerativas do mundo.

A dor intensa e as agonias interferiam nos preparativos do morrer, tornando-os mais difíceis de levar a cabo pelo morrente e difíceis de presenciar ou deles participar para os sobreviventes. Ataques, convulsões e demências de diversas origens orgânicas perseguiam o moribundo, impedindo ou confundindo as palavras e os atos no fim da vida. Quanto mais envelhecíamos, mais brutais e dramáticas tornavam-se as nossas doenças.

Embora as moléstias degenerativas oferecessem um morrer vagaroso, faziam-no de maneiras imprevisíveis e geralmente chocantes. Ofereciam a suas vítimas tempo para se preparar enquanto contestavam o valor moral desse tempo. As agonias sofridas pelo moribundo questionavam frequentemente o que havia de "bom" em qualquer boa morte. Agora esta podia ser boa em termos morais, materiais e sociais, mas ruim, horrível até, em termos físicos. Para os idosos, a boa morte tornou-se um problema cada vez maior e mesmo surpreendente à medida que a história desdobrava lentamente o que, de início, se considerava uma coisa boa: o aumento da expectativa de vida.

Outros efeitos da prosperidade

A herança disputada também veio a ser uma companheira comum do incremento da riqueza. À medida que esta aumentava, também aumentavam as obrigações e pressões sociais por uma distribuição "justa" por parte da família. E vale recordar que, em muitas sociedades, "família" significava "casa",[36] e casa podia incluir uma grande variedade de pessoas e redes, como parentes distantes, adotados ou agregados. Os "serviços" externos, como os religiosos ou os negócios, também começaram a se interessar (sadiamente ou não) pela riqueza dos membros agonizantes da comunidade.

Podiam surgir disputas entre os diversos herdeiros, assim como peticionários que serviram o morrente ao longo de uma vida. Quanto mais a família enriquecia, maior era a

---

36 Gottlieb, *The Family in the Western World from the Black Death to the Industrial Age*, p.185.

probabilidade de as obrigações e os compromissos com comunidade mais ampla serem pesados. Isso podia significar que parte substancial de uma herança fosse para outros, inclusive para os encarregados dos caros e elaborados ritos mortuários. Tais despesas podiam ser fonte de conflito desde os ciúmes pessoais até as francas rivalidades.

A herança é mais simples quando há pouco a transferir; e chega a ser complexa, traiçoeira até, quando as apostas são importantes, glamorosas ou muito ligadas à desejável mobilidade social e política. Nas famílias pobres em que as obrigações de parentesco são tradicionais, fixas e não negociáveis, há poucos motivos de discórdia. Mas com a prosperidade vieram a indulgência, a ambiguidade conveniente e a licença para mudar: qualidades sociais observadas com frequência nas famílias reais de muitas sociedades e épocas. Simplesmente, há mais que disputar quando há mais que perder.

E, à medida que o nível geral de prosperidade se eleva numa sociedade, os papéis e obrigações fixos ficam sujeitos a novas dúvidas e a novos atrativos. Não raro, as obrigações dão lugar a todo tipo de sentimentos. Os preparativos do morrer podem ser acomodados por alguns e depois desdenhados e modificados por outros. A prosperidade começa a inclinar o julgamento do que é "bom" na morte a favor dos sobreviventes, não mais da pessoa morrente.

Enfim, a religião como uma preocupação impelida pela comunidade com os acontecimentos e transições comunitárias também começou a servir os indivíduos. Com o crescimento da prosperidade nas aldeias e cidadezinhas maiores, os homens-grandes e outros chefes lançaram mão de sua posição privilegiada para reivindicar assistência ou serviços especiais. Não muito tempo depois disso, os que serviam e se beneficiavam de servir a elite passariam a fazer parte dessa mesma elite e a imitar seus hábitos. O aumento da riqueza suscitou não só questões referentes à sucessão, à autoridade e à tradição como também ao crescimento do individualismo e de tudo quanto acompanha tais desenvolvimentos sociais e psicológicos. Aqui o principal era a ansiedade crescente com o destino do *self* individual acima do destino das pessoas, da tribo ou do coletivo.[37] Tal ansiedade com o destino individual exigia aconselhamento individual, acomodação teológica ou serviços capazes de aplacar essas preocupações.

Ariès[38] alega que, pelo menos no mundo ocidental, esses desdobramentos primeiramente envolveram somente os monges e cânones da igreja primitiva, mas posteriormente se estenderam à elite rica e então, muito mais tarde, a todos: "Todo o mundo ficou separado da comunidade e da espécie graças à crescente consciência de si". Mas esse desenvolvimento psicológico não foi tão completo e abrangente como acredita Ariès, porque o processo de gentrificação que descreve no Ocidente não foi tão ordenado nem tão completo como ele imaginava.

O comportamento camponês tradicional da Europa, mais voltado para a comunidade, prosseguiu até muito recentemente. E, mesmo enquanto a idade do sedentarismo aumentava seu domínio em todo o mundo com a ascensão e a propagação das sociedades agricultoras e camponesas fora da Europa, as sociedades e economias de estilo antigo – os caçadores-coletores – também persistiam em seus comportamentos e compreensões

---

37 Ariès, *The Hour of our Death*, p.605.
38 Ibid., p.605-8.

referentes à morte. Tanto os caçadores-coletores quanto os primeiros lavradores tendiam a encarar suas passagens de morrer nos termos de seu destino coletivo, e não de uma jornada altamente atomizada e individual cujo destino era diferente dos demais.

Mas a concepção individualizada do morrer ganhou importância, sim, como afirmou Ariès, ainda que de maneira desigual, e viria a ser uma grande força no pensamento mundial, posto que só em uma trajetória muito específica e eminentemente urbana. Aliás, nas muitas partes do mundo em que ocorreu, o individualismo se inclinou a trilhar o caminho da gentrificação e, portanto, da prosperidade econômica e, uma vez mais, tendeu a ser um desenvolvimento muito mais urbano que rural.

Grande parte desse processo de gentrificação – de mobilidade social que questiona a tradição em sua esteira montante – ocorre em bolsões de uma sociedade pastoril, nos quais começaram a se reunir os primeiros mercados primitivos, os templos e a elite política e administrativa. Esses lugares tornar-se-iam maiores em tamanho da população e socialmente diferentes de boa parte da área rural circundante por causa não só da riqueza como também do nível e da diversidade dos trabalhadores especializados: artesãos, artífices, sacerdotes, mercadores, administradores, educadores e chefes. Posteriormente, esses lugares se chamariam cidades, e, em virtude de seu domínio político e dependência econômica, muitos antigos agricultores se transformariam em camponeses.

Mais tarde, os camponeses se tornariam operários, funcionários, profissionais e eleitores. A cidade passaria a ser cidade-Estado e esta seria a casa das máquinas não só do fortalecimento das barreiras à preparação para morrer do modo

Uma história social do morrer

como venho descrevendo, como também da liderança da arremetida para encontrar uma solução para tais barreiras. A ascensão da cidade-Estado transformaria a experiência física do deus morte ao mesmo tempo que deslocava o centro do seu poder.

Terceira parte
A era da cidade

A era da cidade é a história da ascensão da classe média, da gentrificação da humanidade. É a história da emergência das classes dos mercadores e profissionais sentimentais, carregados de ansiedade, e de seu medo crescente da morte. Concebem-se estratégias para domar o monstro chamado morte.

Capítulo 7
A ascensão e a propagação das cidades

Como e por que as cidades evoluíram? Lewis Mumford,[1] um dos nossos maiores historiadores e comentaristas urbanos, afirma que o desenvolvimento das cidades tem origem natural no modo como todos os organismos vivos encontram solução para algumas questões fundamentais de sobrevivência. Ele diz que há tensões e compromissos antigos entre, por exemplo, o movimento livre do protozoário e a vida assentada da ostra. Sempre se troca segurança por aventura e novidade, e vice-versa.[2]

Até mesmo nas culturas de circulação livre, os animais se unem, ainda que temporariamente, em busca de abrigo, boa alimentação, reprodução e criação dos filhotes. Como detectamos em muitos caçadores-coletores, os locais defensivos, o senso de território e o retorno ao mesmo lugar importante ano após ano foram fundamentais para alguns grupos humanos. Entretanto, esses desenvolvimentos se repetem na vida de outros animais,

---

1 Mumford, *The City in History: its origins, its transformations and its prospects.*
2 Ibid., p.5-6.

como as aves. Ademais, os castores e os ornitorrincos não só se fixam como constroem e remodelam seu ambiente do mesmo modo que muitos assentamentos humanos. Os feitos da engenharia e a energia da humanidade têm paralelos mais simples e mais antigos no reino animal porque, afinal, como eu argumentei no primeiro capítulo, é essa a nossa origem.

Mumford, porém, ainda observa que a colmeia, o cupinzeiro e o formigueiro são exemplos do equivalente animal das cidades. Aqui ele medita sobre os insetos que Michener e Michener[3] chamam de "sociais", os quais, ao contrário de muitos insetos solitários (a não ser para óbvios propósitos de reprodução), ficam com os filhos, alimentam-nos e contam com a sua ajuda na procriação e no cuidado futuros.

As colmeias contêm populações de entre 60 mil e 80 mil ocupantes, dependendo da disponibilidade de alimento e das estações favoráveis — exatamente como as primeiras cidades humanas e pelos mesmos motivos condicionais.[4] A organização social das abelhas é complexa, geralmente baseada em certa instituição de realeza, ao passo que as formigas, por exemplo, apresentam uma "rigorosa divisão do trabalho, a criação de uma casta militar especializada, a destruição coletiva, a mutilação e o assassinato, a instituição da escravidão e, em certas espécies, até a domesticação de plantas e animais".[5]

Michener e Michener[6] afirmam que as "cidades" das abelhas têm muitas coisas em comum com suas homólogas humanas.

---

3 Michener; Michener, *American Social Insects*.

4 Root, *The ABC and XYZ of Bee Culture: an encyclopedia pertaining to scientific and practical culture of bees*, p.22.

5 Mumford, op. cit., p.45.

6 Michener; Michener, op. cit., p.239-42.

Uma história social do morrer

As colmeias atraem parasitas, contêm animais domésticos, têm uma rigorosa divisão do trabalho e são, em grande parte, sociedades cooperativas. Com um grau elevadíssimo de especialização econômica e social, baseiam-se na nobreza e na casta. Free[7] observa que diferentes operárias são limpadoras de alvéolo, alimentadoras de larva, construtoras de favo, lixeiras, guardas e soldados, forrageiras, secretoras de cera, guias, criadoras da prole e criadas reais — algumas das quais incumbidas de abanar a rainha e auxiliar no controle do clima nos aposentos reais. Mesmo ao examinar os milagres da cidade humana e sua construção social e física, é útil lembrar a herança que nos chega pela busca orgânica em todo o mundo de melhores maneiras de viver e organizar a nossa vida. Nas meditações de Mumford sobre os paralelos e convergências da vida urbana entre os insetos sociais, podemos ver, independentemente do que seja o responsável pela ascensão das nossas cidades, que essas tendências urbanas têm uma história longa, eminente e efetivamente "real".

O contexto social e físico do urbanismo

Entre os cientistas sociais que refletem sobre a ascensão da cidade, Robbins[8] diz que o aumento da população e da produção de víveres é responsável pelo impulso à urbanização. O incremento dos excedentes aumenta a probabilidade de as comunidades assentadas terem condições de sustentar artesãos e artífices não produtores de alimento, mas também aumenta a probabilidade de exploração, incursões e assaltos ao poder.

---

7 Free, *The Social Organization of Honeybees*, p.2.
8 Robbins, *Global Problems and the Culture of Capitalism*.

Quando uma autoridade central emerge para cantar vitória ou resolver disputas, essa mesma autoridade tem condições de atacar as outras. Por sua vez, as comunidades vizinhas mobilizam suas defesas. A guerra passa a ser o catalisador da urbanização à medida que aldeia compete com aldeia para criar cacicados. Então cacicados atacam cacicados para formar Estados, com o butim da vitória – novos recursos e poder – sendo centralizado nas novas cidades.

Essa teoria da formação da cidade goza de ampla aceitação entre os teóricos urbanos, que atribuem a processos idênticos a ascensão dos centros urbanos no Oriente Próximo[9] e o desenvolvimento inicial da cidade-Estado na Europa[10] e na Ásia, especialmente na China,[11] no Japão[12] e na Índia.[13] A guerra, até mesmo Mumford asseverou,[14] tornou-se um dos principais motivos da existência das cidades e da existência crônica da própria guerra. "Independentemente de quantas funções valiosas tenha promovido, a cidade também serviu, durante a maior parte da história, de recipiente da violência organizada e de transmissor da guerra".[15] Mas, à parte da aspiração ao poder, houve outras razões pelas quais ela se desenvolveu.

---

9 Benevolo, *The History of the City*, p.17.
10 Fowler, *The City-state of the Greeks and Romans*.
11 Schinz, *Cities in China*.
12 Yazaki, *Social Change and the City in Japan*, p.3.
13 Ghosh, *The City in Early Historical India*.
14 Mumford, op. cit., p.43.
15 Ibid., p.46.

Bender[16] e Hall[17] argumentam que as cidades foram tidas durante muito tempo como lugares de desenvolvimento individual e liberdades sociais, e isso atraiu gente desde o início. O trabalho de Hall[18] é uma reflexão acadêmica sobre o famoso provérbio alemão que encontramos cada vez mais amiúde ao examinar a teoria e a pesquisa acerca da urbanização: "Stadtluft macht frei!" [O ar da cidade liberta!]. Hall observa que, desde tempos vetustos, as cidades têm sido lugares de abastança e cultura. Têm sido fontes profícuas de interconexão e ocupação, bem como lugares de ambientes físicos e sociais incitantes. As cidades são lugares de serendipidade.

As cidades são a mola propulsora de uma gama de ideias: a democracia, a arte, a geração de riqueza, a ciência, a grande música e a atividade intelectual. Bender[19] afirma que ainda no século XIX, nos Estados Unidos e na Europa, as cidades proporcionavam vida intelectual às pessoas antes que as universidades realmente aspirassem a essa função. O aprendizado se uniu à riqueza e ao poder para outorgar certa autoridade às elites dominantes da época. As instituições urbanas alimentam a vida cultural pela presença de altas concentrações de pessoas de diferentes condições de vida, mas também por criar uma situação física concentrada para bibliotecas, galerias de arte, órgãos governamentais e instituições de ensino.

---

16 Bender, The erosion of public culture: Cities, discourses and professional disciplines. In: Haskell (Org.), *The Authority of Experts: studies in history and theory.*

17 Hall, *Cities in Civilization.*

18 Ibid.

19 Bender, op. cit., p.86.

As cidades nasceram no Oriente Próximo, aparentemente da antiga Suméria, por volta de 10 mil anos antes da nossa era — nas ricas regiões aluviais em forma de crescente, as primeiras capazes de produzir excedentes agrícolas importantes.[20] Em outras palavras, elas se desenvolveram quase ao mesmo tempo que a própria vida sedentária se iniciava na terra. Jericó (na Palestina) é frequentemente considerada a primeira cidade de que temos notícia, interessante talvez por possuir um manancial em uma região de maioria árida.[21]

Sem embargo, em breve começaram a surgir cidades e, aliás, cidades-Estado em todo o mundo, não só na Europa e na Ásia, mas também na África.[22] Os excedentes agrícolas, a crescente especialização ocupacional e econômica, a guerra e o aumento da militarização, assim como o desenvolvimento do comércio, alimentaram o incremento das cidades do Oriente Próximo à Eurásia e, a seguir, no resto do mundo. As cidades gregas surgiram há cerca de 4 mil anos, seguidas de perto pelas romanas baseadas nas culturas etruscas.[23]

As primeiras cidades geralmente se arrimavam em monarcas e governantes absolutistas, mas as versões grega e romana posteriores foram experimentos de democracia com grandes bases agrícolas, militares e religiosas.[24] O desenvolvimento

---

20 Sjoberg, *The Pre-industrial City: past and presente*; Benevolo, op. cit., p.17; Southall, *The City in Time and Space*, p.4.

21 Cohen, *The Wealth of the World and the Poverty of Nations*, p.116; Gates, *Ancient Cities: the archaeology of urban life in ancient Near East and Egypt, Greece and Rome*, p.18-20.

22 Griffeth; Thomas, *The City-state in Five Cultures*.

23 Benevolo, op. cit., p.135.

24 Vance, *The Continuing City: urban morphology in western civilization*, p.26-31.

do interesse e da habilidade para os metais, especialmente o ferro e o bronze, também significou o desenvolvimento de força de trabalho especializada para forjar os novos implementos da produção de alimentos (o arado, a roda) ou de guerra (espadas, escudos, pontas de flecha e lança).[25] Mesmo as cidades mais antigas apresentavam indícios de "trabalho especializado".[26]

Em toda a história subsequente, os propulsores do crescimento urbano sempre foram uma combinação do aumento da população e do nível de renda. A cidade-Estado e, mais tarde, a construção dos Estados-nação desenvolveram-se através da guerra e da colonização contínuas e dos aperfeiçoamentos técnicos: fornalhas maiores, ustulação com chumbo para separar os metais, melhores canais de drenagem ou inovações no transporte e na bomba.[27] Muitas cidades de todo o mundo foram construídas e mantidas, mas também abandonadas ou pilhadas, por esses processos sociais, econômicos, técnicos e militares.

Enfim, algumas delas desenvolveram mercados que seriam fundamentais na sua economia e vida social. O mercantilismo – a venda e o acúmulo de produtos valiosos para atender fins políticos – desenvolveu-se até chegar ao capitalismo e ao colonialismo plenos do *laissez-faire*. Esses desenvolvimentos particulares surgiram sobretudo na Inglaterra e na Bélgica, em parte porque estas foram as primeiras nações mercantis, em parte porque tinham reservas de carvão e em parte porque contavam

---

25 Ghosh, *The City in Early Historical India*, p.3.
26 Sjoberg, op. cit., p.35.
27 Duplessis, *Transitions to Capitalism in Early Modern Europe*, p.90.

com um grande excedente de mão de obra no campo pronto para migrar para os novos estabelecimentos industriais.[28]

A classe média cresceu nesses espaços urbanos, frequentemente residindo em apartamentos do centro da cidade, como muitos hoje em dia. O êxodo rural alimentou o crescimento urbano tanto quanto a guerra e o comércio, e a especialização continuou criando incansavelmente novas profissões e ofícios. Até mesmo os camponeses se entregavam às artes "populares" ou "rurais" nos períodos recessivos da lavoura, geralmente fazendo sapatos, vasos, utensílios de madeira ou roupas e artefatos de couro baratos.[29]

Durante muito tempo, as cidades foram baluartes da nobreza rural, de reis e rainhas, de senhores e fazendeiros ricos,[30] mas essa gente sempre atraía ou trazia consigo um *entourage* de criados e artífices especializados, sacerdotes, técnicos e pessoal de defesa e administrativo. Enfim, o mercador – o precursor do empresário atual – veio ocupar uma posição modesta e depois poderosa entre eles. A cidade se tornaria a casa das máquinas do desenvolvimento tecnológico e econômico, da guerra e de outras formas internacionais de violência, do desenvolvimento do Estado e da gentrificação e profissionalização: este último desdobramento crucial para a nossa reação em evolução perante a morte e o morrer.

---

28 Wrigley, *People, Cities and Wealth: the transformation of traditional society*; Vance, op. cit., p.26-31.

29 Duplessis, *Transitions to Capitalism in Early Modern Europe*, p.137.

30 Benevolo, op. cit., p.28; Gates, op. cit., p.30.

Uma história social do morrer

Viver e morrer nas cidades

Um relatório recente das Nações Unidas[31] projetou que, em 2030, 60% da população mundial morará em cidades. O que ocorre nesses lugares para que tanta gente viva e morra neles?

Todas as melhores e piores realizações têm sido atribuídas às cidades ou, pelo menos, dizem que nelas se intensificaram.[32] Faz muito tempo que as cidades são romantizadas como lugares de cultura e liberdade social, sendo que se atribuem muitas dessas virtudes aos valores mantidos pelos comerciantes e à prosperidade associada ao sucesso econômico.

Landes[33] cita a história do conde de Flandres perseguindo um servo fujão por toda a área rural com um bando de capangas. Quando chegaram à cidade de mercado de Bruges, "a burguesia expulsou ele e os seus valentões". Conta-se a história para enfatizar não só as "liberdades" e direitos que as elites urbanas sempre promoviam com entusiasmo, especialmente na Europa do fim da Idade Média, como também a crescente autoridade urbana que disputava poder e influência com a nobreza rural. Durante os períodos de fome na África, os aldeões abandonavam suas propriedades e se juntavam aos doentes, pobres, inválidos, viúvas ou idosos urbanos para esmolar ajuda e comida.[34] Quando as economias rurais falhavam, os pobres podiam contar com a caridade e os tostões oferecidos pelas regiões urbanas abastadas e mais afortunadas.

---

31 UN-Habitat (Org.), *State of the World's Cities 2004/2005: globalization and urban culture*.

32 Southall, op. cit., p.1.

33 Landes, *The Wealth and Poverty of Nations*, p.37.

34 Iliffe, *The African Poor: a history*, p.5.

Em oposição a esse conjunto heroico de imagens, Percy Shelley,[35] menos lisonjeiro, observou que "o inferno é uma cidade muito parecida com Londres". Com efeito, os centros urbanos atraíam os pobres rurais, que iam viver — e morrer — em multidões, fosse na África,[36] fosse na Inglaterra.[37] A pobreza geralmente era mais dura na cidade, mas a subsistência no campo tinha outro preço: muita dependência dos parentes ou chefes locais. A liberdade incluía a liberdade de morrer no lugar que a pessoa escolhesse, ou de subsistir, mas em perpétua subserviência; tais contrastes formaram cada vez mais as questões e os termos de referência nas discussões prosaicas e intelectuais a respeito da vida urbana e rural.

E a liberdade continuou e continua sendo uma importantíssima característica sociológica das cidades, discutida e dissecada nos debates populares e acadêmicos. Sennett,[38] o grande escritor alegórico e contador de histórias de cidades, enxerga esses lugares como extensões simbólicas e institucionais do corpo humano. As cidades podem ser consideradas expressões de *"master-images"* que mantivemos em torno ao corpo: unindo diferenças e complexidade, apresentando os outros a cada um de nós como estranhos e libertando o corpo e o espírito com cada vez menos resistência.[39]

---

35 Apud Himmelfarb, *The Idea of Poverty: england in the early industrial age*, p.307.

36 Iliffe, op. cit., p.12-13.

37 Himmelfarb, op. cit., p.310.

38 Sennett, *The Conscience of the Eye: the design and social life of the cities*; Sennett, *Flesh and stone: the body and the city in Western civilization*.

39 Sennett, *Flesh and stone: the body and the city in Western civilization*, p.25-7.

Tais valores, porém, são facilmente ligados a um tipo particular de urbanização: que seja livre de repressão aristocrática, miséria econômica ou servidão industrial. Os valores de liberdade e qualquer discurso sobre direitos pertencem à afluência e à gentrificação, na verdade, à emergência e ao crescimento do poder das classes médias durante uns 9 mil anos. No entanto, mesmo na Europa do Renascimento, 80% da população continuavam sendo camponeses.[40] Apesar desse fato, as poucas cidades existentes foram evidentemente incubadoras desse processo crescente de gentrificação. Isso ocorreu mais cedo na Europa durante a Revolução Industrial e a expansão colonial e com o auxílio do um mercantilismo local precoce.[41] Esse mercantilismo ajudou a maximizar a entrada de riqueza nas cidades ao mesmo tempo que lhe minimizava a saída. A urbanização e a industrialização ocorreram logo mais tarde na Ásia devido às complicações parasíticas do colonialismo ocidental, que retardaram os desenvolvimentos domésticos do mercado por causa da persistência dos sistemas político e social locais totalitários.[42]

Posteriormente, as fábricas auxiliaram a acelerar essa riqueza, mas, ironicamente, também alimentaram a produção de até mais trabalhadores da classe média através da criação de capatazes e gerentes: pessoas social e economicamente situadas entre

---

40 Cohen, *The Wealth of the World and the Poverty of Nations*, p.10.

41 Ibid., p.9-12.

42 Ballhatchet; Harrison, *The City in South Asia: pre-modern and modern*; Castells, *The Rise of the Network Society*, p.7-10; Landes, *The Wealth and Poverty of Nations*, p.56-9; Pomeranz, *The Great Divergence: China, Europe and the making of the modern world economy*.

os operários e os proprietários.[43] Durante a fase industrial da maioria das cidades, a antiga classe média de sacerdotes, mercadores, administradores, engenheiros ou arquitetos recebeu o reforço de uma *"service class"* ou classe "assalariada" de trabalhadores mais especializados que contavam com a "confiança" dos empregadores.[44]

Embora menos de 10% da Grã-Bretanha fosse da classe média no início do século XX, essa cifra se elevou a 30% no fim do século. Foi uma transformação histórica da experiência da maioria dos trabalhadores engajados em algum tipo de atividade física em uma época em que uma proporção substancial da população estava engajada em "gente, papel e ideias".[45] Essa ascensão da classe média, esse chamado processo de gentrificação,[46] veria ainda mais gente gravitar para a cidade em busca de oportunidades de emprego nas novas indústrias tecnológicas e de conhecimento, assim como de oportunidades de educação e treinamento para essas indústrias.

As cidades, inicialmente lugares de melhor defesa e proteção que abraçavam mosteiros ou castelos e palácios, transformaram-se em lugares de melhoria da fortuna geral das pessoas, assim como os portos e os mercados.[47] Elas atraíam as pessoas, primeiro nas regiões centralizadas e densamente povoadas ao

---

43 Orum; Chen, *The World of Cities: places in comparative and historical perspective*, p.66-7; ver também Tann, *The Development of the Factory.*

44 Lockwood, Marking out the middle classes. In: Butler; Savage (Orgs.), *Social Change and the Middle Classes.*

45 Mills, Managerial and professional work histories. In: Butler; Savage (Orgs.), *Social Change and the Middle Classes*, p.95.

46 Butler; Savage (Orgs.), *Social Change and the Middle Classes.*

47 Gutkind (Org.), *International History of City Development*, p.189.

redor dos mercados e templos, mas depois entre as áreas agrícolas e a muralha da cidade: o subúrbio.[48] E, embora tenham continuado a depender durante milhares de anos das regiões rurais para o fornecimento de gêneros alimentícios, água e mão de obra, recentemente, as cidades vêm apresentando um recém-adquirido interesse social e político por coisas "rurais" em seus *hobbies*, no interesse político pelo ambiente, nos estilos de vida alternativos, na comida orgânica e nas hortas de bairro.[49]

A classe média urbana

O hábito social de arranjar quem faça o nosso trabalho ou nos forneça serviços capazes de alterar ou melhorar importantes experiências sociais como o nascimento, a enfermidade, o trabalho ou a morte foi um conjunto de atitudes e valores que acompanhou o aburguesamento, a especialização econômica e social e a urbanização. Para o mundo urbano da morte e do morrer, três profissionais foram relevantes por ajudar a transformar a boa morte da Idade Pastoril em uma experiência administrada ou, pelo menos, coadministrada por outros que não eram diretamente amigos ou parentes. Tratava-se do médico, do sacerdote e do advogado. Tais profissionais surgiram juntamente com o engenheiro, o arquiteto, o magistrado e o servidor público, o professor e o comerciante. Todos eles eram especialistas dependentes de um ambiente urbano, não

---

48 Orum; Chen, op. cit., p.70-1.

49 Urry, A middle class countryside. In: Butler; Savage (Orgs.), *Social Change and the Middle Classes*; Freyfogle, *The New Agrarianism: land, culture and the community of life.*

só para o seu sustento como também pelos excedentes de víveres que alimentavam suas famílias. De onde vinha essa gente?

Nas sociedades caçadoras-coletoras, os papéis de sacerdote, curandeiro, assistente social, mestre e místico geralmente cabiam ao "xamã" erudito. Segundo Vitebsky,[50] o xamã era uma "forma intercultural de sensibilidade e prática religiosas". Há de ter sido uma pessoa especial, uma classe especial de pessoas ou mesmo, como era o caso nas sociedades da Amazônia, uma grande parte da população masculina – posto que, falando em termos transculturais, os xamãs pudessem ser homens ou mulheres. Amiúde, o trabalho xamânico era comunitário: curar os doentes, salvar almas, adivinhar, atrair caça ou chuva, garantir a fertilidade dos animais e dos seres humanos e geralmente proteger a comunidade.[51]

A partir desses tipos de gente, algumas sociedades desenvolveram um clero geralmente associado à realeza e, via de regra, pelo menos em termos políticos, servindo-se reciprocamente. A realeza oferecia patrocínio e proteção, ao passo que os sacerdotes ofereciam legitimidade mediante ideologias e argumentos que ligavam a segurança, a integridade e o futuro da comunidade ao poder da nobreza dominante. Em um tratado pioneiro sobre o clero, Howitt[52] afirmou, como muitos desde então, que não se pode separar a ascensão dessa profissão de nenhum entendimento da ascensão e do destino da própria realeza.

O estrato superior da sociedade – como as "famílias reais" – sempre foi sustentado pela riqueza e pela força, mas os enredos

---

50 Vitebsky, *The Shaman*, p.10-1.

51 Ibid., p.96.

52 Howitt, *A Popular History of Priestcraft in all Ages and Nations*.

racionalizantes para lhe dar apoio tenderam a ser mitos sobre a criação de sua legitimidade nas brumas do passado.[53] Como sempre, pois, os sacerdotes continuaram sendo associados ao privilégio, à educação e à cultura. Sempre houve, como assevera Miccoli[54] por exemplo, uma conexão estrita entre saber ler e ser monge. Nos mosteiros, achavam-se bibliotecas, assim como escolas e a prática diária da leitura. Para os filhos da nobreza de muitas sociedades, a vocação sacerdotal era uma alternativa legítima à de guerreiro.[55]

Conquanto os sacerdotes tenham sido importantes para o desenvolvimento e a manutenção dessas afirmações de legitimidade, outros profissionais também foram decisivos. Os nobres se concentravam nas aldeias, mas traziam consigo artesãos, artífices, mercadores e, naturalmente, soldados. Com o tempo, os comerciantes se fortaleceram, formaram guildas, reivindicaram leis e começaram a influenciar a vida intelectual já na Grécia antiga.[56]

A profissão médica provavelmente surgiu das mesmas raízes xamânicas dos sacerdotes, mas gerou os curandeiros especializados, dentre os quais os melhores inicialmente serviam apenas a aristocracia, mas, posteriormente, passaram a atender a alta burguesia de muitas sociedades. Por exemplo, na Grã-Bretanha e na Europa, geralmente os médicos, os cirurgiões,

---

53 Genicot, Recent research on the medieval nobility. In: Reuter (Org.), *The Medieval Nobility: studies on the ruling classes of France and Germany*, p.23.

54 Miccoli, Monks. In: Le Goff (Org.), *Medieval Callings*, p.43.

55 Ibid., p.64.

56 Palm, *The Middle Classes: then and now*, p.10-1; Gregg, *Black Death to Industrial Revolution: a social and economic history of England*, p.124-37.

Allan Kellehear

os farmacêuticos e "doutores" ou "práticos" (posteriormente conhecidos como generalistas) atendiam as classes mais baixas ou mais pobres.[57]

Os advogados, por outro lado, ao contrário dos médicos especialistas cuja história data pelo menos da Grécia antiga, são um desenvolvimento recente. Por exemplo, não havia advogados profissionais na Inglaterra antes da conquista normanda em 1066.[58] E Prest[59] observou que eles foram essencialmente um desenvolvimento ocidental, aliás, um desenvolvimento europeu ocidental a partir do Renascimento. Antes dessa época, os litígios eram resolvidos pelos tribunais senhoriais ou reais, particularmente nas aldeias e cidades, ao passo que, nas áreas rurais, os barões e os lordes tinham jurisdição sobre seus lavradores. O desenvolvimento da prática do interrogatório e do ensino, assim como do direito e da ética, deve pelo menos parte de sua origem remota à tradição católica europeia da confissão sacramental.

Segundo Biller e Minnis,[60] a confissão penetrou a experiência cotidiana dos europeus comuns por volta de 1200 d.C. A preocupação com os pecados da sexualidade equiparava-se unicamente à preocupação com os pecados associados à ocupação: as transgressões contra os outros em decorrência da conduta profissional nos negócios ou nos serviços. Tais ritos católicos substituíram as tradições mais antigas de julgamento pela água

---

57 Navarro, *Class Struggle, the State and Medicine*, p.7.

58 Brand, *The Origins of the English Legal Profession*, p.2-3, 9.

59 Prest (Org.), *Lawyers in Early Modern Europe and America*, p.11.

60 Biller; Minnis (Orgs.), *Handling Sin: confession in the Middle Ages*, p.13.

Uma história social do morrer

ou ferros quentes[61] e serviram para aumentar a consciência da ética profissional e empresarial, assim como do lugar da advocacia, da meditação, da reparação e do direito no dia a dia da vida laboral. Na Europa, esses desenvolvimentos incentivaram uma profissão advocatícia qualificada em oratória, mas também informada sobre os precedentes históricos, as regulações institucionais e a administração e o direito reais.[62]

O poder das profissões não estava no domínio sobre a terra ou na riqueza – pois nem todos os profissionais eram ricos –, mas no seu domínio magistral de um território do conhecimento, um tesouro de habilidade e controle de sua *expertise*.[63] Quase toda a sua população se concentrava nas cidades – o clero nas sés, os acadêmicos nas cidades universitárias, o pessoal médico nos balneários ou capitais e os advogados nos centros provinciais. O acesso a clientelas abastadas era essencial e a chave de sua localização residencial em toda a história.[64] Aliás, Charle[65] chega a dizer, por exemplo, que, na França do século XIX, "o mapa das profissões advocatícias é o mapa da França urbana".

Os profissionais constituíam uma classe que não suava a camisa como os camponeses ou operários, mas raramente eram governantes.[66] O recrutamento, apesar dos estereótipos históricos contrários, nem sempre se restringia à elite, embora sua

---

61 Baldwin, From the ordeal to confession: in search of lay religion in early 13th century France. In: Biller; Minnis (Orgs.), *Handling Sin: confession in the Middle Ages.*

62 Bell, *Lawyers and Citizens: the making of a political elite in old regime France*, p.8.

63 Corfield, *Power and the Professions in Britain 1700-1850*, p.18.

64 Charle, *Social History of France in the 19th Century*, p.140; Corfield, op. cit., p.215.

65 Charle, op. cit., p.171.

66 Ibid., p.178.

Allan Kellehear

dependência dela fosse constante.[67] As profissões angariaram tanto poder no último milênio, especialmente nos anos recentes após a Revolução Industrial, que alguns autores se referem a esse desenvolvimento como a "Terceira Revolução".[68] A Revolução Neolítica foi o desenvolvimento que nos viu passar da Idade da Pedra para a Idade Pastoril; a Revolução Industrial viu-nos passar de uma sociedade agrária de subsistência básica para uma produtora de enormes excedentes para sustentar o pessoal especializado que, por sua vez, produzia inovações técnicas, financeiras, defensivas e de bem-estar para os demais. Revolução "Profissional" designa o domínio das classes profissionais no mundo moderno.

Recentemente, houve quem argumentasse que as tradições paralelas, mas separadas, das profissões e das empresas estão convergindo, com os profissionais tornando-se mais gestores; e os gestores, mais profissionais.[69] Apesar do debate acerca das transformações recentes das profissões, são elas – seu trabalho, seus sistemas de valores e prioridades – que remodelam a boa morte de modo que seja administrada.

Os advogados definiram rapidamente sua missão de profissionais que forneciam serviços para quem pudesse pagar para apoiar suas empresas, preparar contratos de propriedade e, logicamente, cuidar dessas questões por ocasião da morte. Também evitavam problemas ou salvavam a pessoa que não deu ouvidos a seus conselhos. Os profissionais da medicina também eram os que lucravam nos "períodos de crise", durante os

---

67 Prest (Org.), *The Professions in Early Modern England*, p.8.

68 Perkin, *The Third Revolution: professional elites in the modern world*.

69 Leicht; Fennel, *Professional Work: a sociological approach*.

Uma história social do morrer

quais as fases de elevado consumo de seus serviços igualavam as de consumo de álcool.[70] Aparentemente, para essas classes sociais novas, os problemas geravam um desejo de consolo, mas também uma ansiosa preocupação com a própria saúde.

Os padres e clérigos continuaram tendo tanta importância para as pessoas quanto os advogados e os médicos, mas, em geral, perderam muito poder ao longo dos anos – em parte, devido à usurpação de seu território pelas outras profissões e, em parte, em virtude dos limites das próprias descrições antigas de sua atividade. Na Europa, por exemplo, eles se ocupavam do ensino, da cura, da solução de litígios e até de fazer testamentos[71] e dar conselhos comerciais, mas os competidores no direito, na medicina, nos negócios, além do desenvolvimento do magistério leigo, se apoderaram de grande parte dessas funções. Então, os clérigos foram obrigados a se restringir a questões morais e espirituais.[72]

A principal responsabilidade autodefinida do clero na Europa era para com Deus. Como em muitas partes do mundo, seus membros se consideravam homens "santos" cujo principal papel era o voltar-se para si.[73] Na Europa posterior à Reforma, os padres tornaram-se intermediários entre os homens e Deus, mas, para os protestantes, cada pessoa passou a ser o seu próprio padre em termos de salvação. Porém, embora pudesse ser o seu próprio padre, ela não podia ser o seu próprio

---

70 Pelling, Medical practice in early modern England: trade or profession? In: Prest (Org.), *The Professions in Early Modern England*, p.100-1.

71 Prest (Org.), *The Professions in Early Modern England*, p.15.

72 Corfield, op. cit., p.129.

73 O'Day, The anatomy of a profession: the clergy of the Church of England. In: Prest (Org.), *The Professions in Early Modern England*, p.32.

professor ou pastor. Assim, católico ou protestante, o problema de futuro espiritual de cada um dependia do equivalente religioso de um *personal trainer* "na vida".

A morte e os valores da classe média

A ascensão das profissões teve duas implicações para a transformação da boa morte. Em primeiro lugar, a influência de apenas três profissões no universo do morrer – a medicina, a advocacia e o sacerdócio – significou uma nova imposição de que se obtivessem vantagens especiais na vida e na morte com o uso de seus serviços.

Além disso, os processos de gentrificação, cuja maioria ocorreu nas cidades na forma de vida empresarial ou profissional (pelo dinheiro ou pela educação),[74] significaram que a especialização tinha o efeito de desqualificar o cidadão médio da classe média nessas áreas específicas. Isso criou um solo fértil para o desenvolvimento de outras profissões capazes de preencher as brechas de aptidão que acompanhavam a especialização crescente em outras áreas. Essas profissões novas, por sua vez, pleiteavam as mesmas vantagens do outro *input* profissional na vida pessoal de seus pares e colegas. Em decorrência da especialização real ou aparente, os profissionais tanto autoperpetuaram quanto criaram outros mercados para outras especializações.

A segunda implicação é que a vida do profissional especializado – o homem de negócios ou o médico – ocupa um lugar especial na sociedade, e esse lugar cria um conjunto próprio de

---

74 Charle, op. cit., p.140.

Uma história social do morrer

valores e atitudes. Tais atitudes e valores são fortemente plasmados por sua experiência ocupacional cotidiana, mas também como resultado da educação e do treinamento concebidos para socializá-los nos seus papéis ocupacionais futuros. Essencial à visão de mundo dos profissionais que compõem a classe média em qualquer cidade é a ideia sagrada de provimento de serviço.

A crença no valor óbvio do provimento de serviço requer uma aceitação (e identificação) paralela da "necessidade", sendo que sua satisfação regular resulta em dependência de serviço. Entretanto, isso também significa a criação de certo nível de ansiedade oriunda da ignorância (a base da "necessidade") e da capacidade ou conhecimento de como ter acesso a um serviço que trate de qualquer problema especializado.

A grande riqueza e o sucesso que acompanham a especialização ocupacional trazem consigo pelo menos três preocupações. Primeiramente, no mundo há vastas regiões das quais a pessoa sabe muito pouco. Em segundo lugar, ela depende de um grande número de outros para que as coisas aconteçam. Por fim, desenvolve-se uma ansiedade em torno ao problema sempre presente de a sua clientela poder não precisar dela ou decidir substituí-la por outros serviços ou profissionais concorrentes. Agora a antiga incerteza pastoril com relação ao tempo ou à proteção contra os saqueadores é substituída pela incerteza urbana da dependência econômica e pessoal.

Não obstante, a certeza da ajuda da comunidade nas sociedades povoadas pelos antigos agricultores ou camponeses não é substituída por nada além da promessa de sucesso econômico nos negócios ou na educação. Não há tal promessa nas sociedades pastoris, mas promessa é tudo quanto se vende nas cidades. Como sabe qualquer garoto do campo, o tédio da vida rural é substituído pela agitação – e os perigos e incertezas – da vida urbana.

A ansiedade que é a base da existência das pessoas da classe média – e a sublinha – é fonte de grandes teorizações, especulações e debates em toda a literatura relevante sobre a classe média. Ainda que geralmente haja divergências quanto às fontes dessa ansiedade ou às diferenças importantes para identificar seus alvos, a maior parte dos observadores sociais parece concordar que o grupo social situado entre os trabalhadores, agricultores ou camponeses e a aristocracia governante ou as classes altas é ansioso. Essa seria apenas uma observação antropológica secundária acerca de um grupo social igualmente secundário não fosse por uma qualificação relevante: nos últimos cem anos, esse grupo começou a dominar os valores e o estilo de vida de todos os países industriais importantes. E isso significa que *a boa morte do mundo pastoril foi transformada por essa classe e por sua cultura da ansiedade.*

Rossiaud[75] observa que, já na Europa do século XIII, confrarias estabelecidas pelas classes médias naquele período medieval transformaram a boa morte para si e as demais pessoas que dispunham dos meios econômicos em uma forma de cuidado administrado. As fraternidades asseguravam que os membros tivessem vaga no hospital caso necessitassem; exortavam ao uso da confissão à beira da morte; e facilitavam a chegada do clero ou dos práticos da medicina aos seus "irmãos". Também construíam hospitais e capelas e convidavam as ordens "mendicantes" – frades que viviam da caridade da comunidade, como

---

75 Rossiaud, The city dweller and life in cities and towns. In: Le Goff (Org.), *Medieval Callings*, p.161-3.

Uma *história social do morrer*

os franciscanos ou os dominicanos – a administrarem serviços novos. Essas confrarias foram as precursoras das atuais fraternidades masculinas, companhias de seguro e organizações de serviço.

Fishman,[76] tratando do tópico do desenvolvimento dos subúrbios nas cidades do mundo, assinala que os valores da elite burguesa – especialmente os primeiros banqueiros e mercadores – eram pessoas privadas, autocentradas, fortemente comprometidas com a separação entre a vida profissional e a familiar. Os subúrbios foram uma tentativa de se apartar do estresse, das pressões e das ansiedades do rotineiro para criar um pequeno paraíso de paz e isolamento na vida doméstica. Uma vez mais, observamos os temas da ansiedade pessoal e da conexão (trabalho), desconexão (privacidade) e dependência (de serviços e estilo urbano).

Em um trabalho geral a respeito da sociologia da classe média, Reader[77] afirma que tal classe sempre teve fortes tradições de culpa, vergonha e consciência e que esses sentimentos são um estímulo importante a reformas sociais focadas em injustiças e desigualdades em um sistema em grande parte criado por ela. Em algumas dessas reformas, indivíduos e grupos da classe média trabalham para modificar as políticas e os serviços do Estado a fim de lidar com tais preocupações. Outros, mais comprometidos com a autoajuda, veem com ceticismo os "benefícios", o envolvimento e o amparo do Estado e preferem promover a "autoajuda" mediante o estabelecimento

---

76 Fishman, Bourgeois utopias: visions of suburbia. In: Fainstein; Campbell (Orgs.), *Readings in Urban Theory*, p.28.
77 Reader, *The Middle Classes*, p.65.

de programas e incentivos de treinamento de beneficência ou autoajuda.

Em um exame de saúde pública dos determinantes da saúde, Eckersley[78] propõe que a classe, a idade, o gênero ou a adesão profissional talvez não esgotem os fatores sociais que predizem a saúde e a doença e afirma que fatores culturais podem ter importância igual ou maior. Entre os fatores "culturais" por ele identificados figuram o consumismo – a avidez e o hábito de adquirir produtos e serviços – e uma aquisitividade impelente que, em parte, é usada para medir o sucesso pessoal e o bem-estar da pessoa.

Eckersley considera o individualismo outro fator importante. E assevera que, na sociedade, a "carga" da tomada de decisões e da propulsão recai quase inteiramente sobre o indivíduo. Tal individualização retira da jornada do morrente o apoio das prescrições culturais passadas, transformando a perspectiva de morrer em um caminho solitário e carregado de ansiedade rumo à extinção.[79] Nas sociedades industriais urbanas, o destino de cada um já não depende da sua posição na aldeia, nem da rede de parentesco, nem da iniciação em algum *status* sancionado pelo tempo, mas sim do esforço pessoal e do trabalho nos negócios ou na educação. A fé no mercado – que Eckersley chama de "economismo", uma fé que cria vencedores e perdedores – gera uma terceira fonte de ansiedade e estresse para as pessoas modernas. Enfim, o "pós-modernismo", expressão com que ele designa o colapso das tradições e o incisivo

---

78 Eckersley, Culture, health and well-being. In: _____; Dixon; Douglas (Orgs.), *The Social Origins of Health and Well-being*.
79 Elias, *The Loneliness of Dying*, p.52.

Uma história social do morrer

questionamento dos antigos roteiros da ciência, da religião ou do humanismo, significa que a pressão para "dar sentido" ao mundo cai pesadamente sobre o indivíduo.

No entanto, as pressões não se restringem às populações "modernas". Esses valores, atitudes e circunstâncias sociais são os de todas as populações urbanas – aliás "urbanita" – desde o nascimento das cidades e das classes médias a seu serviço. Sourvinou-Inwood[80] fez uma interessantíssima observação *en passant* acerca da abordagem mais individual e ansiosa da morte surgida no período arcaico das cidades gregas. Esse período parecia estar associado à emergência do individualismo, do aburguesamento e do intelectualismo e resultou no abandono da aceitação familiar da morte. Aqui ela vê paralelos óbvios com a Europa medieval, mas os paralelos que faz também se ligam aos apresentados por Eckersley e outros com o período atual. A ansiedade gerada pelo individualismo, a aquisitividade econômica e gentrificação não se explica pela "modernidade", mas pelo desenvolvimento urbano e o surgimento da classe média. E esses processos são muito antigos: datam de aproximadamente 10 mil anos.

Comentando a psicologia da classe média em geral, Bensman e Vidich[81] fazem uma observação crucial a respeito da sua natureza "desarraigada". Tendo deixado de fazer parte da sociedade rural ou internacional estrangeira da qual muitos são

---

80 Sourvinou-Inwood, To die and enter the House of Hades: Homer, before and after. In: Whaley (Org.), *Mirrors of Mortality: studies in the social history of death*, p.17, 39.

81 Bensman; Vidich, The new class system and its lifestyles. In: Vidich (Org.), *The New Middle Classes: lifestyles, status claims and political orientations*.

oriundos, os grupos ascendentes se acham frequentemente "excluídos" ou privados dos modos e valores antigos de seus antepassados, mas não aceitos pelas classes altas existentes da nobreza aristocrática ou econômica. A emulação e a imitação passam a ser importantes meios sociais para acentuar a individualidade, negociar o ingresso em redes antigas ou gerar liderança na moda ou tirar vantagem da exclusão, transformando-a em uma flagrante dissidência social.

Enfim, Christopher Lasch,[82] o crítico social decano da classe média, afirmou que esta é essencialmente narcisista. Discordando de Reader, ele não acredita que os membros de tal classe sejam perseguidos pela culpa, e sim por uma ansiedade profunda. Aqui voltamos ao tema da ansiedade. Lasch[83] assevera que os membros da classe média são hipocondríacos ansiosos que temem o envelhecimento e a morte como ninguém antes deles e se deixam atormentar pelo pensamento mágico e a superstição da salvação médica. Apresentam um apego eterno à moda e à juventude e são altamente sentimentais com ambas. Esses valores, ele os descreve como *os* valores da elite profissional e gerencial. Como têm poucos recursos internos reais, essas pessoas precisam procurar nos outros validação na saúde, no trabalho, no amor e na amizade, assim como nas atividades espirituais e intelectuais. Anseiam por admiração na beleza, celebridade e poder e vivem em busca de apoio profissional às necessidades do dia a dia e nas crises, pois as ideias de comunidade e parentesco têm pouco ou nenhum valor para a maioria delas.

---

82 Lasch, *The Culture of Narcissism*.
83 Ibid., p.207-22.

A mais básica de todas as observações acerca do que esse conjunto de comentários bastante diversos e geralmente críticos pode nos dizer a respeito da classe média é, primeiramente, que as pessoas que a constituem são ansiosas. E, em segundo lugar, não são um grupo que simplesmente aceita suas ansiedades. Em geral, os membros da classe média não são fatalistas. Olham à sua volta para *fazer* alguma coisa, para lidar com suas ansiedades de modo prático: experimentando, procurando ajuda, deslindando problemas, intervindo, pressionando por resolução e solução, pelo menos por compromisso. São solucionadores ativos de problemas nas questões ligadas ao que mais os preocupa. E a morte e o morrer vagaroso são uma preocupação para eles. Então como essa gente lida com o morrer e os tipos de doença inicialmente associados ao entorno urbano, depois por ele tornados extremos e diversos?

Certo contexto epidemiológico

Embora as doenças infecciosas fossem mais virulentas nas cidades, há indicações significativas de que o número de mortos variava nos diversos grupos sociais. Havia diferenças entre as classes média e alta, assim como na frequência do óbito na classe trabalhadora. Hayes[84] nos remete a uma comparação reveladora da idade média da morte das pessoas na cidade em oposição à das radicadas no campo.

Na Inglaterra, em 1842, a idade média da morte dos trabalhadores na cidade era 17 anos em comparação com seus homólogos

---

84 Hayes, *The Burdens of Disease: epidemics and human response in Western history*, p.145.

no campo, que tendiam a morrer aos 38 em média. No caso dos profissionais e dos nobres, porém, esses diferenciais etários eram mais elevados por causa da saúde e do estilo de vida melhores dessa classe, posto que mesmo aqui os diferenciais expressam o contraste entre os ambientes rural e urbano. A idade média dos profissionais ao morrerem na cidade era 38 anos, ao passo que seus correspondentes no campo chegavam aos 52.

Ondas de doenças infecciosas acometeram a Europa do início e do fim da Idade Média. Slack observou que essas enfermidades, tanto mortais quanto diversas, se propagavam em "direções previsíveis dos portos a outras cidades, de uma casa a outra".[85] Entre 1347 e 1351, aproximadamente um terço da Europa morreu.[86] O elevado número de óbitos nesse período deveu-se principalmente à peste negra, também conhecida como pestilência. Esses nomes designavam uma só doença conhecida mais especificamente como peste bubônica. Era causada pelas bactérias das pulgas que acompanhavam os ratos.

Houve várias ondas dessa peste, bem que se discuta consideravelmente se todas as epidemias que atingiram o continente provinham, de fato, da mesma fonte bacteriana. Há quem argumente que algumas "pestes" eram, na verdade, moléstias parecidas com a bubônica, como a varíola, o cólera, o tifo, a filaríase, a febre tifoide, a febre glandular, o antraz e até a malária. Outros teóricos acham que as muitas epidemias que devastaram a Europa e a Ásia medievais podiam ser mutações ou combinações dessas doenças.[87]

---

85 Slack, Responses to plague in early modern Europe: the implications of public health, *Social Research*, v.55, n.3, 1988, p.435.

86 Ibid., p.434.

87 Ver Byrne, *The Black Death*, para uma boa análise desse debate.

Entretanto, fossem de varíola, fossem de peste bubônica, as epidemias provocavam morte geralmente lenta, com vários dias de duração e às vezes mais. A peste, por exemplo, começava com uma infecção caracterizada pelo aparecimento de "bubões" (inflamação dos gânglios linfáticos), geralmente nas axilas e na virilha. Em alguns dias, seguiam-se a febre e depois a morte.[88] Como mencionado anteriormente, a varíola, de origem viral, tinha uma progressão de três semanas, sendo que não apresentava sintomas óbvios na primeira. À febre e aos calafrios, seguiam-se a descoloração da pele, as bolhas ou pústulas, e a vítima morria alguns dias depois das erupções cutâneas.[89]

Nas aldeias, os óbitos sempre excediam os nascimentos, de modo que o crescimento e a estabilidade das primeiras cidades, mesmo fora dos períodos de peste, geralmente dependiam dos migrantes rurais. Buer[90] afirma que as cidades funcionavam como "viveiros" de pestilência e cita um comentarista do século XVIII que observou que elas "eram o túmulo da humanidade".

Hábitos pessoais e sociais inofensivos nos pequenos povoados rurais podiam matar nas cidades, e uma vez mais Buer, agora citando as observações de Erasmo sobre as condições de vida predominantes na Inglaterra entre os séculos XIV e XVII, caracterizou-as da seguinte maneira:

> O piso [...] é comumente de barro recoberto de palha renovada de quando em quando, mas por baixo permanece, sem

---

88 Ibid., p.15-29.

89 Hopkins, *The Greatest Killer: smallpox in history*, p.3-5.

90 Buer, *Health, Wealth and Population in the Early Days of the Industrial Revolution*, p.78.

ser incomodada, uma coleção de bagos, gordura, fragmentos de peixe, saliva, excremento de cães e gatos e tudo quanto é repugnante.[91]

Eis o estilo de vida dos profissionais e mercadores – a classe média – que primeiro se separaram da previsibilidade desse pútrido contexto de saúde pública e, portanto, desse vórtice de infecção. Alimentação melhor, água mais limpa, melhores condições de moradia e trabalho, métodos superiores de escoamento do esgoto e outros resíduos, além de ajuda remunerada, tudo isso contribuiu para uma vida mais longa. E foi justamente a vida mais longa que trouxe novos desafios epidemiológicos, muito embora o estilo de morrer que os acompanhava fosse semelhante. Morrer continuou sendo uma experiência prolongada, mas a ascensão das cidades e dos profissionais por elas engendrados difundiu essa experiência do morrer demorado.

A emergência da classe média foi simultaneamente a emergência da riqueza, e com a riqueza veio a ascensão da doença cardíaca coronária. Nossas artérias e veias passaram a desenvolver rapidamente uma camada de gorduras e açúcares que não só estreitavam e enrijeciam as paredes desses vasos sanguíneos, como também aumentavam o risco de que "pedaços" de gordura, material cicatricial ou coágulos ocluíssem esses ductos humanos. A arteriosclerose, às vezes também chamada de *arteriosclerosis*,[92] desenvolveu-se em decorrência de dietas de

---

91 Ibid., p.93.

92 Epstein, Contribution to the epidemiology of understanding coronary heart disease. In: Marmot; Elliot (Orgs.), *Coronary Heart Disease Epidemiology*.

Uma história social do morrer

elevado teor de gordura, do tabagismo, da hipertensão arterial e do estilo de vida sedentário associado ao aumento da afluência que acompanhou a gentrificação.

A afluência e o envelhecimento eram graves fatores de risco de doenças cardíacas coronárias.[93] Contudo, posteriormente, a riqueza preveria a queda desse tipo de morte porque as classes abastadas e instruídas seriam grandes consumidoras de informação de saúde pública sobre a prevenção de tais enfermidades.[94]

Nem todos, porém, estão convencidos de que a ascensão da doença cardíaca coronária seja tão clara como a retrata a discussão anterior, nem de que a epidemiologia da classe operária nesse grupo de doenças seja o que parece ser. Bartley,[95] por exemplo, analisando as estatísticas de mortalidade e as práticas de atestação de óbito nos últimos 150 anos na Grã-Bretanha, põe seriamente em dúvida que haja uma "epidemia moderna de doença cardíaca" distinguível. A atestação de óbito, especialmente nos casos de morte súbita, sofre de muita conjetura, assim como de importantes inclinações políticas, religiosas e industriais.

O estigma em torno aos suicídios, as penalidades associadas aos acidentes industriais e as ramificações políticas do abuso do operário levaram a atestados de óbito e à rotulagem

---

93 Harlen; Manoli, Coronary heart disease in the elderly. In: Marmot; Elliot (Orgs.), *Coronary Heart Disease Epidemiology*; Kannel, The Framingham Experience. In: Marmot; Elliot (Orgs.), *Coronary Heart Disease Epidemiology*.

94 Marmot, Coronary heart disease: the rise and fall of a modern epidemic. In: Marmot; Elliot (Orgs.), *Coronary Heart Disease Epidemiology*.

95 Bartley, Coronary heart disease: a disease of affluence or a disease of industry? In: Weindling (Org.), *The Social History of Occupational Health*, p.137.

questionáveis. Bartley[96] observa que a "doença cardíaca" é variavelmente descrita como um fato coronário, miocárdico, arteriosclerótico, hipertensivo ou senil. Há uma falta relevante de concordância sobre o significado de cada um desses termos. Ademais, era comum os médicos atestarem sem ter visto o paciente. Isso é especialmente verdadeiro no fim do século XIX e início do XX. Bartley cita friamente o caso bem pouco forense do homem cujo atestado de óbito "falava em 'morte natural de doença cardíaca' quando se descobriu que o defunto tivera o coração perfurado por uma adaga!". [97]

Embora a doença cardíaca coronária pudesse provocar e provocasse muitas mortes súbitas, também produzia um número significativo de mortes lentas em decorrência de danos no coração: uma insuficiência cardíaca descrita bastante graficamente por Nuland[98] como a namorada estrangulada. Mas, independentemente de parte de nossa documentação ter sido incorreta no passado ou de tais mortes na classe operária serem realmente casos de "doença cardíaca coronária", parece certo que tal enfermidade aumentou, pelo menos no início, com o crescimento da afluência, e que frequentemente causava uma nova, interminável e muitas vezes dolorosa morte na cidade. Mas havia outro desenvolvimento epidemiológico. O câncer também se mudou para os centros urbanos.

Embora tivesse sido identificado na China e no Egito[99] e nas épocas romana e grega,[100] a incidência do câncer era rara na

---

96 Ibid., p.145.
97 Ibid., p.149.
98 Nuland, *How We Die*, p.20-42.
99 Lee, *Dates in Oncology*.
100 Raven, *The Theory and Practice of Oncology*.

Antiguidade, em parte pelo fato de sua descrição ser ambígua e confusa.[101] Frequentemente, era chamado de "tumor" e este, por sua vez, em geral fazia parte de uma classe de "inchaços".[102] Também é provável que fosse detectado raramente porque pouca gente ia muito além dos 50 anos de idade.[103]

Conquanto se haja detectado câncer em répteis e mamíferos, e inclusive em múmias egípcias,[104] o conhecimento profundo dessa doença é bastante recente, pois a epidemiologia moderna do câncer tem apenas uns sessenta anos de idade.[105] Os tumores malignos comuns são simplesmente células normais imaturas que invadem outras regiões teciduais sem ter por que o fazer. Elas são alimentadas pelo próprio sistema nutriente do corpo como células "normais" e, geralmente, não são reconhecidos pelo sistema imunológico do organismo. Assim, os tumores crescem desenfreadamente até afetar um órgão vital importante como o coração, o cérebro ou um grande vaso sanguíneo ou contribuem para uma pneumonia ou infecção fatal.[106] O câncer só morre quando seu hospedeiro morre.

Malgrado o fato de essa doença ocorrer em todos os seres humanos, em geral, e cada vez mais, acomete as populações suficientemente velhas para desenvolvê-lo. Isso desloca uma vez mais o foco para a cidade moderna com sua expectativa de vida crescente durante e depois da Revolução Industrial. Segundo

---

101 Ibid.

102 Rather, *The Genesis of Cancer: a study of the history of ideas.*

103 Higginson; Muir; Munñoz, *Human Cancer: epidemiology and environmental causes,* p.xvi.

104 Rather, op. cit., p.8.

105 Higginson; Muir; Munñoz, op. cit., p.xix.

106 Nuland, op. cit., p.218.

a Organização Mundial da Saúde (OMS), o câncer é raro em pessoas abaixo dos 30 anos de idade. A OMS observa que 60% dos óbitos por câncer nos países desenvolvidos atinge pessoas com mais de 65 anos. Quando mais a pessoa envelhece – até os 75 anos de idade –, maior o risco.

A idade é o *principal* fator de risco porque todos os outros riscos de desenvolver câncer se agravam com ela. Sem ser uma doença da afluência *per se*, ela é, não obstante, salvo certa limitada evidência genética e de contágio viral, uma doença relacionada com a exposição a material perigoso.

O fumo, por exemplo, responde por 30% dos tumores malignos. A radiação do sol e até as drogas anticancerígenas podem favorecer o desenvolvimento do câncer.[107] A maior parte das outras exposições só foram identificadas com o desenvolvimento industrial das primeiras cidades, embora atualmente muitas delas se hajam disseminado no perfil econômico e social dos países em desenvolvimento, tanto nas áreas urbanas quanto nas rurais. Entre esses itens de exposição perigosa, figuram os plásticos, a borracha, a fumaça, a poeira, os agrotóxicos, os corantes, os solventes e outras tintas, o amianto, o alcatrão e a madeira – muitos dos quais estão associados à antiga produção fabril e à construção civil na cidade;[108] 45% dos cânceres se devem a essas exposições.[109]

Entre 1% e 4% dos cânceres são causados pela poluição ambiental,[110] como as emissões industriais, a inalação "passiva" de gases de escapamento de motores, de tabaco e de fumaça

---

107 Stewart; Kleihues, *World Cancer Report*, p.22, 48, 51.
108 Ver, por exemplo, a história de Tann, op. cit.
109 Stewart; Keihues, op. cit., p.38.
110 Ibid., p.39.

de cozinha, ou a poluição da água e do solo. Os cânceres mais comuns são o de pulmão (12%), o de mama (10%) e o de intestino (9,4%), porém os mais letais são o de pulmão (17% dos óbitos por câncer), o de estômago (10,4%) e o de fígado (8,8%).

A cultura e a geografia desempenham um importante papel em termos específicos de exposição, que indicam que alguns tipos de câncer são mais comuns em alguns setores ou países que em outros, e em homens mais do que mulheres. No entanto, é a idade que agrava todos esses riscos. Se você viver o suficiente, a sua exposição a todos os potenciais riscos aumenta. No contexto desses perfis de risco, foram as cidades, e em particular entre as classes médias que viveram mais, que o câncer mostrou inicialmente, e de forma significativa, a sua cara feia.

Foi nas cidades que as pessoas viram pela primeira vez um número crescente de mortes inusitadamente prolongadas, que pareciam mais dramáticas pela dor e os corpos devastados que criavam. Um temor novo surgiu em uma classe de pessoas ansiosas com um novo conjunto de enfermidades que pareciam tão invencíveis quanto as antigas moléstias infecciosas. E, enquanto a gentrificação e as grandes medidas de saúde pública se arraigavam no resto da cidade e inclusive além dela, a incidência de câncer aumentou em todas as populações até a época presente, na qual "procurar" fatores de risco é um passatempo tanto popular quanto científico.

A gentrificação da boa morte

Em seu papel na elaboração de um estilo de morrer, o câncer, como as cardiopatias, produz um morrer lento e frequentemente doloroso.[111] Também é uma doença que como nenhuma outra sugere o "morrer" para os demais.[112] E, embora a duração e a inevitabilidade do morrer sempre tenha sugerido aos antigos agricultores e camponeses a importância de se preparar para essa experiência, a classe média urbana formou uma opinião diferente. O fatalismo e a aceitação da morte, tão comuns entre os povos pastoris familiarizados com o morrer e com a brevidade da vida em geral, não foram adotados pela classe média de existência mais longa e profissionalmente atendida. Como observa Simone de Beauvoir ao refletir sobre a morte de sua mãe:

> Não há morte natural: nada que acontece ao homem [*sic*] é natural, já que sua presença questiona o mundo. Sim, todos os seres humanos são mortais: mas, para cada um, a sua morte é um acidente e, por mais que ele a conheça e aceite, uma violência injustificável.[113]

Embora o antigo consenso médico fosse de que só a minoria das mortes terminava dolorosa e angustiantemente, sendo que boa parte delas se devia ao controle médico inadequado dos sintomas,[114] a opinião popular acerca do câncer acreditava no oposto, alimentada por relatos semelhantes ao da descrição australiana do fim do século XIX de uma mulher morrendo de câncer no intestino.

---

111 McNamara, Dying of cancer. In: Kellehear (Org.), *Death and dying in Australia*, p.135.

112 Kellehear, *Dying of Cancer: the final year of life*, p.65-6; McNamara, *Fragile Lives: death, dying and care*, p.28-33.

113 De Beauvoir, *A Very Easy Death*, p.92.

114 Hinton, *Dying*, p.65-72.

Aos 60 anos, Mary Christina sabia que estava para morrer, mas não achava isso "nada fácil" e era "incansável o seu esforço para evitar o inevitável". Ela, que antes encarava a doença como um defeito moral, agora soltava "gritos estridentes, descarados", e sua principal preocupação era se livrar da "dor insuportável, devastadora", que voltava regularmente. Jazia apavorada e indefesa enquanto a dor brutal lhe atormentava a carne, levando-a a desmaiar de angústia enquanto seus atendentes nada faziam para evitá-lo. Ela passou oito dias intermináveis lutando desesperadamente.[115]

Pela perspectiva da ansiosa classe média, morrer já não podia ser considerado "bom" se a intensidade do sofrimento tirava toda a dignidade da pessoa antes do fim, se ela perdia um dos valores mais importantes constituintes da sua personalidade: o controle pessoal, a capacidade de pensar e escolher, mesmo para organizar seus assuntos com a mente lúcida. Decerto era possível fazer *algo* mais para evitar a morte, torná-la menos atroz, ainda que mera e simplesmente para induzir os outros a fazerem mais. Eis que as profissões entram em cena.

Embora a medicina — nas aldeias e povoados — ignorasse, havia milhares de anos, a cura das piores doenças infecciosas ou degenerativas que acometiam as populações, seus práticos não eram inteiramente inúteis. Eles compreendiam os sintomas, sabiam quando a morte se acercava e eram sagazes administradores do alívio da dor, particularmente com a ajuda do álcool e do ópio.[116] No século XX, os médicos foram bem-sucedidos

---

115 Jalland, *Australian Ways of Death: a social and cultural history 1840-1918*, p.105.
116 McManners, *Death and the Enlightenment*, p.41.

nas questões relacionadas com o diagnóstico de enfermidades que punham a vida em perigo, tinham uma ideia razoável da expectativa de vida ligada a diagnósticos específicos desse tipo e aumentaram seu arsenal no manejo dos sintomas, culminando com a nova especialidade do hospital de doentes terminais e cuidado paliativo.

Os médicos apareciam cada vez mais junto do leito de morte de cada vez mais gente à medida que o desenvolvimento urbano da classe média, originalmente ectópico, e sua expectativa de vida mais longa se propagavam em populações mais amplas em decorrência do progresso econômico e da saúde pública. A imagem da administração médica da morte passou a fazer parte da boa morte urbana. A assistência dos médicos, antes exclusivamente reservada à classe alta, disseminou-se na classe média antes de se generalizar e globalizar.

Robert Cecil, conde de Salisbury, falecido em 1612,

adoeceu em 1609 e, desde então, ficou intermitentemente nas mãos de médicos, farmacêuticos e cirurgiões que o sangravam, medicavam e purgavam com entusiasmo considerável, custos elevadíssimos, mas poucos resultados benéficos. Na primavera de 1612, estando desesperadamente enfermo, com as pernas inchadas e o corpo coberto de chagas, em uma liteira especialmente preparada e forrada de travesseiros de plumas, ele foi levado de Londres a Bath, onde se esperava que as águas lhe fizessem bem. Mas agora na presença do seu capelão, pois estava claro que os médicos tinham metido os pés pelas mãos.[117]

---

117 Clarkson, *Death, Disease and Famine in Pre-industrial England*, p.151-2.

Uma história social do morrer

Em circunstâncias ou perspectivas de tal modo estressantes e desnorteadoras, a classe média procurou o planejamento antecipado. Alguns nobres e, depois, a burguesia urbana doavam todos os seus bens a comunidades religiosas e com elas se retiravam a fim de garantir provisão na velhice. No fim da Idade Média, esse acordo se estendeu a outras instituições, como os conselhos municipais, as corporações ou confrarias, que passaram a emitir uma espécie de aposentadoria. Tais arranjos eram transferíveis, de modo que as viúvas abastadas também podiam se beneficiar.[118] Essas combinações foram precursoras da previdência privada e depois pública e dos planos de seguro; uma diversidade de preparativos para a morte e para os sobreviventes restantes explodiu deliberadamente com o auxílio das profissões emergentes de advogado e procurador.

Quando os advogados e os médicos "metiam os pés pelas mãos", o clero tratava de fazer seu papel ajudando a pessoa a "ficar" em paz com Deus. Mesmo o número crescente de incrédulos sucumbia ao ofício do clero quando a morte se acercava,[119] e o papel dos preparativos religiosos para a morte continuou sendo forte nas chamadas populações seculares modernas.[120] O clero tem desempenhado um papel relevante no morrer urbano, especialmente para os endinheirados e, desde a Idade Média, a cruz e o estetoscópio têm sido importantes habitantes simbólicos das obras de arte do mundo ocidental.

---

118 Mitterauer; Sieder, *The European Family: patriarchy to partnership from the Middle Ages to the present*, p.161-2.

119 McManners, *Death and the Enlightenment*, p.254-61.

120 Kellehear, *Dying of Cancer: the final year of life*, p.128-32.

Resumo das características do morrer urbano

Em geral, pois, a começar pelas cidades e unicamente para a nobreza, mas depois se propagando na classe média, a boa morte cedeu o passo à morte administrada. Esta era uma morte tornada "boa" com o concurso dos profissionais adequados para atender a pessoa durante o morrer e na hora certa. Isso foi importantíssimo para a *natureza assistida do morrer*.

Os seguintes profissionais, entre outros, tornaram-se essenciais à experiência de morrer.

- O médico: quando o desconforto ficava excessivo e insuportável ou para evitar que a pessoa chegasse a esse estágio horrendo.
- O advogado: para preservar os desejos do moribundo, e quanto mais cedo melhor, antes que a doença ou a decadência senil o privasse das escolhas feitas sob o florescer da lucidez que só a saúde pode outorgar.
- E, enfim, o padre: para assistir, aconselhar, orientar e facilitar a viagem à outra sociedade e seus desafios.

A cidade e suas melhores pessoas — a ansiosa, mas tecnicamente engenhosa classe média — deram-nos um novo morrer: a morte administrada.

Em segundo lugar e a partir do desdobramento anterior, o *self* participante surgido no período pastoril enfraqueceu-se nos desenvolvimentos urbanos, de modo que cada vez mais pessoas se posicionaram junto da morte como um *lugar de serviços*. Ao morrer, nós nos tornamos "consumidores de saúde", "pacientes", "clientes" e até "objeto de pesquisa".

Uma história social do morrer

Veríamos cada vez menos as populações urbanas controlarem sua boa morte e seriam cada vez mais os "outros" profissionais que administrariam o nosso morrer através de "investigações médicas", "administração da herança e do testar", "intervenções psicológicas ou espirituais ou serviços de "apoio" ao câncer ou ao idoso.

Finalmente, embora as pessoas urbanas pareçam entregar grande parte de sua autonomia às profissões, isso *não* significa que o espírito principal do seu morrer seja passivo. Pelo contrário, é a solicitação ativa de serviços e seu uso vigoroso, às vezes agressivo, que sugerem, paradoxalmente, um afastamento do fatalismo pastoril rumo a um desejo de batalhar com a própria morte.

Muito se tem escrito sobre o papel da medicina recente na luta contra a morte, particularmente conforme o exemplo de críticos sociais como Ivan Illich,[121] mas, como veremos no próximo capítulo, não se trata de um conjunto de atitudes e práticas impostas, e sim de uma dança de dois parceiros ativos. O profissional e o cliente conspiram e se encorajam mutuamente contra uma força perante a qual ambos se sentem menos poderosos. A morte administrada é uma morte "em equipe"; é um morrer que só pode ser qualificado de "bom" se a boa luta for travada por todos.

---

121 Illich, *Limits to Medicine – Medical Nemesis: the expropriation of health.*

Capítulo 8
O nascimento da morte bem administrada

Como o advento das cidades alterou o estado de ânimo e a conduta para com a boa morte? A observação cultural mais importante a fazer acerca da ascensão da cidade ao longo da história é que as relações sociais sofreram uma mudança estrutural. Entre os camponeses e antigos agricultores, as relações sociais eram estreitas, cara a cara, em escala reduzida e familiar – o que significa literalmente baseadas no parentesco. As pessoas nessa situação eram, na maioria, social e economicamente parecidas: lavradores ou pastores. Havia alguns artesãos e homens-grandes, chefes e xamãs que talvez se ocupassem menos do trabalho agrícola.

Na cidade, as relações sociais ocorriam em um contexto de população maciça. Muitas vezes, as relações se davam ou eram negociadas com "estranhos". Essa característica da vida urbana – às vezes designada como a "anonimidade" da vida nas cidades – é uma função da rápida proliferação dos papéis ocupacionais especializados. A vida urbana era em muitos aspectos bem diferente da vida no assentamento rural: anônima, em larga escala,

Allan Kellehear

fragmentária e um lugar em que as relações podiam ser fugazes, instrumentalistas, diversas e cambiantes.

Na virada do século XX, muitos sociólogos atentos às grandes mudanças e perturbações sociais causadas pela Revolução Industrial europeia procuraram desenvolver conceitos que servissem de descrições abreviadas dessas mudanças. Ferdinand Tonnies,[1] por exemplo, escreveu sobre as distinções entre *Gemeinschaft* (comunidade) e *Gesellschaft* (associação). Ele esperava captar parte do espírito social ou cultural de relações enfatizando a qualidade dos relacionamentos inerentes em dois tipos de sociedade. As sociedades urbanas eram do tipo *Gesellschaft*, em que as pessoas adotavam uma visão instrumentalista umas das outras em comparação com as sociedades rurais, em pequena escala, nas quais comunidade "verdadeira" significava uma atitude mais solidária baseada no conhecimento íntimo de cada um.

Outros sociólogos e antropólogos se apaixonaram por essas distinções, e o folclorista norte-americano Redfield escreveu sobre o contínuo "*folk*-urbano" com aprovação social e moral semelhante. O sociólogo francês Émile Durkheim[2] sugeriu sua versão dos mesmos fatos e valores escrevendo acerca de solidariedade mecânica e orgânica. Teorizou que aquelas sociedades em escala reduzida funcionavam mecanicamente em virtude da uniformidade da população, mas que as sociedades urbanas modernas funcionavam organicamente como o corpo, com cada seção especializada a desempenhar suas funções, mas dependente de que as outras desempenhem as delas.

---

1 Tonnies, *Community and Association*.
2 Durkheim, *The Division of Labour in Society*.

Uma história social do morrer

Por motivos que agora parecem óbvios, muitas dessas ideias foram criticadas por criar uma visão romântica, nostálgica e estereotipada da comunidade, especialmente da rural. As sociedades assentadas em escala reduzida têm sua cota de conflito, diversidade social (abertamente e como comportamentos ocultos), sofrem mudanças importantes e gozam de relações instrumentais. As cidades também são lugares em que se encontra comunidade, seja qual for o modo como se queira defini-la. As relações comunitárias não precisam se basear em relações cara a cara e de ajuda. Na cidade, elas têm uma parcela relevante de aspectos funcionais e instrumentais, mas as relações de parentesco e amizade coexistem com elas e ajudam a imbuir na vida cotidiana significados importantes que dão às culturas urbanas seus apoios e motivações pessoais.

Sem embargo, não é verdade que os primeiros teóricos urbanos fossem simplesmente cabeças-duras nostálgicos quando se tratava de descrever as mudanças da sociedade assentada rural para as urbanas de larga escala. Esses teóricos identificam algumas diferenças muito básicas entre as culturas das cidades e a vida aldeã, e elas permanecem verdadeiras, por complexa que a comparação possa parecer amiúde. Infelizmente, os teóricos sociais têm a tendência comum de achar exceções nas teorias de outras pessoas a tal ponto que, como diz o refrão, frequentemente acabam jogando fora o bebê junto com a água do banho. É claro que há continuidades e paralelos sociológicos entre as duas culturas, mas é igualmente claro que se deve reconhecer que as cidades não são simplesmente aldeias grandes.

A anonimidade é uma importante característica cultural das cidades devido ao tamanho. As áreas urbanas tendem a conter em si uma ampla gama de "comunidades", e isso também só é possível por causa do tamanho. A diversificação ocupacional combinada com a migração em massa do campo para a cidade, de uma cidade para outra e de outros países ou regiões étnicas põe um acento e uma pressão adicionais na capacidade social de negociar significados cotidianos, associações e transações sociais e econômicas. As cidades fazem muitas coisas que fazem as aldeias porque os requisitos básicos para viver continuam sendo os mesmos em ambas. Mas *as maneiras da cidade não são as maneiras da aldeia.*

A boa morte no contexto desses tipos de relações e culturas não podia continuar a mesma que era na vida aldeã e continua sendo em muitas sociedades rurais de todo o mundo.

Da boa morte para a morte administrada

O "nascimento" da morte bem administrada foi acompanhado por continuidades e similaridades de sua predecessora — a boa morte —, porque todas as formas de conduta no morrer se baseiam nas formas anteriores de comportamento e atitude. Morrer de maneira bem administrada requeria uma consciência do morrer, mas esta geralmente era confirmada por outros especializados, geralmente um profissional da medicina. A consciência do morrer é a primeira característica de uma boa morte, mas também é um elemento essencial do morrer bem administrado. Isso porque só quando se reconhece o morrer é que se podem executar as tarefas finais de administrar uma saída: solicitar a equipe profissional adequada para gerir as funções corporal, jurídica, fiscal e religiosa exigidas para controlar o caos potencial que o morrer pode suscitar.

A classe média urbana via menos morte do que seus pares camponeses, agricultores antigos ou mesmo operários urbanos

Uma história social do morrer

devido à saúde e à expectativa de vida melhores, mas também porque geralmente não lhe cabia, e sim a outros, ocupar-se do morto. Entre os pobres urbanos, a boa morte manteve-se presente porque a ausência mesmo de níveis básicos de saúde impediu até muito mais tarde a profissionalização de tais formas de morrer.[3] No entanto, a história do morrer foi muito diferente para as classes sociais alta e média das cidades. Os profissionais urbanos eram trabalhadores especializados que precisavam adquirir serviços que eles eram incapazes de prestar ou não se sentiam motivados a fazê-lo. Com *expertise* estreita, mas profunda, em uma área da vida econômica ou política, as elites urbanas procuravam satisfazer suas múltiplas necessidades administrando outros especialistas que eram treinados para tapar as lacunas deixadas pelo especialismo crescente da urbanização.

Posto que, na maior parte da história humana, as doenças infecciosas afetassem a todos, as elites urbanas eram particularmente propensas às enfermidades degenerativas do envelhecimento em decorrência de sua posição privilegiada nas ordens econômica e social. A prosperidade trouxe o câncer e a cardiopatia: mortes prolongadas, em geral dolorosas e às vezes extraordinariamente assustadoras, mas também trouxe complexos problemas econômicos, jurídicos e médicos a serem resolvidos antes desse fim.

Tais complexidades trouxeram consigo o imperativo social de procurar ajuda, classificando-as e administrando-as. Não o fazer era considerado insensato e descuidado com os dependentes e as redes sociais da pessoa. A questão social da herança

---

3 Strange, *Death, Grief and Poverty in Britain, 1870-1914*, p.50.

permaneceu tão importante – aliás, mais importante – na morte administrada quanto na boa morte, simplesmente porque em geral havia mais em jogo para todos; não só equipamento agrícola e armas, ainda que estes fossem transmitidos, como também, alternativa ou adicionalmente, propriedades, títulos e dinheiro significativos.

Ademais, as *commodities* de *status* como ser proprietário, diretor de empresa familiar ou empregador eram relações que exigiam preparativos jurídicos e financeiros para a transmissão. Essa riqueza e essas relações complexas requeriam a atenção de especialistas. Morrer como uma conduta social passou a ser não só uma questão doméstica *da família e da comunidade aldeã*, como era na boa morte, mas também um significativo *problema público administrativo e privado* que precisava da atenção de outros especialistas profissionais.

Enquanto os morrentes que reivindicavam uma boa morte eram moralmente obrigados a resolver seus assuntos, a elite urbana foi cada vez mais compelida a fazer o mesmo por motivos puramente administrativos e técnicos. E esses bens e questões profissionais eram privados e geralmente não afetavam a cidade como um todo.

Inicialmente, suas doenças incomuns, vistas principalmente nas cidadezinhas e cidades, exigiam gente com experiência prática nessas moléstias particulares. Ao passo que o subnutrido ou faminto podia morrer sem drogas que aliviassem a dor quando se dessangrava ou desidratava lentamente até a morte, ou então antes da execução como sacrifício humano, a tarefa de morrer de câncer ou tuberculose era muito mais difícil sem o alívio da dor. A experiência prática de administrar um regime de gestão de sintoma para se adaptar a essas enfermidades

Uma história social do morrer

insólitas geralmente se encontrava nas fraternidades médicas de qualquer sociedade.

A presença de ideias acerca da viagem ao além-mundo não abandonou o estilo de morrer da boa morte e tampouco o da morte bem administrada que se seguiu àquela. Porém, cada vez mais, a boa morte nas mãos da elite urbana passou a significar solicitar a presença do clero para que se fizesse algo pelo agonizante. A administração de um sacramento, um ritual ou um conjunto de orações ou missas tornou-se uma "intervenção" ou, para adotar um termo mais religioso, uma "intercessão" em nome do morrente. Tal como se escolhia um médico ou um advogado, os moribundos escolhiam profissionais que "assistissem" suas necessidades em vez de, necessariamente, ajudá-los a comemorar toda uma vida de devoção e preparação religiosas.

Isso não significava que a pessoa morrente não sentisse que tinha obrigações para tornar a morte "boa" afirmando os princípios religiosos vigentes, mas sim que esse show se restringia a públicos específicos na sua rede social, não era para a comunidade inteira – no caso, para toda a cidade. Isso significava que era preciso fazer *escolhas*. O problema de tornar a morte "boa" para os outros no sentido religioso passou a fazer parte do problema administrativo mais amplo da tomada de decisão e coordenação.

Na questão de assinalar quando o morrer começa, cada tipo histórico de morrer toma um ponto de partida diferente. O morrer como jornada à ultravida é anunciado pelo fato biológico da morte. A boa morte começa com uma simples consciência do morrer. Na morte bem administrada, que o crítico social Ivan Illich[4] denomina "morte burguesa", a rápida sucessão de

---

4 Illich, *Limits to Medicine – Medical Nemesis: the expropriation of health*, p.194.

idas e vindas de profissionais à cabeceira da pessoa é uma indicação social suficientemente séria de que ela está morrendo. Desse modo, o reconhecimento do morrer fica livre não só de suas amarras biológicas originais como também das psicológicas. O início do morrer bem administrado é determinado por uma combinação de fatos sociais estreitamente sincronizados que envolvem as idas e vindas dos médicos, advogados e padres.

Mas há outras rupturas importantes dessas linhas de continuidades e desenvolvimento. Como observei anteriormente, o morrer bem administrado já não é uma atividade pessoal *que envolve toda a comunidade.* O morrer torna-se cada vez mais privatizado e isolado. No modelo viagem ao além-mundo, o morrer ocorria como uma atividade comunitária sem a presença física do morrente ou com ele como uma suposta presença fantasmal. No modelo desse mundo do morrer como boa morte, a comunidade desfrutava de uma parceria com a pessoa morrente, que, por sua vez, gozava de certos privilégios, mas também tinha de devolver obrigações específicas a essa comunidade.

Agora, a complexidade social urbana, os números característicos das populações urbanas e a natureza pragmática das obrigações significam que o moribundo tem contratos sociais específicos com interesses particulares no bojo da comunidade mais ampla, não através dela. Isso significa uma ruptura notável nas relações comunitárias dos modelos anteriores. A "comunidade" começa a se subtrair do antigo envolvimento rural, torna-se um "fantasma" do seu *self* de outrora, porque o morrer como uma atividade deve ocorrer como um contrato de relações sociais baseado na oferta de serviços privados e no pagamento de honorários. Morrer passa a ser uma transação

Uma história social do morrer

econômica plena, mas privatizada, divorciada de considerações gerais da vasta população, outrora chamada "a comunidade".

Os preparativos para a morte, antes altamente prescritos pelo costume e pela comunidade, podiam ser desdenhados ou eram irrelevantes na carreira dos profissionais urbanos e suas famílias. A abastança e a posição incentivavam a liberdade de optar por se adaptar, por se adaptar com condições ou por desconsiderar as normas por inteiro. Agora os preparativos para a morte se tornariam tão únicos como as complexidades financeiras e jurídicas de seus proprietários e tão excêntrico quanto suas personalidades e famílias pudessem tolerar. Em troca do serviço prestado a esses desejos e estilos de vida individuais, outros profissionais só cobravam uma remuneração ou doação. A comunidade geral além da igreja, do trabalho ou da família quase não tinha papel, salvo, talvez, como público nos funerais e missas dos falecidos mais famosos da classe média urbana.

Para as comunidades das sociedades caçadoras-coletoras, o morrer era encarado como morte "desafortunada", malevolente ou quiçá "misericordiosamente rápida". E, nas sociedades de colonos, era considerada moralmente "boa" ou "ruim" tanto para os indivíduos *quanto* para as comunidades. Mas, na classe média urbana, todos esses juízos e prescrições morais foram transferidos para ela unicamente enquanto indivíduos.

O morrer desafiava o senso de ordem social na carreira, na casa e no corpo da pessoa. O morrer representava a perda de controle, dignidade e paz de espírito. Não era possível detê-lo nem o curar e havia pouca ou nenhuma consolação, mas ele podia ser administrado suficientemente bem se se chamassem as pessoas "certas" para assistir. Illich observou poeticamente que "a classe média se apoderava do relógio e empregava médicos para que dissessem à morte quando atacar".[5]

Como mostra comodamente Armstrong[6] num livro recente, *How to Be an Even Better Manager* [Como ser um gerente ainda melhor], administrar é decidir o que fazer e fazê-lo por intermédio das pessoas. É mediante outros que se administram recursos como o conhecimento, as finanças, o material ou equipamento. Embora tenham de administrar outras pessoas e acontecimentos, os bons gerentes também precisam administrar a si próprios para tal.[7] Há até "manuais" recentemente publicados de como administrar a si mesmo quando em estado terminal. Como afirma o autor de um desses textos:

> Com a chegada da doença, é preciso contar com um repertório de habilidades para administrar a desconexão do antigo modo de vida, a diminuição da satisfação com a vida, a intimidação do desconforto e da dor, o espectro da invalidez e da morte e a adulteração da identidade.[8]

Em todo caso, a meta de toda boa administração é obter *resultados* mediante a organização disciplinada do *self* e dos outros.

O morrer bem administrado é, pois, um modelo individualista de boa morte forjado e plasmado pelos estilos de vida igualmente individualistas e ocupacionalmente especializados

---

5 Ibid., p.198.

6 Armstrong, *How to Be an Even Better Manager*, p.2-3.

7 Eunson, *Behaving: managing yourself and others*; Ward, *50 Essential Management Techniques*; Jay, *How to Handle Tough Situations at Work: a manager's guide to over 100 testing situations*.

8 Sharoff, *Coping Skills Therapy for Managing Chronic and Terminal Illness*.

das elites da classe média urbana. Suas responsabilidades e obrigações não têm comprometimento direto com a "comunidade" no sentido mais amplo da palavra. As contribuições "comunitárias", caso essa gente chegue a fazê-las, hão de ser como "serviços comunitários". Os interesses dessa elite são internamente definidos por suas guildas e associações, sejam quais forem seus sentimentos e atividades comunitários informais enquanto indivíduos privados.

O que quer dizer morte "administrada"?

O desejo de lidar com acontecimentos catastróficos inevitáveis, como a doença e o morrer pessoais, tem uma longa história em todas as formas culturais da medicina. Também tem uma história mais recente no desastre e no planejamento de emergência. Atualmente, todos os bons guias de gerenciamento de crise vão além do desejo de "gerenciar" crises. Aspiram igualmente à prevenção. Se tomarmos a ideia de Armstrong[9] da administração como a arte de fazer as coisas por intermédio de outras pessoas, podemos ver como os princípios atuais do gerenciamento de crise parecem se aplicar aos estilos do morrer urbano. Sikich[10] afirma que um plano básico de gerenciamento de emergência para crises – como os incidentes de Three Mile Island, Bhopal, Chernobil ou a crise do Exxon Valdez – deve observar fielmente quatro princípios.

Primeiramente, deve haver uma tentativa séria de cumprimento. É preciso proceder à revisão completa do sistema,

---

9 Armstrong, op. cit.

10 Sikich, *It Can't Happen Here: all hazards crisis management planning.*

inclusive das leis pertinentes, e à verificação das vulnerabilidades e das possíveis iniciativas para lidar com elas antes que surja o perigo. Em segundo lugar, é necessário contar com um alto nível de preparação. Este pode incluir a vigilância constante e programas de detecção, assim como ideias claras acerca dos planos de reação e recuperação. Terceiro, deve haver um nível significativo de treinamento e retreinamento para o possível acontecimento. As estratégias de gestão de informação confiável não só possibilitam estar bem informado dos resultados prováveis e das soluções possíveis como também sobre como conter o pânico, o boato e a desinformação capazes de estorvar os planos de recuperação e os esforços de relações públicas.

Em termos de gerenciamento do morrer, é bastante fácil ver como as populações urbanas se ajustam a essa intelectualização e planejamento dos desastres pessoais como morrer. As pessoas da classe média se ocupam de sua assistência médica e, em comparação com os outros grupos sociais, são historicamente grandes usuárias dos serviços de assistência médica. Quando se detecta em alguém uma doença grave e com risco de morte, maximizar as condições de seus meios de sobrevivência significa, na maioria dos casos, aceitar a maior parte das terapias oferecidas. Curtin, Hayman e Husein[11] sugerem dois princípios: que, ao administrar uma crise pessoal, a pessoa deve procurar sinais delatores (como um nódulo suspeito, um sangramento inusual ou uma tosse persistente); e deve avaliar o pior cenário e investigar rapidamente. E sugerem que "uma pequena despesa" salva perdas consideráveis mais tarde: uma atitude em harmonia perfeita com as mensagens contemporâneas da saúde

---

11 Curtin; Hayman; Husein, *Managing a Crisis: a practical guide*.

Uma história social do morrer

pública. Convém procurar assistência e tratamento médicos o mais depressa possível. A detecção e o tratamento precoces podem salvar vidas.

A prescrição de se preparar bem coincide e confirma o modelo de reação da classe média a possíveis problemas em geral. O planejamento financeiro e o jurídico são comuns nessa classe e o exercício do controle técnico sobre tais questões significa o emprego de contadores, advogados e médicos, assim como de profissionais funerários e de saúde pública.

Em uma sociedade altamente diferenciada como a das cidades, cada pessoa não pode se treinar para todas as contingências, especialmente o morrer, de modo que as ocupações especializadas nessa área "se treinam" para isso. Nas sociedades industriais contemporâneas, a medicina oferece especialidades em câncer, medicina neurológica e cardiovascular, assim como *expertise* em doenças infecciosas. No elevadíssimo fim da medicina – a assistência no fim da vida –, oferecem-se hospitais de doentes terminais e atendimento paliativo como uma especialidade médica dedicada ao cuidado do moribundo e de seus sintomas nas últimas semanas ou dias de vida.[12]

Naturalmente, o uso de profissionais também satisfaz outro requisito do gerenciamento de crise: o do gerenciamento da informação. Os demais profissionais são empregados não simplesmente para conceber e executar intervenções que podem ajudar a pessoa morrente ou não, mas para serem capazes de aconselhar, oferecer modelos de projeção ou previsão e estratégias para administrar os outros. Em termos contemporâneos,

---

12 Field, Palliative care for all? In: _____; Taylor (Orgs.), *Sociological Perspectives on Health, Illness and Health Care*.

Allan Kellehear

essa estratégia de gerenciamento da informação se estende ao uso de livros, de consultores e da internet como meios de maximizar a informação sobre a doença e a morte da pessoa e até suas possibilidades na ultravida.

É claro que nem todos se preparam no mesmo nível, como observam Mitroff e Pearson.[13] Muita gente nega sua vulnerabilidade e é simplesmente reativa. Tais atitudes são particularmente endêmicas nas populações da classe operária e nos jovens. Outros têm um plano de crise pessoal de saúde, mas este é básico, como convênio médico e/ou carteira de doação de órgãos: ambos um reconhecimento de que a pessoa pode se deparar com o inesperado. Não se trata de um reconhecimento genuíno da certeza da morte e do morrer, mas da mera admissão de que a pessoa pode ter o "azar" de...

Com bens consideráveis, dependentes e maior envelhecimento, a classe média dá e sempre deu muita importância aos preparativos para a morte. Devido à baixa renda e aos níveis significativos de pobreza, os membros da classe operária urbana nunca foram aspirantes a seguro de contingência nem a testamentos.[14] Mas, quando a classe média se preparava para a morte, os planos geralmente incluíam providências jurídicas como um testamento para proteger os bens e a família da pessoa. No mundo moderno, a pressão cultural para participar da elaboração do testamento é tão forte que um texto psiquiátrico estadunidense sobre a redação de testamentos chega a sugerir que não o fazer "é um grave indício de distúrbio emocional".[15]

---

13 Mitroff; Pearson, *Crisis Management*.

14 Johnson, *Saving and Spending: the working class economy in Britain 1870-1939*, p.11.

15 Roth, *The Psychiatry of Writing a Will*, p.x.

Embora tenhamos visto testamentos a serviço da boa morte entre os agricultores e alguns camponeses antigos durante o período colonial,[16] trata-se na maioria de testamentos nuncupativos, ou seja, instituídos oralmente e dados aos demais quando o testador estava à beira da morte.[17] Geralmente eram feitos para saldar pequenas dívidas, legar pertences pessoais ou solicitar a outros que providenciassem certo número de missas pela alma do moribundo. Eram acordos entre os parentes, a comunidade e a pessoa morrente.

Assim, durante a maior parte da história do assentamento e na maioria das culturas, o testamento formal não era empregado como um dispositivo importante de distribuição da propriedade simplesmente porque a maior parte das pessoas tinha muito pouco que distribuir ou fazia essa distribuição ao se aposentar, não quando à beira da morte. Mesmo entre os romanos antigos, conhecidos como alguns dos primeiros testadores, o testamento era uma prática restrita a um pequeno número de habilitados, geralmente urbanos, cidadãos da classe média.[18] Entretanto, para esse grupo próspero, testar era uma "obsessão" porque os testamentos eram um caminho decisivo para garantir a imortalidade pessoal através da criação de túmulos memoráveis, funerais e outros prédios públicos.

Na Europa da baixa Idade Média, os testamentos também eram essenciais às deliberações da pequena burguesia como os

---

16 Kellogg; Restall (Orgs.), *Dead Giveaways: indigenous testaments of colonial Mesoamerica and the Andes.*

17 Addy, *Death, Money and the Vultures: inheritance and avarice, 1660-1750*, p.119.

18 Champlin, *Final Judgements: duty and emotion in Roman wills 200 BC-AD 250*, p.2.

Allan Kellehear

agricultores e comerciantes[19] e, posteriormente, a classe média britânica das aldeias e cidades, "ávida por lucro, receptora de honorários, possuidora de propriedade".[20] O reconhecimento da classe média de sua vulnerabilidade no contexto da alta rentabilidade foi um impulso importante e duradouro no sentido de se preparar para a morte desse modo, porém, muito mais importante, no de fazê-lo com a ajuda de *outros*. Fazer uma boa morte era visto como um importante desafio de *administração* financeira e jurídica.

Também se podia aplicar essa abordagem gerencial à salvação religiosa, e não faltam bons indícios de que era justamente isso que fazia a classe média da Grã-Bretanha medieval. Posto que a classe trabalhadora esperasse, tipicamente, justiça social de suas igrejas, a classe média estava mais interessada em "administrar seus interesses espirituais" a fim de achar um lugar bom na ultravida.[21] Embora a boa morte dos camponeses cristãos envolvesse a presença do clero à cabeceira para orar ou ouvir confissão, a classe média até tolerava essa presença, mas exigia mais e pagava serviços adicionais que lhe garantissem o "futuro".

Como Bruce descreveu a burguesia da época:

> Apesar da insistência da Igreja em que a salvação definitiva era uma dádiva concedida livremente pela graça de Deus, os leigos da Idade Média eram obcecados pela ideia de que as orações dos vivos podiam acelerar a alma em seu caminho. Em 1546, Gilbert Kirk,

---

19 Addy, op. cit., p.ix.

20 Morris, *Men, Women and Property in England, 1770-1870: a social and economic history of family strategies amongst the Leeds middle classes*, p.20.

21 Pin, Social classes and their religious approaches. In: Schneider (Org.), *Religion, Culture and Society.*

Uma história social do morrer

de Exeter, legou quatro centavos a cada chefe de família da paróquia de St. Mary Arches "a fim de rezarem para que Deus Nosso Senhor tenha piedade de minha alma e de todas as almas cristãs". Robert Hone doou um centavo a cada espectador de seu enterro em troca de orações e perdoou seus devedores contanto que orassem por ele. Também deixou 12 centavos a cada um dos seus netos "para que rezem um *Pater Noster*, uma *Ave* e um Credo pela minha alma".[22] Os simplesmente ricos deixavam generosas importâncias para pagar missas póstumas, trinta dias depois, e no aniversário de seu falecimento: Joan, *lady* Cobham, pagou 7 mil missas a serem celebradas após a sua morte. Os extremamente ricos asseguravam um futuro indefinido de missas estabelecendo "*chantries*".[23, 24]

Esse modo de administrar e pagar serviços se aplicavam, surpreendentemente, como um conjunto interpessoal de estilos nas relações da classe média urbana com a própria medicina – profissão cuja importância mundial aumentaria à medida que se identificasse a morte com as doenças do envelhecimento.

Poder médico e a morte administrada

Os historiadores da medicina Jewson[25] e Waddington[26] mencionam o antigo estilo interpessoal entre os médicos e seus

---

22 Whiting, *The Blind Devotion of the People: popular religion and the English Reformation*, p.70.

23 Bruce, *God is Dead: secularization in the West*, p.54.

24 *Chantry*, dotação para a celebração de missas. (N. T.)

25 Jewson, The disappearance of the sick man from medical cosmology 1770-1870, *Sociology*, v.10, n.2, 1976.

26 Waddington, The role of the hospital in the development of modern medicine: a sociological analysis. *Sociology*, v.7, n.2, 1973.

"pacientes" na maior parte da história europeia. Os médicos trabalhavam em um sistema de clientela, principalmente nas aldeias e cidades em que encontravam quem tivesse condições de pagar seus serviços. A natureza das teorias médicas pouco havia mudado desde a Grécia antiga, e a teoria humoral – a ideia de que os elementos fogo, ar, água e terra, ao se relacionar com o calor, o frio, a humidade e a sequidão, determinavam a saúde ou a doença – dominou o pensamento médico até bastante recentemente.[27] Essa teoria fazia que o médico fosse dependente do paciente não só pelos honorários como também pela sua construção conjunta de um diagnóstico. Durante a maior parte da história da Europa, isso colocou o médico firmemente na categoria de empregado da elite urbana. "Administrar" o morrer de uma pessoa significava gerenciar tanto seus negócios quanto seus assuntos médicos.

Hoje em dia, a maior parte da literatura sociológica sugere que a mesa virou contra nós, que passamos a ser administrados no lugar da profissão médica. Os últimos cinquenta anos de teorização, particularmente nos círculos sociológicos, tem sugerido enfaticamente que a medicina está no banco do motorista em termos de suprir e moldar nossas experiências de assistência médica. Elliot Friedson,[28] Irving Kenneth Zola,[29] Ivan Illich[30] e Brian Inglis[31] propõem que, se não os próprios médicos, os princí-

---

27 Rather, *The Genesis of Cancer: a study of the history of ideas.*

28 Friedson, *Professional dominance.*

29 Zola, Medicine as an institution of social control, *Sociological Review*, v.20, n.4, 1972.

30 Illich, op. cit.

31 Inglis, *The Diseases of Civilization: why we need a new approach to medical treatment.*

Uma história social do morrer

pios, as tecnologias e as organizações criados e sustentados pela medicina geraram consequências sociais negativas para todos nós. Aí se inclui uma expansão inimaginável das nossas definições contemporâneas de saúde, a qual leva à maior vigilância da nossa conduta do dia a dia, a graves danos e mortes em decorrência de intervenções médicas, a intrusões injustificadas e a um insidioso policiamento moral do nosso comportamento no trabalho e em casa. Alguns desses desenvolvimentos têm sido caríssimos, com pouca ou nenhuma eficácia comprovada na melhora da qualidade ou da expectativa de vida das nossas populações. E, quanto ao morrer, essas mudanças levam a estilos sociais desumanos e alienados de assistência às pessoas morrentes, especialmente no mundo ocidental do meado do século XX.

Os sociólogos Glaser e Strauss[32] estiveram continuamente na vanguarda da crítica e no registro etnográfico do muito que a medicina, pelo menos a americana, deixava a desejar na administração da pessoa morrente. O antropólogo Geoffrey Gorer falou notoriamente na "pornografia da morte": no quanto o tema se tornou tabu e embaraçoso para boa parte do mundo ocidental. Muitos outros autores mencionaram o silêncio que cerca a morte,[33] a relutância dos médicos em compartilhar um prognóstico com os pacientes[34] ou a solidão do morrer.[35]

---

32 Glaser; Strauss (por exemplo, em *Awareness of Dying*; *Time for Dying*; The ritual drama of mutual pretence. In: Schneidman (Ed.), *Death: current perspectives*).

33 Kubler-Ross, *On Death and Dying*.

34 McIntosh, *Communication and Awareness in a Cancer Ward*; Charmaz, *The Social Reality of Death*.

35 Ariès, *The Hour of our Death*; Elias, *The Loneliness of Dying*.

Allan Kellehear

A ascensão recente do movimento pelo atendimento paliativo e os hospitais de doentes terminais nos Estados Unidos e na Grã-Bretanha é atribuída, pelo menos em parte, a esses problemas documentados da assistência precária aos agonizantes na metade do século XX. Contudo, tais etnografias e críticas da medicina não contam toda a história.

A grande visão sociológica do poder médico tem se concentrado em sua expressão institucional, influência política e autoridade e autonomia culturais — não em seus *apoios sociais ou relações interpessoais* reais. Esses apoios sociais consistem em homens e mulheres comuns em busca de resultados práticos para os seus problemas, inclusive os do morrer. Posto que obras importantes tenham examinado as comunicações médico-paciente,[36] muito menos trabalhos esquadrinharam a maneira como os médicos e seus pacientes trabalham *entre si* apesar das dificuldades de comunicação e das diferenças de poder que os separam.[37]

Um dos maiores déficits no campo da sociologia médica é a falta de interesse pelo modo como os morrentes e os médicos trabalham uns com os outros *a partir do ponto de vista dos próprios morrentes*. Mas as exceções são reveladoras e úteis e contam uma história diferente dos relatos sociais críticos anteriores da relação médico-paciente.

---

36 Ver Ong et al., Doctor-patient communication: a review of the literature, *Social Science and Medicine*, v.40, n.7, 1995.

37 Cassel, The changing concept of the ideal physician, *Daedalus: Proceedings of the American Academy of Arts and Sciences*, v.115, n.2, 1986.

Armstrong[38] e Strange[39] mostraram que silêncio não era o contrário de verdade e, de fato, havia muitas maneiras, à parte contar diretamente, que possibilitavam ao médico compartilhar suas preocupações com a expectativa de vida do paciente. No período histórico do chamado tabu da morte, não era menos tabu falar em sexo, masturbação, doença mental, violência doméstica e discriminação racial. Gente "decente" da classe média e também de boa parte do operariado simplesmente não falava nessas coisas em público.[40] Mas o sexo continuava sendo praticado, assim como os outros comportamentos que as pessoas de bem não discutiam. Além disso, a discussão franca acerca da morte ocorria em outras áreas da medicina,[41] assim como na ciência forense, na história, na psicanálise e na antropologia, de modo que sua quase ausência em alguns ambientes médicos não fez e não podia ter feito por si só um tabu cultural.

Houve casos notáveis, trágicos e muito divulgados de pessoas agonizantes que a equipe hospitalar deixou morrer em quartos particulares, frequentemente sozinhas. Mas, nesse mesmo período, também houve o reconhecimento precário de que a parte mais prolongada do morrer como experiência social, não simplesmente como fato médico ou hospitalar, ocorria fora das instituições médicas. As últimas horas podiam ser ignominiosas, mas os dias e semanas anteriores a elas, em casa, no trabalho ou na igreja, chegavam a se assemelhar ao resto da

---

38 Armstrong, Silence and truth in death and dying, *Social Science and Medicine*, v.24, 1987.

39 Strange, op. cit.

40 Ibid.

41 Ver Ackerknecht, Death in the history of medicine, *Bulletin of the History of Medicine*, v.42, 1969; Walter, *The Revival of Death*.

vida da pessoa. Em vez de ser o retrato da solidão, alguns moribundos provavelmente desfrutaram de apoio e amizade maiores do que o habitual antes de sua doença final.[42]

Recentemente, o médico Platon Vafiadis,[43] em um estudo do morrer pelos olhos tanto dos pacientes quanto dos médicos, conseguiu mostrar que uns e outros vivenciam múltiplas inversões de papel ao mesmo tempo que *mantêm seu papel principal de médico e paciente*. Às vezes, aquele se torna paciente, especialmente em termos de apoios sociais nos momentos ou dias complicados ou difíceis. Os pacientes estão tão bem socializados em vários procedimentos médicos e terapêuticos que, mesmo aqui, em questão de intervenções médicas, podem servir de guia ao demonstrar técnicas a médicos menos familiarizados com elas.

O estudo de Vafiadis deixa claro que os pacientes exercem uma função gerencial na sua própria assistência, mesmo agora, abordando suas relações médicas não só passivamente, mas ativamente e com certo domínio dos fatos e dos cuidadores. Trata-se de um quadro complexo em que nenhum papel ou estilo de relacionamento caracteriza a trajetória completa de um morrer. Todavia, o que tais estudos recentes e matizados mostram é que alguns pacientes, especialmente os urbanos instruídos, desfrutam de um companheirismo e de um relacionamento gerencial com os cuidadores tão sutil e seguramente quanto o de seus atendentes profissionais em outras ocasiões. Mesmo diante do atual poder cultural e histórico da medicina,

---

42 Ver Kellehear, *Dying of Cancer: the final year of life*, p.89-104; Vafiadis, *Palliative Medicine: a story of doctors and patients*, p.32-7.

43 Vafiadis, op. cit.

homens e mulheres comuns que passaram toda uma vida como pessoas que controlam outras pessoas e importantes bens e recursos não "desativam" simplesmente essas qualidades de espírito só porque encontraram sua própria mortalidade no serviço de saúde local. Seria surpreendente e um tanto ilógico acreditar que não tenha sido assim nos tempos mais recuados da nossa história urbana.

Exemplos da morte administrada

É importante compreender as características sociais e as distinções entre os estilos do morrer. Na realidade, como eu sublinhei no primeiro capítulo, há muitas exceções e muita superposição entre os diversos valores e estilos de conduta no morrer, ainda que no mesmo período ou cultura. Com essa repetida qualificação em mente, vou sumariar e ilustrar as características distintivas da morte bem administrada que aqui procuro estabelecer.

O morrer como viagem ao além-mundo caracteriza-se pelo controle quase completo da comunidade. As pessoas morrentes são fantasmas sociais que dependem da antiga comunidade para satisfazer todas as suas necessidades para começar a se desvanecer no seu mundo. Na boa morte das sociedades de assentados, o morrente compartilha o controle de modo condicional com sua aldeia. Cada qual sabe o papel cultural que lhe cabe desempenhar na história do morrer e cada qual faz o melhor possível sob as restrições da doença e do tempo. Em um cenário de morte bem administrada, o moribundo assume tanto controle sobre seus negócios quanto humanamente possível, tentando dirigir e moldar o morrer segundo o seu desejo individual. Sem dúvida, há considerações cívicas para com a família, o trabalho, a religião, mas a ênfase, o tipo e o alcance dessas reciprocidades são decididos por cada morrente *individual*.

Retomemos o maravilhoso relato de Hopkins[44] do encontro da rainha Isabel I com a letal varíola. Eis um caso de uma personagem real que, como todas as pessoas de *status* elevado e poder, tomam suas decisões independentemente das obrigações consuetudinárias.

A monarca tinha sido informada pelo médico de que a origem do seu mal era "a bexiga": um diagnóstico com alta probabilidade de morte. Em vez de chamar seus sacerdotes para preparar uma boa morte, ela manda embora o médico que fez o diagnóstico pernicioso. Citemos Hopkins para enfatizar minha opinião que isso *devia ter sinalizado claramente o morrer da soberana*. "Mesmo antes [antes do posterior estado de coma da rainha], Isabel e seus conselheiros acreditaram que ela ia morrer: solteira e sem herdeiro designado."[45] Era motivo médico claramente suficiente para supor o início do processo de morrer e motivo político suficiente para esperar que uma pessoa da sua estatura começasse os preparativos em torno à sucessão e a herança. Contudo, o que fazem ela e sua corte?

O Conselho Privado se reúne para planejar a sucessão, mas a rainha não faz nenhuma tentativa real de se preparar para a morte, a não ser cooperar com as deliberações do Conselho. No entanto, mandam chamar o médico que fez o diagnóstico inicial. Compreensivelmente, ele está bastante irritado por ter sido bruscamente expulso da corte por causa de um

---

44 Hopkins, *The Greatest Killer: smallpox in history*, p.1-3.
45 Ibid., p.1.

Uma história social do morrer

diagnóstico que se revela perfeitamente bom e confirmado pelos subsequentes fatos médicos e palacianos. Recusa-se a voltar a atendê-la e é prontamente ameaçado de morte pelos mensageiros reais. Assim persuadido, vai à presença real e inicia a tarefa médica de administrar a enfermidade. Em consequência, a monarca se recupera.

Mais recentemente, Lois e Arthur Jaffe[46] discutem o morrer interminável de Lois e o efeito que isso tem em seu marido, Arthur, e no resto da família. Lois sublinha o elemento de controle e de ser pessoalmente *ativa* no moldar a sua própria reação ao morrer:

> Uma eventual sexta etapa do morrer, a da responsabilidade, pode muito bem se seguir ao quinto estágio de Kubler-Ross, o da aceitação. Aceitação expressa consentimento passivo, ao passo que responsabilidade implica um estado de enfrentar a situação ativamente. Eu falei muitas vezes no tempo em que fiquei doente. "Ficar doente" pressupõe que nós participamos em algum nível da nossa doença.[47]

Essa ênfase no controle pessoal e no papel que ele desempenha no plasmar uma morte bem administrada também é capturada por Iain Gardner, um profissional morrendo de aids:

> A morte nunca me assustou. É o pedaço até lá [...]. A preocupação, creio eu, é administrar o intervalo. A dor é apenas uma

---

46 Jaffe; Jaffe, Terminal candor and the coda syndrome: a tandem view of terminal illness. In: Feifel (Org.), *New Meanings of Death*.
47 Ibid., p.210.

pequena parte, eu quero administrar o processo um pouquinho melhor. E fazer essas escolhas, e isso inclui a dor. Não se trata unicamente de administrar as minhas emoções, mas também, por causa do meu jeito de ser, eu tenho a tendência a assumir a responsabilidade de também tentar administrar as pessoas ao meu redor. Assim, preciso fazer que elas se sintam bem. Não sei ao certo se isso é uma defesa para mim ou se é uma coisa útil para fazer. Porque geralmente, ao administrá-las, eu administro a mim mesmo, de um modo estranho.[48]

E, uma vez mais, da escritora Katherine Mansfield descrevendo suas lutas em termos semelhantes:

Um dia ruim [...] dores horríveis etc., e fraqueza. Não pude fazer nada. A fraqueza não era só física. Antes de ficar boa, *eu preciso me curar* [...]. Tenho de fazer isso sozinha e de uma vez. É o motivo profundo pelo qual não melhoro. A minha mente não está *sob controle*.[49]

No morrer como jornada ao além-mundo, a passagem do falecimento é francamente pública, simplesmente porque as cerimônias de transição são francamente públicas. A "experiência de morrer" e as cerimônias que a assinalam e comemoram são as mesmas. Morrer a boa morte tem um relevante componente público porque há importantes obrigações para com a comunidade que podem envolver sua presença real como um

---

48 Gardner, Not dying a victim: living with aids. In: Kellehear; Ritchie (Orgs.), *Seven Dying Australians*, p.47-8.
49 Apud Sontag, *Illness as Metaphor*, p.47 [160].

Uma história social do morrer

coletivo. A aglomeração de cenas do morrer de gente pobre na Europa medieval testemunha essa obrigação. No entanto, frequente e deliberadamente, há períodos de solidão ou em companhia da família como parte desse processo geral do morrer, e ele é esperado pelo amor dos parentes próximos e como tempo a sós com Deus. No morrer bem administrado, grande parte do processo é privada, com incursões públicas no mundo do moribundo como comprovado somente pelo número diverso de presenças profissionais de médicos, religiosos ou consultores jurídicos e cuidadores. A presença profissional de médicos nunca foi uma parte particularmente importante da boa morte, de um lado por causa de sua raridade nas áreas rurais e, de outro, porque, quando eles estavam presentes, como continua sendo o caso na atual vida aldeã na China, eram simplesmente caros demais para a renda camponesa.[50]

Um médico observa, entre seus pacientes com câncer avançado, o desejo não só de usar bem o pessoal e o conselho médicos como também de aquilatar o valor relativo desse serviço para si como pessoas gravemente enfermas procurando exercer a escolha.

Há pacientes que realmente sabem usar o seu clínico geral como um defensor para si e, desse modo, acabam obtendo a melhor assistência [...] falo especialmente nos pacientes públicos [...]. Não acho os pacientes gregos [por exemplo] muito bons nisso [...] no uso do seu clínico geral em uma [...] espécie de papel de defensor e [...] eles também tendem a demorar a escolher.[51]

---

50 Ma, 10 Yuan can mean life and death for rural poor. *South China Morning Post*, v.61, n.275, 2005, p.A7.
51 Vafiadis, op. cit., p.59.

Allan Kellehear

Os preparativos a serem feitos pela pessoa morrente e a comunidade na viagem à ultravida são previsíveis e padronizados. O costume ou a tradição determinam o que "enviar" ao moribundo para seu auxílio e socorro na perigosa jornada sobrenatural que lhe cabe fazer. A maior parte dos preparativos de uma boa morte também é previsível, ainda que, como o morrente está física e ativamente presente, sempre há variação de preparativos devido à personalidade, ao *status*, aos padrões de conflito ou harmonia específicos da família, bem como às próprias circunstâncias da enfermidade final. A morte bem administrada, por outro lado, é altamente idiossincrática. Muita coisa depende do que, outrora, em uma boa morte, era considerado fatores moderadores: a personalidade, o *status*, o conflito e a harmonia específicos da família e as próprias circunstâncias da doença. O porquê de todo o peso recair a favor dessas influências tem a ver com as seguintes características finais, e isso concerne à natureza do poder pessoal nas relações do morrer.

No morrer como uma viagem ao outro mundo, há pouco poder pessoal envolvido nas cerimônias reais que marcam o processo, salvo a contribuição que o indivíduo possa dar aos valores e ritos da comunidade antes da sua morte. Na boa morte, as relações são cooperativas e persuasivas, concebidas para resolver ou pelo menos negociar as diversas obrigações comunitárias e pessoais que os morrentes devem honrar se quiserem deixar esta existência com a aprovação da comunidade que os sustentou durante a vida. Os indivíduos de *status* elevado, cujas relações além da família e dos companheiros de trabalho podem ser inteiramente e, às vezes, irreverentemente instrumentalistas, não sentem necessariamente essa conexão íntima.

Uma história social do morrer

McManners dá muitos exemplos franceses medievais dessa excentricidade, particularmente entre os mais famosos individualistas que ele rotula de "libertinos e espíritos fortes".

Em 1751, quando os jansenistas pediam em vão os últimos sacramentos, Boindin morreu desdenhando as ministrações dos padres com pilhérias ultrajantes. Em 1765, o bispo de Auxerre e outros parentes reuniram-se ao redor do conde de Caylus, esperando uma oportunidade de levar esse pecador notório a pensar na sua salvação. "Vejo que vocês querem conversar comigo pelo bem da minha alma", disse ele; "todos", contam, "se sentiram confortados por essas palavras". Ele prosseguiu: "Mas vou lhes contar o meu segredo, eu não tenho alma". Dois anos depois, o bispo de Valence e o clero de sua catedral não conseguiram converter um parente do bispo, o marquês do Maugiron. "Vou enganá-los", disse o marquês ao seu médico. "Vou partir", e assim morreu, deixando-lhe versos ridicularizando seu infeliz médico e reclamando, em estilo pastoril, pastoras que com beijos o levassem ao sossego da sua insensibilidade final.[52]

Provavelmente, os registros escritos que nos deixaram e com base nos quais costumamos decidir essas questões jamais esclarecerão o quanto eram comuns ou generalizados os agonizantes que desafiavam ou fugiam de seus padres e médicos e, assim, de suas obrigações consuetudinárias. Não obstante, a pouca evidência que vemos nas histórias cuidadosamente documentadas, como as de McManners e outros, é de que tais

---

52 McManners, *Death and the Enlightenment*, p.261.

excentricidades têm uma longa história, remontam pelo menos à ascensão do individualismo urbano.

Mortes administradas: a boa, a ruim e a incompreendida

Assim como vimos interpretações e aspirações da boa morte, a capacidade de conseguir obtê-la — ou obter uma morte bem administrada — tem um pré-requisito importante e bastante irônico: saúde razoável. Morrer de repente, por exemplo, pode (mas não necessariamente) obliterar a oportunidade da pessoa de se preparar: um propósito importante da boa morte. Ausência de preparativos significa morte ruim, e, como vimos nas nossas discussões anteriores, um número suficiente de mortes ruins põe todo o mundo em alerta ideológico, por assim dizer. Esses são os principais motivadores e motivos pelos quais a boa morte permanece um ideal, não uma realidade generalizada. O mesmo vale para a morte administrada. A ideia de controle, de gerenciamento do *self* e dos outros, é ameaçada pela doença grave, a morte súbita ou o morrer mal administrado do ponto de vista médico. Mas o quadro social é complexo.

A chave para entender a complexidade social é lembrar uma vez mais que o morrer é uma questão social de identidade. No Egito antigo ou na Nova York de hoje, as pessoas se dão conta de que vão morrer muito pouco tempo antes de seu câncer, por exemplo, geralmente bem antes do que os peritos médicos atuais considerariam como o "estágio terminal": as últimas horas ou mesmo dias antes da morte. Esse comportamento, se não as revelações dos médicos ou os sinais denunciantes da doença que a pessoa morrente já viu em outros, sugere-lhe

Uma história social do morrer

que ela *não* se recuperará. Essa consciência do morrer é o ponto usual de preparação para a morte, e isso pode ocorrer semanas ou até meses antes da morte propriamente dita. É por isso que a idade avançada tende a acarretar certos preparativos para a morte, e esse envelhecimento então produz casos em que a morte súbita da pessoa não se antecipa aos preparativos. Há alguns anos, eu entrevistei uma centena de pessoas que tinham expectativa de menos de doze meses de vida,[53] e quase todos os entrevistados haviam feito preparativos para a morte esperada. Eram preparativos financeiros, jurídicos, médicos, pessoais e sociais para a morte, e muitos organizaram ocasiões sociais para as despedidas bem antes de sua "doença final" ou da "internação" no hospital ou clínica para doentes terminais. Tal experiência de morrer é uma questão de identidade pessoal e social. Não se trata simplesmente de um fenômeno médico. A questão de compreender como uma morte pode ser "bem administrada" ou não precisa incluir essa visão mais longa do morrer.

Recentemente, Lawton[54] e McNamara[55] levaram a cabo um extensivo trabalho observacional em clínicas de doentes terminais e questionaram a veracidade da ideia de controle pessoal, autonomia e do ideal da clínica de "viver até morrer". Seus estudos nuançados da interação paciente-pessoal nos últimos dias ou semanas de vida no contexto do cuidado da clínica revelam ambivalência e sérios questionamentos, por parte do pessoal, desses valores e aspirações individualistas.

---

53 Kellehear, *Dying of Cancer: the final year of life*.
54 Lawton, *The Dying Process: patients' experiences of palliative care*.
55 McNamara, *Fragile Lives: death, dying and care*.

Allan Kellehear

Lawton cita "Frank", que descreve da seguinte maneira a sua vida antes da morte:

> Para mim, o físico e o mental são entrelaçados. Eu descobri que, à medida que enfraqueço, fico mais apático e introvertido [...]. Abandonei muitos dos meus passatempos prediletos. Há alguns meses, parei de fazer palavras cruzadas no jornal. No mês passado, deixei definitivamente de ler o jornal. Perdi o interesse. Presumo que é por isso que tantos pacientes passam tanto tempo dormindo. São pouquíssimas as coisas que conseguimos fazer [...], a pessoa simplesmente acaba *desistindo*.[56]

Roz, do mesmo estudo de Lawton, coloca a família no retrato maior do seu morrer:

> Vim para cá mais pelo meu marido que por mim. *Mesmo porque o que eu quero já não tem muita importância. Eu me tornei um fardo tão pesado.* Ele chegou ao limite da paciência. Quando eu tive a queda, sabia que ele não ia aguentar. Portanto, sim, eu o fiz por ele, suponho. Não é justo continuar *arrastando-o comigo para o fundo*.[57]

McNamara[58] conta a história de "Marnie", uma mulher de 63 anos cujo câncer no pulmão se havia espalhado consideravelmente pelo corpo. Seus filhos estavam alternadamente exaustos e consternados com os sintomas da mãe, a falta de administração por parte deles e, às vezes, com a incapacidade de se comunicar

---

56 Lawton, op. cit., p.89.
57 Ibid., p.96.
58 McNamara, *Fragile Lives: death, dying and care*, p.99-106.

Uma história social do morrer

com ela. No fim, Marnie foi sedada, uma reação bastante comum ao sofrimento e à dificuldade de administrar o sintoma nas clínicas de doentes terminais. E, muitas vezes, a equipe que a atendia foi levada a questionar o significado daquela reação farmacológica para administrar um complexo problema pessoal, social e médico perto da morte: "Uma boa morte é simplesmente uma morte tranquila, sem tumulto? A sedação vem acontecendo com mais frequência, e eu tenho de perguntar se esse não é um meio de sossegar a nossa sensação de fracasso?".[59]

Se olharmos bem de perto o morrer descrito por Frank e Roz e o fim de Marnie tal como o relata o antropólogo McNamara, podemos concluir que é difícil discernir a "boa" morte da morte "administrada". Mas sabemos que morrer não é uma experiência meramente institucional, de curto prazo, e que a parte mais longa do processo costuma se dar fora desses tipos de contexto. Logo, podemos presumir, com otimismo, que Frank, Roz e Marnie fizeram deveras muitos preparativos para a morte. Mas, na "fase terminal" do morrer, etapa em que seus sintomas precisaram de mais vigilância e controle, como dizer que tiveram uma morte bem administrada?

Há três respostas possíveis a essa pergunta, e todas condizem com a visão do morrer como morte administrada em ambientes urbanos gentrificados. A primeira consiste em sugerir que o exercício do controle individual, da autonomia e do "viver até morrer" (o *slogan* do movimento em prol das clínicas de doentes terminais modernas), na realidade, fica presente até bastante tarde. Todavia, à medida que entramos nas últimas semanas e dias do processo de morrer, esse estilo de

---

59 Ibid., p.106.

gerenciamento *não* é abandonado, mas *transferido* para a equipe de serviços de saúde, que, por sua vez, se sente incomodada com a responsabilidade.

Muitas equipes médicas e de enfermagem consideram o processo de morrer como uma experiência fechada, institucional, sob seus cuidados e não levam em conta a visão mais longa desse processo ao avaliar se ele foi "bom" ou não. A aplicação de tais critérios clínicos e terminais aos últimos dias e horas normalmente há de decepcionar quem procura esse controle naqueles em que a deterioração física pode dissipar os poderes individuais do paciente próximo do fim da vida.

Além disso, as avaliações da "boa morte" por parte do pessoal clínico empregam essa expressão porque os próprios membros da equipe frequentemente encaram o morrer em termos de "facilidade" ou não do falecimento do paciente. Sua própria presença e ações profissionais, enquanto uma importante relação de trabalho com os moribundos – com resultados "bons" ou "ruins" –, nem sempre são incluídas por ocasião do inventário ou da aplicação de descrições ao morrer. A "morte administrada" implica o pessoal muito mais intimamente e reconhece o seu controle sobre o extremo terminal da experiência muito mais complexamente do que muitos gostariam. Morte "boa", "ruim" ou "bastante boa" é uma descrição comum de como o pessoal viu o "paciente" morrer e abrange unicamente a conduta e a experiência do agonizante, em vez de incluir – como devia – os pormenores profissionais da assistência, do apoio e da intervenção no resultado geral. A morte bem administrada é uma parceria entre o morrente e seus serviços profissionais, e não simplesmente um comentário sobre até que ponto a pessoa morre médica ou psicologicamente bem.

Uma história social do morrer

Em segundo lugar, as "últimas horas" do processo de morrer ocorrem de maneiras diversas, e muitos moribundos mantêm o controle pessoal e a boa administração do sintoma até tarde nesse processo. Muitos deles expiram calmamente, com apenas um breve período de desconforto ou inconsciência.[60] É óbvio que muitas pessoas morrediças são incapazes de "administrar" tão bem a sua morte, que acaba sendo administrada precariamente por elas mesmas ou pelos que as assistem, do mesmo modo como se fala em morte "ruim" em oposição à "boa". Essas mortes mal administradas servem de trampolim a ideias acerca do que torna uma morte "bem administrada" ou até de incentivo à eliminação do "processo de morrer", como se vê com frequência nos debates e discussões do movimento de eutanásia voluntária. A ausência de garantias ou certezas oferecidas pelos serviços individuais ou médicos de que "administrarão" uma boa saída para si ou para os outros é que estimula os debates sobre eutanásia no mundo todo.

Enfim, vale recordar que o morrer como viagem ao além--mundo é uma experiência cerimoniosamente *compartida*, com a suposta presença da pessoa morrente, mas com a comunidade atuando em nome dela nas questões de herança, preparativos para a morte e despedidas. Desse modo, grande parte do papel do moribundo é delegada à comunidade. Na boa morte, os papéis do processo de morrer são repartidos entre o agonizante e sua comunidade, sendo que todos sabem que papel cabe a cada um. A morte administrada de um indivíduo urbano pode

---

60 Ver Hinton, *Dying*; Witzel, Behaviour of the dying patient, *British Medical Journal*, v.2, 1975; e um antigo relato médico in Jalland, *Australian Ways of Death: a social and cultural history 1840-1918*, p.90.

ver seu morrer em termos não simplesmente limitados a ações e atitudes individuais, mas também no uso e aplicação da ajuda dos que o cercam. *Parte do processo de morrer, expresso como um papel gerencial, pode, como todas as tarefas gerenciais, ser delegada a outros nas etapas tardias.*

No estudo de Lawton, certa sra. F comenta:

> Eu precisei fazer tudo para a minha mãe quando ela piorou. O câncer se espalhou por toda parte. Ela não queria estranhos [enfermeiros] dentro de casa. Eu tinha obrigação de protegê-la disso. Ficava acordada até tarde da noite, ajudando-a a ir ao banheiro e trocando seus travesseiros [...] passava os dias dando-lhe de comer, virando-a [na cama] [...]. Agora penso nisso, não sinto que tenha vivido a minha vida nos últimos seis meses. *Vivi a vida de outra pessoa, a da minha mãe, presumo.* (grifo do original)[61]

O desafio de domar a morte

Grande parte da controvérsia sobre a morte, da crítica à incerteza ou inadequação médica e da ansiedade com o controle do tempo do morrer sempre partiu da elite urbana e de seus acólitos e imitadores (a pequena burguesia e, muito mais tarde, a classe operária industrial). E, como mencionei anteriormente, embora boa parte da opinião médica ache que o morrer como uma passagem física *não* é particularmente difícil, as mortes horríveis continuam sendo as mais memoráveis. Coisa tão verdadeira na vida real como na ficção. Eis como *A morte de Ivan Ilitch* descreve os últimos dias de Ilitch: "Desde o

---

61 Lawton, op. cit., p.107.

Uma história social do morrer

momento em que começaram, os gritos se estenderam por três dias e eram tão horrendos que se ouviam, e com pavor, à distância de dois cômodos com as portas fechadas".[62]

Mesmo as descrições modernas do câncer de intelectuais urbanos como Susan Sontag inspiram medo e aversão. Ela descreve a crença comum no câncer como doença dolorosa, e tanto mais dolorosa por causa da dor da "vergonha": muitos desses tumores malignos invadem as regiões íntimas do corpo: os seios, a próstata, o intestino, o útero, os testículos ou a bexiga. O tratamento costuma ser descrito como pior que a doença.[63] As descrições médicas recentes não são menos amedrontadoras. No *best-seller How We Die* [Como morremos], Sherwin Nuland pinta um retrato particularmente inquietante do câncer:

longe de ser um inimigo clandestino, [o câncer] é, na verdade, furioso com a maliciosa exuberância do matar. Empreende uma expedição contínua, desinibida, circunferencial, incendiária de destruição, na qual não faz caso de nenhuma regra, não obedece a nenhum comando e explode toda resistência em um levante de devastação. Suas células comportam-se como os membros de uma horda bárbara descontrolada: sem líder e erráticos, mas com o firme propósito de saquear tudo ao seu alcance.[64]

Convém recordar que, já no segundo século da nossa era, o médico grego Galeno descreveu o câncer como um caranguejo com as patas a se espalharem por toda parte dentro de

---

62 Tolstoy, *The Death of Ivan Ilyich*, p.159.
63 Sontag, *Illness as Metaphor*, p.17.
64 Nuland, *How We Die*, p.207.

sua vítima, escavando profundamente até irromper em algum lugar internamente ou aparecer como uma úlcera supurante antes de a matar. Seja nas cidadezinhas da Grécia antiga, seja nos subúrbios da Londres atual, o morrer que se segue a uma vida longa é coerentemente apresentado como um bicho feroz, incontrolável. Não é à toa que recorremos à medicina, não à religião, para domar essa fera.

Jalland[65] lembra-nos que, até mesmo na época vitoriana, com a fé religiosa em declínio, o aumento da gentrificação e os avanços da medicina, a ênfase à "boa morte" mudou extraordinariamente nos relatos nos diários da época. A morte súbita, tão amiúde encarada como uma ameaça aos preparativos e, portanto, uma ameaça à boa morte, passou repentinamente a ser saudada como um alívio, como uma "boa morte" que poupava a vítima de um sofrimento prolongado.

Não sabemos se esse comentário específico da época representa um maior enfoque das provações físicas de morrer sozinho no período vitoriano ou se simplesmente revela aquilo que resta quando a preocupação com as provações espirituais é eclipsada por preocupações mais seculares. Mas é difícil acreditar que alguém que, conhecendo o morrer prolongado, especialmente do tipo canceroso, não tivesse também tais preocupações em mente ainda que outras subissem ao topo de suas prioridades escritas e relatos públicos.

A principal preocupação com a morte bem administrada, inicialmente em uma sociedade urbana de pessoas que receavam uma passagem difícil, há de ter sido a de *domar* o animal chamado "morte" e, ao mesmo tempo, superar as outras

---

65 Jalland, *Australian Ways of Death: a social and cultural history 1840-1918*, p.89.

Uma história social do morrer

preocupações administrativas com a família, a religião ou o patrimônio. Domar a morte levou nossa preocupação ao gerenciamento dessa morte real ou imaginária, desordenada, dolorosa ou horrível, que a velhice parecia nos prometer.

E nós acreditávamos nela, temíamo-la e mantínhamos os nossos queridos profissionais por perto, como cadeira e chicote para a imagem com cara de leão que ela parecia expressar. Domar a morte passou a ser a obsessão da classe média e depois se disseminou à medida que a modernidade se disseminava na sua imagem. Domar a morte veio a ser a nossa herança moderna.

Capítulo 9
O terceiro desafio: domar a morte

A morte sempre teve propensão a assustar as pessoas. Assim, na vida reclusa das cidades, a ambiguidade dos seus significados teve pouca serventia. Os camponeses e os antigos agricultores podiam se inspirar na série cotidiana de imagens de vida e morte dos animais e cultivos para compor suas canções, metáforas e provérbios folclóricos. Os habitantes das cidades se empenhavam em achar essas imagens pastoris relevantes ou validadoras de suas experiências. A atitude ou filosofia resignada de algumas culturas camponesas e agrícolas também conflitava com a abordagem mais instrumentalista e ativa de solução de problemas da elite urbana. E a morte *era* um grande problema para ela.

De muitas maneiras a ciência e a medicina são exemplos óbvios de nossas antigas tentativas de enfrentar os problemas não só da doença, da invalidez e do pesado fardo do trabalho braçal como também da morte prematura, do morrer difícil e da dor da perda. A pesquisa médica dedicou-se tanto ao mero curar quanto ao cuidar. Quando a morte era inevitável, os médicos tentavam aliviar o sofrimento na medida do possível no seu tempo e lugar. Posteriormente, a extensão de seu papel pastoral para os indivíduos e as famílias se transformou nas terapias verbais modernas como a psiquiatria, a psicanálise e a educação em saúde.

O sofrimento do processo de morrer atraiu uma longa tradição médica de artes e ciências paliativas, atualmente um tanto formalizadas e reunidas sob a rubrica moderna da "medicina paliativa". Igualmente, o sofrimento de morrer prematuramente ou em caos organizacional tem visto esforços menos prolongados, mas não menos sérios, na "paliação" jurídica e administrativa. Os testamentos tornaram-se mais complexos, mais disseminados, tecnicamente precisos e formulados rigorosamente a fim de repelir litígios *post mortem* de sobreviventes lesados ou litigantes e demandantes desconhecidos. Os preparativos financeiros evoluíram no tipo e na sofisticação de seu papel como modos de "domar" o caos e a ansiedade potenciais em torno a uma morte.

O domado e o selvagem

Essas observações mostram-se óbvias e parecem se aplicar tanto aos povos pastoris quanto aos urbanos, mas a diferença em cada caso é questão de organização cultural, capacidade econômica e estilo pessoal. A organização cultural e a capacidade econômica (amplas relações profissionais *versus* relações principalmente religiosas) e o estilo pessoal de reação (ansioso e controlador *versus* tolerante e flexível) à morte diferem notavelmente entre as sociedades rurais passadas e as urbanas ulteriores. Para entender que isso funciona como um desafio importante quando do morrer nesses dois cenários, convém começar com um breve exame das ideias de domado e selvagem.

No dicionário, o significado da palavra "domar" é colocar uma coisa sob controle humano ou mesmo a serviço dos seres humanos. Trata-se de um processo de domesticação, de vencer a ferocidade inerente às coisas "selvagens" a fim de dominá-las, contê-las ou amansá-las, torná-las tratáveis ou dóceis. Domar é suavizar, sedar, reduzir uma intensidade, moderar, abrandar ou mesmo tornar a coisa "enfadonha e desinteressante".[1] Como se vê facilmente nessas definições, amansar a morte seria um desafio enorme, o qual espero que diminua um pouco a colossalidade da tarefa. Embora nós possamos abrandar e conter a morte, parece inconcebível que realizemos essas reduções tão heroicas até torná-la enfadonha.

O contrário de "domado", naturalmente, é "selvagem". Selvagem é rude, feroz, resistente, rebelde. É ser incontrolável, solto, licencioso, agreste, imprevisível, propenso à violência e insubmisso a toda autoridade que não a sua própria. Selvagem aplica-se a animais, vegetais, lugares, paixões, pessoas, comportamentos, projetos, estilos de vida, sonhos, e até à mineração e a jogos de baralho.[2] A imagem da morte como uma coisa "selvagem" sugere caos, desordem, aleatoriedade, violência, assim como o imprevisível e inesperado. Essas imagens aplicadas à morte, por "naturais" ou adequadas que possam parecer ao leitor, são, no entanto, bastante recentes.

Vemos o quanto esse emprego é recente ao averiguar a antiga aplicação desses descritores aos nossos primos animais. Por

---

1 *Oxford English Dictionary*.
2 Ibid.

exemplo, qualificar um animal de "domado" é pressupor que outrora ele era selvagem ou pelo menos que há outros animais que são selvagens em relação a *esse* domado. A ideia de morte "domada" pressupõe que, em algum lugar e de algum modo, a morte e o morrer se tornaram "selvagens" ou, no mínimo, que, em algum lugar, atualmente ou no passado, existiu outra morte "selvagem". Contudo, em termos históricos e culturais amplos, tanto o "domado" quanto o "selvagem" provavelmente se restringem às sociedades pastoris e a seus desenvolvimentos urbanos e, portanto, são as obsessões e passatempos das pessoas que viviam naqueles lugares e épocas.

Antes da domesticação das plantas e dos animais, na Idade da Pedra por exemplo, a ideia de "domar" ou de "ermo" era desconhecida. As pessoas faziam *parte do mundo e de sua ordem natural*, como, aliás, acreditam muitas culturas caçadoras-coletoras atuais. Assim, a morte era vista como uma qualidade "natural" no mundo, nem domada nem selvagem, mas parte da ordem natural *e* social. Sua chegada podia ser inesperada, indesejável e frequentemente atribuída a alguma malevolência mitológica ou real, mas sua presença no mundo das pessoas era habitual: como as pedras, as flores ou o salmão. Com o advento da domesticação, os primeiros agricultores conheceram a diferença entre o trigo ou arroz por eles plantados e os "grãos selvagens" que davam fora de seus campos arados. Foi o nascimento da "erva daninha". Também havia animais que podiam ser "domados", como o cão, o gato, a galinha ou a carpa, mas nem tanto o tigre, o jacaré, a serpente ou o tubarão. Na impossibilidade de domá--lo, era possível prender o animal verdadeiramente selvagem, um desejo não do gosto da maioria dos agricultores e camponeses, ainda que uma atração permanente para os habitantes urbanos.

Uma história social do morrer

A ideia do "bicho selvagem" é antiga e terrível para os povos em circunstâncias assentadas. Os bichos selvagens podiam ser considerados ferozes, anárquicos, perigosos e até assassinos. Não toleravam nenhum controle e, geralmente, representavam uma ameaça para as plantações, os animais domésticos e a família. Midgley[3] afirma que essa imagem dos animais como selvagens e assassinos ou bichos incontroláveis ainda é observável nas frases depreciativas e descartáveis das pessoas comuns e, especialmente, do poder judiciário e dos jornalistas, que designam os criminosos violentos como "animais".

A ideia do "bicho selvagem" entre nós se enraíza nessas fontes e é semelhante ao equivalente psicologicamente projetado herdado da ideia do "selvagem" ou do "oriental" do século XVIII.[4] Particularmente nas cidades, as pessoas se inclinavam a essas ideias de animais e seres humano selvagens simplesmente porque nunca os viam. Tinham pouca ou nenhuma experiência com bichos em estado natural. Seus vizinhos humanos geralmente eram camponeses, agricultores, raramente comunidades de caçadores-coletores. Essas circunstâncias sociais faziam que tanto os animais em estado natural quanto os caçadores-coletores parecessem "selvagens" e "exóticos", como demonstra a história dos primeiros colonizadores dos Estados Unidos[5] e dos zoológicos.[6]

Ora, quem havia de querer bichos enjaulados? Koebner[7] observou que ter coleções particulares de animais era privilégio

---

3 Midgley, *Beast and Man: the roots of human nature*.

4 Said, *Orientalism: Western conceptions of the Orient*.

5 Lawrence, *Rodeo: an anthropologist looks at the wild and the tame*, p.262-6.

6 Baratay; Hardouin-Fugier, *Zoo: a history of zoological gardens in the West*

7 Koebner, *Zoo Book: an evolution of wildlife conservation centers*.

da realeza, mas foi a burguesia rica e poderosa que estabeleceu as versões públicas mais recentes.[8] Tais sinais de decadência eram uma demonstração pública desse poder e riqueza e também disseminadas práticas interculturais da elite urbana. Documentaram-se zoológicos privados nas cidades da Suméria de 2300 a.c., no Egito de 1500 a.c., na Assíria de 1100 a.c. e na China de 1027 a.c. Os romanos exibiam animais selvagens nesse estilo de autoengrandecimento, mas também para entretenimento.[9]

Ademais, ter animais selvagens presos nos zoológicos manteve a busca de riqueza e poder das pessoas até bem entrado o século XIX, quando as cidades modernas passaram a ser centros de riqueza, poder colonial e experimentação e pesquisa científicas. O desejo urbano de domar aquela coisa "selvagem" chamada morte é uma extensão lógica da outra antiga mentalidade de colono de domar animais e plantas "selvagens" em nome da alimentação e da segurança. Os animais e seres humanos "selvagens" representavam fantasias escapistas para as elites urbanas, mas o faziam ressaltando o contraste, excitando o medo e exagerando o estranho.

Os citadinos, particularmente gente dos centros urbanos modernos com experiência decrescente da morte e do morrer, aguçaram o temor de colono e transformaram essa ansiedade exagerada em uma imagem da morte como algo feroz. A partir desse ponto de vista, eles percorreram rapidamente o curto caminho entre o mero desejo dos assentados de domar a morte e uma obsessão profissional urgente. Parte dessa paixão por

---

8 Baratay; Hardouin-Fugier, op. cit., p.147.
9 Koebner, op. cit., p.56.

Uma história social do morrer

domar a morte proveio da aversão da classe média emergente a qualquer coisa parecida com o comportamento ou a identidade animal desenfreada e descontrolada.

A classe média moderna, em particular, desenvolveu uma sensibilidade exagerada às intimidades físicas do nascimento, do sexo e da morte. O medo do câncer ou do abandono, da vulnerabilidade e da solidão de viver e morrer em pequenas famílias de trabalhadores imigrados pode ter alimentado esses outros receios. Uma cultura instrumentalista, desarraigada e antitradicional também há de ter dado esperança e urgência à ambição das elites urbanas de conseguir "domar" o morrer difícil.

A visão exagerada da morte como feroz teve outro motivo para se desenvolver, e Philippe Ariès gerou uma importante discussão global ao expor sua visão de que isso pode ter resultado de uma visão anterior da morte como "domada".

Philippe Ariès e a morte domada

Quem deu grande exposição à ideia simples, mas perspicaz, de que a morte podia ser considerada domada foi o historiador francês Philippe Ariès,[10] que ofereceu uma análise de 1.500 anos de atitudes ocidentais para com a morte, incluindo não só a conduta e as atitudes perante o processo de morrer como também perante o enterro e o luto. Tanto na obra concisa *Western Attitudes toward Death* [Atitudes ocidentais para com a morte] quanto na sua penúltima exposição *The Hour of Our Death*

---

10 Ariès, *Western Attitudes toward Death*; Ariès, *The Hour of our Death*.

[A hora da nossa morte], ele afirmou que nossas atitudes e condutas sofreram uma inversão de nessas áreas.

O trabalho histórico de Ariès é complexo, às vezes nuançado, e crítico. Convém fazer duas observações preliminares ao sintetizar seu retrato social do morrer. Primeiramente, a maior parte da substância real do que ele denomina "morte domada" consiste no que muitos outros observadores sociais e antropológicos chamam de "boa morte". Há longas passagens descritivas de como os cavaleiros, os guerreiros, o clero e até os camponeses se preparavam para a morte, especialmente como se preparavam para se encontrar com Deus e arreglavam seus negócios com os parentes e a comunidade. A literatura medieval em que Ariès se estriba descreve reiteradamente a pessoa sendo considerada no controle por reconhecer a iminência da própria morte e fazer os preparativos para o bem-estar da sua alma. Na última parte do livro de 1981, compara diretamente esses tipos de morrer com o que ele chama de a "morte invisível" do meado do século XX: o morrer em hospitais, o "triunfo da medicalização", a morte negada e o luto reputado "indecente".[11]

Em segundo lugar, na década de 1970 e no início da de 1980, esse trabalho de Ariès fazia parte da crescente onda crítica de insatisfação com cenas modernas do processo de morrer, da morte e do luto. Tal como os sociólogos Barney Glaser e Anselm Strauss, a psiquiatra Elizabeth Kubler-Ross e a médica/enfermeira Cicely Saunders, Ariès soltou o alarme contra as experiências institucionalizadas de morrer e de luto da época. E o fez com o uso de descrições medievais finamente

---

11 Ariès, *The Hour of our Death*, p.559-601.

Uma história social do morrer

texturizadas do morrer e da perda e as comparou com experiências ocidentais bem menos minuciosas da sua própria época.

McManners[12] foi o primeiro a manifestar o que veio a ser um conjunto padrão de restrições à obra de Ariès na época, muitas das quais são válidas até hoje. Ariès minimizou o conflito entre clérigos e anticlericais, especialmente no século XVIII. Os períodos que descreveu eram demasiado enxutos e distintos e não reconheciam suficientemente a natureza sobreposta e continuada das atitudes; e, naturalmente, havia sua concentração quase exclusiva no catolicismo. Muitas dessas ressalvas, porém, ainda não desemaranham a confusão mais específica em torno da sua representação da conduta no morrer ao longo da Idade Média até sua própria época. Para entender o que ele quis dizer quando escreveu sobre a "morte domada", é preciso esclarecer algumas de suas análises desse tema.

Em uma perspectiva histórica abrangente, não limitada à mera história europeia, o problema mais significativo da visão de Ariès do morrer é que ele nunca foi além dos seus próprios estereótipos de "antigos" e "modernos". Isso levou a uma fusão da "boa morte" com a "morte bem administrada" e, além disso, à infeliz exclusão do morrer como viagem ao além-mundo: nossa mais longa tradição na área. Ariès se concentra unicamente na boa morte, fundindo a nobreza, os santos, as classes altas e os camponeses na sua ampla ideia de "antigos". Uma leitura mais detida de seus exemplos de morrer revela a tendência a privilegiar particularmente a morte da nobreza e dos

---

12 McManners, Death and the French historians. In: Whaley (Org.), *Mirrors of Mortality: studies in the Social History of Dying.*

militares.[13] Grande parte de seu tratado sobre a morte domada[14] dedica-se a descrições do morrer dos cavaleiros da Távola Redonda ou à morte de Rolando. Há pouquíssimas menções a mulheres, clérigos, artesãos ou mercadores.[15] A dependência de Ariès dos membros da elite privilegiada, muitos deles fictícios, para "recriar claramente para nós"[16] continua sendo seriamente contestável.

Muitos relatos literários e religiosos do processo de morrer – especialmente os que descrevem a boa morte – não são retratos etnográficos de cenas de morrer, e sim recursos morais endereçados a leitores incertos, mas impelidos pela curiosidade. Muitas imagens do morrer escolhidas por Ariès são idealizações e imagens volitivas que falam mais nas inseguranças culturais cambiantes da época.[17]

A ideia por trás dos retratos não é propriamente a de instruir acerca do comportamento bem conhecido (nesse caso) por todos os camponeses e agricultores europeus. A ideia que rege os relatos descritivos é, antes, a de ressaltar o fato de que, administrando os serviços médicos, religiosos e jurídicos que o público leitor medieval instruído pode dar como líquidos e certos, os comportamentos da boa morte são métodos efetivos de *manter a morte domada*. Esta só permanecia "domada" se o esforço para a domesticar (através dos ritos e crenças associados à boa morte) fosse aplicado coerentemente. Em outras palavras,

---

13 Walter, *The Eclipse of Eternity: a sociology of the afterlife*, p.198.

14 Ariès, *Western Attitudes toward Death*, p.1-25; Ariès, *The Hour of our Death*, p.5-92.

15 Strange, *Death, Grief and Poverty in Britain, 1870-1914*, p.19.

16 Ariès, *The Hour of our Death*, p.5.

17 Elias, *The Loneliness of Dying*, p.13.

Uma história social do morrer

essa literatura faz uma de duas importantes pressuposições. Ou os leitores não conheciam bem os requisitos da boa morte (uma possibilidade improvável tendo em conta a já longuíssima existência dessas tradições na época), ou precisavam de um estímulo extra para adotar tais costumes antigos.

Como a falta de familiaridade com a boa morte enquanto reação generalizada ao morrer não pode ter escapado à atenção da maioria das pessoas na época, independentemente da classe social, esse tipo de literatura muito provavelmente representava uma tentativa ativa de assegurar à elite urbana alfabetizada que a morte podia ser uma experiência domada, desde que essa elite continuasse aderindo às tradições religiosas prescritas delineadas pelas autoridades eclesiásticas. *A necessidade de fazê-lo sugere que, até certo ponto, a morte já se tornara "selvagem" na mente dos leitores instruídos e geralmente urbanos daquele tempo.*

Nesse contexto, pois, o mero exercício da leitura de tais relatos constituiria, para o leitor instruído, o ato de domar as ansiedades pessoais com a crise física, emocional e espiritual de morrer, com o fato de *a morte poder continuar domada mesmo quando chega à casa do próprio leitor.* Este tinha a possibilidade de ler que o exercício do controle podia ser administrado mediante a encenação deliberada e precisa de palavras, ritos ou serviços. Era exortado a permanecer constante no curso religioso de preparação e a manter a fé em que era possível lidar adequadamente com a morte por meio desses processos sociais.

Na descrição de Ariès[18] do morrer, não faltam anomalias sociológicas bastante irônicas que contribuem para uma visão histórica desequilibrada dessa experiência. Ele apresenta o

---

18 Ariès, *Western Attitudes toward Death*, p.12.

morrer na Idade Média como uma situação em que as pessoas morrentes detinham o poder: "A morte era um ritual organizado pelo próprio moribundo, que o presidia e lhe conhecia o protocolo". E, no entanto, logo na linha seguinte, demonstra que esse, na verdade, era um acordo de compartilhamento do poder: "Caso ele esquecesse ou trapaceasse, competia aos presentes, o médico ou o padre, lembrá-lo da rotina que era ao mesmo tempo cristã e consuetudinária".

Como sabemos pelo exame do morrer como viagem ao além-mundo, os morrediços iniciavam sua história social como gente relativamente impotente. Obviamente, nas sociedades sedentárias como a Europa medieval de Ariès, eles obtinham certa participação no poder na boa morte. Mas o morrer moderno como Ariès o descreve no século XX não é uma simples perda do poder. Na melhor das hipóteses, pode-se alegar que esse poder social passa de nenhum para algum e então retorna para nenhum à medida que avançamos do estilo de morrer da vida nômade ao da sedentária e ao da urbana. Tal ciclo pareceria uma inversão da sorte política se houvesse de fato a sociologia da situação, mais isso também é questionável.

Ariès considerava o silêncio e a administração médica do morrer desapoderadores por definição. Reduzia a comunicação à fala e via a administração médica como institucional e, de certa forma implícita, involuntária. Nós sabemos que os estilos de comunicação a respeito da doença, da expectativa de vida e da morte são diversos, complexos, e provêm de diferentes fontes sociais, não simplesmente dos médicos ou dos familiares.[19] E sabemos que o morrer institucional, por ignominioso que seja

---

19 Glaser; Strauss, *Time for Dying*, p.54.

Uma história social do morrer

nas últimas horas, pode não ter sido toda a experiência social do morrente e sua família.[20] Morrer sozinho pode não ter sido emblemático nem exclusivo da década de 1960.

Isso me leva a uma observação sociológica mais geral. Ariès admite prontamente as nuances culturais de seu querido período medieval e é mais lento ou relutante em reconhecer as sutilezas sociais do "moderno". Contudo, se sua sensibilidade fosse coerente em todo o material por ele escolhido, Ariès enxergaria essas complexidades comportamentais *tanto no contexto moderno quando no medieval*.

Tenhamos em conta a sua visão do "silêncio" a cercar a morte iminente dos "modernos" com sua compreensão mais sensível dos sinais de iminência da morte das suas figuras medievais. Segundo Ariès, certo conhecimento médico dos monges e alguns sonhos e visões do morto, até mesmo visões da morte como personagem, exprimiam o começo do morrer a muitos morrentes nos tempos medievais. Entretanto, ele se apressa a nos lembrar que, "falando com rigor, a distinção que aqui fazemos entre sinais naturais e premonições sobrenaturais provavelmente é um anacronismo; naquela época, o limite entre o natural e o sobrenatural era indefinido".[21] E, contudo, ele se abstém de fazer uma defesa semelhante da comunicação da consciência da iminência da morte no século XX – que o limite entre "contar" e "não contar" provavelmente era artificial e anacrônico porque essas linhas de consciência e informação

---

20 Kellehear, *Dying of Cancer: the final year of life.*
21 Ariès, *The Hour of our Death*, p.7.

podem ter sido bastante sutis, múltiplas e simultâneas para as pessoas da época.[22]

E, uma vez mais, Ariès[23] observa que as pessoas não morriam sozinhas, salvo na época moderna "em um quarto de hospital". Mas, nas cenas de tempo comprimido da boa morte no período medieval, Ariès comenta que, se o morrer continuasse além dos preparativos finais, os acompanhantes e o próprio morrente esperavam que este aguardasse em silêncio e incomunicado. Se não fisicamente, ele morria socialmente sozinho, assim como fizeram muitos no século XX, bem que depois de uma viagem social mais longa e menos esquadrinhada academicamente.

Sem embargo, a diferença mais importante entre a visão óbvia de domar a morte e a formulação de Ariès da morte domada não é que a dele se alicerce em uma ideia romântica do morrer medieval e em uma visão trágica do morrer moderno.[24] Ocorre que ele não consegue ver que o desafio de domar a morte *evoluiu* desde as suas formas sedentárias rurais (com poucos profissionais) até as sedentárias urbanas (caracterizadas pelos serviços profissionais), inclusive os seus próprios exemplos urbanos modernos. Ariès considerava a morte "tradicional" como domada; e as ideias modernas sobre a morte, como "selvagens" e, portanto, carentes de "doma". Mas o processo de domar a morte, de domesticá-la, digamos, é um registro fascinante de seu deslocamento desde os métodos antigos e falhos de domá-la (com imagens e observâncias religiosas da boa morte)

---

22 Ver Glaser; Strauss, *Awareness of Dying* e especialmente McIntosh, *Communication and Awareness in a Cancer Ward*, p.82-94.

23 Ariès, *The Hour of our Death*, p.19.

24 Elias, *The Loneliness of Dying*, p.12.

até um método mais urbano e recentemente secular acelerado (com observâncias médicas e jurídicas).

A doma religiosa e o surgimento da doma médica

O teórico social inglês Zygmund Bauman[25] erige parte de sua argumentação acerca da morte e as instituições sociais contemporâneas a partir da visão de Ariès da morte domada. Ele enfatiza a natureza íntima e familiar da morte em épocas mais recuadas, que normalmente é considerada responsável pela generalizada atitude social de equanimidade. Restringe seu entendimento a um significado muito limitado da morte domada de Ariès, o qual, falando comparativamente, via as pessoas encararem a ameaça de morte de um modo mais mermado ou dessensibilizado. Mas, na verdade, Ariès queria dizer muito mais do que isso quando falava em morte domada. Duas imagens se prestam muito bem a demonstrar seu ponto de vista mais plenamente do que sugere Bauman.

Primeiramente, é útil recordar uma vez mais, para nos desfazermos dos nossos preconceitos e inclinações modernos, que, durante a maior parte da história humana, *a morte foi um lugar*. Essa é a nossa herança caçadora-coletora. Um lugar que variava enormemente para as pessoas de diferentes culturas e épocas. No entanto, seja qual for a diversidade de representação, podemos dizer que, se a morte – enquanto lugar – se tornasse selvagem, seria um lugar inóspito, agreste, desértico ou invadido pelo mato, mas, o que é mais importante, seria *desabitada*

---

25 Bauman, *Mortality, Immortality and Other Life Strategies*.

ou inabitável.[26] Portanto, a morte domada era um lugar com características opostas, um lugar povoado de seres, costumes, códigos morais e, acima de tudo, de ordem social. Se a morte era "domada" na Europa medieval, era-o por ser familiar no seu exato significado social.

Em segundo lugar, durante uma longa discussão de caçadores de cabeça em Timor, Middlekoop[27] observou que a característica essencial do "inimigo selvagem" é a falta de uma causa prévia ou de racionalização para a guerra ou a violência. Segundo esses timorenses, os inimigos selvagens são essencialmente irracionais; as causas de seus atos não são claras ou carecem de sentido cultural. Por outro lado, quando nos enviam inimigos domados, que observam as "regras" da guerra, sua chegada "destina-se a transmitir a ideia de entendimento mútuo e confiança baseados na crença da justiça divina".[28] Do mesmíssimo modo, a morte domada da Europa medieval não era uma coisa cega ou irracional, mas parte integrante do entendimento cosmológico da maioria das pessoas naquela época. A morte era domada por ser outro lugar cultural, bem compreendido, e no qual podia ocorrer certa justiça, para o bem ou para o mal do indivíduo morrente. Ela se tornou selvagem, não pelo fato de os médicos, os advogados ou os hospitais terem entrado em cena, mas porque o seu antigo lugar (o além-mundo) passou a ser questionável, chegou a evaporar diante dos olhos de uma elite urbana cada vez mais cética.

---

26 *Oxford English Dictionary*, s. v. *wild* [selvagem].
27 Middlekoop, Tame and wild enmity, *Oceania*, v.40, n.1, 1969.
28 Ibid., p.76.

O problema criado pelo poder social, a educação e a secularização crescentes nas situações urbanas resultou em visões alteradas da morte como um lugar e como um inimigo. Para esse setor particular da sociedade assentada, ela deixou de ser um lugar familiar e, portanto, domado. No processo, passou a ser "selvagem", tornando-se desabitada ou inabitável para algumas pessoas e, por isso, incapaz de oferecer justiça, divina ou qualquer outra. O inimigo – antes "domado" e bem compreendido –, agora despojado de uma cosmologia de apoio que guie a nossa compreensão dele, transforma-se deveras numa coisa feroz, irracional, selvagem, vazia e sem sentido.

Além do mais, nessa passagem de uma ideia mansa da morte para outra selvagem, tanto o lugar quanto o arsenal para o nosso esforço de domar deve mudar conformemente. Enquanto os recursos religiosos enfocavam as almas durante o morrer e a morte como lugar, os recursos médicos tinham por alvo os corpos, como um "lugar" emergente do morrer e da morte. De modo que Ariès acertou ao identificar o quanto a morte era domada para as pessoas que viviam e morriam a boa morte. Mas, quando viu os ritos e os profissionais trocando de lugar recentemente, ele pensou que só recentemente a morte se havia tornado "selvagem", ao passo que essa imputação era plenamente visível no seu próprio material medieval. Aliás, o desafio de domar a morte passou as ser *o grande* desafio dos povos urbanos, para os quais ela não podia ser domada nunca e, portanto, exigia métodos institucionais diversos ou adicionais.

De jornada inteiramente ao além-mundo, o morrer transformou-se em jornada parcialmente deste mundo/parcialmente ao além-mundo e, depois, em jornada essencialmente (mas não totalmente) deste mundo. Isso implicou uma mudança paralela nos acordos de divisão do poder. No morrer como jornada ao além-mundo, o morrente tinha pouco envolvimento *ante mortem*, mas envolvimento *post mortem* quase total. Na boa morte, tinha um acordo de compartilhamento do poder nos arranjos *ante mortem* e *post mortem* da morte e do morrer como lugares sociais mútuos e complementares. Na morte bem administrada das elites urbanas, a divisão do poder se estende pelo período excepcionalmente mais longo de morrer neste mundo e se investe e se despoja no gerenciamento médico dos últimos dias e horas.

O concentrado esforço direcionado para a ultravida na boa morte é antecipado na morte bem administrada e transferido para um período anterior do processo de morrer. Esse adiantamento do esforço pessoal compensa os preparativos sociais e o gerenciamento médico mais complexos requeridos em decorrência do incremento da riqueza e do morrer prolongado associado à maior expectativa de vida. Adicionalmente, para os círculos sociais seculares, também há menos trabalho cerimonial a ser feito quando o destino além da morte é questionável, desprezado ou irrelevante.

Assim, vê-se que o entendimento de Ariès da morte domada não é simplesmente uma ruptura com as práticas do morrer dos "antigos" e "modernos", e sim um desvio social, uma evolução até, no modo como as elites se relacionavam com a morte em comparação com seus ancestrais ou vizinhos camponeses e agricultores. A partir da própria literatura empregada por Ariès para mostrar que outrora a morte era domada, podemos enxergar evidência igual, se encararmos essa literatura como artifício político dos interesses estabelecidos da época, de que as elites exigiam confirmações e lembretes minuciosos

Uma história social do morrer

de que a morte podia realmente ser mansa para elas. Ele acreditava que a mudança estava ligada à "modernidade", no entanto, a mudança já se evidenciava nos seus próprios exemplos históricos. A morte já era selvagem para os leitores das épocas que Ariès optou por analisar, porque a maior parte deles pertencia às elites sociais ávidas por garantias sobre a morte e o morrer: tal como a maioria dos seus descendentes das classes média e alta de hoje.

Ademais, a consternação de Ariès com o morrer do século XX levou-o a observar corretamente que a morte se tornara selvagem, mas, nessa calamidade, ele não viu transformação ou continuidade de preocupação, e sim ruptura, descontinuidade. A mansidão da morte na boa morte exigia preparação. Para obter o mesmo efeito para as elites urbanas, cuja ideia de morte enquanto lugar passou a ser cada vez mais questionada, era necessário bem mais. E esse "mais" enfocava o corpo e a vida cultural do morrente e cada vez menos a vida futura além do corpo e da própria morte.

Essa não é simplesmente uma característica da "modernidade", posto que os tempos modernos representam um exemplo dramaticíssimo de tal mudança. Trata-se de uma antiga característica de todas as elites urbanas, nas quais a riqueza, a posição social distanciada e a maior expectativa de vida e experiência criam sérias questões e dúvidas sobre as viagens ao além-mundo ou, pelo menos, na ausência dessas dúvidas, uma ansiedade suplementar com a otimização dos resultados favoráveis dessa viagem ao morrer.

Domar o natural e domar o selvagem

Agora temos condições de ver que a ideia um tanto religiosa de Ariès de domar a morte abre caminho para o desenvolvimento de um esforço médico ativo para fazê-lo. Mas aqui nos deparamos com uma sutileza importante. Para as pessoas que morriam a boa morte, a própria ideia de morte era um lugar manso, domado, que, na linguagem de Ariès, significava um lugar familiar. A maioria das pessoas sabia muito bem disso e, como em todas as viagens a lugares novos, o desafio era se preparar para ela. Isso significa que, entre todos os preparativos que o morrente pudesse fazer para uma boa morte, os religiosos seriam os mais úteis e relevantes.

A "naturalidade" da morte que a sociedade assentada havia herdado de seus ancestrais caçadores-coletores era dupla: a aceitação da inevitabilidade da morte combinada com a ideia da morte como um lugar. Essa era uma visão "naturalizada" do viver e do morrer nascida de milhares de anos de vida e morte junto com outros animais e as plantas. A preparação para a morte tornou-se possível quando o morrer passou a ser prolongado. Portanto, a morte prolongada deu tempo às pessoas morrentes para participarem com os outros de seus próprios preparativos para a viagem ao além-mundo. Assim, nas sociedades pastoris, a boa morte se tornou uma etapa importante do morrer como viagem ao além-mundo. O morrer era domesticado (amansado) e natural (inevitável).

À medida que as sociedades foram se tornando mais complexas em organização social, seguiram-se rapidamente os desenvolvimentos urbanos. Num espaço de aproximadamente 10 mil anos – um piscar de olhos em comparação com a nossa

Uma história social do morrer

longa vida nômade de alguns milhões de anos –, os desenvolvimentos urbanos levaram a processos de secularização, gentrificação e progresso científico. Esses desdobramentos sociais e econômicos produziram muitas vezes – mas nem sempre (por exemplo, nas antigas cidades gregas) – uma elite de trabalho apartada das tarefas mais amplas da comunidade, como o pastoralismo e a agricultura, e da vida religiosa que regulava esses ciclos de trabalho e vida familiar.

Servir aos homens-grandes, aos chefes e aos reis aproximou a elite crescente dos mecanismos do poder político, levando-a até mesmo a ter certa participação neles. Tal proximidade do poder político e social engendrou um processo de questionamento das crenças e valores das pessoas comuns. Posteriormente, nos tempos modernos, ler e escrever aceleraria esse questionamento, transformando-o em ceticismo e em formas alternativas de conhecimento e crença baseadas na ciência e na razão.

Esses novos desenvolvimentos urbanos nas sociedades assentadas transformaram a boa morte na sua irmã genética, a morte bem administrada, um morrer que requeria maior preparação e organização em virtude da posição social, política e econômica mais elevada da pessoa morrente. Tal *status* também lhe outorgou uma identidade evoluída que, cada vez mais, via ou reclamava mais autoridade nos assuntos religiosos, médicos e administrativos relacionados com o morrer e a morte. Mas, ao mesmo tempo, isso significou frequentemente um questionamento maior da jornada ao além-mundo.

Nesses contextos urbanos, a morte não tardou a ficar incerta e, depois, simplesmente desconhecida: em breve, a "Casa do meu Pai" passou a ser o "país indescoberto", e este foi logo descartado como utopia religiosa (literalmente "lugar nenhum"). As preocupações com as lutas e agonias do espírito logo cedeu o passo às lutas e agonias finais do corpo, e, com a chegada dos AVCs, dos cânceres e de outras enfermidades associadas ao aumento da expectativa de vida, o médico não demorou a substituir o sacerdote ou a ele se igualar em poder no papel de predileto à beira do leito de morte.

Nos contextos urbanos modernos, vemos a forma mais extrema dessa transformação: o morrer é desconhecido e temido (selvagem) e, portanto, carente de domação e controle. Contudo, a morte não é necessariamente inevitável (mediante "curas miraculosas", tratamentos que prolongam a vida e, quando tudo o mais malogra, a ressurreição).[29]

Desse modo, Ariès nos mostra que a morte domada impunha a seus viajantes morrentes tarefas de preparação como o principal desafio ativo daquela época e daqueles contextos de assentados. *Saber aonde iam confrontava os morrediços com o desafio do se preparar.* Quando esse destino se tornou obscuro ou quando as pessoas morrentes ficaram mais ricas, mais individualistas e, portanto, mais ansiosas com o destino físico, social ou religioso, apresentou-se um desafio adicional. A morte passou a exigir não só preparativos como também esforços concertados para domar os seus aspectos físicos e sociais mais desconfortáveis.

Nós passamos do adjetivo "domada" para o verbo "domar", bem como do adjetivo "boa" para o verbo "administrar". Assim, do mesmo modo como a boa morte faz da preparação o

---

29 Ver em Bauman, *Mortality, Immortality and Other Life Strategies*, uma discussão crítica a propósito desses pontos de vista e valores recentes.

Uma história social do morrer

desafio central, a morte administrada leva a domação a eclipsar a preparação como força motriz das elites urbanas com abastança, individualismo e corpo em lenta deterioração. Ariès acertou ao mostrar que a morte se havia tornado selvagem, mas exagerou ao identificar o processo com a modernidade, não com o desenvolvimento das sociedades assentadas, e não viu que a tarefa de domar passou a ser mais importante, não menos, em decorrência da urbanização e da gentrificação e secularização a ela associadas.

Zygmunt Bauman e a morte domada

Em todos os períodos da história humana e em todas as sociedades que promoveram certo estilo de morrer – como jornada ao além-mundo, boa morte ou morte bem administrada –, os morrentes e seu *entourage* eram agente ativos em um ou vários "sítios" da experiência de morrer. Em toda parte e em todos os tempos, a psicologia social e as circunstâncias variadas do morrer levaram os morrediços a participarem. Não se deve cometer jamais o erro de acreditar que o simples fato de a maioria das pessoas morrer na cama significa que elas não sejam agentes sociais ocupados e comprometidos até o fim.

Em seu influente trabalho *Mortality, Immortality and Other Life Strategies* [Mortalidade, imortalidade e outras estratégias de vida], Zygmunt Bauman adota uma linha argumentativa parecida com a de Ariès ao criticar o modo como os modernos lidam com a morte e o morrer, mas identifica rapidamente morte domada com passividade. Grande parte de sua obra é um exercício teórico contra a abordagem da morte frequentemente irrealista e autoenganadora feita pelos povos modernos.

333

Para quem gosta de análise social de sabor psicanalítico, ele faz uma leitura interessante e provocativa. No entanto, quando interpreta a ideia de morte domada de Ariès, reduz a imagem do morrer anterior à época moderna a uma passividade extrema e, por conseguinte, distorce a tradição humana de se mostrar à altura do desafio que cada estilo de morrer exige de cada um de nós. O argumento segundo o qual antigamente nós morríamos passivamente não pode ficar sem questionamento, pois destaca artificialmente o morrer moderno como heroico quando, na realidade, todos os morrentes tentam enfrentar os desafios a eles revelados por sua cultura e época.

Pela maneira de Bauman entender Ariès, a ideia da morte domada descrevia uma atitude muito específica, a de que "nada se podia fazer contra o cruel destino humano". Segundo Bauman,[30] nunca passou pela cabeça de ninguém "que se pudesse controlar a conduta da morte, que fosse possível tornar o destino um pouco menos cego e cruel do que era".

Essa afirmação desprovida de qualquer evidência etnográfica decorre de outro conjunto de crenças.[31] Segundo ele, um dos "preços dolorosos" que pagamos enquanto pessoas modernas é a persistente presença da "monotonia" na vida. Essa é rotina, sem "insegurança existencial", sem costumes ou tradições, na verdade, não passa de "um jogo". Sem dúvida alguma, essa visão privilegiada da existência reflete a atitude de muitos profissionais instruídos que desfrutam de autonomia, prosperidade e distrações intelectuais do berço à sepultura. Mas é difícil imaginar que esse ponto de vista represente a classe

---

30 Bauman, op. cit., p.96.
31 Ibid., p.94.

operária urbana dos séculos XIX e XX, na qual a familiaridade com a morte "pouco fazia para anular o choque, o medo, a devastação e o desespero da doença terminal e do luto".[32] Outras sociedades modernas, como o Japão, a Coreia, a China ou a Índia, não carecem de costumes e tradições em toda a gama de suas classes sociais. Além disso, a antiga União Soviética (a Rússia e os Estados satélites associados) tampouco era constituída de sociedades em que os indivíduos vivenciassem "uma existência sem *script* prévio" e, por conseguinte, a sensação de ser percebidos como dependentes de inventar uma razão própria para a vida.

Os temas de Ariès selecionados por Bauman,[33] que descrevem o absurdo de uma vida fadada a acabar na morte são: a vaidade da glória terrena, a frivolidade ou brevidade da beleza e a aleatoriedade absolutamente cega da morte. Mas a literatura medieval enfatiza esses temas por serem os valores a que as elites mais têm apego.

A "glória" não é uma obsessão tradicional dos povos agrícolas e tende a ser uma preocupação na literatura, nas histórias e nas biografias dos aristocratas e das outras elites urbanas. Há visões *alternativas* da beleza, uma das quais diz que ela é duradoura pela sua renovação em outras formas ou em outros tempos. Todo agricultor japonês espera a beleza cambiante das estações do ano: o caqui dourado do outono, as rubras libélulas do verão, a alvura das neves do inverno. Tudo isso alegra o coração dos seus filhos e há de alegrar o dos filhos deles. Ele verá esse regozijo exatamente do mesmo modo como mede a

---

32 Strange, op. cit., p.22.
33 Bauman, op. cit., p.95.

vida pelas suas idas e vindas. Imagina que esses ciclos prosseguirão até muito depois da sua morte.

A própria "aleatoriedade da morte" é uma expressão de observador da classe média, pois todo camponês sabe que a morte não é aleatória: dela ninguém escapa. E, ainda que seu *timing* seja aleatório, sua distribuição traça uma linha escura na ideia de casualidade. Sempre houve uma razão inversa entre a posição social e a morte, o morrer e a doença. Quanto mais baixa a classe social, por exemplo, mais altas são as taxas de doença e morte. A morte e o morrer não se distribuem e nunca se distribuíram aleatoriamente. Tais comentários acerca da "aleatoriedade" refletem ansiedade com a vulnerabilidade em uma população com tempo e confortos de estilo de vida suficientes para teorizar a esse respeito.

Bauman[34] acreditava que, na era "pré-moderna", a morte atacava "cedo, com frequência, cegamente e sem aviso". Como já vimos, isso não é tecnicamente verdadeiro, a não ser talvez na Idade da Pedra e no caso dos caçadores-coletores. Há pelo menos 10 mil anos, a boa morte dos primeiros camponeses e agricultores e a morte bem administrada das elites urbanas têm se caracterizado pelo aviso precoce. Somente com o aviso da sua iminência podia haver preparativos para ela. Aqui a ideia de Bauman é sobre interpretar a "morte domada" como um produto da visibilidade pública e da preponderância da mortalidade, coisa que teria levado a uma atitude de equanimidade ou pelo menos de resignação.

Mas ele vai longe demais ao afirmar que,

---

34 Ibid., p. 96.

tal como a vida, a morte não era uma "tarefa". Pouco ou nada se podia ou se devia fazer com ela. A morte era "domada" [para os pré-modernos] por *não ser um desafio*, no mesmo sentido em que todos os outros elementos do processo vital não eram desafios em um mundo no qual as identidades eram dadas, tudo ficava no devido lugar na grande cadeia do ser e as coisas seguiam seu curso por si sós.[35]

Nenhum exame casual da história social da conduta no morrer apoia essa interpretação da "morte domada". Em primeiro lugar, na maioria das representações do morrer como viagem ao além-mundo, ele é descrito como *um conjunto de testes e provações*. Para os sobreviventes, todos os quais reconheciam o seu próprio futuro nas cerimônias de partida para a morte, os ritos encenados, os bens enterrados nos túmulos eram intencionalmente concebidos para dar assistência em um *desafio esperado*.

Segundo, entre os camponeses e antigos agricultores, as tarefas práticas do morrer consistiam em um conjunto correto e convenientemente cronometrado de preparativos para a morte, e estes eram cruciais porque o grande desafio estava na transição para status *incertos na terra e na ultravida*. A identidade da pessoa no além-túmulo não era certa, não era de modo algum um "dado" necessariamente automático, mas exigia trabalho no aqui e agora, talvez no leito de morte para garantir a posição nova ou atual da pessoa. Um título como o de pastor, um nome honroso, o direito de arar um pedaço de terra ou de ter acesso a uma ferramenta importante podia depender muito de uma entrega em mãos no leito de morte. Um lugar seguro no

---

35 Ibid., p. 97; grifo nosso.

seio do Senhor Todo-Poderoso talvez dependesse do número certo de missas para livrar a pessoa das planícies cinzentas e das árvores nuas do purgatório. Os *status* nem sempre eram "outorgados" em períodos de transição biográfica ou social. As coisas não "seguiam seu curso" de modo automático como sugere Bauman e, quando não o faziam, tais circunstâncias infelizes levavam todos os agentes a identificar aquilo que geralmente se descrevia como uma "morte ruim" e a viver na esteira dela. Morrer intestado, por exemplo, podia deixar os sobreviventes sem *status*, propriedade ou honra, ou sem as três coisas.

Preparar-se para a morte era um grande desafio cultural para os seres humanos em circunstâncias sedentárias simplesmente porque nenhuma ordem social funciona automaticamente, mas antes depende do esforço consciente e dos atos deliberados de todos os principais agentes sociais. A sociedade não é um joguete abstrato da teoria social: com ou sem percalços, ela opera mediante os esforços diariamente envidados pelos indivíduos e os grupos.

Por fim, não é historicamente verdadeiro – nem justo – dizer que "pouco ou nada se podia 'fazer' com a morte". Toda a tese sociológica acerca da morte é que sua perspectiva impele as pessoas a agirem contra, a favor ou ao lado da morte – elas são obrigadas a atuar para se acomodar física, cultural, política e espiritualmente a ela. A mentalidade por trás dos bens tumulares, dos ritos fúnebres, dos preparativos jurídicos, dos serviços médicos, da pesquisa científica ou das viagens xamânicas não é muito barulho por nada, mas tudo quanto há para fazer com a morte e o morrer como *desafios* finais, vivos e ativos.

Uma história social do morrer

Ameaças e ironias à doma da morte

Domar a morte administrando bem o morrer sempre foi um privilégio da elite urbana. O tempo, o desenvolvimento industrial e o surgimento de iniciativas de saúde pública na história humana propagaram essa forma de morrer por todos os cantos do próspero mundo urbano moderno. Quem lê a literatura das ciências sociais e clínicas sobre a morte e o morrer nos últimos cinquenta anos não pode deixar de se impressionar com o muito que essa literatura enfoca a morte e o morrer causados pelas principais doenças degenerativas. O câncer e as enfermidades cardíacas e neurológicas e seu tratamento ou paliação na comunidade, nos hospitais, nas clínicas ou em outros serviços de saúde têm sido uma preocupação de toda a literatura relevante sobre a morte e o morrer no mundo moderno. Entretanto, o mundo moderno e nós enquanto cidadãos, escritores e leitores neste mundo, mudamos recentemente. E a nossa morte e o nosso morrer mudaram conosco.

Sempre houve tensões e ameaças imediatas à boa administração da morte. Domá-la com sucesso dependia muito de certo nível de prosperidade e de disponibilidade de serviços de saúde. O desejo de amansar, mesmo para sentir a morte dessa maneira mansa/feroz, presume uma falta de aceitação dela associada não só ao modo de vida sedentário mas a uma sua forma particular apreciada e individualista. E uma morte bem administrada, como sua irmã a boa morte, traz consigo o desejo de tornar a morte "boa" para os outros.

É muito provável que, desde o início do estilo de vida sedentário, nem sempre essas condições estivessem à disposição de todos nas cidades. Estas eram lugares em que a boa fortuna nem sempre sorria para a classe média. Os caprichos dos negócios, até mesmo dos profissionais dependentes da patronagem, geralmente os tornavam frágeis experimentos econômicos e vocações vulneráveis ao desastre social e financeiro. Nem todos podiam se dar ao luxo de administrar bem a morte. Às vezes, a morte bem administrada da classe média pobre não era diferente da boa morte dos camponeses ou antigos agricultores, na qual a presença de profissionais era escassa, e pequeno o desejo ou a vontade de exercer controle. Em outras ocasiões, não havia médicos disponíveis ou eles se recusavam a atender.

Recordemos que, na Europa da peste durante a Idade Média, era difícil encontrar padres ou médicos porque muitos deles tinham morrido da peste ou varíola que caracterizaram esse período. Os sobreviventes não se dispunham a atender os infectados, de modo que, quem não apresentasse uma doença não contagiosa — câncer ou problema cardíaco — não recebia a visita deles.

E nem todos queriam tornar a morte boa para os outros. Sempre houve uma tradição de suicídio por protesto. Há suicídios sem base em protesto, por exemplo, os de caráter militar como os cometidos pelos gregos ou os japoneses. Os suicídios por protesto eram atos de autodestruição que personificavam críticas à autoridade parental ou social, ou eram reações à rejeição social, ao abandono ou à antipatia. A morte dos jovens, dos velhos enfermos e dos profissionais ameaçados de humilhação pública por diferentes motivos não era considerada "boa", e seu estilo de domá-la produzia avaliações conflitantes na comunidade sobre até que ponto sua morte podia parecer bem administrada.

Essas quatro ameaças ao amansamento da morte – a pobreza, o contágio, a falta de serviços de saúde e o protesto – aumentaram, no século XX, à medida que as cidades se internacionalizavam e passavam a se intercomunicar como entidades globais. Mesmo centros urbanos comparativamente de classe média, em países prósperos como a Grã-Bretanha ou os Estados Unidos, viram o retorno de um novo contágio que não respeitava os limites de classe. A aids produziu um morrer que, generalizadamente, não era considerado "bom" nem "bem administrado".

As cidades modernas do fim do século XX transformaram-se em nódulos urbanos em uma vasta comunidade internacional de redes sociais, econômicas, políticas e militares. A colonização já não exigia exércitos permanentes e mercadores, mas uma combinação bem servida de ideias culturais dominantes e dependências econômicas. Em breve, as identidades pessoais e nacionais se ampliaram e se tornaram múltiplas mediante acordos de dupla cidadania, migração de local de trabalho e internacional, acordos comerciais, alianças militares e econômicas e casamentos, adoções e amizades inter-raciais e internacionais. Essas associações deram às pessoas lealdades mais fortes a equipes esportivas, mas introduziram ambiguidades no tocante a relações e limites urbano/rural, local/estrangeiro e meu país/seu país.

Tais mudanças nas cidades e em seus Estados alteraram as imagens e experiências dominantes do morrer que chegaram a abranger o nosso entendimento da mortalidade moderna. As imagens em massa de crianças e adultos famintos, subnutridos ou HIV positivos na África lembram-nos que as formas dominantes do morrer humano não se podem esgotar com a nossa compreensão de jornadas ao além-mundo ou de morte boa ou bem administrada. Essas experiências internacionais de morte e morrer entram nos lares e nos locais de trabalho em Londres, Nova York, Sidney e Pequim, assim como nas aldeias e cidades da África. Tais mortes geralmente não são "boas" nem bem administradas, especialmente nos lugares em que os serviços de saúde, a capacidade profissional e financeira estão seriamente comprometidas ou simplesmente inexistem. Mas também há ironias no centro da riqueza urbana contemporânea.

A obsessão urbana pela doença cardíaca, o câncer e a saúde pública acelerou os serviços comerciais e de apoio, bem como o trabalho médico e científico mais amplo para domar essas enfermidades. Conquanto a cura seja de certo modo relegada a um futuro indeterminável, esses serviços e intervenções de apoio, juntamente com os benefícios da saúde pública da prosperidade, prolongaram a expectativa de vida por um tempo historicamente sem precedente e a um número de pessoas maior do que nunca antes. A ironia dessa dádiva tem sido presenciar um grande número de indivíduos cujo corpo agora sobrevive a sua memória. Atualmente, a morte em casas de repouso representa uma forma importante e crescente de morrer, geralmente considerada pelos morrentes e seus íntimos como nem boa nem bem administrada.

E, entre a riqueza e a pobreza, existe outra forma antiga de morrer que também escapa ao critério da morte domada porque se esquiva da própria suposição de que a morte tenha necessidade de ser domesticada. O suicídio continua sendo uma forma significativa e, segundo alguns, crescente de morrer na sociedade recente. Desde as imagens de jovens deprimidos e despojados de direitos até o movimento mais público e organizado da eutanásia e o bem mais violento guerreiro suicida

Uma história social do morrer

transfronteiriço, o suicídio é, cada vez mais, uma imagem ameaçadora e desconcertante do morrer nos tempos recentes. Obviamente, essas formas vêm eclipsando o morrer de câncer e as assistências sociais das atuais elites urbanas a ele associadas. Esse tipo de protesto, como formas novas de contágio, e o escasso apoio às antigas formas de morrer acrescentam uma dimensão e um desafio novos à nossa experiência de morrer na Idade Cosmopolita.

Para compreender esse desafio recente, temos de averiguar como a sociedade assentada se transformou, nos últimos dois séculos, de uma enorme tigela de comida apimentada com centros administrativos, políticos e culturais para uma cobertura globalizada de redes urbanas a entrecortarem uma porção decrescente de regiões produtoras de alimento.

Como o nosso mundo e o nosso morrer conseguiram se colocar de ponta-cabeça?

Quarta parte
A Idade Cosmopolita

Coisas outrora simples agora são complexas. Coisas outrora complexas agora parecem simples. A mentalidade cosmopolita virou o morrer de ponta-cabeça. O morrer desse mundo é repleto de testes, demônios e perigos. A viagem ao além-mundo, em comparação, parece um doce reencontro ou meramente o nada.

Capítulo 10
A ascensão exponencial da modernidade

Os menores animais do mundo — e dos mais letais — são os vírus, minúsculos a ponto de poder invadir bactérias.[1] Eles viajam com bastante rapidez, de modo que vivem sem o poder de se reproduzir. Em vez disso, usam o mecanismo reprodutor de outros animais para ajudá-los a procriar. Em outras palavras, os vírus são parasitas.[2] Nós não pensamos necessariamente que há muita coisa em comum entre esse animal, que é o menor de todos, e os seres humanos, mesmo porque não costumamos nos considerar como parasitas (nem como animais). Mas o fato é que nós — e todos os organismos vivos — somos exatamente como eles da maneira mais importantes que há: do vírus ao ser humano, à baleia ou ao carvalho, *nós todos compartilhamos informação*.

No livro *The Blind Watchmaker* [O relojoeiro cego], o zoólogo de Oxford Richard Dawkins comparte um cândido momento do seu jardim que ilustra muito bem a importância

---

1 Flint, *Viruses*.
2 Levine, *Viruses*.

dessa característica da vida orgânica. A partir do chão do jardim, ele conta que seu enorme salgueiro lança sementes no ar, espalhando-as por toda parte, mas particularmente na água de um canal próximo. Os tegumentos sobem e se afastam voando graças a outra característica que apresentam: acessórios algodoentos em forma de asa que funcionam como paraquedas da carga de semente que carregam. No interior de cada semente, ela própria uma espécie de compartimento de carga, há um verdadeiro tesouro: as mensagens de DNA que possibilitarão o crescimento de outro salgueiro. Com o clima e a receptividade ambiental certos, cada semente realiza a sua oportunidade de compartilhar mais da mensagem do salgueiro, a saber: "Vamos plantar um novo salgueiro". Como o descreve Dawkins:

> Esses pontinhos esponjosos espalham, literalmente, instruções para a feitura deles próprios. Estão presentes porque seus ancestrais conseguiram fazer a mesma coisa. Lá chovem instruções; chovem algoritmos de crescimento de árvore, de propagação de pontinhos. Não se trata de uma metáfora, é a pura verdade. Não seria mais evidente se chovessem disquetes.[3]

A antiga tarefa de compartir informação, como uma condição orgânica de toda vida na terra, passa frequentemente despercebida para as discussões das ciências sociais sobre a modernidade. Os comentaristas e os teóricos sociais falam amiúde na "revolução da informação" ou na "sociedade conectada" como coisa recentíssima.

---

3 Dawkins, *The Blind Watchmaker*, p.111.

Uma história social do morrer

Por exemplo, Manuel Castells[4] acredita que a "sociedade conectada", que ele descreve como um "novo mundo", começou no fim da década de 1960 e no início da de 1970 com a revolução da informação nas telecomunicações. Anthony Giddens[5] também situa a explosão no compartilhamento de informação mais ou menos nessa época e tem a gentileza de arrolar muitos dos novos nomes desse período como "sociedade de consumo", "pós-modernidade", "pós-industrial", "pós-capitalista" e modernidade "tardia" ou "alta". J. M. Roberts,[6] referindo-se à pós-modernidade, e L. A. Sagan,[7] referindo-se à consciência de um só mundo pós-europeu e pós-colonial, não têm tanta certeza quanto a essas datas e recuam um pouco o começo, situando-o na década de 1940, depois da Segunda Guerra Mundial. O teólogo católico Hans Kung[8] é tão ansioso com a origem da pós-modernidade que sugere o marcador inclusive mais histórico de 1918, depois da Primeira Guerra Mundial. As datas do início da "modernidade" são ainda mais elásticas. Normalmente, há uma zona de duzentos anos entre cerca de 1600 e 1800, um período geralmente denominado "o Iluminismo".[9] Pode-se indagar qual é o problema aqui.

Para os comentaristas e teóricos sociais, o verdadeiro problema parece ser o de explicar a sensação histórica de uma "aceleração repentina" na nossa vida tecnológica e social recente. Tudo indica que também há uma significativa comoção

---

4 Castells, *End of the Millennium*, p.336.
5 Giddens, *The Consequences of Modernity*.
6 Roberts, *The New Penguin History of the World*.
7 Sagan, *The Health of Nations: true causes of sickness and well-being*.
8 Kung, *Global Responsibility: in search of a new world ethic*.
9 Toulmin, *Cosmopolis: the hidden agenda of modernity*, p.213.

acadêmica por decidir *exatamente quando* nós nos tornamos "modernos" e *quando* passamos a ser um tipo de gente moderna diferente daquela a que não há muito tempo estávamos acostumados, aquela que usava o código Morse em vez do e-mail ou viajava de avião em vez de jato. Além do mais, a obsessão por *quando* tudo isso aconteceu diz respeito sobretudo a *por que* nós nos tornamos diferentes de todos os que nos precederam. Em outras palavras, parte da obsessão recente pelas diferenças entre "modernidade" e "pós-modernidade" tem relação com a nossa obsessão igualmente recente pela identidade pessoal.

Não há dúvida de que *somos* diferentes das pessoas que combateram na Primeira Guerra Mundial. Nossas ideias sobre o casamento e a família, a lealdade ao país, nossos gostos e experiência em música ou redação de cartas, para mencionar apenas poucas coisas, são notavelmente diferentes. Se retrocedermos ainda mais, até o século XVII, descobriremos que as pessoas vivenciavam morar na cidade e morar no campo de modo muito diferente dos que atualmente moram em lugares quase idênticos, principalmente em decorrência das mudanças no transporte e nas comunicações entre os dois períodos.

Mudemos de marcha uma vez mais. As pessoas que viviam em ambientes assentados nos últimos 10 ou 12 mil anos tinham uma visão diferente da família, da viagem, da alimentação e dos animais daquelas de 200 mil anos antes. No entanto, em cada um desse períodos da história humana, uma coisa permaneceu constante: a propagação da informação. A capacidade da informação de se disseminar ou ser compartilhada por outros seres humanos através da linguagem oral ou da observação é a única constante em todo o desenvolvimento humano. Nada na natureza real dessa atividade mudou para nós ou para os outros organismos. Segundo Diamond,[10] essa é a chave do desenvolvimento em todas as épocas e foi aplicada pela primeira vez à produção de alimentos (na Idade Pastoril) e depois na produção tecnológica (paulatinamente nas economias pastoril e urbana e então rapidamente em tempos recentes).

O contexto social e físico da modernidade

A ideia relativamente simples e agradável de que é possível compartilhar a informação e espalhá-la pelo mundo é chamada (por aqueles que gostam de transformar ideias simples em definições não tão agradáveis) de "globalização". E, embora Giddens,[11] por exemplo, considere a modernidade como "inerentemente globalizante" – pois conecta os indivíduos a sistemas de larga escala e redes de informação em que o tempo e o espaço desfrutam de novas relações (mais a esse respeito a seguir), deve-se admitir que a globalização sempre existiu.

Robertson[12] afirma que o que deu significância e impacto à revolução agrícola de 12 milênios atrás ou à revolução industrial há duzentos anos foi a capacidade pré-existente de se difundir. Argumenta que as transformações humanas *sempre* foram globais, e isso se pode atribuir à propensão dos seres humanos a se conectarem entre si e a compartirem novos *insights* e ideias. O fato de os egípcios antigos cultivarem plantas que não eram oriundas de sua região sugere que copiar, intercambiar, compartilhar, roubar ou trocar lealmente eram práticas

---

10 Diamond, *Guns, Germs and Steel: the fates of human societies.*
11 Giddens, *The Consequences of Modernity*, p.177.
12 Robertson, *The Three Waves of Globalization: a history of a developing global consciousness*, p.6.

antiquíssimas.[13] Logo que nós começamos a percorrer a terra, a troca de informação era lenta. A vocalização e depois a fala devem ter acelerado um pouco as coisas. As inovações tecnológicas, especialmente nas comunicações, hão de tê-las acelerado muito mais. Porém, esses desenvolvimentos na história humana, como todos os desenvolvimentos em qualquer esfera da vida, tiveram lá suas paradas e arranques.

Diamond[14] dá o exemplo da imprensa. Em 1908, os arqueólogos em Creta descobriram um disco de argila cozida em um palácio minoico. O disco tinha 17,8 centímetros de diâmetro e estava coberto de caracteres até hoje indecifráveis. O essencial não é notar a demonstração notável do nosso primeiro exemplo de impressão – por umas 45 estampas que imprimiram marcas na argila –, e sim o fato de o nosso esforço seguinte para imprimir ter vindo muito mais tarde: 2.500 anos depois na China.

Mas a imprensa acabou chegando, o comércio formou redes de conexão pelo mundo afora através da guerra, da exploração e da colonização, e as pessoas continuaram a visitar outras pessoas e lugares e a contar aos demais o que lá acontecia. Robertson[15] assevera que a disseminação de ideias em nível genuinamente global parece ter se tornado verdadeiramente *perceptível* (e aqui a palavra operacional é "perceptível", não "real") na Europa do século XV. Naquela época, a ideia de "nacionalismo" começava a se propalar como ideia, e territórios inteiros caracterizados por grandes cidades e suas elites

---

13 Diamond, op. cit.

14 Ibid., p.239-41.

15 Robertson, Mapping the global condition: globalization as the central concept. In: Featherstone (Org.), *Global Culture: Nationalism, globalization and modernity*, p.26-7.

Uma história social do morrer

passaram a delimitar fronteiras e a defendê-las como se fossem suas. Ironicamente, o Estado-nação — noção geralmente contrária à globalização — pode ser encarado como uma função desse mesmo processo de compartilhar ideias em todo o mundo. O nascimento de outro conceito popular, o de geografia, também se atribui a esse período.

A simples noção de que um grupo de pessoas que viviam perto umas das outras em um canto do mundo podia fazer parte de algo maior foi crescendo à medida que os séculos evoluíam. Nos séculos XIX e XX, quase todo mundo queria um país a que pertencer e não faltou quem começasse a cultivar até a ideia um tanto inovadora de que talvez todos pudéssemos pensar em pertencer a *um* mundo. A ideia de comunidade global está logicamente associada ao desenvolvimento e à difusão de formas de comunicação que são, elas próprias, globais.[16]

Tais ideias de conexão de uns a outros como gente pertencente a determinado "país" ou "civilização", ou mesmo a "um mundo", estimularam homens e mulheres a desenvolverem tipos de consciência que os identificavam inicialmente como "locais" (aldeões ou vizinhos), mas também como leitores, espectadores, ouvintes e membros da "sua" região, depois da "sua" nação e, mais tarde ainda, do "seu" mundo. Pode-se dizer que o reconhecimento gradual desse *tipo de consciência social* — entre os povos caçadores-coletores, as comunidades camponesas e os habitantes urbanos — caracteriza a recente Idade Cosmopolita na nossa história.

Giddens recorre a um exemplo do fim do século XIX para demonstrar esses desenvolvimentos:

---

16 Ibid., p.27.

Allan Kellehear

Numerosos autores notaram o impacto globalizante da mídia durante o crescimento inicial de jornais de circulação em massa. Em 1892, um comentarista escreveu que, em consequência dos jornais modernos, os habitantes de uma aldeia qualquer tinham uma compreensão mais ampla dos acontecimentos contemporâneos do que o primeiro-ministro cem anos antes. O aldeão que lê jornal "se interessa simultaneamente pela questão de uma revolução no Chile, de uma guerra civil na África oriental, de um massacre no norte da China, de um surto de fome na Rússia".[17]

Essas observações encontram eco nos comentários de Robert Merton[18] quando define os "cosmopolitas" como pessoas cuja cabeça e o coração viviam em parte na nação e em parte em suas próprias localidades. Isso reflete o significado mais antigo da palavra "cosmópole" como uma vida parcialmente voltada para os assuntos políticos dos seres humanos (pólis) e parcialmente para os grandes assuntos naturais do próprio universo (cosmos).[19] Mais recentemente, Hannerz[20] afirmou que uma postura cosmopolita no mundo engendrava abertura para experiências culturais divergentes: uma busca de contrastes, uma disposição a desfrutar a diferença e uma preocupação: se não de se envolver com outras pessoas que não as suas, pelo menos de compreendê-las. Notando o paradoxo nesse tipo de

---

17 Giddens, *The Consequences of Modernity*, p.77.
18 Merton, *Social Theory and Social Structure*.
19 Toulmin, op. cit., p.67-9.
20 Hannerz, Cosmopolitan and locals in world culture. In: Featherstone (Org.), *Global Culture: nationalism, globalization and modernity*, p.239.

Uma história social do morrer

atitude social, Hannerz observa que "não pode haver cosmopolitas sem os locais".[21]

E, no entanto, desfrutar qualquer relação com a diferença sempre é cortejar a autorreflexão, o autoquestionamento, até mesmo a desorientação. Marshall Berman descreve poeticamente essa consequência da perspectiva cosmopolita da seguinte maneira: "Ser moderno é experimentar a vida pessoal e a social como um torvelinho, encontrar o seu mundo e a si mesmo em perpétua desintegração e renovação, dificuldade e angústia, ambiguidade e contradição: ser parte de um universo no qual tudo que é sólido se funde no ar."[22]

Tais processos encorajam a ascensão de tipos de pessoas que traçam a vida pelo desenvolvimento de valores individuais e perspectivas motivadas e forjadas pela exposição a informações e experiências diversas. É a reflexão pessoal sobre experiência, informação e educação diversas e cambiantes que ameaça os *status* herdados e as tradições fixas de nossa vida anterior na cidade e no campo. Agora o gênero, a classe, a etnia, a idade ou a religião *guiam*, mas já não *definem* a conduta, as opções e oportunidades de homens e mulheres na Idade Cosmopolita.[23]

A experiência vertiginosa normalmente associada ao viver no mundo moderno provém, pois, de duas fontes. Primeiramente, o *índice de mudança social* pode ser desorientador. Quando a comunicação, o transporte e a riqueza geral cresceram, foi a taxas mais rápidas e, a seguir, exponencialmente mais rápidas. Isso vem acontecendo pelo menos desde o início das culturas

---

21 Ibid., p.250.

22 Berman, *All that is Solid Melts into Air: the experience of modernity*.

23 Beck, *Risk Society: towards a new modernity*, p.103-6.

sedentárias. Todavia, o índice de transformação sobe de marcha a cada meio novo, mais eficiente e mais rápido com que trocamos nossa informação. Quem precisa reagir a uma mensagem recebida pelo correio, por exemplo, é obrigado a agir mais lentamente do que se estivesse esperando uma resposta por e-mail ou telefone. Dessa maneira simples, a modernidade nos bombardeia com um índice sempre crescente, sempre mais agilizado, de mensagens que têm o potencial de alterar o nosso modo de pensar seja lá no que for: desde na roupa que decidimos vestir hoje até no cônjuge que esperamos conhecer ou abandonar. Em certo ponto da história, o índice de mudança se acelera e a aparência geral das coisas se altera radical e subitamente — um pouco como observar a água entrar em ebulição em uma panela, calcular a taxa de açúcar caindo de uma colher cada vez mais inclinada ou observar a absorção de um modismo passageiro.[24]

Malcolm Gladwell,[25] autor do *best-seller The Tipping Point* [O ponto da virada], lembra-nos que as epidemias funcionam exatamente assim. As ideias, os produtos ou os comportamentos às vezes são contagiosos como os vírus. Uma ideia atraente, útil e impressionante pode "grudar" nos outros e, de repente, depois que certo número de pessoas a tiver usado ou experimentado com aprovação, todo o mundo passa a querê-la! A "popularidade" da roda, da imprensa ou da correia transportadora sobe exponencialmente depois de sua demonstração ou observação. Elas são impressionantemente úteis. Todo o mundo quer uma. O padrão de entusiasmo que induzem nos

---

24 Dawkins, op. cit., p.195-200.
25 Gladwell, *The Tipping Point: how little things can make a big difference.*

outros acompanha o índice de notícias a seu respeito em uma conhecida e acentuada curva de progressão geométrica. O padrão de sua absorção acompanha a capacidade e os meios gerais da população para adquirir essas ideias recém-introduzidas. Se o nível de ambos for elevado, como costumam ser nas sociedades industriais ricas, o desenvolvimento corre literalmente pelas comunidades como tantas sucessivas modas e epidemias.

Por conseguinte, o impacto pessoal e social da modernidade é sentido como uma montanha-russa exponencial de mudança e desenvolvimento. E essa curva simplesmente continua se tornando mais acentuada. Basta pensarmos que queremos determinado modelo de automóvel para que apareça um novo na semana seguinte. O nosso filme predileto deixa de sê-lo em pouco tempo. Hoje o casamento não é necessariamente coisa para sempre. O trabalho se transforma em carreira, que significa uma esperada escada de mudança.

A experiência da mudança exponencial, que começou a rolar sobre nós em ondas tão regulares e bem medidas nos últimos séculos, foi objeto de comentários precoces de Rousseau, Nietzsche, Dostoiévski, Kierkegaard e assim por diante.[26] Roberts, em sua *New Penguin History of the World* [Nova história do mundo da Penguin], descreve a explosão populacional maciça de 750 milhões de pessoas em 1750 para cerca de 6 bilhões hoje. Uma explosão tecnológica – inovações na saúde pública, nas comunicações e no transporte, assim como a produção de alimento e o desenvolvimento do capital – acompanhou essas mudanças e pode ter incentivado a explosão demográfica.

---

26 Berman, op. cit., p.16.

Allan Kellehear

Só as realizações técnicas já são aturdidoras: das bicicletas no decênio de 1860[27] a 100 milhões de carros apenas oitenta anos depois, na década de 1940, a mais 100 milhões de veículos em só mais quinze anos até 1963.[28] Das pipas em 1000 a.c.[29] aos helicópteros de brinquedo no século XV, aos balões de ar quente do início do XVIII,[30] aos voos dos irmãos Wright em 1903-1908. Daquele voo experimental em uma praia veio, menos de três décadas mais tarde, a viagem aérea doméstica para passageiros pagantes. Menos de quarenta anos depois desses voos, os seres humanos estavam jogando golfe na Lua. Note-se como as datas de todos esses fatos marcantes vão ficando cada vez mais próximas entre si – as inovações crescem exponencialmente.

Em 1833, Charles Babbage desenvolveu uma calculadora para problemas astronômicos. Dez anos mais tarde, Samuel Morse inventou o telégrafo. Pouco mais de trinta anos depois disso, Alexander Graham Bell inventou o telefone. Passados outros vinte e cinco anos, Marconi inventou o rádio. Nesses desenvolvimentos se apoia a tecnologia da informática como a internet (inventada no início da década de 1980) e, dez anos depois, a World Wide Web.[31] Cada uma desses desenvolvimentos possibilitou a muitos de nós pensar em dois lugares: no nosso e no de outras pessoas do outro lado do mundo. Escutar rádio deu-nos um lugar perto da ação, perto de quando

---

27 Bardou et al., *The Automobile Revolution: the impact of an industry.*
28 Rae, *The American Automobile: a brief history*; Ware, *Making of the Motor Car 1895-1930.*
29 Gibbs-Smith, *Aviation: an historical survey.*
30 Lane, *Flight*; Batchelor; Chant, *Flight: the history of aviation.*
31 Moschovitis et al., *History of the Internet: a chronology, 1843 to the present.*

se dava um fato. A televisão e a internet colocam-nos "virtualmente" em diferentes lugares e tempos, transcendendo até o nosso lugar e tempo enquanto observamos o desdobramento de outros acontecimentos. A mentalidade cosmopolita se torna lugar-comum em virtude do desenvolvimento exponencial dessas novas tecnologias nos últimos séculos, nas últimas décadas, nos últimos anos.

Ao descrever a instabilidade de um *feedback* negativo que produz uma taxa exponencial de energia, o zoólogo Richard Dawkins[32] emprega a palavra "desembestado" — termo também usado pelo sociólogo Anthony Giddens[33] para descrever o mundo atual. Ele diz que a "revolução" das comunicações dos últimos vinte e cinco anos foi crucial para todas as outras mudanças sociais por nós vividas no período. Isso nos leva ao segundo motivo subjacente à natureza desorientadora da modernidade. Não só o ritmo da mudança é atordoante como a quantidade de informação disponível nos induz a questionar todos os limites públicos e pessoais: papéis pessoais, classes sociais, hábitos ou valores, bem como papéis, costumes ou políticas nacionais ou comunitários. Além do ritmo, também o *escopo* da mudança é chocante para muitos de nós.[34]

Os movimentos sociais do século XX — por exemplo, o feminista, o ambientalista, o de direitos civis, o ecumênico e o sindical — questionam a antiga compreensão de limites e certezas de gênero, laborais, religiosos, raciais e nacionais. O Estado-nação já não é política, econômica ou culturalmente

---

32 Dawkins, op. cit., p.197.
33 Giddens, *Runaway World*.
34 Giddens, *The Consequences of Modernity*, p.5.

soberano.[35] Os gostos e tecnologias culturais não se restringem mais a "tipos" particulares de pessoas e lugar. Recentemente, Giddens[36] deu o divertido exemplo de um amigo antropólogo que, ao dirigir pela primeira vez um trabalho de campo na África central, foi convidado por uma família local a assistir ao filme *Instinto selvagem* em vídeo.

Ao lado da grande riqueza, da tecnologia, das liberdades e direitos,[37] há contradições poderosas de fundamentalismo religioso, racial e político, assim como de pobreza e desigualdade social. Atualmente, as empresas transnacionais ameaçam as empresas, as profissões e os mercados de trabalhos nacionais, ao passo que órgãos políticos transnacionais como a União Europeia, o Banco Mundial, a Organização Mundial da Saúde, as Nações Unidas ou a Organização do Tratado do Atlântico Norte (OTAN) implementam políticas externas que questionam ou anulam as políticas externa, sanitária ou militar nacionais. As batalhas políticas e culturais se travam na mídia – na televisão ou na internet –, não simplesmente por intermédio dos tribunais ou dos políticos locais.[38]

Nesses tempos recentes, também tem havido uma alteração importante no modo como nos relacionamos com a religião e, logicamente, no modo como conceitualizamos uma viagem ao além-mundo ou uma boa morte. Quando Berman[39] registra sua famosa defesa da modernidade com o título de seu livro, *Tudo que é sólido desmancha no ar*, revela muito mais tarde a

---

35 Castells, *End of the Millennium*, p.345.
36 Giddens, *The Consequences of Modernity*.
37 Wrigley, *People, Cities and Wealth: the transformation of traditional society*.
38 Castells, *End of the Millennium*, p.348.
39 Berman, op. cit.

Uma história social do morrer

segunda parte da frase profética originalmente expressa por Marx: "tudo que é sagrado é profanado". Tem havido um importante declínio da imaginação religiosa nos tempos recentes e isso é especialmente visível nos países industrializados ocidentais, nos quais o comparecimento às igrejas, a afiliação, a frequência nas escolas dominicais, o clero profissional em tempo integral, o uso dos sacramentos e as pesquisas da fé apresentam números cadentes.[40] Um exemplo ilustra esse declínio. Em pesquisas sobre a fé na Grã-Bretanha da década de 1950, 43% declararam acreditar em Deus; no decênio de 1990, somente 31%; em 2000, apenas 26%. Os números dos que não acreditavam em Deus subiu de 2% nos anos 1950 para 27% nos 1990.[41]

Ademais, apesar do nível ascendente da descrença em Deus ou na ultravida, aqueles que continuam crendo prendem-se a imagens do além-mundo cada vez mais empobrecidas ou vagas.[42] A ultravida passa a ser um simples reencontro com entes queridos, às vezes sem imagem específica ou mesmo sem a presença de Deus. Alguns teólogos eminentes, como Hans Kung, chegam a desencorajar ideias do além-mundo porque, em sua opinião, elas "distraem" desnecessariamente da tarefa mais ampla e, para ele, mais importante de aprofundar a própria "fé".[43]

---

40 Gill; Hadaway; Marler, Is religious belief declining in Britain? *Journal of the Scientific Study of Religion*, v.37, 1998; Bruce, *God is Dead: secularization in the West*, p.63-73.

41 Bruce, *God is Dead: secularization in the West*, p.72.

42 McDannell e Lang, *Heaven: a history*; Bremmer, *The Rise and Fall of the Afterlife*; Walter, *The Eclipse of Eternity: a sociology of the afterlife*.

43 Kung, *Eternal Life?*

O interesse popular por histórias da "ultravida" como as experiências de quase morte, as visões no leito de morte ou as visões dos enlutados dão poucos detalhes, bem que reconfortantes. Os pormenores do "além-mundo" no morrer, na morte e nas experiências de perda são escassos, raramente exprimem um senso de viagem ou, quando o fazem, esta oferece poucos testes ou desafios. Dá-se ênfase ao crescimento pessoal, ao simples reencontro e a um ser sobrenatural afetuoso (cuja identidade, condizentemente com as atuais circunstâncias cosmopolitas, também é pouco clara).[44] Recentemente, os antigos testes do além-mundo e os desafios dentro da experiência de morrer trocaram completamente de lugar: são desafios quase inteiramente confinados neste mundo.

Não simplesmente na morte ou no morrer, mas em toda a questão do ciclo vital, das novas tecnologias, das políticas laborais ou de investimento ou nas estruturas familiares, as pessoas estão vivenciando um senso alterado de tempo em seu entendimento de sua autobiografia. A "velhice" abrange muitos que não são velhos (aposentados precoces) ou complica a própria definição (através de diferentes tipos e níveis de boa forma física, saúde ou invalidez). Os filhos podem nascer de pais póstumos, estéreis ou já fora da "idade fértil". As famílias se formam cada vez mais sem o casamento, o sexo vem se dissociando mais e mais da procriação, e o casamento de pessoas do mesmo sexo tem aumentado em todo o mundo.[45]

Esses desenvolvimentos sociais em evolução, as novas redes, que cortam caminho em vez de percorrer as nossas antigas

---

44 Kellehear, *Experiences Near Death: beyond medicine and religion*; Fox, 2003)
45 Castells, *The Rise of the Network Society*, p.429-68.

Uma história social do morrer

hierarquias sociais, mudam a nossa noção de tempo, espaço e lugar. Nós somos capazes de administrar um negócio ou um caso amoroso em diferentes fusos horários; vender ou comprar bens em países estrangeiros a partir da nossa cozinha; conversar intimamente em um trem com uma pessoa a três vagões ou a três países de distância. Essa comodidade e facilidade traz consigo um desafio, uma confusão e um desarraigamento crescentes e deixa perfeitamente claras as grandes contradições em um mundo que faz negócios ao mesmo tempo que destrói fisicamente as florestas, o clima e as oportunidades de trabalho. Agora a pobreza, a opressão e a violência de outro país são tão acessíveis, inevitáveis até, quanto seus trabalhadores sexuais, suas artes e ofícios ou seus destinos turísticos. A gripe aviária ou a aids não é um mero problema turco ou sul-africano; também é um problema na Austrália e no Reino Unido, venha ela de avião ou a jato, de um cônjuge promíscuo ou de um encontro marcado na internet.

O legado colonial das últimas centenas de anos também permanece conosco. Aqueles processos globais de outrora geraram uma classe de Estados, agora saqueados, mas ainda em pé, significativamente despojados de organização econômica e capacidade política para sustentar seu próprio povo. As experiências coloniais modernas estabeleceram uma classe de países (na Ásia, na África, no subcontinente e nas Américas), pelo menos em parte, responsáveis pela riqueza europeia recente, que podem,[46] de maneiras informais, continuar sustentando esse

---

46 Pomeranz, *The Great Divergence: China, Europe and the making of the modern world economy.*

desequilíbrio. Seabrooke[47] assevera que a existência da pobreza não se resolve com o crescimento econômico ou da riqueza (do contrário, não haveria pobreza nos países ricos), mas que se trata justamente do contrário. O pobre pode representar um *pool* de mão de obra de reserva e um conjunto de baixas que demonstram que as economias de mercado não conseguem lidar com a *suficiência*: ter o suficiente. Iliffe[48] apoia a posição de Seebrooke e ainda argumenta que os pobres da África são os mesmos da Europa e da Ásia antigas: os doentes, os inválidos, os leprosos, as vítimas da pólio, as viúvas, os idosos, os cegos, os contaminados e os cronicamente enfermos.

Wood[49] afirma mais especificamente que a incerteza é a condição determinante da pobreza moderna: mercados de trabalho e financeiro incertos, governos corruptos, exploradores e disfuncionais e ações policiais ou militares hostis e assassinas em um país. Todas essas influências solapam o senso compartilhado de cidadania, a noção individual ou grupal de vontade e poder e os meios organizados de considerar e planejar a gestão de risco. Em consequência, esses fatores tornam quase absurdo confiar no futuro e incentivam a maioria das pessoas a viver e depender do presente. Tais instabilidades econômicas, sociais e políticas reforçam ciclos de pobreza nacional nas ex-colônias do mundo contemporâneo.

E, entre os pobres e os ricos de hoje, há um trânsito sem precedente: de migrantes livres, refugiados, turistas, trabalhadores estrangeiros, ocupantes militares, estudantes, escravos

---

47 Seabrooke, *Landscapes of Poverty*.

48 Iliffe, *The African Poor: a history*.

49 G. Wood, Staying secure, staying poor: the Faustian bargain, *World Development*, v.31, n.3, 2003.

Uma história social do morrer

e vítimas do tráfico humano. A proliferação de bases militares e de manutenção da paz, bem como a atração da riqueza do outro lado das fronteiras na Europa, na América e na Ásia, vê milhões de pessoas ano a ano vendidas para a prostituição ou a escravidão: 80% delas são mulheres; e o resto, principalmente crianças.[50]

Finalmente, em seu famoso trabalho sobre risco no mundo moderno, Ulrich Beck[51] delineia como as "novas desigualdades internacionais" surgem e se superpõem aos padrões de uma antiga relação colonial entre ricos e pobres. Produtos químicos nocivos, resíduos tóxicos ou indústrias perigosas são menos exportados para as regiões periféricas pobres das cidades, como de hábito durante boa parte dos séculos XIX e XX. Atualmente, as fábricas perigosas e de trabalho escravizante situam-se nos países em desenvolvimento, onde os salários baixos e as comunidades ávidas por desenvolvimento, que lembram o antigo passado industrial da Europa, aceitam múltiplos riscos industriais em troca de uma chance de escapar da pobreza e da fome pelo "desenvolvimento".

Os vazamentos de radiação, os derrames químicos e as práticas negligentes de gestão de risco nas minas ou na indústria de pasto e de agrotóxico, na Ásia, na América do Sul ou no Caribe, acabam voltando para os seus ricos patrocinadores nas folhas de chá, nas frutas e no leite contaminados.[52] A natureza da pobreza moderna é internacional, e agora os seus perigos – da poluição atmosférica ao HIV – são globais. Hoje em dia, mais

---

50 Omelaniuk, *Trafficking in Human Beings.*
51 Beck, op. cit.
52 Ibid., p.41-4.

Certo contexto epidemiológico

Até há 150 anos, as comunidades urbanas e rurais estavam sujeitas a ondas regulares de epidemias, dentre as quais as principais eram a varíola, a escarlatina, o cólera, o tifo e especialmente a malária, classificada pelo epidemiologista Lancaster[53] de "a maior de todas as pestes" em um contexto mundial. Mesmo atualmente, há 350 milhões de casos anuais com taxa de mortalidade de 1%. Não obstante, no meado do século XIX, a taxa de mortalidade começou a declinar. É amplamente consensual que a maior parte desse declínio e do aumento da expectativa de vida se deveu às medidas melhoradas de saúde pública em habitação, nutrição, nível geral de renda e higiene pessoal.[54]

Na Inglaterra vitoriana, por exemplo, menos de uma em cem famílias tinha um terceiro cômodo, sendo que a maioria morava em porões, em parte de um cômodo ou em um cômodo.[55] Greene[56] lembra-nos das mudanças radicais, posto que recentes, na higiene pessoal. Por exemplo, na Grã-Bretanha do início do século XIX, as ruas viviam repletas de de carcaças e

---

53 Lancaster, *Expectations of Life: a study in the demography, statistics and history of world mortality*, p.168.

54 Mosley, Does HIV or poverty cause aids? Biomedical and epidemiological perspectives, *Theoretical Medicine*, v.25, 2004.

55 Morley, *Death, Heaven and the Victorians*, p.7.

56 Greene, Personal hygiene and life-expectancy improvements since 1850: historic and epidemiologic associations, *American Journal of Infection Control*, v.29, 2001, p.205; mas ver também Beck, op. cit., p.21-2, e Mosley, op. cit., p.408.

de dejetos humanos e animais, e os esgotos eram valas abertas. Pouca gente tomava banho. Havia pouca água corrente nas casas, certamente nada de água quente, nem de tanques de lavar ou banheiras, e era difícil comprar ou fazer sabão. Os abastados visitavam os banhos turcos ou os *spas*, e a classe operária não se lavava. Só em 1850 foi que se instalaram banheiras e tanques nas habitações do governo do Reino Unido. Em 1905, venderam-se 6 milhões de banheiras. Nos Estados Unidos, em 1890, apenas 1,4% das casas contava com água encanada; em 1910, esse número se elevou a 25%. Depois disso vieram os vasos sanitários, as pias, os chuveiros, as banheiras, as máquinas de lavar roupa e o resto da infraestrutura de limpeza que damos por líquida e certa nos países industrializados modernos. No Reino Unido da metade do período vitoriano, promulgaram-se novas leis de quarentena; as casas dos doentes ou falecidos eram desinfetadas; os indivíduos, levados a hospitais mediante mandado; e se outorgava aos funcionários da saúde o poder de fechar escolas ou casas comerciais que presumivelmente engendravam micróbios ou epidemias.[57]

Com esses melhoramentos, a expectativa de vida subiu 1% ao ano durante o século XX.[58] Segundo Thane,[59] entre 1911 e 1920, uma média anual de 75 pessoas chegou aos 100 anos de idade na Inglaterra e no País de Gales. Em 2000, esse grupo etário subiu para 3 mil anuais nos dois países. Em 1960, 144 pessoas chegaram aos 100 anos de idade no Japão; em 1997,

---

57 Strange, *Death, Grief and Poverty in Britain, 1870-1914*, p.27.
58 Crimmins, Trends in the health of the elderly, *Annual Review of Public Health*, v.25, 2004, p.83.
59 Thane, Changing paradigms of aging and being older. In: Weisstub et al. (Orgs.), *Aging: culture, health and social change*.

foram 8.500 os centenários desse país. No Reino Unido, em 1900,[60] 24% dos óbitos eram de pessoas com mais de 65 anos de idade. Em 1999, essa cifra subiu para 83%, sendo que 18% de tais mortes ocorreram em casas de repouso.

E, embora os estatísticos[61] digam que "em qualquer idade há uma probabilidade de morrer dentro de doze meses" e que essa probabilidade aumenta 10% anualmente depois dos 30 anos de idade, a maioria das pessoas nas sociedades industriais espera se aproximar ou mesmo chegar aos 80 ou 90 anos. E, como não há unanimidade quanto à duração máxima "natural" da vida dos seres humanos ou dos animais em geral – as durações máximas observadas *não* são sinônimas dos máximos teóricos –, há poucas restrições populares ou científicas às expectativas dos indivíduos.[62]

Atualmente, os países ricos do mundo estão presenciando uma onda sem precedente de envelhecimento acima dos 60 anos.[63] À medida que aumentam os gastos *per capita* em saúde, a expectativa de vida cresce a um índice superior à expectativa de vida total.[64] As pessoas mais longevas do mundo são do Japão, da Islândia, da Espanha, da Suíça e da Austrália (os Estados Unidos estão em 22º lugar),[65] sendo que a expectativa de

---

60 Siddell; Komaromy, Who dies in care homes for older people? In: Katz; Peace (Orgs.), *End-of-life Care Homes: a palliative approach*, p.44.

61 Thatcher, The long term pattern of adult mortality and the highest attained age, *Journal of the Royal Statistical Society*, v.162, n.1, 1999.

62 Veatch, 1997; Carey; Tuljapurkar, *Life Span: evolutionary, ecological and demographic perspectives*.

63 OECD, *Health at a Glance*: OECD indicators 2005.

64 Walker; Wadee, WHO life expectancy in 191 countries, 1999 – What of the future? *South African Medical Journal*, v.92, n.2, 2002.

65 OECD, op. cit., p.18.

Uma história social do morrer

vida mais baixa foi encontrada na África subsaariana; a pobreza e a epidemia de aids são as principais responsáveis pelos baixos números africanos. Os mais instruídos têm mais probabilidade de acesso à informação e aos serviços de apoio médico e tecnológico e são o grupo com mais possibilidade de se beneficiar desse acesso para melhorar a qualidade de sua velhice.[66] Mas nem todos os idosos gostam de ser idosos e de envelhecer ainda mais, de modo que o suicídio está estreitamente associado à modernidade, à prosperidade e ao desenvolvimento,[67] sendo que os índices mais altos estão entre os idosos dos países ricos.[68]

A tendência crescente de doença e invalidez objetivamente analisada e a preocupação subjetiva dos idosos com essa tendência podem ser responsáveis por pelo menos parte desse desejo de acabar com a própria vida. Um estudo norte-americano recente feito com 10.932 pessoas com mais de 50 anos de idade[69] constatou que a saúde ruim e a invalidez têm uma relação inversa com o *status* socioeconômico. Os pobres ficam mais doentes e mais inválidos quando envelhecem. Mais pessoas são internadas em casas de repouso do mundo todo, perdendo seus lares e jardins, o círculo de amizades e a privacidade, a autonomia e muitos de seus direitos cívicos.

---

66 Mor, The compression of morbidity hypothesis: a review of the research and prospects for the future, *Journal of the American Geriatrics Society*, v.53, 2005.

67 Fuse, *Suicide, Individual and Society*; Makinen, Suicide in the new millennium: some sociological considerations, *Crisis: Journal of Crisis Intervention and Suicide Prevention*, v.23, n.2, 2002.

68 Fuse, op. cit., p.46-7.

69 Liao et al., Socioeconomic status and morbidity in the last years of life, *American Journal of Public Health*, v.89, n.4, 1999.

Muitos desses residentes de casas de repouso são de levemente a gravemente incapacitados pela demência. Giacalone[70] calcula que 27% das pessoas com idade acima de 65 anos podiam esperar pelo menos um episódio de internação em um asilo. Os homens geralmente eram internados depois dos 75 anos de idade; as mulheres, aos 80. Somente 9% das pessoas com idade inferior a 65 anos eram internadas em instituições desse tipo. Essas cifras são conservadoras porque as comparações internacionais são turvadas pelo fato de muitos países "esconderem" seus padrões de institucionalização em outros números de hospitais psiquiátricos, de assistência de longo prazo e de internações de cuidados secundários.

O fato de muitos idosos viverem com demência agrava o quadro da sua epidemiologia. Trata-se de um problema universal, conquanto algumas culturas não tenham uma palavra para esse mal e usem termos como "loucura" ou "caduquice" para designar o estado desmemoriado e confuso de alguns de seus idosos. Só uma em dez demências é tratável.[71] Demência é uma coleção de doenças que afetam o cérebro, uma enfermidade crônica, progressiva, que altera as funções corticais superiores, como a memória, o raciocínio, a orientação, a compreensão, o cálculo, a linguagem e o julgamento, mas a consciência geral não se turva.[72] Noventa por cento das pessoas afetadas sofrem transtornos neuropsiquiátricos.[73] Embora se conheçam uns duzentos

---

70 Giacalone, *The US Nursing Home Industry*, p.38.
71 Herbert, Cultural aspects of dementia, *Canadian Journal of Neurological Sciences*, v.28, s.1, 2001.
72 Brown; Hillam, *Dementia: your questions answered*.
73 Ritchie; Lovestone, The dementias, *The Lancet*, v.360, 2002, p.1763.

tipos diferentes de demência,[74] a maioria delas se deve ao mal de Alzheimer e a fatores de risco vascular, como o diabetes tipo 2, a hipertensão e os problemas ligados à obesidade. Um número significativo de pessoas que morrem de aids também tem propensão à demência em meio à constelação de sintomas do estágio final dessa moléstia.[75]

Entre 5% e 8% da população mundial acima de 65 anos de idade são afetados.[76] A prevalência também vem crescendo. Em 2000, havia 25 milhões de pessoas com demência, 46% das quais na África, 30% na Europa e 12% na América do Norte.[77] Calcula-se que esses números subirão para 29 milhões em 2020, 63 milhões em 2030 e 114 milhões de pessoas em 2050.[78]

A prevalência também ascende com a idade, sendo afetados 25% das pessoas com 85 anos de idade e 35% das pessoas com 90 anos,[79] embora um estudo de Boston tenha constatado que cerca da metade dos maiores de 80 anos viviam com demência.[80] A Organização Mundial da Saúde (OMS) descobriu que aproximadamente a metade das pessoas internadas em

---

74 Haan; Wallace, Can dementia be prevented? Brain aging in a population based context, *Annual Review of Public Health*, v.25, 2004.

75 Brown; Hillam, op. cit., p.4.

76 World Health Organization, *Dementia in Later Life: research and action*; Ritchie; Lovestone, op. cit.; Brown; Hillam, op. cit., p.5; Wimo et al., The magnitude of dementia occurrence in the world, *Alzheimer's Disease and Associated Disorders*, v.17, n.2, 2003.

77 Wimo et al., op. cit.

78 Haan; Wallace, op. cit.; Wimo et al., op. cit.

79 Brown; Hillam, op. cit., p.5.

80 Peris, Centenarians who avoid dementia, *Trends in Neurosciences*, v.27, n.10, 2004.

Allan Kellehear

instituições geriátricas eram portadoras desse mal.[81] Trata-se de números graves quando aplicados a estilos de comportamento no processo de morrer, especialmente se tomados juntamente com as cifras da morte mais lugar-comum. A maior parte dos idosos ainda morre em hospitais e casas de repouso.[82] Ademais, a OMS[83] observa, com base em seus estudos de campo, que as medidas institucionais da extensão dessa enfermidade só podem indicar o tipo do problema, porque, na realidade, os casos institucionais devem representar menos de 10% da prevalência total de distúrbios psiquiátricos que afetam os maiores de 65 anos de idade. A estimativa da OMS sugere que até a metade dos internados em instituições geriátricas podem ser "cognitivamente perturbados".

Enfim, para que conste, convém notar que a questão dos vínculos entre mudanças neurológicas e comportamento social e psiquiátrico perturbado não estão absolutamente claros a partir da pesquisa atual.[84] Diversos estudos sugerem que algumas pessoas com significativas alterações cerebrais do tipo Alzheimer apresentaram pouca ou nenhuma perturbação cognitiva antes da morte, ao passo que o exame *post mortem* em outras, que haviam apresentado perturbação cognitiva grave nos últimos anos de vida, não detectou nenhuma patologia cerebral.

---

81 World Health Organization, op. cit.

82 Weitzen et al., Factors associated with site of death: a national study of where people die, *Medical Care*, v.41, n.2, 2003; Flory et al., Place of death: US trends since 1980, *Health Affairs*, v.23, n.3, 2004; Lloyd, Mortality and morality: ageing and the ethics of care, *Ageing and Society*, v.24, 2004.

83 World Health Organization, *Dementia in Later Life: research and action*.

84 B. Wood, Dementia. In: Johnson (Org.). *The Cambridge Handbook of Age and Ageing*.

Uma história social do morrer

Evidentemente, a longa expectativa de vida está se transformando em uma bênção dúbia nas nações industrializadas ricas do período cosmopolita. A morte em casas de repouso ou viver e morrer com demência, sejam quais forem as suas causas principais, não são estilos de morrer que a pessoa morrente, estando confusa ou com uma memória gravemente imperfeita, possa tornar prontamente "bons". Esse morrer tampouco se deixa administrar bem por cuidadores que ou são consumidos pela depressão e o estresse em casa,[85] ou simplesmente institucionalizam seus idosos, deixam-nos ao abandono, ou lhes proporcionam um mínimo de cuidado.[86] Mas essas não são as únicas doenças que moldam nossa atual experiência global de morrer. A consciência, os sistemas de comunicação e a migração globais fazem que outra forma de morrer paire, ameaçadora, em nossas salas de visita, nas ruas em que visitamos os cafés dos nossos feriados ou horas de lazer após o expediente de trabalho, ou nas tentativas de contribuir para o bem-estar e a saúde dos nossos "vizinhos" globais menos industrializados. A aids entrou em campo.

A OMS calcula que, desde 1981, quando se descobriu o vírus da imunodeficiência humana (HIV), 25 milhões de pessoas morreram em todo o mundo.[87] Atualmente, há 40 milhões de infectados com o vírus, dentre os quais 3 milhões de crianças de menos de 15 anos. Anualmente, verificam-se 5 milhões

---

85 Black; Almeida, A systematic review of the association between the behavioural and psychological symptoms of dementia and burden of care, *International Psychogeriatrics*, v.16, n.3, 2004.

86 Herbert, op. cit.

87 World Health Organization, *Aids Epidemic Update 2005*.

de infecções novas.[88] Ela é a principal causa de morte nos países subsaarianos (Botsuana, Etiópia, Quênia, Moçambique, Nigéria, Ruanda, África do Sul, Tanzânia, Zimbábue) e a quarta maior assassina do mundo atual.[89] Nenhum quadro do morrer no período cosmopolita moderno está completo sem a inclusão dessa importante fonte de viver e morrer, porque, atualmente, os padrões de risco, morbidez e mortalidade são muito inter-relacionados no nível internacional.

Pouco se sabe da origem do vírus humano, e, embora exista há milênios uma forma primata — o vírus da imunodeficiência símia[90] —, isso não é considerado decisivo para explicar a origem daquele. Alguns autores acreditam que ele tenha sido endêmico na África durante séculos, mas diagnosticado erroneamente como outras enfermidades,[91] mas essa visão pode ser culturalmente influenciada por descobertas e padrões de prevalência anteriores cujas causas são outras, por exemplo, a pobreza.[92] Nos Estados Unidos, as primeiras vítimas do vírus foram identificadas entre homens homossexuais em 1981, mas médicos europeus identificaram a mesma doença em pacientes

---

88 Economic and Social Commission for Asia and the Pacific, *HIV/Aids in the Asian and Pacific Region*; World Health Organization, *Aids Epidemic Update 2005*.

89 Healey (Org.), *HIV/Aids*.

90 Marx; Apertrei; Drucker, Aids as zoonosis? Confusion over the origins of the virus and the origin of the epidemic, *Journal of Medical Primatology*, n.33, 2004.

91 Schoub, *Aids and HIV in Perspective: a guide to understanding the virus and its consequences*, p.13.

92 Gisselquist et al., Let it be sexual: how health care transmission of aids in Africa was ignored, *International Journal of STD and Aids*, v.14, 2003.

africanos que não eram homossexuais nem usuários de drogas.[93] Desde então, a doença se espalhou rapidamente, exponencialmente, de modo que, embora abrigue 10% da população mundial, a região subsaariana tem dois terços da prevalência mundial de HIV.[94]

Não obstante, todos os quadrantes do globo estão seriamente afetados por essa enfermidade: a Ásia Central (Cazaquistão, Quirguistão, Tajiquistão, Turquemenistão, Uzbequistão), onde até 1,65 milhão de pessoas são HIV positivas;[95] a Ásia (China, Camboja, Tailândia, Vietnã, Bangladesh, Índia), onde os homens que frequentam casas de prostituição chegam a 22% da população e onde o uso da camisinha varia de 2% (Bangladesh) a 90% (Camboja);[96] a Europa Ocidental, onde meio milhão de pessoas estão infectadas e a taxa vem subindo;[97] e os Estados Unidos, nos quais o principal caminho da infecção continua sendo o sexo entre homens e o uso de drogas injetáveis.[98]

Embora, no Ocidente, seja comum associar a contração da moléstia ao sexo inseguro (particularmente homens com

---

93 Schoub, op. cit., p.4.
94 Epstein, The demographic impact of HIV/aids. In: Haacker (Org.), The Macroeconomics of HIV/Aids.
95 Godinho et al., HIV/Aids and Tuberculosis in Central Asia.
96 Ruxrungtham, Brown; Phanuphak, HIV/aids in Asia, The Lancet, v.364, 2004; Wu; Rou; Cui, The HIV/aids epidemic in China: history, current strategies and future challenges, Aids Education and Prevention, v.16, 2004.
97 Hamers; Downs, The changing face of the HIV epidemic in Western Europe, The Lancet, v.364, 2004.
98 Kellerman et al., Changes in HIV and aids in the US: entering the third decade, Current HIV/Aids Reports, v.1, 2004.

homens) e ao uso de drogas injetáveis, a OMS acredita que 80% da transmissão do HIV no mundo tem origem heterossexual.[99] No entanto, isso vem sendo cada vez mais criticado como explicação básica da epidemia. Schneider e Fassin,[100] Mosley[101] e Ferrante, Delbue e Mancuso[102] argumentam persuasivamente que a causa real da epidemia nos países em desenvolvimento é a pobreza. Identificar um agente microbiano não constitui uma explicação da epidemia. A pobreza causa epidemias de aids, tuberculose, malária, febre amarela ou cólera porque o agente infectante é uma condição necessária, mas não suficiente, para explicar sua *propagação*.

As condições que apoiam a propagação de doenças são as mesmas em todas as sociedades sedentárias há 12 mil anos. A queda vertiginosa das taxas de bronquite, pneumonia, tuberculose e pólio deu-se antes da identificação do agente responsável e/ou do enxofre e das drogas antibióticas. A pobreza "causa" aids através de fatores de população tanto pequena quanto grande: meninos e meninas obrigados a vender o corpo em troca de alimento e abrigo;[103] níveis de nutrição criticamente baixos que deprimem a reação imune de adultos e crianças; a sobreposição de drogas antivirais para diversas enfermidades que causam diarreia, anemia e diabetes iatrogênicos,[104] e até a infraestrutura

---

99 Gisselquist et al., op. cit., p.150.

100 Schneider; Fassin, Denial and defiance: a socio-political analysis of aids in South Africa, *Aids*, v.16, 2002.

101 Mosley, op. cit.

102 Ferrante; Delbue; Mancuso, The manifestation of aids in Africa: an epidemiological overview, *Journal of Neurovirology*, v.1, 2005.

103 Mosley, op. cit., p.408.

104 Anabwani; Navario, Nutrition and HIV/aids in sub-Saharan Africa: An overview, *Nutrition*, v.21, 2005.

Uma história social do morrer

precária do serviço de saúde, que contamina as provisões de sangue de doadores pagos e os infecta com agulhas, luvas, catéteres e espéculos reutilizados.[105]

Por fim, há a suspeita constante, mas crescente, de que os países pobres em geral e a África em particular sejam vítimas de uma interpretação racista, pós-colonial, da epidemia de aids, que atribui a culpa pela prevalência africana ao apetite sexual desenfreado.[106] Como em todos os países outrora dominados pelo colonialismo ocidental, há uma resistência feroz a que os países ricos assinalem desse modo os países menos desenvolvidos.[107] A África do Sul é particularmente crítica à obsessão biomédica da ciência ocidental e a suas associações pouco lisonjeiras à conduta sexual africana, e não com o problema maior de combater a pobreza e a desigualdade na região. Há pouca pesquisa internacional da escala do desastre na África, onde a prevalência se eleva a algo entre 30% e 50% da população.[108]

Schoub,[109] por exemplo, ainda observa que 90% do fardo mundial do HIV se acham nos países em desenvolvimento, mas somente 4% dos trabalhos científicos do mundo se ocupam da África. No entanto, muito embora a epidemia de aids na África esteja ligada à pobreza e à iatrogenia (causada pelos serviços sanitários precários ou inadequados e suas práticas), é possível

---

105 Gisselquist et al., op. cit.; Moseley, op. cit., p.409; Volkow; del Rio, Paid donation and plasma trade: unrecognised forces that drive the aids epidemic in developing countries, *International Journal of STD and Aids*, v.6, 2005.

106 Schneider; Fassin, op. cit., p.549.

107 Said, *Culture and Imperialism*.

108 Ferrante; Delbue; Mancuso, op. cit.

109 Schoub, *Aids and HIV in Perspective: a guide to understanding the virus and its consequences*, p.252.

Allan Kellehear

que o sexo anal ainda tenha um papel importante na sua disseminação, mesmo nessa região. Tal sugestão esbarra em muita resistência na autoimagem nacional africana.[110] A identidade africana tem tensões tanto locais quanto internacionais que turvam a pesquisa das causas e das soluções da epidemia.

Morrer em um mundo moderno, cosmopolita

A ideia de que as doenças degenerativas causam um morrer mais demorado do que as doenças infecciosas está passando por revisão em decorrência da nossa experiência recente com a aids.[111] Embora, nos anos 1980, o HIV evoluísse em cerca de três anos até o conjunto de enfermidades que caracterizavam o estágio final da aids,[112] o uso de fortes drogas antivirais, na metade da década de 1990, dilatou o tempo de sobrevivência para aproximadamente uma década.[113]

Em um mundo cosmopolita, o morrer prolongado já não cria necessariamente mortes boas ou bem administradas. Posto que ainda ocorra uma abundância de mortes boas e bem administradas nos hospitais, clínicas e casas de repouso modernos de todo o mundo nos contextos contemporâneos rurais e urbanos de câncer, cardiopatias ou distúrbios neurológicos, para

---

110 Brody; Potterat, Assessing the role of anal intercourse in the epidemiology of aids in Africa, *International Journal of STD and Aids*, v.14, 2003.

111 Seale, Changing patterns of death and dying, *Social Science and Medicine*, v.51, 2000, p.923.

112 Allen, Epidemiology United States. In: Ebbersen; Biggar; Melbye (Orgs.), *Aids: a basic guide for clinicians*.

113 Fleming, The epidemiology of HIV and aids. In: Wormser (Org.), *Aids and Other Manifestations of HIV Infection*, p.26.

Uma história social do morrer

muitas outras pessoas o morrer demorado produz trajetos finais extremamente difíceis, duros e estigmatizantes.

Os preparativos para a morte talvez sejam irregulares e inconsistentes. As despedidas finais, quando feitas, podem ser incorpóreas em cartas pré-escritas ou em sinais e presentes simbólicos. É possível que o conhecimento da iminência da morte seja incerto; e a jornada, caracterizada por um ir e vir inquietante, cansativo, que desgasta todos os participantes e às vezes até os envergonha. Essas características sociais e médicas unem o morrer de enfermidades da velhice às doenças associadas ao estágio final da aids. A despeito da etiologia médica imensamente diferente, as consequências sociais do envelhecimento e o morrer e da aids e o morrer têm um conjunto trágico e assombroso de semelhanças que as juntam como uma forma nova e global de morrer. Primeiramente, consideremos o estilo comum de morrer dos idosos.

Ainda que 95% dos idosos nos Estados Unidos vivam em comunidade e apenas 5% em instituições,[114] a maioria deles não morre em casa. Somente 25% dos idosos morrem em casa, apesar do fato de 70% deles dizerem que esse é o seu desejo.[115] Pelo contrário, a maior parte morre em hospitais (45%), ou em asilos (17%), ou em um pronto-socorro (8%).[116] À medida que os ferimentos causados por quedas, debilitamento ou lesões autoinfligidas aumentam com a idade, muitas dessas

---

114 Shield, *Uneasy Endings: daily life in an American nursing home*, p.29.

115 Last Acts, *Means to a Better End: a report on dying in America today*.

116 Brock; Foley, Demography and epidemiology of dying in the US with emphasis on deaths of older persons. In: Harrold; Lynn (Orgs.), *A Good Dying: shaping health care for the last months of life*, p.53.

pessoas se veem cada vez mais em casas de repouso.[117] O número de residentes em instituições geriátricas triplicou nos últimos vinte anos,[118] e essa tendência parece não declinar.

A maior parte dessas mortes não é causada pelo câncer, que responde por entre 14% e 23% dos óbitos de pessoas com mais de 65 anos,[119] e sim por insuficiência orgânica ou "fragilidade". Moss, Moss e Connor[120] informam que as dez principais enfermidades dos residentes de casa de repouso são a demência, as cardiopatias, a hipertensão, a artrite, as doenças vasculares cerebrais (AVC), a depressão, o diabetes, a anemia, as alergias e as doenças respiratórias obstrutivas crônicas.

É frequente atribuir a maioria dos óbitos de idosos à "deterioração geral", e, embora apenas 9% de um estudo britânico indicasse que essas mortes foram súbitas e inesperadas, os mesmos atendentes entrevistados reconheceram que havia muita ambiguidade e conflito quanto a como definir o "morrer" ou mesmo quando ele começava.[121] Segundo um estudo norte-americano da morte de idosos, três quartos desses morrentes não andavam, um terço era incontinente, 88% tinham saúde precária e 40% haviam tido dificuldade para reconhecer

---

117 Moniruzzaman; Andersson, Relationship between economic development and risk of injuries in older adults and the elderly, *European Journal of Public Health*, v.15, n.5, 2005.

118 Shield, op. cit., p.29.

119 Hall; Schroder; Waever, The last 48 hours in long term care: a focussed chart audit, *Journal of the American Geriatrics Society*, v.50, 2002; Lunney et al., Patterns of functional decline at the end of life, *Journal of the American Medical Association*, v.289, n.18, 2003.

120 Moss; Moss; Connor, Dying in long term care facilities in the US. In: Katz; Peace (Orgs.), *End of Life in Care Homes: a palliative approach*, p.160.

121 Siddell; Komaromy, op. cit., p.47, 51-2.

os parentes um dia antes de morrer. Dois terços dos idosos desse estudo pareciam não saber que estavam morrendo.[122]

Outro estudo norte-americano do morrer de idosos,[123] que acompanhou 4 mil pessoas um ano antes do falecimento, relatou quatro importantes padrões de morrer: morte súbita com bom funcionamento, seguido de deterioração repentina durante horas ou dias; morrer de câncer com bom funcionamento, mas acentuado declínio nos três meses anteriores à morte; insuficiência orgânica com padrões flutuantes de bem-estar e doença; e fragilidade com saúde relativamente precária e acentuada fraqueza durante o último ano de vida. As pessoas com doenças coronárias graves tendiam a não se considerar moribundas e, portanto, geralmente não tinham planos de cuidado com a morte e o morrer em comparação com os afetados de demência.[124] Sejam quais forem os demais problemas cognitivos que as pessoas com demência enfrentam, parece que entender que estão morrendo não figura entre eles.[125]

Morrer de velhice com uma variedade de doenças graves, invalidantes e crônicas parece ser coisa difícil em todas as culturas,[126] e morrer em ambiente hospitalar ou de instituição geriátrica é um quadro terrificante e desesperador mesmo hoje em dia. De um terço à metade dos residentes em casas de repouso morrem com

---

122 Brock; Foley, op. cit., p.56-7.

123 Lunney et al., op. cit.

124 Haydar et al., Differences in end of life preferences between congestive heart failure and dementia in a medical house calls program, *Journal of the American Geriatrics Society*, v.52, 2004.

125 Killick; Allan, *Communication and the Care of People with Dementia*, p.276-7.

126 Shih et al., The forgotten faces: the lonely journey of powerlessness experienced by elderly single men with heart disease, *Geriatric Nursing*, v.21, n.5, 2000.

dor episódica diária de "moderada" a "insuportável".[127] Em um estudo com 71 internos no setor geriátrico de um grande hospital norte-americano, Aminoff e Adunsky[128] constataram que 70% dos idosos moribundos não tinham morte serena; 70% apresentavam escaras (úlceras de pressão); 90% se achavam em estado médico instável; e 94% estavam subnutridos. Além disso, 15% gritavam e 90% suportaram um procedimento médico invasivo uma semana antes de morrer. Não admira que 75% da equipe médica achava que aqueles idosos haviam "sofrido" (!).

Lloyd[129] argumenta que a ideia moderna de "autonomia" é seriamente questionável nos contextos de idosos e de cuidados médicos, de modo que os elevados índices de suicídio entre eles nesse período da vida moderna não devem surpreender. Assim, "Josephine", uma residente de casa de repouso citada por Crandall e Crandall, se queixa do seu morrer:

> Eu estou nervosa. Mal consigo falar. Estou tão dilacerada por dentro que não sei o que fazer ou dizer. Simplesmente deixei de fazer as coisas. Estou perdida. Não consigo rezar como costumava. Não sei de nada, mas tenho de passar por isso. Estou indo. Não sei o que fazer. Se eu pudesse deitar na grama. Mas não posso. É tão duro esperar aqui.[130]

---

127 Last Acts, op. cit., p.79.

128 Aminoff; Adunsky, Dying dementia patients: too much suffering, too little palliation, *American Journal of Alzheimer's Disease and Other Dementias*, v.19, n.4, 2004.

129 Lloyd, op. cit.

130 Crandall; Crandall, *Borders of Time: life in a nursing home*, p.99.

ConsidEremos agora o morrer de aids, uma experiência em nada melhor que a de envelhecer e morrer. Efetivamente, as semelhanças sociais e médicas são impressionantes. A maior parte das mortes com aids é de sarcoma de Kaposi, de linfoma não Hodgkin, de pneumonia ou de infecções secundárias oportunistas em um sistema imunológico gravemente debilitado.[131] O temor geral, e daí o estigma, que cerca o caráter possivelmente contagioso do HIV/aids é exacerbado pela aparência geralmente assustadora do sarcoma de Kaposi: o desenvolvimento de múltiplas manchas, placas ou lesões nodulares vermelhas ou roxas, com ou sem relevo, que se espalham pelo corpo todo. A marcas lembram os sinais de varíola tão temidos em tempos e lugares antigos da nossa história, mas, na verdade, são consequência de hemorragias de tumores superficiais sob a pele, cujos equivalentes internos acabam matando a vítima.[132]

À parte o estigma, o morrer de aids tem outro paralelo com o morrer na velhice. Os que vivem e morrem com aids enfrentam um risco significativo de demência associada ao HIV (HAD). A HAD tem muitas causas e é reversível.[133] Antes do advento de tratamentos antivirais agressivos, a prevalência da HAD era de cerca de 20%, mas, embora tenha caído para menos de 10%, a taxa pode aumentar porque os pacientes estão

---

131 Fleming, op. cit.

132 Reichert; Kelly; Macher, Pathological features of aids. In: De Vita; Hellman; Rosenberg (Orgs.), *Aids: etiology, diagnosis, treatment, and prevention.*

133 Adler-Cohen; Alfonso, Aids Psychiatry: psychiatry and palliative care and pain management. In: Wormser (Org.), *Aids and Other Manifestations of HIV Infection.*

vivendo mais tempo com a doença.[134] Ademais, o acesso aos antivirais é irregular nos países em desenvolvimento, nos quais a prevalência pode ser menos clara e mais elevada.

Enfim, as pessoas que vivem com o HIV e a aids têm mais um paralelo em comum com as que vivem e morrem em idade provecta. O risco de suicídio das pessoas portadoras de HIV/aids é alto, com a prevalência da depressão duas vezes maior que a da população geral.[135] Tal como as que envelhecem e morrem, as pessoas com HIV/aids convivem com altos níveis de estresse provocado pelos sintomas médicos, os regimes de tratamento, as doenças psiquiátricas, a discriminação e o estigma, e frequentemente moram em comunidades com alto nível de luto e trabalho, perdas relacionadas com parentes, recreação e identidade. Adler-Cohen e Alfonso[136] afirmam que a maioria dos suicídios e tentativas de suicídio na população com HIV parece estar ligada à "perda da dignidade" e a temores quanto à "capacidade de funcionar independentemente". Esse medo é particularmente agudo, assim como é nos idosos, quando também está associado à demência.

Resumo das características do morrer cosmopolita

Todas as formas importantes de morrer podem se encontrar em todos os tempos e lugares. A observação histórica e epidemiológica relevante a fazer a respeito desses estilos diferentes de morrer é que alguns períodos promovem o domínio de certos

---

134 Gendelman et al., The neuropathogenesis of HIV-1 infection. In: Wormser (Org.), *Aids and Other Manifestations of HIV Infection.*
135 Adler-Cohen; Alfonso, op. cit., p.547-8.
136 Ibid., p.547.

Uma história social do morrer

estilos sobre outros. Um contexto de saúde pública que não favorece o morrer demorado promove uma ideologia do morrer como viagem ao além-mundo. Nas sociedades em que o morrer prolongado é possível, a preparação para a morte passa a ser uma tarefa comunitária importante. A riqueza e a posição social mais elevada tendem a promover preparativos mais complexos, alguns dos quais envolvem pessoas não diretamente amigas ou parentes. A prevalência de certas enfermidades e expectativas de vida associadas ao viver urbano pode promover diferentes tipos de ansiedade com os tipos de deterioração e violência a esperar do corpo durante o morrer e, portanto, com as medidas a tomar para amansar esse conjunto de problemas médicos.

Morrer em idade avançada sempre foi um grande problema para os poucos que conseguiam ter vida longa.[137] Atualmente, o problema adicional é o número gigantesco e crescente de pessoas que parecem estar ingressando nesses grupos etários. Além disso, morrer de doenças estigmatizantes e contagiosas como a aids tem trágicos paralelos com o morrer na velhice. A grande quantidade de pessoas que atualmente não têm morte "boa" ou "bem administrada" em virtude da idade ou da aids morre de modo desonroso. A desonra provém da atitude e do comportamento projetados dos mais jovens e não infectados sobre os grupos mais velhos e infectados, mas também das reações emocionais e sociais interiorizadas dos vitimados pelas outras pessoas. Essas mortes indignas têm as características descritas a seguir.

Há uma *erosão da consciência do morrer*. A natureza cíclica e crônica da aids ou do morrer idoso e frágil, do morrer de

---

137 Herbert, op. cit.; Thane, Changing paradigms of aging and being older. In: Weisstub et al. (Orgs.), *Aging: culture, health and social change*, p.10-1.

insuficiência orgânica, de cardiopatia e AVC dificulta extremamente a tarefa de identificar o início do morrer. Ademais, muita gente não vê necessariamente o envelhecimento e a doença como morrer simplesmente, porque a doença e a invalidez caracterizam com muita frequência a experiência do envelhecimento, especialmente entre os que dispõem de poucos meios socioeconômicos. Para os anciãos em uma casa de repouso, há o problema da falta de reconhecimento por parte dos outros do morrer como formas de viver na cultura de instituição geriátrica. Muitas casas de repouso têm limites rigorosos entre os residentes "vivos" e os "moribundos"[138] ou são incapazes de dizer quando começa o morrer,[139] às vezes porque seu próprio apego aos residentes lhes impede uma avaliação mais objetiva.[140] Finalmente, a prevalência da demência entre os que morrem de "fragilidade" ou de aids complica ainda mais o problema da consciência do ponto de vista dos morrentes.

Também há uma *erosão do apoio ao morrer*. As famílias e as equipes normalmente encaram as casas de repouso como lugares de tratamento dos cronicamente doentes ou inválidos. Esses lugares não são hospitais de doentes terminais. Embora muitos residentes se considerem pessoas que estão morrendo, pelo menos que lá ficarão até morrer, é escasso o apoio a essa jornada particular e a essa parte de sua identidade.[141] O HIV/aids é amplamente encarado apenas como um problema de saúde pública,

---

138 Hockey, *Experiences of Death.*
139 Siddell; Komaromy, op. cit., p.51-2.
140 Moss; Moss; Connor, op. cit., p.167.
141 Gubrium, *Living and Dying at Murray Manor;* Kayser-Jones, The experience of dying: an ethnographic nursing home study, *The Gerontologist,* v.42, 2002.

um problema de doença crônica, até mesmo pela OMS, cuja teorização frequentemente exclui considerações sobre o cuidado e o apoio aos moribundos.[142]

Morrer de aids e morrer na velhice, especialmente em uma casa de repouso, também trazem consigo *o problema do estigma*. Geralmente, os idosos não são tratados como pessoas morrentes, nem mesmo como simples adultos: são tratados como crianças.[143] A mera visão do envelhecimento, em mais uma contradição característica da atitude cosmopolita, eleva a juventude ao mesmo tempo que marginaliza os sinais de envelhecimento. Mesmo as pessoas que envelhecem interiorizam esses preconceitos.[144] O problema do estigma da aids e do medo generalizado de lidar com os que estão morrendo ou morreram de aids foi amplamente reconhecido,[145] e isso também interfere no tornar a morte "boa" ou "bem administrada" para todos os envolvidos. Há paralelos físicos entre morrer na velhice e morrer de aids, porque muitos dos que morrem dessa doença vivenciam um debilitamento profundo, além de agrisalhamento, enrugamento e envelhecimento prematuros.[146] Tais semelhanças físicas suscitam reações sociais parecidas por parte dos que acham os desvios da juventude e da saúde pessoalmente ameaçadores. O estigma do envelhecimento e o estigma da aids

---

142 Kellehear, *Compassionate Cities: public health and end of life care.*

143 Hockey; James, *Growing Up and Growing Old: ageing and dependency in the life course.*

144 Bytheway; Johnson, The sight of age. In: Nettleton; Watson (Orgs.), *The Body in Everyday Life.*

145 Walkey; Taylor; Green, Attitudes to aids: a comparative analysis of a new and negative stereotype. *Social Science and Medicine*, v.30, 1990; Takahashi, *Homelessness, Aids and Stigmatization.*

146 Schoub, op. cit., p.25.

têm, como suas fontes corporais, sinais físicos surpreendentemente semelhantes no fim da vida.

A natureza cíclica da doença e da invalidez, o estigma social constantemente aplicado e a vergonha sentida pelos que vivem com o envelhecimento ou com o HIV, a confusão em torno a um tempo que podemos chamar de "morrer", além da falta de apoio e da experiência da solidão, tornam a jornada do morrer cruelmente dura para esse grupo. *Morrer tornou-se uma provação ou um conjunto de provações,* do mesmo modo que o morrer é entendido como viagem ao além-mundo na história dos caçadores-coletores. Mas as provações não são as barreiras, os testes e os perigosos desafios de deuses do outro mundo como consequências sobrenaturais de uma vida vivida imperfeitamente. Na verdade, são barreiras, testes e perigosos desafios da doença, da invalidez, da medicação, das atitudes sociais nocivas e das reações dos outros seres humanos em consequência de uma vida vivida demasiado longamente ou vivida imperfeitamente segundo os critérios das outras pessoas. Para essa gente, morrer é uma *terrível jornada deste mundo.* Para os morrentes e para um número crescente de outras pessoas do período cosmopolita destinadas a esse tipo de jornada final, morrer será uma saída bastante desonrosa e constrangedora.

Capítulo 11
O nascimento da morte indigna

Há grandes ironias na nossa experiência cosmopolita de morrer. Atualmente, nesta que parece ser a preamar das nossas realizações modernas e em expansão nas áreas de saúde pública, tecnologia e expectativa de vida, o morrer vem se transformando cada vez mais em uma experiência oculta e inoportuna. Nossas tecnologias médicas, nossos programas de avaliação de saúde pública e nossas habilidades clínicas possibilitam os diagnósticos mais penetrantes até das doenças mais silenciosas, e, no entanto, o diagnóstico preciso de um estado médico tem pouca relevância para as consequências sociais do morrer de contágio, de pobreza ou de frágil velhice. No mundo industrial, se lograrmos sobreviver às ameaças precoces de acidente e suicídio na juventude, às de câncer e ataque cardíaco na meia-idade, nós acabaremos, majoritariamente, com um sortimento de enfermidades que não proporcionarão uma cena clara de leito de morte para nós nem para nossa família. A artrite insidiosa, a insuficiência orgânica ou a demência, assim como as disfunções repentinas do corpo, como o AVC, a pneumonia ou a queda acidental, nos negarão uma morte boa ou mesmo bem administrada.

Allan Kellehear

Para piorar as coisas, entre 17% e 30% dos idosos (dependendo de quem você ler) enfrentará o morrer em uma casa de repouso.[1] Ainda que essas instituições não fragilizem necessariamente os vínculos familiares, excluir as pessoas da tomada de decisões certamente reduz a qualidade das relações,[2] e essa é a situação cultural comum das pessoas nesses lugares. Faz muito tempo que as culturas de casa de repouso vêm sendo duramente criticadas na maior parte do Ocidente industrial. Mendelson[3] as considera como lugares que cuidam só de dinheiro, não de pessoas; Shield[4] classifica o morrer nas casas de repouso dos Estados Unidos de "mortes incômodas"; Baum[5] se exprimiu de maneira mais forte ao descrevê-las como "depósitos para a morte"; e Adler[6] foi ainda mais veemente ao chamar as casas de repouso americanas de "solução final".

Conquanto a maioria dos residentes em casas de repouso vejam a si próprios como pessoas "moribundas",[7] o cuidado que eles recebem em tais instituições atrai continuamente sé-

---

1 Brock; Foley, Demography and epidemiology of dying in the US with emphasis on deaths of older persons. In: Harrold; Lynn (Orgs.), *A Good Dying: shaping health care for the last months of life*, p.53; Sullivan, The illusion of patient choice in end-of-life decisions, *American Journal of Geriatric Psychiatry*, v.10, n.4, 2002; Weitzen et al., Factors associated with site of death: a national study of where people die, *Medical Care*, v.41, n.2, 2003; Flory et al., Place of death: US trends since 1980, *Health Affairs*, v.23, n.3, 2004.

2 Minichiello, *The Regular Visitors of Nursing Homes: who are they?*

3 Mendelson, *Tender Loving Greed: how the incredibly lucrative nursing home "industry" is exploiting America's old people and defrauding us all.*

4 Shield, *Uneasy Endings: daily life in an American nursing home.*

5 Baum, *Warehouses of Death: the nursing home industry.*

6 Adler, *A Critical Study of the American Nursing Home: the final solution.*

7 Gubrium, *Living and Dying at Murray Manor.*

Uma história social do morrer

rias críticas, em parte como uma extensão da crítica pública ao cuidado dos idosos pela família.[8] Essas críticas abrangem sua falta de atenção às necessidades culturais e ao *status* cognitivo, e a inadequação geral de tais lugares devido à precariedade de sua dotação de pessoal, comunicação e relação.[9] No Reino Unido, acrescenta-se a crítica ao tratamento dispensado aos idosos em geral. Eles são expostos a dificuldades econômicas, à violência, ao crime e ao abuso;[10] à discriminação nos serviços médicos e sanitários;[11] à discriminação pela idade e ao descuido para com as suas necessidades e, especialmente para com a sua morte, o seu morrer e as suas necessidades de perda.[12] Neste capítulo, quando eu falo no morrer do idoso nas sociedades industriais, refiro-me principalmente às pessoas morrentes em casas de repouso. Mas os países industriais da Idade Cosmopolita não são a minha única preocupação aqui.

O estigma do morrer de aids e a relativa juventude da maioria das pessoas afetadas torna o morrer ainda mais difícil e complicado, tanto em termos da desaprovação moral associada à doença quanto pela tragédia social e a disjunção emocional de uma morte precoce em um mundo em que se

---

8 Coleman; Bond; Peace, Ageing in the twentieth century. In: (Orgs.), *Ageing in Society*, p.13.

9 Kayser-Jones, The experience of dying: an ethnographic nursing home study, *The Gerontologist*, v.42, 2002.

10 Johnson; Williamson, *Growing old: the social problems of aging*.

11 Thane, Changing paradigms of aging and being older. In: Weisstub et al. (Orgs.), *Aging: culture, health and social change*.

12 Peace, The development of residential and nursing home care in the UK. In: Katz; Peace (Orgs.), *End-of-life Care Homes: a palliative approach*, p.40; Lloyd, Mortality and morality: ageing and the ethics of care, *Ageing and Society*, v.24, 2004.

espera que só "os velhos" morram. O fato de jovens morrerem de uma doença estigmatizante e contagiosa como a aids, inclusive milhões de crianças, sugere não só o fracasso da saúde pública e da medicina como também o fracasso de não morrer no tempo "apropriado": no "fim" da vida, não na juventude ou na meia-idade.

Quando me refiro aqui a pessoas que morrem de aids, eu centro a nossa atenção principalmente nas dos países em desenvolvimento. Às vezes, meus comentários e observações se aplicam ao morrer de aids em países ricos (e simplesmente ao morrer sozinho, fora das instituições de saúde). Mas reservo o alvo principal das minhas observações e análises para o morrer de aids no mundo em desenvolvimento, já que este coexiste com a experiência de morrer em instituições de saúde nos atuais países ricos.

A pessoa morrer muito cedo e de uma doença estigmatizante ou demorar a morrer, na velhice, a ponto de se tornar confusa, incontrolável e irreconhecível para os amigos e os profissionais são estilos de morrer ao mesmo tempo incertos, ambíguos e uma atividade arruinada para todos os participantes envolvidos. Morrer na Idade Cosmopolita está se tornando cada vez mais trágico e antissocial. Entre os idosos sozinhos, os residentes em asilos e em outros contextos da pobreza mundial, estamos presenciando o crescimento constante de formas desonrosas de morte. O recente grande aumento de formas vexaminosas de morrer representa continuidades e descontinuidades com o morrer antigo dos pobres urbanos do período do desenvolvimento industrial europeu, particularmente entre os séculos XVIII e XX. O morrer e o enterro do pobre eram fontes importantes de vergonha, humilhação e estigma público

Uma história social do morrer

naquela época.[13] Entretanto, na nossa encarnação recente do morrer indigno, a fonte do estigma não é simplesmente a associação da morte à indignidade da privação material, mas também à dependência causada pela fragilidade, pelo contágio e pela perspectiva de uma identidade em desaparecimento.

A desintegração do morrer

Nas sociedades em que se entende o morrer como uma viagem ao além-mundo, as relações cotidianas baseiam-se em comunidades em escala reduzida e em relações íntimas. Nelas, a posição social e o *status* proporcionam os guias essenciais de conduta social para todos. Nas sociedades sedentárias, os camponeses e primeiros agricultores são guiados uns para os outros por prescrições semelhantes, mas o desenvolvimento do morrer vagaroso associado à expectativa de vida mais longa ajudou o morrer a se afastar de uma experiência completamente do outro mundo. Esse desenvolvimento deu-lhe um papel novo e mais poder na preparação para a morte, e assim nasceram as primeiras parcerias entre a pessoa morrente e sua comunidade. Nas cidades, era mais difícil forjar essa parceria, vivendo, como vivia muita gente, com estranhos e forasteiros que forneciam serviços à população em crescimento contínuo de trabalhadores especializados com famílias pequenas. Contudo, embora as famílias pequenas em grandes populações anônimas criassem problemas no relacionamento com a comunidade amplamente definida, outorgava-se às pessoas morrentes certo grau de controle das relações e obrigações sociais mediante o

---

13 Strange, *Death, Grief and Poverty in Britain, 1870-1914*, p.65, 132.

uso compensatório de serviços profissionais. A gentrificação das relações sociais significou mais privacidade, mas também significou ser mais exigente com as relações pessoais e profissionais importantes para o viver urbano, e assim essas relações de amizade e serviço tornaram-se igualmente importantes para o morrer urbano.

No período cosmopolita, ter vida demasiado longa podia significar sobreviver às relações pessoais seletivas e também exaurir ou exercer grave pressão sobre a capacidade financeira de manter as relações profissionais adequadas. Ademais, como agora a identidade já não era uma qualidade herdada com base no sangue, no lugar, na posição social ou na tradição, o *status* passou a ser uma *qualidade negociada* dependente da manutenção da informação econômica, social e corporal positiva para o apoio interpessoal. A perda do emprego ou da renda, a degradação, a desgraça pública, a incapacidade física ou psíquica, a doença contagiosa ou mesmo a aparência desagradável hão de comprometer o *status* em curso no mundo social do cosmopolita. Nesse contexto, a incerteza, a ambiguidade e a desaprovação tornam-se as principais características do morrer de velhice ou de aids a ponto de essas duas formas de morrer apresentarem alguns ou todos os sinais e traços negativos da segunda.

A consciência do morrer na viagem ao além-mundo é fundada na comunidade após a morte biológica de um membro. Na boa morte, a consciência da aproximação da morte é responsabilidade da pessoa morrente. Na morte bem administrada, a consciência da iminência da morte normalmente é comprada (financeira e socialmente) dos outros, geralmente profissionais da saúde. Mas a consciência do morrer na senectude é

Uma história social do morrer

incerta. Lloyd[14] observa que o morrer na velhice é frequentemente imprevisível. A maioria dos gerentes de clínicas e asilos diz que o morrer ocorre durante dias, semanas ou meses.[15] Moss, Moss e Connor[16] afirmam que uma das principais dificuldades de oferecer cuidado paliativo às pessoas que morrem em instituições de atendimento de longo prazo é o problema de identificar alguém com menos de seis meses de vida pela frente. As pessoas com o HIV podem viver mais de dez anos com ciclos de doença, mesmo de doença grave, e de bem-estar. A aproximação da morte não é fácil de determinar mesmo nos portadores dessa enfermidade.[17]

O processo de morrer durante a viagem à ultravida, processo esse que via um espírito imaginário avançar rumo a testes e provações no além-mundo invisível, significava que quem assumia o embate da responsabilidade pela herança eram os membros da comunidade. Eles criavam e ofereciam presentes ao morrente para que os usasse em seus desafios futuros. Nas sociedades sedentárias, o ônus da herança recai sobre o morrente como parte do cumprimento de suas derradeiras obrigações sociais neste mundo. Eram comuns as trocas e os presentes no leito de morte. Nas cidades, um morrer bem administrado contaria com pelo menos algumas providências tomadas antes

---

14 Lloyd, op. cit., p.238.

15 Siddell; Komaromy, Who dies in care homes for older people? In: Katz; Peace (Orgs.), *End-of-life Care Homes: a palliative approach*, p.47.

16 Moss; Moss; Connor, Dying in long term care facilities in the US. In: Katz; Peace (Orgs.), *End of Life in Care Homes: a palliative approach*, p.167.

17 Fleming, The epidemiology of HIV and aids. In: Wormser (Org.), *Aids and Other Manifestations of HIV Infection*, p.26.

da sua fase terminal, particularmente as financeiras e patrimoniais das classes média e alta. Os preparativos religiosos, médicos e pessoais podiam ficar para depois no leito de morte.

Sem embargo, no período cosmopolita, como o morrer real pode ser incerto, morrer jovem às vezes significa a ausência de toda e qualquer preparação material e financeira, já que esta é associada à velhice.[18] Por outro lado, no morrer do idoso, é possível que a maior parte dos preparativos seja feita bem antes da morte – os financeiros, os jurídicos, os médicos, os religiosos e os pessoais –, e, no entanto, talvez não haja nenhum sinal da morte. Os preparativos para ela vêm se desvinculando do processo de morrer – atualmente, já não são motivados pela perspectiva imediata ou impendente da morte. Para todos os fins práticos, hoje tais preparativos se associam ao reconhecimento menos urgente e mais geral da mortalidade no conjunto da duração da vida.

No morrer enquanto viagem ao além-mundo, a comunidade desempenha papéis importantíssimos nos processos sociais de apoio e assistência ao morrente durante os rituais póstumos. Na boa morte, começamos a ver a inclusão gradual de uma comunidade mais ampla de especialistas como os curandeiros e sacerdotes. Na morte bem administrada, verificam-se a ascensão e, ademais, o domínio dos serviços profissionais no cuidado do morrente. No período cosmopolita, no qual a perspectiva da morte é obscura para a maioria – o morrente ou seus cuidadores –, aquele perde o papel de morrente e é colocado em um lugar "dilatório" em que a prioridade é o cuidado da saúde, não o do processo de morrer. Este desaparece como

---

18 Kellehear, *Dying of Cancer: the final year of life.*

preocupação profissional, cedendo o passo à administração do cuidado de enfermagem 24 horas por dia, do atendimento de alívio ou da assistência aguda ou mesmo de emergência.

Enfim, a entrada da morte no mundo dos caçadores-coletores geralmente era vista como um malefício provocado por influências perniciosas como o feitiço, a maldição ou a retribuição de algum delito. A morte era quase sempre *culpa de alguém*. Nas sociedades sedentárias, essa forma de pensamento mágico continua, mas evolui para uma moralidade nova baseada no comportamento no leito de morte. A morte era "boa" ou "ruim" dependendo de como a pessoa morrente se conduzia no tocante a suas obrigações religiosas e sociais para com os deuses, a família e a comunidade em geral. Nas cidades, a morte bem administrada enfocava essa moral refletindo sobre até onde um morrer parecia ser bom tanto do ponto de vista da paz psicológica e social observada (ou não), quanto da boa (ou não) administração do próprio corpo morrediço pelas rotinas e intervenções médicas e de enfermagem.

No período cosmopolita, a dimensão moral do morrer começa a ficar desfocada e, a seguir, vai se tornando negativa. Grande parte do morrer dos idosos não é considerada nem identificada como tal pelos atendentes e, às vezes, nem mesmo pelo próprio moribundo. O reconhecimento do morrer é medicamente difícil para a equipe porque as trajetórias são muito cíclicas e imprevisíveis. Além disso, esse reconhecimento é socialmente difícil quando os contextos institucionais são concebidos para o apoio sanitário e da enfermagem, não da morte e do morrer. E a tarefa psicológica real piora com a prevalência significativa de demência entre os morrentes, especialmente os idosos.

Nos países em desenvolvimento, morrer de aids, assim como viver com o HIV, normalmente é um morrer desassistido, estigmatizado e muito temido por todas as comunidades.[19] Mesmos nos contextos urbanos industriais, nos quais muita gente em estágio terminal da doença tem a possibilidade de procurar e obter a morte bem administrada, um número significativo de pessoas nessas condições é sem-teto e/ou pertence a grupos detestados, como os trabalhadores sexuais, os usuários de drogas e os pobres urbanos. Com frequência, morrem pública e indignamente nos espaços negligenciados dos ermos urbanos: as esquinas, os becos, os prédios e estações ferroviárias abandonados de todo o mundo industrial.[20]

Os preparativos para a morte são desconectados do morrer ou inexistentes; o envolvimento dos íntimos nas derradeiras horas ou dias decresce à medida que o medo ou a falta de reconhecimento do morrer mantém as pessoas a distância. Nas casas de repouso de todo o mundo e nas aldeias da África, da Ásia e da Europa Oriental, os serviços médicos limitados que podiam aliviar a passagem física da morte lutam para controlar ou administrar os sintomas físicos. Em geral, são inadequados ou administrados precariamente. Morrer nesses lugares e nessas condições torna-se um espectro fisicamente assustador. A forte dor crônica ou episódica, as horrendas marcas do sarcoma de Kaposi — semelhantes às da varíola —, a demência associada ao HIV dos que morrem de aids, ou a incontinência fecal e urinária, a dor e a demência da morte do idoso aumentam

---

19 Songwathana; Manderson, Stigma and rejection: living with aids in Southern Thailand, *Medical Anthropology*, v.20, n.1, 2001.

20 Takahashi, *Homelessness, Aids and Stigmatization*.

Uma história social do morrer

ainda mais a suspeita de que, tendo roubado tudo da pessoa, a morte volta para também lhe tomar a dignidade.

Depois de aproximadamente 2 milhões de anos de morrer caracterizado por parcerias bem modeladas e bem compreendidas com a comunidade, a família e os profissionais da saúde especializados, hoje o morrer parece estar se desintegrando. Embora tenhamos passado por períodos, tanto recentes quanto antigos, de crítica a nossas comunidades ou aos nossos curandeiros e sacerdotes, tais críticas sempre partiram de dentro de um contexto de período de morrer reconhecido. Mesmo os episódios de isolamento do morrente das décadas de 1950 e 1960 exigiam equipe hospitalar que reconhecesse o tempo de morrer. Os moribundos eram uma categoria social reconhecida em toda a história humana e em todas as culturas e economias.

Atualmente, há em todo o mundo um número crescente de homens e mulheres que, por motivos médicos e culturais, são incapazes dessa consciência ou para os quais essa consciência não traz senão rejeição social e isolamento. Nós vemos os dois tipos de gente morrerem em situação social e médica deficiente e de maneiras que se refletem vergonhosamente nas nossas principais instituições sanitárias e nas nossas relações sociais e econômicas mais amplas com o pobre global – local e internacionalmente. E muitas dessas pessoas morrentes em tais circunstâncias interiorizam essa sensação de vergonha, tornando o seu morrer dolorosamente pior do que ditam implacavelmente os cenários físicos e médicos. A desintegração do morrer como uma série de trocas sociais discretas que remontam a 2 milhões de anos tem visto mudarem extraordinariamente as categorias morais que ora se aplicam ao morrer. Não mais "natural" ou "malevolente", "bom" ou "ruim", ou "bem" ou "precariamente" administrado, o morrer está se tornando indiscutivelmente "indigno", posto que naturalmente não falte quem resista e discorde.

O morrer começou como uma forma de vida entre os mortos, e nós delineamos como esse morrer retrocedeu paulatinamente para um lugar deste mundo nos últimos 12 mil anos, colocando-se em um ponto pouco anterior ao próprio fato da morte. Nesse ponto, que viria a ser a cena do leito de morte reiteradamente presenciada por todos os povos sedentários, o morrer passou a ser reconhecido como uma vida, aliás, o fim de uma vida. Nos tempos cosmopolitas recentes, continuou a se distanciar da própria morte, apartando-se até mesmo do leito de morte das sociedades sedentárias. Atualmente, o morrer está ficando indistinguível do viver cotidiano, porque, cada vez mais, nós vimos perdendo de vista o destino principal do papel do morrente: a morte.

Essa falta crescente de reconhecimento público de um papel morrente no envelhecimento, ou no morrer jovem e contagioso, quando combinada com uma epidemia crescente de demência, produz um morrer que é uma morte viva para um número cada vez maior de pessoas.[21] Em termos históricos, nós viramos o morrer de ponta-cabeça. Na Idade da Pedra, as pessoas geralmente viam os seus mortos na morte como uma forma de vida; na Idade Cosmopolita, vemos muitos dos nossos vivos no fim da vida como uma forma de morte. Agora as provações e os testes da viagem ao além-mundo foram totalmente transferidos para o nosso lugar neste mundo. O estigma

---

21 Gubrium, The social worlds of old age. In: Johnson (Org.), *The Cambridge Handbook of Age and Ageing*, p.313.

e a rejeição social, a assistência médica inadequada, os fatos de ressuscitação inoportuna e as múltiplas perdas inerentes ao envelhecimento ou ao morrer de aids garantem que, como as velhas histórias de monstros e deuses que povoavam a viagem à ultravida, os homens e mulheres morrentes de hoje "morrerão" não uma, mas muitas vezes.

O que é morte indigna?

A ideia de morte indigna tem origem conceitual na obra inicial do sociólogo Erving Goffman,[22] subtitulada "notas sobre a manipulação da identidade deteriorada". Ele afirmava que uma pessoa estigmatizada era "excluída" da aceitação social plena, uma pessoa frequentemente vista como "não completamente humana".[23] Os indivíduos internalizam o estigma como vergonha – sensação que o autor descreve como sentimentos de desespero e rejeição quando os indivíduos têm as mesmas crenças acerca de sua própria identidade como as pessoas "normais" as têm com relação a suas deficiências.[24]

Quando uma pessoa é "estigmatizada", a maioria das outras se relaciona com ela com base em uma característica única, não com a sua identidade mais ampla. Por exemplo, nós enxergamos o pedófilo convicto, mas não o marido dedicado, o excelente profissional e o voluntário abnegado das obras de caridade que talvez também façam parte da sua personalidade. O estigma dá às pessoas uma identidade virtual com que se

---

22 Goffman, *Stigma: Notes on the Management of Spoiled Identity.*
23 Ibid., p.9, 15.
24 Ibid., p.17-8.

relacionarem, e não uma identidade real, já que esta se compõe de múltiplos papéis e expressões sociais. Goffman se apressa a indicar que um atributo pode ser estigmatizado em determinado cenário (por exemplo, o comportamento agressivo em um balconista) e elogiado em outro (por exemplo, no militar). O juízo é o resultado de situações sociais de contato misto. O contexto é tudo na formulação de juízos.[25]

Takahashi[26] afirma que o estigma também é um processo de comunicar aos demais que determinado grupo está associado à vergonha, à desonra, à degeneração, à infâmia ou ao fracasso: "Eles são anormais – nós não". Estigmatizar indivíduos e grupos possibilita aos "normais" assinalar as vítimas para punição ou contenção moral pela rejeição franca, o eufemismo e a discriminação. Um primeiro passo essencial para criar o estigma consiste em rotular os outros negativamente. Essa rotulação pode ser feita informal ou formalmente mediante a categorização profissional.

Os indivíduos rotulados geralmente são escolhidos pela sua improdutividade, pois os "normais" são pessoas produtivas com poucos obstáculos para se empregar lucrativamente na ampla vida econômica na sociedade. Esse valor torna os física e mentalmente incapacitados particularmente propensos à rotulação. As pessoas rotuladas também podem ser consideradas perigosas, com ou sem potencial produtivo, e são rotuladas por representar uma ameaça direta à segurança e ao bem-estar dos demais. Os grupos mais sujeitos a esse tipo de rotulação são, é claro, os mentalmente instáveis, os criminosos

---

25 Ibid., p.164.
26 Takahashi, op. cit., p.52.

Uma história social do morrer

e os contagiosos. Também convém notar que os estigmatizados costumam ser considerados pessoalmente culpados por seus defeitos, isto é, devem ser pessoalmente responsabilizados pela situação em que se acham.[27]

Susan Sontag[28] também sugere que, muitas vezes, a busca de explicações psicológicas para um comportamento dissimula uma desaprovação moral e, no mundo moderno atual, substitui a antiga tradição religiosa de rotular os outros como espíritos e almas boas/más ou puras/impuras. Dansky[29] nota a longa história da perseguição americana e inglesa às pessoas consideradas moralmente impuras, como os homossexuais, as bruxas, os judeus, os ciganos ou mesmo os acometidos pela varíola. Esses grupos estigmatizados normalmente tinham de enfrentar, na pior das hipóteses, julgamentos, queimas públicas e multidões linchadoras, ou, na melhor, eram publicamente arredados de casa e da comunidade.

A própria palavra "estigma" tem origem grega e, nessa fonte original, geralmente designava sinais físicos que denunciavam um problema moral. As marcas de ferrete e os cortes na carne exibidos pelos escravos, os criminosos e os traidores são exemplos desse "estigma" e serviam de aviso para os demais de que convinha evitar aquela gente ou tomar muito cuidado com ela.[30] Nós geralmente desconsideramos esse significado original da palavra e falamos em estigma no sentido de sinais sociais de desonra apresentados por tipos de comportamento, por exemplo, a doença mental, a pobreza, a conduta criminosa

---

27 Ibid., p.54-5.
28 Sontag, *Illness as a Metaphor*.
29 Dansky, *Now Dare Everything: HIV-related psychotherapy*, p.41.
30 Goffman, op. cit., p.11.

e assim por diante. Contudo, é útil incorporar a referência original a sinais físicos ao considerar que, na Idade Cosmopolita, o morrer se tornou um emblema de desonra, sobretudo porque, inevitavelmente, tanto o envelhecimento quanto a aids mostram fortes mudanças físicas aos outros.

Bytheway[31] e Bytheway e Johnson[32] oferecem esmiuçadas meditações sobre como a visão da velhice causa impacto nos próprios idosos. Muitos deles ficam consternados com sua aparência, especialmente as rugas, o cabelo grisalho e as ajudas tecnológicas. Não poucos se *sentem* mais jovens que sua aparência exterior. A consternação ocorre quando eles se veem no espelho, em filmes caseiros ou em fotografias recentes. Essas reações espontâneas simplesmente reproduzem a reação mais amplamente socializada de preconceito com os idosos. Quando a pessoa enxerga os "sinais" da velhice e não a pessoa por trás da aparência externa, isso discrepa da sua própria tendência a se autovalorizar. Nesse momento, a velhice surge como um "choque". A tendência cultural mais geral a estigmatizar inicia sua viagem no interior do indivíduo idoso e se transforma em "vergonha".

O estigma da velhice vem sendo exaustivamente pesquisado e documentado. Por exemplo, Hockey e James[33] oferecem um amplo registro de que os idosos são marginalizados e tratados como cidadãos de segunda classe ou até como não adultos. Os estilos formal e informal de atendimento sugerem uma

---

31 Bytheway, *Ageism*.

32 Bytheway; Johnson, The sight of age. In: Nettleton; Watson (Orgs.), *The Body in Everyday Life*.

33 Hockey; James, *Growing Up and Growing Old: ageing and dependency in the life course*.

Uma história social do morrer

tendência generalizada a encará-los como crianças, com necessidade de controle, porque eles parecem dependentes ou cognitiva, comportamental ou socialmente prejudicados. Thane[34] observa que a discriminação nos serviços médicos e de saúde é generalizada e conta até com o apoio da polícia. Priorizam-se com muita frequência os serviços para os jovens e, mesmo nas culturas médicas, a medicina geriátrica é considerada uma "especialidade de *status* inferior".

Nas casas de repouso, a situação é mais grave ainda. Segundo Adler, "A impotência é a regra para os residentes em casas de repouso".[35] Eles são "acalmados, atendidos de certa maneira e tratados com desprezo, infantilizados, desdenhados, rotulados e menosprezados". Sua vida anterior é praticamente desconsiderada. Amiúde, o medo ao abandono expresso por muitos idosos se realiza plenamente nessas instituições. Isso porque muitos residentes de casa de repouso são verdadeiramente abandonados, segregados, desvalorizados, incapazes de reciprocar de maneiras socialmente válidas e geralmente são evitados: tendência essa que Adler denomina "gerontofobia".[36] Como o exprimiu uma viúva:

Eu tenho só 62 anos, mas é como se tivesse 100. Meus filhos me abandonaram e parecem não querer saber se estou viva ou morta. Os dois são casados [...]. Eu não suporto os domingos, por isso, sábado à noite, tomo tranquilizantes bem fortes que me deixam zonza o domingo inteiro.[37]

---

34 Thane, op. cit., p.8.
35 Adler, *A Critical Study of the American Nursing Home: the final solution*, p.33.
36 Ibid., p.176.
37 Elder, *The Alienated: growing old today*, p.10.

Allan Kellehear

Um estudo anterior de observação participante de uma casa de repouso nos Estados Unidos descreveu a autoimagem dos residentes como de pessoas moribundas – assim definidas porque a maioria sentia que levava uma vida "inútil", era um fardo para os outros, não tinha futuro e estava sofrendo psicológica e fisicamente.[38]

Mais recentemente, Silverman e McAllister[39] observaram em seu estudo da cultura das casas de repouso que o pessoal geralmente tem dificuldade para aceitar e manter o comportamento e a expressão sexual dos residentes. Uma vez mais, os idosos são tão frequentemente infantilizados que passam a ser encarados como pessoas sem necessidades sexuais. Mas as necessidades sexuais e as experiências de vida nos papéis de trabalho ou nas relações raciais gozam de continuidade como importantes elementos vitais da existência na casa de repouso até mesmo entre os que apresentam indícios de demência.

Tom Kitwood[40] dirigiu um levantamento próprio de comportamento normalmente voltado para pessoas com demência, e uma análise desse levantamento deixa pouco espaço para dúvida de que viver e morrer com demência é um processo de relações estigmatizante e vergonhoso. Sua lista de estilos interpessoais entre cuidadores e pessoas dementes são: traição (desonestidade ou engano para obter docilidade); desapoderação

---

38 Gubrium, *Living and Dying at Murray Manor*.

39 Silverman; McAllister, Continuities and discontinuities in the life course: experiences of demented persons in a residential Alzheimer's facility. In: Henderson; Vesperi (Orgs.), *The Culture of Long Term Care: nursing home ethnography*.

40 Kitwood, Frames of reference for an understanding of dementia. In: Johnson; Slater (Orgs.), *Ageing and Later Life*, p.104.

Uma história social do morrer

(fazer para a pessoa com demência coisas que ela pode fazer, ainda que lenta ou desajeitadamente); infantilização (tratá-la como criança); condenação (culpá-la); intimidação; estigmatização; adiantamento (dar informação mais depressa do que ela a pode assimilar); invalidação (desconsiderar ou diminuir o que ela sente); banimento (afastá-la da companhia das demais); e objetificação (tratá-la como objeto ou "massa de matéria morta"). Não admira que uma leve deficiência cognitiva venha a se deteriorar bastante rapidamente nesse tipo de meio cultural.

O estigma de envelhecer e morrer é dado como tão certo e é percebido tão negativamente na Idade Cosmopolita que, no Reino Unido, um estudo recente de 4.300 atestados de óbito constatou que a "velhice" era dada como parte da *causa mortis* em 7% dos casos e como única *causa mortis* em 3% deles.[41] Ora, ainda que a velhice *não* seja uma causa de morte, é obviamente reputada como associada a uma tal variedade de doenças que, pelo menos para alguns médicos, essa categoria e esse estágio sociais na vida são tidos como sinônimos de um diagnóstico de patologia médica.

Mesmo em regiões como a África, é baixa a tolerância com os idosos e, particularmente, com as viúvas idosas. Dizem que o estigma da velhice é parecido com o da doença mental, e Ineichen[42] acredita que isso pode constituir pelo menos um motivo para a escassa divulgação da demência na região.

---

41 Hawley, Is it ever enough to die of old age? *Age and Ageing*, v.32, n.5, 2003.

42 Ineichen, The epidemiology of dementia in Africa: a review. *Social Science and Medicine*, v.50, 2000.

Allan Kellehear

O estigma associado ao HIV e ao morrer de aids é um pouco melhor que o da velhice e o morrer, salvo que a riqueza e a posição social nas regiões industriais podem ter influência social e financeira para obter uma morte bem administrada. Porém, mesmo nesses lugares mais abastados, as pessoas que vivem com HIV enfrentam barreiras sociais substanciais ao apoio, à conexão social e à aceitação, porque ali o vírus é frequentemente associado à homossexualidade, ao tráfico de drogas e ao crime.[43]

Ainda na década de 1990, St. Lawrence et al.[44] pesquisaram trezentos estudantes universitários, mostrando-lhes várias fotografias de doentes identificados como portadores de aids ou leucemia e de orientação pessoal homossexual ou heterossexual. Constataram que aquele grupo de jovens pouco se dispunha a interagir, manter conversa, alugar uma casa, comparecer a uma festa, trabalhar no mesmo escritório, deixar crianças visitarem ou continuar uma amizade com um portador de HIV. Também havia uma ligação geral da aids com pessoas homossexuais.

Na África, onde a maior parte da pandemia de aids não se atribui à transmissão homossexual, o estigma e a vergonha persistem incólumes contra as pessoas com HIV e morrendo de aids. A morte prematura é considerada "antinatural", porque a "natural" ocorre na velhice. Aquela deve ser causada por algum mal da vítima ou de seus inimigos, pois a ira ancestral provoca

---

43 Takahashi, op. cit., p.96-8.
44 St. Lawrence et al. The stigma of aids: fear of disease and prejudice toward gay men, *Journal of Homosexuality*, v.19, n.3, 1990.

doença, não a morte.[45] A bruxaria e o feitiço continuam sendo as principais explicações para a aids, sendo que a escassa evidência empírica recente tende a reforçá-las.[46]

O sentimento de vergonha predomina entre os que estão morrendo de aids, e a família geralmente sofre o mesmo estigma por associação. O estigma e a indignidade são tão grandes que alguns portadores de HIV manifestam desespero intenso. Songwathana e Manderson[47] iniciam sua exposição do estigma e da aids na Tailândia com a seguinte citação que ilustra a profundidade do problema: "Prefiro morrer a ser curado, pois, se eu me curar, vou passar o resto da vida com o estigma de ter tido aids. Queria uma vida nova sem a história da doença".

A solidão que acompanha o ficar separado dos demais em uma casa de repouso ou o isolamento social vivido simplesmente porque a pessoa é idosa ou portadora de HIV é uma das consequências mais cruéis do estigma. Essa situação de solidão de longo prazo nada tem em comum com o morrer de outrora, mesmo se se incluir o dos pobres na Inglaterra vitoriana ou o breve isolamento dos moribundos institucionalizado nas horas ou dias terminais do morrer administrado, documentado nos anos 1950 e 1960. O morrer lento, incerto e não reconhecido pelos próprios morrentes e seus atendentes sugere uma nova forma irônica de solidão em companhia dos outros.

---

45 Liddell; Barrett; Bydawell, Indigenous representations of illness and AIDS in sub-Sahara Africa, *Social Science and Medicine*, v.60, 2005, p.693.
46 Liddell; Barrett; Bydawell, op. cit., p.696.
47 Songwathana; Manderson, op. cit.

Norbert Elias[48] foi um dos primeiros a reconhecer essa solidão quando, referindo-se particularmente ao envelhecimento, comentou que "a coisa mais dura" no morrer atual é o esfriamento paulatino das relações. E, quando escreve sobre a "solidão", não se refere unicamente ao isolamento físico ou ao confinamento de um grande número de idosos ou agonizantes em instituições totais. Também alude à solidão da pessoa obrigada a ficar em meio a muita gente para a qual ela não tem nenhum significado social.[49] Como ele observa ironicamente, "Talvez não seja propriamente supérfluo dizer que o cuidado das pessoas às vezes fica muito aquém do cuidado dos seus órgãos".[50]

Exemplos de morte indigna

Por generalizado que seja o reconhecimento da elevada prevalência do processo de morrer nas casas de repouso e do morrer com demência nesses lugares, há pouquíssimas descrições desse processo. Conhecemos as cifras (isto é, os números), mas não as cifras reais (as pessoas por trás delas). Em seu estudo de observação participante, Page e Komaromy[51] documentam o morrer de "James", um residente de casa de repouso de 99 anos de idade. Quando ingressou na instituição quatro anos antes de sua morte, James era considerado uma pessoa "falante e extrovertida", mas não tardou a ficar surdo, confuso

---

48 Elias, *The Loneliness of Dying*.
49 Ibid., p.64-5.
50 Ibid., p.91.
51 Page; Komaromy, Professional performance: the case of unexpected and expected deaths, *Mortality*, v.10, n.4, 2005.

Uma história social do morrer

e demente. Nos seus últimos dias, transferido para a unidade de "Idosos Mentalmente Enfermos" na casa de repouso, Page e Komaromy[52] discutem o registro escrito do atendimento de James, justamente nos dois dias de sua doença terminal:

> NOTAS ESCRITAS SOBRE JAMES: Quarta-feira. James parece ter tido uma mudança. Talvez um derrame. Absolutamente nenhuma comunicação, apenas olhar fixo quando desperto. Dormiu a maior parte do dia. Instruções do médico. Dar líquidos regularmente, do contrário, terá de ser hospitalizado. Quinta-feira. Impossível acordar James o dia todo. Clínico geral visita e diz que ele precisa tomar soro, mas não conseguiu interná-lo em nenhum hospital. Urina ok. Tarde de quinta-feira. Inquieto e gemendo, congestionado. Não reage.

Em nenhuma parte desse relato escrito havia indicação de que James estava morrendo.

O problema do exemplo anterior de "morrer" é duplo. O moribundo no centro dessa experiência parece incapaz de assumir algo parecido com o papel de uma pessoa em vias de se retirar socialmente do seu entorno por estar demasiado enfermo, seja por causa do AVC inicial, seja em virtude da presença anterior da demência. Em segundo lugar, o *staff* dessa instituição particular parece incapaz de reconhecer que está às voltas com atendimento terminal. Ainda que eles reconhecessem que agora está ocorrendo o morrer, o estado aparentemente "vegetativo" de James já não permite nenhuma transação social do morrer. Nesse contexto, ele e seus atendentes se acham em

---

52 Page; Komaromy, op. cit., p.301-2.

uma situação de nem "viver" nem "morrer" em nenhum dos significados comuns que normalmente associamos a esses termos e experiências.

Jaber Gubrium[53] oferece um *insight* pela voz de dois cuidadores casados com cônjuges afetados pela demência, mas ainda morando em casa. Seus comentários lamentam o "desaparecimento" da identidade que ocorre frequentemente antes do "morrer", mas não chegam a reconhecer esse processo interpessoal como o verdadeiro morrer entre eles.

> Jack: É por isso que estou procurando uma casa de repouso para ela. Eu a amava muito, mas Mary simplesmente não é mais a Mary. Por mais que eu tente, não consigo me convencer de que ela esteja aqui.

> Rita: Eu simplesmente não sei o que pensar ou sentir. É como se ele não estivesse mais aqui, e isso me angustia horrivelmente. Ele não me conhece. Pensa que eu sou uma estranha nesta casa. Grita e tenta me bater para que eu me afaste. Não é mais ele de modo algum.

No entanto, até mesmo entre os idosos que não têm demência, o reconhecimento do morrer como um reconhecimento mútuo do fim social, psicológico e físico da vida é comumente negado pelo pessoal das casas de repouso.[54] Um estudo britânico recente de Godwin e Waters[55] constatou que as pessoas

---

53 Gubrium, op. cit., p.314.
54 MacKinley, Death and spirituality. In: Johnson (Org.), *The Cambridge Handbook of Age and Ageing.*
55 Godwin; Waters, "In solitary confinement!"..., *Mortality*, v.10, 2005.

morrendo de demência geralmente eram desatendidas e que o pessoal institucional subestimava a capacidade ou disposição dessas pessoas de considerar temas como a morte. Muitas vezes, preferia consultar os parentes sobre as preferências na morte, mas ninguém era consultado sobre as preferências em torno ao processo de morrer. Contudo, Godwin e Waters encontraram em seus doze entrevistados tanta capacidade quanta disposição para discutir essas preferências. Mas o pessoal e muitas famílias relutam, manifestando até medo da tarefa de perguntar sobre as preferências na morte e no morrer.

Além disso, o que ilustra a solidão do morrer é a perda da identidade não só pelo declínio cognitivo como também pelas intensas mudanças sociais associadas à vida institucional. Marion, residente de 87 anos de uma casa de repouso australiana, contou-me como o mundo se fechou ao seu redor.[56] Os passeios no parque se reduziram a uma ida diária até a caixa de cartas da casa de repouso. Lá, seus amigos de dia e de noite reduziram-se a só os de dia por causa das horas restritivas de acesso à casa de repouso. Seu isolamento social não vem meramente do horário de visitas e do número de amigos. Vem também da mudança na cultura dos seus companheiros.

> Percebo que, na minha vida adulta, eu vivi em um mundo próprio. Imagino que todos sejam assim. Quer dizer, se você fosse um jogador de futebol, andaria com esse tipo de gente. Eu sempre me interessei por política e literatura e, como me casei com um jornalista, sempre conhecemos muitos jornalistas que eram gente boa para discutir. E, embora tenha conhecido gente de todas

---

56 Kellehear; Ritchie (Orgs.), *Seven Dying Australians.*

as classes por ser vereadora, eu a desdenhei. A maioria das mulheres da minha idade (aqui) só se interessa pelos netos. Acho isso extraordinário. Elas parecem não ter outro interesse [...] as pessoas que moram aqui são extraordinárias.[57]

Como observou Elias[58] anteriormente, a solidão de Marion na casa de repouso não vem da falta de companhia, mas da falta de companhia com quem ela possa se relacionar e que também sinta uma empatia e uma experiência recíprocas.

O principal sofrimento de Marion – à parte o colapso do quadril e a deficiência visual e auditiva – é o desespero. Ela perdeu a privacidade ("Santo Deus, a gente não tem nenhuma privacidade, embora eles ponham cortinas ao redor antes de fazer qualquer coisa"); seus pertences muito queridos ("Eu doei tudo. A gente simplesmente se desfaz da vida, sim, se desfaz"); a autonomia e a dignidade ("Agora a única coisa que eu ainda posso fazer é limpar a bunda! Essa é a minha pequena independência"); e especialmente o desejo de que os outros reconheçam o seu morrer. O caso a seguir, contado por Marion, ilustra bem esse problema da pouca disposição das casas de repouso a reconhecer publicamente e reagir a essa parte da identidade de Marion como alguém que acredita que está morrendo e quer morrer.

A casa de repouso de Marion tem uma discussão mensal de grupo chamada "Bate-papo". As regras do grupo de discussão são simples. Alguém levanta uma questão que lhe parece digna de ser discutida e, se houver consenso sobre o tema, a mediadora

---

57 Ibid., p.34.
58 Elias, *The Loneliness of Dying*, p.64-5.

percorre a sala e pergunta a opinião de cada participante. Um dia, o tema em discussão era: O que você faria se ganhasse um milhão de dólares. Marion foi a décima segunda pessoa do grupo. Quando estavam percorrendo a sala, uma pessoa expressou o desejo de gastar o dinheiro indo a uma grande exposição de flores local; outra manifestou a vontade de dar um banquete enorme; outra disse que preferia dar o dinheiro aos netos. Marion conta o que aconteceu a seguir:

> Então, quando chegou a minha vez, eu disse que, se tivesse um milhão de dólares, compraria uma passagem para Amsterdã. E pagaria para que fizessem a minha eutanásia. Ora! Aquilo caiu como uma bola de chumbo [...]. Em todo caso, não muito tempo depois do incidente, eles me mostram a minuta da reunião. E, quando eu leio sobre a minha sugestão (nunca aparecia o nome de ninguém), estava simplesmente escrito: uma senhora disse que faria uma viagem à Holanda! Quer dizer que eles não conseguiam nem pôr aquilo no papel![59]

O morrer lento de Marion (ela faleceu alguns meses depois que eu a entrevistei) nunca foi reconhecido, nunca se falou nele nem o comentaram francamente com os residentes ou o pessoal. Seus comentários sempre eram recebidos com um sorriso amarelo e constrangido silêncio. E essas reações, apesar do fato de ela nunca ter reservas em expressar sua opinião sobre a morte e o morrer ("Todo dia eu espero não acordar de manhã. Quero morrer. Lamento, mas quero. Será o fim." E outra vez: "Sei que nunca mais vou voltar. Não acredito em milagres: vou

---

59 Ibid., p.33.

ficar aqui até o fim da vida. Vou ficar aqui até morrer, coisa que espero que não demore muito a acontecer.").

O caso de Marion é o exemplo claro de uma pessoa articulada e instruída da classe média urbana, sem sinais óbvios de declínio cognitivo ou demência, que se vê como "morrediça" e não simplesmente como uma "velha" com necessidade de cuidados de enfermagem. Trata-se de uma pessoa que realmente vê parte de sua identidade como a de uma morrente, mas é incapaz de estimular uma reação de apoio no ambiente da casa de repouso. Seus reiterados comentários e atitudes simplesmente criam constrangimento, momentos embaraçosos que precisam ser "higienizados" até na minuta escrita de suas atividades de lazer. Se uma pessoa articulada e lúcida não consegue iniciar um papel morrente para si própria, quanto mais difícil ou impossível há de ser para casos como o do citado, anteriormente, "James".

O morrer não chega a ser bom ou bem administrado se não for reconhecido. Seus requisitos sugerem que é preciso haver um reconhecimento básico por parte do morrente e do seu círculo social imediato – a família, os amigos, os profissionais –, pois morrer é uma experiência social compartilhada a ser apoiada como uma passagem final. Os casos de Marion e de "James" mostram que o desejo generalizado de ser reconhecido como idoso e morrente geralmente é emudecido, às vezes pela própria doença, às vezes também por um estado de espírito institucional de constrangimento e incompetência.[60] A dificuldade para abordar a tempo as preocupações com o morrer tanto por parte dos morrentes quanto dos atendentes

---

60 MacKinley, op. cit., p.397.

exacerba a experiência pessoal de constrangimento, indignidade e abandono psicológico, se não social, quando todas as
oportunidades de as resolver são superadas pela doença repentina ou a eventual demência.

O morrer anti-heroico: resistência e dissidência

Goffman[61] afirma que muita gente resiste ao rótulo do estigma e desenvolve estratégias para evitar ser vitimada moral e
socialmente. E observa várias etapas no processo de estigmatização. Elas começam com o aprendizado do ponto de vista
normal, com o aprendizado de que ele desqualifica a pessoa e
com o aprendizado de como lidar com isso. Desse último estágio de "superação" derivam outras possibilidades sociais para
alguns: aprender a "passar" por "normal" ou a dissimular os
sinais externos do estigma, aprender a se fundir com o normal
apesar do estigma e aprender que estão simplesmente acima do
"passar por" e tratar de aceitar e respeitar a si mesmos.

As três últimas possibilidades sociais são visíveis no viver
com o envelhecimento ou com o HIV. As pessoas com esse
vírus às vezes optam por não revelar jamais seu *status* soro-
positivo, a não ser, talvez, em encontros sexuais. Passar por
"normais" e sadios e passar por heterossexuais não são reações
inusitadas nos gays e bissexuais e nos homens soropositivos
gays e bissexuais. A resistência e o desafio francos através de
organizações sociais e políticas também são reações comuns
ao estigma social.[62]

---

61 Goffman, op. cit., p.101.
62 Takahashi, op. cit., p.96-8.

Allan Kellehear

Entre os grupos idosos, a aparência pode ser alterada pela cirurgia, os cosméticos, a terapia de reposição de hormônio,[63] a indumentária em estilo mais jovem, a modificação da fala ou da linguagem conforme o estilo contemporâneo e o comportamento diferente do esperado nos da mesma faixa etária.[64] Tais mudanças de comportamento e aparência representam formas moderadas de resistência pela tentativa de "passar" por "normal", dissimulando os sinais exteriores do estigma ou passando por normal com o estigma intacto. Para algumas outras pessoas, porém, essas estratégias parecem inúteis e simplesmente mais uma indignidade a elas imposta. É bem provável que muitos dos que vivem com o HIV ou o envelhecimento sejam incapazes de sentir que um viver e um morrer satisfatórios e dignos sejam possíveis para eles mediante a aplicação desses métodos de "passar por". Eles podem tomar o controle do único componente do seu morrer sobre o qual têm algum controle: o *timing* da sua morte.

O suicídio representa 1,4% da carga mundial de mortalidade. A cota anual global de suicídio é maior que a dos homicídios e das guerras no mundo e, em alguns países, maior até que a dos acidentes de trânsito.[65] Há aproximadamente 1 milhão de suicídios por ano no planeta,[66] e a maior taxa relacionada

---

63 Thane, op. cit., p.6.

64 Hockey; James, op. cit., p.164.

65 Fuse, *Suicide, Individual and Society*, p.39; Kosky et al., *Suicide Prevention: the global context*; Anônimo, Editors: suicide huge but preventable public health problem says WHO, *Indian Journal of Medical Sciences Trust*, v.58, n.9, 2004.

66 Chishti et al., Suicide mortality in the European Union, *European Journal of Public Health*, v.13, 2003.

Uma história social do morrer

com a idade é a dos idosos com mais de 80 anos.[67] Ademais, sucessivas gerações de homens nascidos nos anos do pós-guerra (geralmente chamados de *"baby-boomers"*) têm índices crescentes de suicídio em todas as idades. Se a tendência prosseguir meia-idade e velhice adentro, as taxas de suicídio de idosos aumentará extraordinariamente com o passar do tempo.[68]

Posto que as taxas de suicídio de idosos esteja declinando,[69] são poucos os fatores identificados que o expliquem. Lodhi e Shah[70] sugerem que isso pode ter a ver com o recente aumento dos serviços para os idosos em algumas regiões. Mas as dificuldades para identificar os motivos de uma queda recente dos índices de suicídio de idosos não surpreende já que, inversamente, há pouquíssima concordância quanto aos motivos pelos quais eles continuam correndo o mais elevado risco de suicídios levados a termo.

Alguns pesquisadores argumentam que a prevalência da depressão entre os idosos pode ser o motivo principal,[71] mas há escassa concordância sobre o que significa "depressão" como uma experiência para esse grupo e o que acontecerá se for

---

67 Kosky et al., op. cit.; Lloyd, op. cit., p.238.

68 Gunnel et al., Influence of cohort effects on patterns of suicide in England and Wales, 1950-1999, *British Journal of Psychiatry*, v.182, 2003a.

69 Gunnel et al., Why are suicide rates rising in young men but falling in the elderly?, *Social Science and Medicine*, v.57, 2003b.

70 Lodhi; Shah, Factors associated with the recent decline in suicide rates in the elderly in England and Wales, 1985-1998, *Medicine, Science and the Law*, v.45, n.1, 2000.

71 Snowdon; Baume, A study of suicides of older people in Sydney, *International Journal of* Psychiatry, v.17, 2002; O'Connell et al., Recent developments: suicide in older people, *British Medical Journal*, v.329, 2004.

possível fazer algo em termos de intervenção clínica. Além do mais, a não ser que se possa explicar convincentemente que a maior parte da prevalência de depressão entre os idosos é causada por alterações orgânicas relacionadas com o envelhecimento, o próprio diagnóstico de depressão exige mais explicação. Hybels e Blazer[72] indicam que a "depressão profunda" não é significativa no fim da vida, mas os sintomas "depressivos clinicamente significativos" sim. Em outras palavras, muita gente vivendo com a velhice mostra alguns sinais de que está muito triste, mas não se encaixa bem no quadro clínico de uma pessoa gravemente deprimida. O que deprime os idosos?

O'Connell et al.[73] vinculam o isolamento social a sentimentos de desespero e desesperança, e esses sentimentos a "ideias de que não vale a pena continuar vivendo". Outros pesquisadores ligam as altas taxas de suicídio às atitudes ambivalentes para com os idosos, mesmo em países com tradições de respeito aos mais velhos, como a China.[74] Ademais, os índices de suicídio em geral[75] e entre os idosos em particular podem ser subnotificados, especialmente por causa da pronta disponibilidade de medicamentos sujeitos a receita médica para esse grupo.[76]

Embora Lloyd[77] afirme que "as casas de repouso podem fornecer uma alternativa bem-vinda à morte solitária", casos como o de Marion, anteriormente citado, indicam que a solidão pode

---

72 Hybels; Blazer, Epidemiology of late-life mental disorders, *Clinics in Geriatric Medicine*, v.19, 2003, p.668.

73 O'Connell et al., op. cit.

74 He; Lester, Elderly suicide in China. *Psychological Reports*, v.89, 2001.

75 Fuse, op. cit., p.38.

76 Lloyd, op. cit., p.238.

77 Ibid., p.242.

ser aguda mesmo que a pessoa em questão esteja cercada de gente, especialmente se essa gente for culturalmente diferente dela. Além disso, Engelhardt[78] observa sagazmente que poucos escolhem morrer por sentir atração pela morte. Geralmente, as pessoas "falam" por intermédio desse comportamento, afirmando certos valores, e o elevado índice de suicídio pode não ser tão difícil de interpretar se se fizer uma avaliação sincera do futuro de muitos idosos. A vida longa é uma duvidosa bênção consistente na alta prevalência de incapacidade, dor, deficiência cognitiva e perda da autonomia e da dignidade físicas e sociais. A qualidade de vida é difícil, custa um preço financeiro significativamente alto e, mesmo quando obtida, raramente afasta a sensação de fardo e perda de apoios e, em geral, não oferece nenhuma saída fácil da experiência crônica e amiúde em processo de piora.

No mundo do HIV/aids, a prevalência da depressão é duas vezes maior do que no conjunto da população, sendo o risco mais alto medido desde a época da soroconversão até a etapa final da aids.[79] Tudo indica que há um alto índice de "incendimento" nessa população de portadores de HIV, e o índice mais elevado tanto de incendimento quanto de suicídio parece "associado à perda da dignidade e da capacidade de funcionar

---

78 Engelhardt Jr., Death by free choice: modern variations on an antique theme. In: Brody (Org.), *Suicide and Euthanasia: historical and contemporary themes*, p.251-2.

79 Adler-Cohen; Alfonso, Aids Psychiatry: psychiatry and palliative care and pain management. In: Wormser (Org.), *Aids and Other Manifestations of HIV Infection*.

de forma independente".[80] Essas palavras podiam muito bem sair da boca dos idosos.

Tal visão do viver e morrer com a velhice ou o HIV/aids reflete-se no trabalho empírico de Seale concernente ao desejo de eutanásia. Seale observa:

> Meu trabalho nessa área mostra que a dependência física, tanto quanto a dor, está, na prática, associada a pedidos de eutanásia e à percepção de que morrer mais cedo seria melhor.[81] Isso confirma a visão segundo a qual o desejo de eutanásia muitas vezes é uma reação à perspectiva de um vínculo social fragmentário.[82]

Mas os escritos de Seale[83] e posteriormente de McInerney[84] sobre o movimento pela eutanásia voluntária em todo o mundo se preocupam com o fato de a mídia mundial e algumas pessoas moribundas parecerem encarar o seu morrer como uma missão heroica.

Seale[85] mostra que um exame da jornada autodescrita de viver com uma doença terminal de pelo menos algumas pessoas é

---

80 Ibid., p.547.

81 Seale; Addington-Hall, Euthanasia: why people want to die earlier, *Social Science and Medicine*, v.39, n.5, 1994.

82 Seale, *Constructing Death: the sociology of dying and bereavement*, p.186.

83 Seale, Heroic death, *Sociology*, v.29, n.4, 1995; Seale, *Constructing Death: the sociology of dying and bereavement*.

84 McInerney, Requested death: a new social movement, *Social Science and Medicine*, v.50, n.1, 2000; McInerney, Heroic frames: discursive constructions around the requested death movement in Australia in the late-1990s, *Social Science and Medicine*, v.62, 2006.

85 Seale, Heroic death, *Sociology*, v.29, n.4, 1995; Seale, *Constructing Death: the sociology of dying and bereavement*.

uma missão heroica para superar barreiras e obstáculos ao seu conhecimento e às suas necessidades, e envolve uma apresentação pública contínua de si próprios como "lutadores". Tais narrativas heroicas são colhidas por fontes da mídia, especialmente pelos serviços de imprensa escrita, e aplicadas a pessoas que solicitam publicamente assistência ao suicídio e aos ativistas políticos e médicos que as apoiam.[86] Todavia, a maior parte desses *insights* sociológicos pode não se aplicar necessariamente a muitas das centenas de milhares de suicídios de idosos presenciados anualmente em todo o mundo.

Essa maioria esmagadora de casos a que Seale e McInerney dedicam suas análises baseia-se em circunstâncias de consciência franca do morrer e, portanto, é principalmente ocidental em suas fontes e generalizações.[87] A maior parte dos casos consiste em pessoas preocupadas com o sofrimento que o câncer, a aids ou as doenças do neurônio motor lhes infligirão. Além disso, a maioria dos associados a esses movimentos para reivindicar a morte, se não todos, ligam um morrer satisfatório a uma reação dos serviços profissionais; por conseguinte, trata-se de um movimento pela morte "solicitada" ou a ênfase está no "direito" de morrer. A maioria esmagadora de idosos que optam pelo suicídio não solicita ajuda nem afirma nenhum "direito". Simplesmente acaba com a própria vida sem envolver os outros no ato.

---

86 McInerney, Requested death: a new social movement, *Social Science and Medicine*, v.50, n.1, 2000; McInerney, Heroic frames: discursive constructions around the requested death movement in Australia in the late-1990s, *Social Science and Medicine*, v.62, 2006.

87 McInerney, Requested death: a new social movement, *Social Science and Medicine*, v.50, n.1, 2000, p.655.

Os idosos determinados a se suicidar parecem levar muito a sério a decisão de morrer. Tendem menos que os outros grupos a dar sinais de sua intenção, especialmente em comparação com os jovens.[88] Também têm muito mais probabilidade de levar a termo o suicídio do que de falhar na tentativa;[89] uma em cada duas tentativas de pessoas com mais de 65 anos são bem-sucedidas, ao passo que somente uma em cada quarenta tentativas de jovens de vinte e poucos anos atinge seu objetivo.[90]

Aqueles que solicitam a morte com a ajuda de médicos permanecem firmemente entre os que desejam uma morte bem administrada: simplesmente preferem a morte súbita assistida à morte lenta assistida. Essas pessoas podem se considerar e ser consideradas pela mídia popular como "heróis" em luta contra toda possibilidade, superando os desafios, contornando os obstáculos sociais e legais para tomar o controle do seu morrer. Aos que morrem nas casas de repouso ou de aids nas regiões pobres da Ásia e da África geralmente se recusam a opção e a publicidade.

Os que optam por se suicidar podem ser considerados "anti-heróis": gente que não deseja representar o papel de "herói combativo", mas tampouco quer suportar a indignidade das provações da casa de repouso moderna ou do declínio cognitivo e da fragilidade finais que a idade avançada promete. O preço social a pagar por dar fim à própria vida pode ser a crítica aos suicidas e aos seus familiares depois da sua morte. Entretanto, é possível que eles achem que vale a pena escapar à

---

88 Hybels; Blazer, op. cit., p.688.
89 O'Connell et al., op. cit.
90 Fuse, op. cit., p.44.

vergonha pessoal da dependência, da perda da autonomia, do abandono e até dos maus-tratos, assim como livrar os parentes e amigos do fardo do seu cuidado.

Elder,[91] ela mesma uma pessoa idosa e antiga ativista dos direitos dos mais velhos, refletindo sobre o que observou com tanta frequência nos idosos com quem fez amizade ou trabalhou, comentou: "Eu acho que há um sentimento subterrâneo de solidão no idoso, de ter ficado para trás, de ter sido enganado. Há um sentimento de amargura, de desamparo e, em muitos casos, um estoicismo incrível diante das dificuldades econômicas e incapacidades físicas."

A história que aqui se descreve não é heroica; tampouco é uma história de vítima. Tais sentimentos representam a recusa ou rejeição de toda vergonha, também o ressentimento com a falta de reconhecimento e com a deterioração de suas conexões sociais. Esta é uma história de dissidente. O sentimento de amargura e o estoicismo podem representar uma recusa psicológica a cooperar com o jogo da vergonha do estigma ou a aceitar o abandono cultural a que o relegaram. Talvez o estoicismo e os suicídios sejam formas de desobediência civil, a recusa a ser colocado ou continuamente colocado como refugo social e econômico inferior e indesejável.

Tais atitudes e ações rejeitam os convites a "passar por", sentindo, isto sim, que não convém se curvar ante qualquer expectativa inconsciente ou pública de tentar. O suicídio, solicitado ou praticado sem autorização pública, pode ser a resistência derradeira à vergonha, ao estigma ou ao compromisso pelo "passar", uma decisão por vezes tomada em reação a

---

91 Elder, op. cit., p.34.

experiências de irrelevância social cada vez mais impostas a eles na nossa brava e jovem Idade Cosmopolita, adoradora da saúde.

Morrer no tempo certo

Em muitas regiões do mundo em desenvolvimento, morte "natural" é a que ocorre na velhice. A morte prematura, lenta ou repentina, atrai consternação moral e teorização da comunidade. Contudo, a morte prematura lenta e também contagiosa é particularmente suspeita e temível, ou porque a inimizade ou transgressão hão de ter sido gravíssimas, ou porque o contágio tem a capacidade de propagar tanto a doença quanto a explicação — e a vergonha — que a acompanham.

Nos contextos industriais do período cosmopolita, as pessoas esperam envelhecer. Mas, para muitos, esse é um destino impreciso, com um obscuro número relativo à idade. É generalizada a fantasia segundo a qual se pode chegar aos oitenta ou noventa anos gozando de boa saúde e morrer dormindo. Mas a realidade epidemiológica é bem diferente. Como vimos na nossa análise da literatura, grande parte dos morrentes idosos tornam-se cada vez mais incapacitados e, depois, institucionalizados. O morrer passa a ser incerto; a consciência pode se deteriorar. Às vezes, o corpo simplesmente não morre enquanto o círculo social ou cérebro não tiver perdido há muito tempo a capacidade plena de sustentar os desejos ou valores da pessoa. No caso de um número crescente de seres humanos nos países ricos, agora o corpo tem a capacidade de levá-los para além do tempo *que eles desejam viver*.

Um pequeno subconjunto de idosos, geralmente com mais de 75 anos, consegue ver suas perspectivas pessoais nesse

Uma história social do morrer

futuro social e epidemiológico e, aliás, pode já estar vivendo esse tipo de mudanças pessoais e sociais. Entre eles, a elite endinheirada talvez possa prover serviços profissionais que os protejam de tais desenvolvimentos, mas, para a maioria dos morrentes idosos, isso não é possível. Agora os benefícios do viver prolongado estão sendo avaliados, geralmente no sentido do desequilíbrio de viver demais. O tema que emerge reiteradamente na loteria do envelhecer e morrer é que o *timing* é tudo. Viver mais do que o seu dinheiro, os amigos e os parentes ou mais do que a própria saúde significa que o seu futuro será o morrer institucionalizado. Uma opção para muitos é cancelar esse futuro pondo fim à própria vida.

Marshall[92] pesquisou o *timing* da morte em uma comunidade de aposentados, perguntando: "Em que circunstâncias a morte *não* chega cedo demais?". Os motivos apresentados pelos entrevistados não diferiam dos obtidos em outras pesquisas que perguntaram às pessoas por que não queriam viver até os cem anos. Ser um fardo para os outros, perder a capacidade de ser ativo e útil, perder a capacidade de pensar e raciocinar claramente e o desejo de evitar o sofrimento prolongado foram os principais motivos pelos quais era importante encontrar o *timing* "certo" da morte.

Como observa um residente de casa de repouso: "Muita coisa não tem o menor sentido; não tem sentido continuar uma vida cotidiana estranha em uma casa de repouso, mês após mês e ano após ano, quando a gente sente que passou da hora adequada de morrer".[93]

---

92 Marshall, A sociological perspective on aging and dying. In: _____ (Org.), *Later Life: the social psychology of dying*, p.141.

93 Apud Shield, *Uneasy Endings: daily life in an American nursing home*, p.204-5.

Esse problema do tempo "certo" de morrer foi uma preocupação crescente no século XX, mas o crescimento demográfico do envelhecimento que chegará ao pico no século XXI da Idade Cosmopolita vê-lo-á tornar-se o *principal* desafio dos morrentes no futuro. Nesse aspecto, Nietzsche foi profético quando escreveu: "Muitos morrem tarde demais; e alguns, cedo demais. Ainda soa estranho o ensinamento: 'Morre no tempo certo! Morre no tempo certo: assim ensina Zaratustra'".[94]

---

94 Nietzsche, *Thus Spake Zarathustra*, p.46.

Capítulo 12
O desafio final: programar a morte

Quando é o tempo certo de morrer? O problema de programar a morte é antigo, pois, como eu frisei reiteradamente, todos os desafios dentro do ato de morrer podem ser encontrados em todos os períodos e lugares da história. O desafio atual não é diferente no seu aspecto técnico. Meu arrazoado neste último capítulo é apenas que agora o desafio de programar a morte tornou-se dominante e mais urgente.

Em certas sociedades antigas e em escala reduzida, nós vimos como era importante obter o *timing* "certo" da morte de um rei-deus.[1] A saúde e o vigor desse tipo de monarca constituíam uma medida da saúde e do vigor da comunidade. Portanto, era importante que o povo o observasse cuidadosamente, notando seu nível de vitalidade à medida que ele envelhecia. O *timing* era tudo. Uma vez detectado certo grau de fragilidade, o rei tinha de ser morto ritualmente para salvar sua "essência" e transmiti-la ao novo rei, assim preservando essa qualidade

---

1 Frazer, *The Belief in Immortality and the Worship of the Dead*, v.2.

para toda a comunidade. Tais preocupações são comuns em certas comunidades com reis-deuses.

Em outras épocas, na Europa da baixa Idade Média por exemplo, havia muita ansiedade com o enterro prematuro.[2] Ser enterrado vivo era um fato horrendo, mas empírico, dos tempos antigos, quando a avaliação incorreta do tempo da morte levava deveras a enterrar acidentalmente pessoas vivas. Além disso, a existência comum de ladrões de sepultura a serviço dos primeiros dissecadores e anatomistas alimentava o medo e o horror de que, em virtude de uma "falsa" morte, a pessoa fosse exumada em estupor moribundo e dissecada ainda viva. De modo que a preocupação com o *timing* tem uma longa história. No entanto, agora tal preocupação se disseminou e não se restringe à medição clínica da própria morte, mas se estende ao curso do morrer nas últimas horas e ao curso do morrer em qualquer ponto da biografia da pessoa. Enfim, a preocupação com o *timing* da morte representa ansiedades suscitadas pelo desejo de fazer preparativos e despedidas ou de evitar ser "enterrado vivo" em uma casa de repouso.

O tempo "certo" de morrer: desafios terminais

Alguns estudos anteriores sobre a conduta no morrer na Idade Cosmopolita abordaram a questão do *timing*. O desafio de programar o morrer tem dois aspectos. O primeiro é como programá-lo enquanto processo social de julgamento e jornada compartilhado pelo morrente e seus cuidadores nos últimos

---

2 Noyes, *The Culture of Death*, p.59.

Uma história social do morrer

dias e horas. Em outras palavras, o primeiro desafio do *timing* do morrer está em avaliar seu curso nas fases terminais.

A mais importante ilustração da complexidade dessa tarefa terminal de *timing*, deram-na Barney Glase e Anselm Strauss[3] na obra *Time for Dying* [Tempo de morrer]. Eles figuraram entre os primeiros que documentaram o fato de o *timing* ser uma preocupação importante para as pessoas ocupadas do morrer. Por exemplo, nas diversas enfermarias de hospital, havia "períodos de morrer" diversos. Esses períodos variavam conforme a pessoa estivesse ajustando o tempo da morte em caso de tratamento intensivo, de câncer ou de parto prematuro.

As fases do tempo de morrer foram documentadas pela observação. Primeiramente, é preciso que os outros "definam" a pessoa como morrente. Havendo concordância quanto a que o morrer "começou", todos – o pessoal, a família e até o paciente – iniciam os últimos preparativos da morte iminente. "Em determinado momento", parece não haver "nada mais que fazer", a não ser impedir a morte ou preparar-se para ela. Começa um período de espera. A "descida" final pode durar dias ou horas. No ponto em que as "derradeiras horas" forem identificadas, caso seja possível, os profissionais e a família iniciam um "relógio da morte". Por fim, o paciente morre, mas esse fato deve ser declarado "oficialmente" mediante um atestado de óbito. Glaser e Strauss denominam "trajetória" esse curso geral do morrer, mais um acréscimo pouco atraente ao nosso vocabulário sociológico. No entanto, o monitoramento e a trama constantes dessa jornada do morrer permitem a todos os que cercam o morrente decidir "o que fazer agora".

---

3 Glaser; Strauss, *Time for Dying*.

Claro está que, normalmente, há um movimento de vaivém em algumas jornadas do morrer. Por vezes, o moribundo melhora e não morre quando se espera, ou morre mais tarde do que o esperado. Outros têm jornada brevíssima entre a declaração do morrer e a morte em si. Esses são exemplos frequentes quando a família não consegue chegar ao moribundo "a tempo". Ademais, é comum a prática de se recusar a deixar a pessoa morrer no seu "próprio tempo" e, lançando mão do "furor técnico", impedi-la de partir antes que se tenha feito "de tudo".[4] Certos círculos médicos tendem a intervir cirurgicamente, a ressuscitar ou forçar a alimentação até que o corpo moribundo simplesmente entre em colapso sob o esforço coletivo do avanço da doença e do tratamento tecnológico abusivo. Tal prevenção obsessiva da morte iminente, como a descreve Castells,[5] é característica da "boa fé, da luta com todos os recursos médicos para fazer a morte retroceder".

Essas imagens dramáticas, mas também violentas, da medicina em combate não com a morte (já que é impossível), e sim com o *timing* da morte, contribuíram para aumentar o interesse popular pelas diretivas antecipadas (testamento vital), pela filosofia de cuidado paliativo e pelas sociedades de eutanásia voluntária de todo o mundo.[6] Esse tipo de observações de médicos, sociólogos e o público geral acerca do *timing* do morrer na fase terminal levou um número crescente de pessoas a perguntar: qual *é* o tempo certo de morrer?

---

4 Nuland, *How We Die*, p.255.

5 Castells, *The Rise of the Network Society*, p.452.

6 Nuland, op. cit., p.255.

Uma história social do morrer

A resposta a essa pergunta, nascida de preocupações que vão desde as abordagens médicas agressivas até a prevenção do morrer, também é relevante para toda a problemática da morte indigna. Quando é a hora certa de morrer no curso geral de uma existência? A resposta provavelmente é: *antes* ou *depois*. Antes ou depois do quê?, pode-se perguntar. Evidentemente, *antes* das tentativas totais de preveni-lo que deixam o moribundo com pouca identidade, saúde ou dignidade, coisa proveniente das múltiplas cirurgias, dos tubos de alimentação ou respiração e de uma imagem corporal em deterioração e irreconhecível. Esse desejo é particularmente aplicável à experiência de morrer altamente assistida e administrada. O *depois* deve ser aplicado às ideias normativas de uma vida longa, a qual também é parcialmente o objetivo de não deixar as pessoas morrerem "cedo demais", "antes do tempo" ou antes "que se considere que foi feito tudo quanto se podia fazer por elas".

As primeiras observações de Glaser e Strauss do morrer em hospital ressaltam o fato de a tarefa social de programar ser central para o nosso desafio moderno de morrer. Isso é importante para todos. Para a equipe profissional, programar "equivocadamente" nos hospitais é levantar sérias questões sobre a gestão de risco, o desempenho médico, os padrões éticos e até a própria ideia de atendimento. Para a pessoa morrente e sua família, o *timing* "certo" também tem a ver com a qualidade da assistência, com seu sucesso no dar e receber essa assistência e com a maximização das condições em que é possível conter o sofrimento no fim da vida.

Assim, os problemas da morte indigna na Idade Cosmopolita, isto é, o morrer na pobreza com aids e o morrer em idade frágil, estão em reconhecer quando, afinal, aparecem as fases terminais do morrer. Somente com o reconhecimento de que o "morrer" começou – o critério inicial de Glaser e Strauss de uma "trajetória do morrer" – é que o moribundo e os demais podem compartilhar qualquer controle do *timing* como experiência social e biológica comprimida. Quando se trata daqueles que morrem em casa de repouso ou de aids na pobreza, talvez seja difícil identificar essas últimas etapas em virtude da natureza cíclica do morrer ou simplesmente porque o interesse institucional por esses sinais inexiste quando se trata de quem morre em tais situações.

Como notaram Seale e Addington-Hall,[7] a dependência e o sofrimento são os grandes fatores a influenciar o desejo de morrer mais cedo, não mais tarde. O vínculo entre os cônjuges influencia-os a querer que os parceiros morram mais tarde. Esses cônjuges também parecem suportar as tarefas do cuidado com mais abnegação do que os outros parentes. Por outro lado, os não cônjuges achavam o cuidado mais trabalhoso e propendiam a sugerir que era melhor morrer mais cedo do que mais tarde. Em uma constatação relacionada, os muito idosos, grupo com menos probabilidade de ter cônjuge, se inclinavam mais a se considerar "excessivamente velhos", uma observação prática acerca do *timing* que tem amplas implicações.

Essa conclusão confirma a observação de Kearl[8] de que o *timing* certo da morte sincroniza o aspecto social com o biológico desta. Para evitar a morte social – irrelevância interpessoal, desinteresse ou até mesmo rejeição por parte dos outros

---

7 Seale; Addington-Hall, Euthanasia: why people want to die earlier, *Social Science and Medicine*, v.39, n.5, 1994; Seale; Addington-Hall, Dying at the best time, *Social Science and Medicine*, v.40, n.5, 1995.

8 Kearl, *Endings: a sociology of death and dying*, p.122.

—, a pessoa deve tentar coordenar o processo biológico durante um período em que os demais ainda lhe atribuem um valor social, econômico ou político. Logo, o segundo aspecto do desafio do *timing* da morte está na questão cultural de ajustar o tempo em um contexto biográfico mais amplo do que simplesmente os últimos dias e horas. Esse é o desafio de programar o morrer da pessoa no curso da vida em geral.

Ao todo, podemos ver, a partir do estudo do "tempo de morrer" de Glaser e Strauss,[9] que o nosso enfoque anterior estava na fase terminal, nas suas expressões institucionais e administradas, daí uma concentração nas trajetórias do morrer que fossem médica e socialmente mais fáceis de identificar (de câncer, por exemplo). O que faltou a esses estudos mais antigos do *timing* foram, em particular, observações sobre o ajuste do tempo da morte em termos biográficos (em oposição à etapa meramente terminal), e também faltou constatar que o próprio problema do *timing* não se pode separar dos juízos de valor sobre a importância da pessoa para os demais. No fim, se as discussões sobre o *timing* não se reduzirem a debates técnicos ingênuos sobre a medida em que as trajetórias observáveis do morrer ajudam os outros a simplesmente traçarem suas reações de assistência a elas, o que convém examinar são os juízos de valor implícitos nas avaliações do *timing*.

Considera-se que morrer de aids e com demência senil transgride as "regras" do morrer, inclusive por ser extemporâneo no sentido biográfico mais lato. Sua extemporaneidade envergonha e estigmatiza tais pessoas morrentes, porque elas partem sem nenhuma característica social redentora que contribua

---

9 Glaser; Strauss, op. cit.

para quaisquer preocupações da sociedade com a economia e o poder. Como observa Kearl[10] mais adiante: "O valor moral da existência já não tem uma base de determinação culturalmente acordada ou se traduz automaticamente na qualidade da existência *post mortem* da pessoa, a única coisa que se pode enfocar é a quantidade da vida". E o roteiro dessa quantidade – quanto a morrer cedo ou tarde – obscurece uma série mais insidiosa de suposições acerca do valor social do morrente.

Para demonstrar o papel desempenhado pelas avaliações sociais dentro das racionalizações trocadas pelas pessoas a respeito do *timing* da morte, precisamos tomar uma abordagem social da própria questão do tempo. Só então teremos condições de mostrar que essa natureza social do tempo está intrincadamente ligada a juízos mais profundos, mais implícitos, acerca do valor econômico e político dos outros.

O tempo e as relações sociais

O tempo é uma medida das nossas relações sociais, não uma ideia abstrata e neutra de duração. Foi Einstein quem descobriu que o segredo para entender o tempo consistia em enxergá-lo como uma relação, especialmente como uma relação com o espaço, não como o fluxo objetivo de uma substância misteriosa qualquer.[11] Há muito que os estudiosos do tempo reconhecem que isso é duplamente verdadeiro para a cultura e que a quantificação da duração, finalmente extraída de um estudo dos movimentos astronômicos e dos atômicos, foi indispensável não

---

10 Kearl, op. cit., p.123.
11 Elias, *Time: an essay*, p.44.

Uma história social do morrer

só para o desenvolvimento tanto da ciência quanto da "ciência" do trabalho.[12] O tempo contribuiu para regulamentar o trabalho, coisa que significa regulamentar os trabalhadores, possibilitando calcular o custo dos produtos do trabalho pelo tempo necessário para produzi-los.

Whitrow[13] assevera que, embora grande parte do nosso tempo se baseie na rotação da terra (dia ou dia/noite) ou no movimento do planeta em torno do sol (um ano), se nós vivêssemos em outro planeta, nossa ideia de dia ou ano seria inteiramente diferente. Mesmo que todos os planetas e sistemas solares fossem como o nosso atual, nós continuaríamos a manipular esse tempo através de convenções culturais e sociais. Diferentes pessoas se levantam, trabalham, adoram ou se orientam para vários tempos e calendários diferentes dependendo da fé religiosa, das convenções de horário de verão, de diversas datações internacionais e de exigências de turno de trabalho. Nós organizamos o tempo em função de nós mesmos.

Em 1984, Giddens ofereceu-nos uma teoria, com o título pouco atraente de "estruturação", sobre a relação entre os indivíduos, as instituições sociais e as condições que moldam e governam sua interação. Entre outras coisas, sua teoria postulava o tempo como um ingrediente essencial da identidade e da organização social. Ele argumentava que a colocação das pessoas pelas outras é fundamental para toda vida social. Entender como elas se localizam na vida social fornece-nos informações vitais a seu respeito. Sua disposição em um contexto

---

12 Rifkin, *Time Wars: the primary conflict in human history*; Young, *The Metronomic Society*; Whitrow, *Time in History: views of time from prehistory to the present day*: Nowotny, *Time: the modern and postmodern challenge*.

13 Whitrow, op. cit., p.4.

de tempo e espaço auxilia-nos a "posicioná-las". O tempo e o espaço ajudam-nos a criar entendimentos "assinaturas" (i.e., abreviados) do que as pessoas fazem no mundo e de qual pode ser seu significado – ou não – com relação a nós.

As experiências sociais de tempo "certo" e lugar "certo" organizam nossas expectativas e nossos entendimentos. Um homem vestido de Papai Noel à porta de uma loja de departamentos na época do Natal "faz sentido". Se o mesmo homem aparecer com a mesma fantasia na sua casa em julho, às duas horas da madrugada, é alarmante: lugar "errado", tempo "errado". Uma pessoa que ri no "espaço" interpessoal no trabalho, coisa que chamamos de humor informal, é compreensível. Uma que ri o tempo todo, inclusive nas reuniões em que se discutem temas sérios, passa a ser um problema social e possivelmente psiquiátrico: uma vez mais, tempo e lugar "errados".

A natureza social do tempo também é ilustrada historicamente. Elias[14] lembra-nos que, entre os caçadores-coletores, o tempo era/é frequentemente relacionado com o sono, as estações do ano ou o movimento da caça. Nas sociedades pastoris, também se relaciona com as estações, mas sobretudo com o ciclo vital das plantas e dos animais. Nos contextos urbanos cosmopolitas, porém, é importante notar que o tempo se relaciona intrinsecamente com os ciclos econômicos e, *ipso facto*, com as necessidades políticas da sociedade.

O antropólogo Evans-Pritchard[15] achava que o tempo fosse fundamentalmente diferente nas sociedades de pequena escala

---

14 Elias, *Time: an essay*, p.49-50.
15 Evans-Pritchard, *The Nuer: a description of the modes of livelihood and political institutions of a Nilotic people*.

Uma história social do morrer

e nas sociedades industriais. Argumentava que os nuer do Sudão, por exemplo, não o concebiam como nós, viam-no em termos de relações, especialmente de relações passadas. Muitas delas envolviam o gado (ele gostava de chamá-lo de "tempo do gado") ou acontecimentos importantes como inundações, pestes ou guerras. As ideias sobre a duração da vida consistiam em seis conjuntos de idade, por exemplo, a iniciação dos meninos. Mas é difícil ver como essa organização do tempo é fundamentalmente diferente das experiências industriais, salvo, talvez, na sua habilidosa e matizada adaptação à nossa versão de complexidade econômica. Como Elias[16] observou sagazmente, o problema do tempo, para a maioria das pessoas, é elas (inclusive Evans-Pritchard) atribuírem continuamente ao "tempo" propriedades mais corretamente atribuíveis aos conceitos que ele representa, isto é, os espaços culturais e as relações sociais.

Dessa maneira sociológica, os seres humanos "fazem" o "tempo" para atender seus próprios fins. E seus fins mais importantes se relacionam com o trabalho (em um sentido mais amplo que do nosso atual "emprego" divorciado dos interesses familiares e religiosos), e o fim mais importante do trabalho é a regulação e o bom funcionamento da sociedade. Nesse modo de entender, pois, o tempo é uma maneira abreviada de se referir a considerações econômicas e políticas mais amplas.

O tempo é verdadeiramente uma medida das relações sociais, não apenas uma ideia neutra de duração. Os poderosos caracterizam-se pelo paradoxo de ter "pouco" tempo, mas estar na posição magistral de poder "fazer" tempo para pessoas,

---

16 Elias, *Time: an essay*, p.74.

fatos ou crises especiais. São gerentes do tempo.[17] Os trabalhadores nunca têm tempo suficiente e precisam "economizá-lo" nas férias anuais ou roubá-lo sub-repticiamente na licença médica ou no intervalo do "cafezinho". As crianças o têm de sobra nas mãos; e o tempo dos idosos já "passou".

Neste ponto, vê-se que a ideia de o tempo da pessoa já ter "passado" é um juízo muito econômico e político. Efetivamente, morrer "antes" ou "depois" do tempo sugere que nós perscrutamos o que há no "meio", entre "antes" e "depois" do tempo de cada um. Evidentemente, a vida profissional preenche essa brecha, e isso é importante para a nossa compreensão da autoimagem do tempo "certo" de morrer. Young[18] afirma que as pessoas geralmente não se aposentam por capricho, mas fazem uma avaliação com base nas normas e expectativas do seu local de trabalho. A tragédia do envelhecimento, observa ele, não é a gente acreditar que não pode escapar à fase biológica, e sim os costumes quase inteiramente associados ao envelhecimento *social*. "O costume vale por dois quando tem a natureza do seu lado [...]".[19]

O tempo "certo" de morrer: desafios biográficos

Na superfície dos juízos cotidianos, indigna no mundo cosmopolita é a morte considerada demasiado precoce ou demasiado tardia. Em geral, essa observação sobre o tempo simplesmente sugere que, no tocante às pessoas com aids e

---

17 Nowotny, op. cit., p.153.
18 Young, *The Metronomic Society*, p.114-5.
19 Ibid., p.115.

especialmente às crianças com aids, elas foram "fraudadas" na vida longa que todos aprendemos a esperar no mundo moderno. No caso do morrer com demência senil, geralmente há um sentido de juízo oposto quanto ao *timing* segundo o qual o idoso "ultrapassou" o tempo de vida. Sua identidade enquanto pessoa foi submetida a um morrer e a uma morte sociais que levam os cuidadores a indagar o que resta daquele que eles conheciam ou no corpo daquele que lhes coube cuidar.

Mas o problema do morrer precoce ou tardio na fase terminal de semelhante avaliação não é simplesmente ser comparado com o morrer precoce ou tardio na biografia. Enquanto as avaliações morais de "precoce" e "tardio" no morrer terminal estão ligadas a questões de atendimento, por exemplo, os parentes acudirem ao leito de morte para as despedidas finais, a avaliação moral do morrer biográfico "precoce" ou "tardio" liga-se aos papéis sociais que o morrente desempenha ou não na sociedade mais ampla. Esses papéis sociais, como os contextualizei anteriormente nas minhas observações, referem-se mais especificamente a suas relações com os valores e expectativas econômicos e políticos.

Por conseguinte, a vergonha do morrer precoce de aids ou do morrer tardio de demência senil não está associada a juízos simplesmente referentes à idade, e sim *à idade como um indicador de valor econômico e político para os outros*. De fato, as deficiências da saúde pública global, que é incapaz de resolver o contexto de pobreza da aids e sua propagação ou as invasões do curso da vida associadas ao envelhecimento nas nações economicamente prósperas, são uma fonte de vergonha e constrangimento nos seus próprios termos políticos. Porém, essa observação tem mais profundidade econômica e política.

Simplesmente adiantar-se ou atrasar-se no morrer é uma condição necessária, mas não suficiente, da morte indigna. Ilustra-o bem o fato de as mortes precoce e tardia na verdade poderem ser redentoras. As mortes extemporâneas podem ser salvas da ruína das atitudes de planificação modernas; como o podem e por que algumas não o podem é essencial para compreender como a experiência da vergonha tem seu toque sombrio final.

As intervenções tecnológicas modernas são capazes de fazer que o morrer biográfico precoce combine com o morrer terminal "tardio", particularmente nos que morrem de repente em circunstâncias acidentais. O morrer biológico de jovens pode ser adiado com tecnologia de suporte à vida apesar de seu *status* de "mortos encefálicos". Essa situação de mortos encefálicos é um dos vários estados de vida a que o especialista em estudos culturais Noyes[20] denomina "vida nua, expressão traduzida de um texto italiano anterior de Agamben.[21] Vida nua – expressão que lembra outra igualmente adequada: "quase morto" – designa uma vida basicamente orgânica e essencialmente privada de identidade social, jurídica e política. A formulação de Noyes de vida nua é um aprofundamento e uma extensão importantes da nossa compreensão de formas indignas de morte. Isso ocorre porque ele inclui não só os que se acham em estados médicos vegetativos, como também outros em campos de concentração e os que morrem como refugiados apátridas. Mas aqui são os exemplos de políticas globais

---

20 Noyes, op. cit.

21 Agamben, *Homo Sacer: sovereign power and bare life.*

Uma história social do morrer

de saúde e trabalho que ilustram a natureza política do *timing* para o morrer dos tipos aids e demência.

A obsessão moderna pela coleta de órgãos, por exemplo, tanto a legal quanto a ilícita, confere à morte precoce um valor econômico e político muito maior do que em épocas precedentes. Hoje uma morte precoce, ordinariamente um erro médico ou de saúde pública, pode ser redimida mediante um autossacrifício literal: doar um pedaço de si para salvar outra vida. Agora a doação de órgãos pode ir ombro a ombro com a morte por acidente, guerra civil ou até atividade criminosa como um modo de transformá-la em uma morte que oferece narrativas pessoais, econômicas e políticas positivas à comunidade.

Ademais, ao roteiro biográfico de uma vida interrompida sobrepõe-se a história da fase terminal de uma morte adiada, ou seja, transformada em tardia para fins sociais. Isso porque somente evitando que um morrer siga o seu curso biológico natural, por meio da respiração ou da alimentação artificiais, é que o morrer "tardio" pode ser considerando reabilitado e "bom". O estigma da idade avançada também pode ser postergado com o adiamento do caminho público desse *status* mediante a recusa a se aposentar. Aliás, essa tendência a se recusar a entrar em período de aposentadoria, de obsolescência e, portanto, de marginalização social crescente, vem se tornando a cada ano um sério desejo dos mais velhos.[22] Assim, oferecer-se para continuar a contribuir — biológica e economicamente — para a vida da comunidade possibilita ao morrer precoce e tardio escaparem à vergonha pessoal e ao estigma da comunidade.

---

22 Dychtwald, Retirement is dead, *Journal of Financial Planning*, v.15, n.11, 2002.

Allan Kellehear

Longe de ser um processo antissocial ligado à vergonha e à alienação, esses tipos de experiências biográficas e terminais redentoras ilustram como o mesmo tipo de racionalizações do *timing* pode levar a juízos alternativos positivos de honra e conexão social. Assim, nesse contexto, podemos ver exatamente que as imputações negativas associadas ao morrer de aids ou com demência senil representam um fracasso social. As pessoas com aids não têm condições de doar órgãos a fim de contribuir e reabilitar o seu morrer, e os idosos com demência não podem adiar a aposentadoria.

Desse modo, podemos ver que o morrer tardio das pessoas nas casas de repouso em geral e o morrer contagioso dos que vivem e morrem com a aids atraem o estigma não só pelo mero *timing*. O *timing* de sua morte só é decisivo *quando há algum valor redentor no complementar ou contribuir para os ciclos sociais e econômicos da comunidade mais ampla. Sem esse valor no tempo, o morrer resvala para a irrelevância social e econômica e atrai o estigma e até mesmo a antipatia dos demais.* Na verdade, o julgamento do *timing* da morte como precoce ou tardio só pode ser visto positiva ou negativamente. O desafio para os que sofrem morte tão negativa e para os que os assistem consiste em saber como evitar ou moderar tais juízos. Em termos econômicos e políticos, isso significa que nós podemos evitar ou moderar a pobreza associada à aids e ao envelhecimento, pois sem uma infraestrutura financeira e política significativa, a disseminação da aids prosseguirá desenfreadamente, e a deriva para o viver e morrer em casa de repouso continuará sem cessar. Esses fatores contextuais, e não a mera existência de um vírus ou de placas no cérebro, determinam a longevidade da vergonha e da morte indigna na Idade Cosmopolita.

Noyes[23] afirma que é nos estados de "vida nua" que encontramos a nossa humanidade, e eu incluiria os que vivem e morrem com demência ou com aids nos países em desenvolvimento e nas ruas dos desenvolvidos. Entretanto, Jacobsen[24] objetou essa observação, argumentando que a nossa humanidade será encontrada não nas situações de "vida nua", mas entre os tipos mais representativos do morrer. Mas aqui Jacobsen interpreta mal Noyes de duas maneiras. Primeiramente, os estados de "vida nua" de morrer são mais comuns do que ele parece perceber. Morrer em casas de repouso, com ou sem demência, ou morrer com aids nos países desenvolvidos, nos quais a própria comunidade da pessoa a repudia, é, na realidade, uma das principais formas do morrer moderno. Isso para não mencionar as milhões de experiências de morrer associadas a situações de privação encontradas nos campos de concentração e de detenção do século XX. Juntamente com o morrer de câncer ou de cardiopatia na meia-idade, essas são formas genuinamente representativas do morrer na Idade Cosmopolita.

Em segundo lugar, quando afirma que a nossa humanidade se encontra nas formas de "vida nua", Noyes quer dizer que é nelas que se acham — e se testam — a nossa compaixão, a nossa integridade moral e os nossos horizontes éticos mais desafiadores. Nessa convicção, ele também está claramente correto. Porque não é um dilema político ou ético saber como agir com os que morrem de câncer e de doenças cardíacas ou neurológicas. O morrer consciente nesses grupos exibe altos graus de agência, interesse social e escolhas relativas à identidade (por

---

23 Noyes, op. cit.

24 Jacobsen, And death shall have no dominion?, *Mortality*, v.10, n.4, 2005.

exemplo, ser uma "pessoa morrente" ou apenas "cronicamente enferma", ou ambas).

No morrer de aids ou com demência senil, tais escolhas são limitadas ou inexistentes. A morte indigna depende muito do poder dos outros de superar o seu próprio descaso, os seus medos ou até a sua hostilidade. Os recursos materiais e sociais para reconhecer e apoiar esse tipo de morrer está de modo mais geral no centro de todos os debates modernos sobre desigualdade social. Em outras palavras, as circunstâncias do morrer indigno são políticas: a situação é normalmente dependente do poder dos outros e do limitado poder do morrente de resistir ou negociar essa relação.

Jacobsen[25] também acredita que os estados de "vida nua" são meros estados "liminares", o que significa *status* de transição. Ele extrai sua etiqueta e sua crença da ideia de que, em todo rito de passagem, há um breve período de transição pessoal durante o curso da vida na maioria das sociedades. Por exemplo, entre a infância e a idade adulta pode haver um período liminar em que a pessoa não é nem uma coisa nem outra — após o anúncio e os ritos no fim da infância, mas antes do anúncio e dos ritos da maturidade. Em algumas sociedades, é possível que o morto não esteja inteiramente morto enquanto seus ossos não tiverem sido exumados ou colhidos e então queimados, limpos e enterrados em lugar diferente da primeira sepultura. Portanto, entre a morte biológica e o reconhecimento final de que o espírito ingressou no mundo espiritual, o fantasma do falecido pode passar algum tempo vagando pela terra. Trata-se de um estado liminar, intermediário, transitório.

---

25 Ibid.

Sem embargo, nem os pacientes em estado de coma, nem os refugiados, nem os que agonizam de aids ou de demência são assim transitórios. Todos esses estados podem durar anos. Tornam-se *status* sociais em si, por si sós. O morrer tardio e o precoce, de aids ou de idade avançada, pode durar muitos anos, por vezes mais de uma década. Como os presidiários do Estado de toda parte, isso se complica ainda mais com o fato de as pessoas no bojo dessas experiências nem sempre terem clareza de seu destino ou, se a tiverem, inclusive de quando chegar a ele.

Por certo, na literatura antropológica, esse é um exemplo deveras raro de *status* "liminar". Agora "vida nua" significa uma categoria social nova e proliferante de morrer e viver. Aponta para a morte indigna: um morrer caracterizado pela incapacidade de programá-la com sucesso em termos clínicos e biográficos e de tornar o *timing* "bom" por meio de práticas sociais redentoras como a doação de órgãos, a continuidade econômica ou a inclusão política.

O poder do *timing*

Nowotny[26] observa que "saber o momento certo é útil; determiná-lo confere poder e promete controle". Esse comentário é fundamental para o desafio contemporâneo de programar a morte. Os grandes aperfeiçoamentos na saúde pública e na tecnologia médica suscitaram o desejo e um otimismo generalizados de poder controlar o *timing* da morte. A tecnologia de suporte à vida é apenas um exemplo de que a morte pode ser adiada quase indefinidamente. O exame de saúde pública,

---

26 Nowotny, op. cit., p.152.

com toda sua ênfase na prevenção, também é, pelo menos em parte, um roteiro do potencial de adiamento da morte. Porém, no momento em que mais cresce o otimismo com nossa capacidade de ajustar o tempo da morte, duas exceções globais questionam esse otimismo: a velhice e a pobreza.

Os sucessos da saúde pública nas partes prósperas do globo criaram excedentes de duração da vida, com cada vez mais gente sobrevivendo paradoxalmente ao próprio corpo e mente. E, nas ruas e becos desses países prósperos e nas cidadezinhas e aldeias das nações pobres de todo o mundo, a situação de miséria rural e urbana conspira para destroçar as esperanças e a saúde de milhões. Essas populações têm pouco ou nenhum acesso às tecnologias salvadoras de vida ou às ideias liberais de tolerância para com os contagiosos.

O desejo de pelo menos programar a morte, cuja realização promete benefícios práticos no leito de morte ou poder e controle sobre as relações familiares e comunitárias durante a vida, é anulado na vergonha, no estigma e na solidão da morte na velhice institucionalizada e no contágio ligado à pobreza. Tanto na incerteza da fase terminal do morrer quanto na redundância social inerente a uma identidade arruinada incapaz de se autorredimir mediante outros ritos de contribuição comunitária, o desafio do *timing* pede o aparentemente impossível.

Além disso, as mudanças tanto interpessoais quanto as institucionais mais gerais capazes de alterar essas circunstâncias a favor das pessoas morrentes são, na maioria, dependentes de outras pessoas – não das que estão no centro do morrer indigno. São os outros que terão a chave para reverter ou reabilitar as mortes indignas: os cuidadores das casas de repouso, as indústrias farmacêuticas transnacionais, os países ricos e seus

Uma história social do morrer

governos, os legisladores internacionais e nacionais da saúde preocupados com a ajuda internacional, mas também as alternativas sociais a institucionalizar os idosos.

Depois de uns 2 milhões de anos de história da morte e do morrer humanos, eis que damos conosco no começo outra vez, mas com algumas características inversas. Os morrentes na Idade Cosmopolita se acham dependentes da comunidade de outros para assisti-los, não em uma desafiadora viagem ao além-mundo, mas em uma desconfortável e inquietante jornada deste mundo. A herança há de vir uma vez mais dos sobreviventes, não dos morrentes como outrora.

Mas hoje o morrente não requer armas, feitiços nem alimento. Trata-se, isto sim, do desafio técnico e social de reconhecer o próprio morrer entre aqueles para os quais a tarefa de detectá-lo pode ser difícil e ambígua. As "armas" e o "alimento" que hoje temos de ofertar aos morrentes são os produtos menos tangíveis, mas não menos reais, do apoio, da tolerância e da coragem sociais de ficar com o contagioso ou com o morrer irreconhecível. Essa é a herança que pareceríamos dever aos morrentes, porém, nessas questões de obrigação, já não é fácil obter consenso, muito menos cooperação.

Na Idade Cosmopolita, ao contrário da Idade da Pedra, os homens e as mulheres não tomam decisões a partir de pequenos grupos nômades, mas em consórcios internacionais de Estados-nação e organizações financeiras e comerciais globais. Mesmo em um país, as decisões sobre a política de assistência ao idoso são tomadas no contexto mais amplo de partidos políticos rivais, prioridades sociais e médicas rivais, interesses concorrentes estabelecidos e a burocratização e diluição das instituições democráticas participativas. O desejo do morrer administrado nos países prósperos normalmente eclipsa a preocupação com as formas ocultas de morrer que são estigmatizadas e, portanto, de interesse e valor sociais marginais, bem como aquelas nas margens internacionais.

E, a cada ano, aumenta a prevalência da morte indigna nas instituições de assistência ao idoso e nos países pobres. O desafio de seu *timing* alimenta um interesse e um recrutamento crescentes para formas anti-heroicas de dissidência e resistência. O desejo de controlar o *timing* da morte se fortalece nesse contexto em que o medo de perder o controle aumenta globalmente. Há mais interesse pelo suicídio, assistido ou não; maior ressentimento com quem tem controle e poder — tanto interpessoal quanto institucional, tanto nacional quanto internacional. Em toda parte, essas formas de dissensão criam novas divisões nos debates morais e sociais sobre a qualidade da vida, o sentido da vida e o controle e a inclusão social no fim da vida.

Na viagem ao além-mundo, a morte era uma forma de morrer. Na Idade Cosmopolita, o morrer passou a ser uma forma de morte social, um viver sem apoio e um morrer frequentemente irreconhecível. O desejo global crescente de evitá-lo continua alimentando a obsessão pelo *timing*. E não se vislumbra no horizonte o fim dessas formas de morrer e dessas estratégias de *timing* para preveni-las.

Controle pessoal e morte impessoal

Há estratégias para eludir a vergonha e recobrar o controle. Há meios de solapar a perspectiva de uma morte indigna. Algumas dessas estratégias são socialmente respeitáveis, outras nem tanto. Mas todas, sejam quais forem as suas características morais, devem ser entendidas em termos de tempo. Segundo Shneidman,[27] o moribundo disposto a se suicidar quer escolher a hora e o lugar e simplesmente se recusa a esperar que a "natureza" siga o seu curso. Também pode ser um "negador da morte", aquele que acredita que esta põe fim apenas à existência física, mas não à mental ou espiritual.

O moribundo que deseja morrer também pode ser o que apressa a própria morte pela assunção de risco ou deixando de se salvaguardar. Shneidman ainda sugere que muita gente disposta a morrer pode oferecer pouca resistência psicológica ou talvez fisiológica à morte, tornando-se mais vulnerável à infecção ou a outras doenças. Todas essas atitudes e ações talvez constituam certo controle sobre o *timing* da própria morte em condições sociais indignas e estigmatizantes.[28]

Outra estratégia de controle do *timing* da morte é o interesse crescente pelas "diretivas antecipadas", também conhecidas como "testamento vital". Trata-se de instruções escritas deixadas por pessoas juridicamente capazes e psicologicamente competentes para manifestar sua vontade no caso de um fato médico catastrófico que impeça a ocorrência de comunicação normal. Acidentes ou emergências médicas como um AVC maciço podem deixar a pessoa grave e irreversivelmente doente e incapaz de se comunicar. Em tais situações, algumas deixam um conjunto de "diretivas" informando a equipe médica e a família que não querem ressuscitação cardíaca, respiração mecânica, alimentação ou hidratação artificial nem antibióticos.

---

27 Shneidman, *Deaths of Man*, p.82-90.

28 DeSpelder; Strickland, *The Last Dance: encountering death and dying*, p.422-8.

Solicitam unicamente alívio da dor, inclusive alívio capaz de matá-las.[29]

Pacientes em fase terminal também podem solicitar uma ordem de não ressuscitação, documento que informa o pessoal do serviço de emergência que, se forem considerados mortos em casa ou mesmo em um hospital, eles não devem ser ressuscitados. Desejam que a doença fatal e o morrer sigam seu curso natural.

As diretivas antecipadas, as ordens de não ressurreição e alguns suicídios são exemplos do aumento do interesse e da ansiedade com o *timing* da morte nos contextos industriais modernos. Todas essas estratégias destinam-se a solapar ou a evitar cabalmente uma situação indigna de "morto vivo": um conjunto de circunstâncias nas quais a pessoa morrente é trazida reiteradamente de volta da morte e mantida em um espaço biológico entre vivo e morto ou nas quais intervenções médicas deficientes deixam o idoso ou o morrente sujeito a um período indefinido de casa de repouso ou de atendimento de suporte à vida.

Nos países pobres, as estratégias para escapar a formas indignas de morte criam não cuidadosos planos de contingência para o futuro, mas planos de contingência para o presente. Rifkin[30] analisa parte da literatura sobre o uso do tempo pelos pobres. Demonstra que as pessoas na pobreza têm uma abordagem da vida voltada para o presente porque seu futuro geralmente é incerto. Essa é uma reação racional às culturas do tempo na pobreza em virtude da precariedade de suas experiências de saúde e doença, dos caprichos de suas experiências

---

29 Ibid., p.245-52.
30 Rifkin, op. cit., p.166-7.

Uma história social do morrer

no mercado de trabalho, da falta de recursos econômicos que investir e do seu limite inferior de segurança contra a adversidade econômica, social e política.

Wood[31] afirma que os pobres são dominados por um comportamento de "preferência temporal disfuncional", que os leva a perseguir objetivos de curto prazo de segurança e a abrir mão ou ter pouco interesse ou confiança em perspectivas de longo prazo. Geralmente, o motivo dessa falta de confiança é o simples fato de os planos de longo prazo raramente darem certo para eles. Para que planejar um futuro agrícola se há décadas que duas tribos estão em guerra pelas suas terras? Para que planejar aposentadoria se você é HIV positivo e não tem acesso a drogas antivirais que o ajudem a fazer planos para uma única década do que lhe resta de vida?

Na África subsaariana, uma extensa região de chamados Estados-nação dos mais variados, vastas áreas são governadas por "senhores da guerra" – uma rede de chefes paramilitares que controlam milícias e rotas de abastecimento e aplicam uma justiça rude em termos de vida e morte.[32] Em tais condições, o Estado não garante proteção nem redes de segurança em saúde e bem-estar. Não há futuro a não ser cooperar com as redes locais de milícia, de modo que terra, família e lealdade são pagas em troca de comida e proteção escassas.

Parte das oferendas dessas formas modernas de relações de "clientela" inclui "oportunidades" de mão de obra barata, mas também de serviço militar. Tais estratégias de gestão de risco

---

31 G. Wood, Staying secure, staying poor: the Faustian bargain, *World Development*, v.31, n.3, 2003, p.455.

32 Ibid., p.467.

de curto prazo oferecem sustentos que funcionam. Para uma sociologia do morrer alternativa, elas também oferecem outras formas de morte que talvez sejam mais "dignas" e oportunas. A morte na guerra, contra um mal "externo" em vez de um "interno", pode ser preferível ao morrer lento e estigmatizante. Essa morte também tem a vantagem de oferecer um futuro social moralmente mais competitivo do que um futuro biológico controlado por um vírus vergonhoso. Escolher um estilo de vida político e econômico, no contexto da pobreza e na perspectiva de morrer de aids, também é escolher uma estratégia temporal capaz de evitar as duas coisas e de suprimir a perspectiva da vergonha na barganha.

O futuro do morrer: um tempo de mudança?

Na experiência moderna de vida bem administrada, as pessoas com doenças que ameaçam a vida têm a possibilidade de "comprar tempo" a partir de uma variedade de intervenções médicas, cirúrgicas e farmacológicas. Para as crianças, os jovens adultos e as pessoas na meia-idade, essas intervenções figuram entre os muitos milagres e bênçãos de viver em uma sociedade tecnicamente complexa e rica. Mas, sem dinheiro, influência política e memória em bom estado, não há poder para "comprar" tempo. As mortes indignas na atual Idade Cosmopolita representam não uma falha das conquistas tecnológicas, e sim — e não há modo delicado de exprimi-lo — uma falha moral e social em prover de modelos satisfatórios de assistência social os morrentes nas margens econômicas do mundo.

Nossas prioridades domésticas continuam visando a busca laboratorial de novas curas sem dar uma atenção igualmente séria às consequências dessas bem-sucedidas campanhas médicas no fim da vida. Nossas prioridades internacionais seguem visando a pobreza e a saúde sem um reconhecimento igualmente sério das inevitáveis experiências de fim da vida das pessoas que estão morrendo agora e continuarão morrendo no futuro *sem apoio da comunidade*.

Há muito que persiste a falta de reconhecimento de que mais saúde e bem-estar geram maior expectativa de vida e, portanto, maiores desafios de assistência à terceira idade, os quais nenhuma das atuais políticas e práticas sociais dos países ricos enfrenta adequadamente. A casa de repouso é um paradeiro muito temido pelas pessoas nos países ricos que, paradoxalmente, adoram construí-las. Escasso é o esforço para conceber, experimentar ou mesmo debater as alternativas. Enquanto se prolongar esse período de paralisia política, mais populações rumarão para tais destinos institucionais com suas comunidades social, financeira e politicamente despreparadas para qualquer outra opção.

A cansativa tendência cosmopolita a se concentrar na saúde, bem como na riqueza, na juventude e na beleza, continua ameaçando a reciprocidade social no âmago da experiência de morrer. Posto que tais valores sociais por vezes dissimulem um temor mais fundo da decadência e da diferença, a tendência que estamos presenciando é a concentrar a maior parte da atenção da comunidade, da política e da mídia no morrer bem administrado como parte da vida bem administrada. A esse respeito, os habitantes dos países ricos tem uma reputação pública e uma moral cultural a preservar.

Isso resulta em uma atenção exagerada e em uma obsessão romântica pelas narrativas heroicas de gente morrendo de câncer, recebendo assistência clínica e paliativa ou lutando pelo direito de morrer "com dignidade e escolha". Tais imagens e narrativas turvam as experiências marginais menos glamorosas, porém mais numerosas, de morrer dos idosos e dos pobres do mundo. Ademais, elas dissuadem as pessoas de colocar os problemas de assistência de longo prazo em pé de igualdade com suas obsessões com as curas de curto prazo.

Hoje mais do que nunca, o cuidado dos morrentes, tal como o presenciamos ao longo da história humana, é um desafio complexo. Não há solução mágica; não haverá saída rápida. As pessoas anseiam pelo morrer como jornada ao além-mundo, ou boa morte, ou morrer bem administrado. Esperam morrer com o apoio da comunidade, antecipando a morte e preparando-se para ela, expirando no conforto básico a elas permitido por seus curandeiros — e no tempo certo. Em todos os níveis das sociedades atuais, esses diversos desejos, valores e ideais de morrer enfrentam um grande desafio.

Hoje sérias dúvidas contestam a ideia de viagem à ultravida. Em outros quadrantes do planeta, novas ideias e experiências de quase morte apresentam graves questões e revisões acerca do além-mundo. O preparar-se para a morte tornou-se incerto; muitas vezes, simplesmente se desliga da própria perspectiva da morte já que ninguém tem certeza absoluta de quando ela há de chegar.

Administrar o morrer está ficando cada vez mais fácil para a minoria rica em condições de bancar a melhor assistência médica e paliativa, e, mesmo assim, muita gente morre subitamente de doença ou acidente circulatório, eludindo um período de morrer social e psicológico. Em outras partes do sistema sanitário, a morte vem sendo tão fortemente amansada pelos serviços de saúde que hoje é indistinguível do atendimento de emergência, agudo ou comunitário do enfermo. A ideia de morrer quase escaparia à visão moderna não fosse por um desdobramento importantíssimo: o morrer desonrado e embaraçoso da Idade Cosmopolita que não reage às intervenções *high-tech* nem ao atendimento hospitalar rotineiro.

A presença da aids entre nós lembra-nos que a sala das máquinas desses problemas, mais do que simplesmente uma falha da ciência laboratorial, está em meio a nossas políticas econômica e externa internacionais. A presença da demência entre nós lembra-nos que os programas médicos e de saúde pública bem-sucedidos têm um arqui-inimigo perturbador que precisamos enfrentar como um desafio social igualmente urgente, mas doméstico. O que essas duas tendências demográficas da mortalidade e da experiência social de morrer contam ironicamente é que este não é e nunca foi um desafio exclusivamente médico.

O problema humano de morrer sempre foi um conjunto de escolhas sociais e morais ligado ao cuidado e a como essas escolhas são negociadas entre as pessoas morrentes e sua comunidade — seja qual for a forma que essa comunidade assumiu no passado. Desse modo preciso, o estudo do morrer é como olhar para o reflexo em uma poça. Nesta, a água repercute o tipo de gente em que nos transformamos. Mais do que nunca, é oportuno fazer a pergunta: em que tipo de gente nós nos transformamos?

Conclusão

Agora podemos ver que o registro histórico do nosso comportamento no morrer apresenta dois desenvolvimentos em movimento contínuo em direções opostas nos últimos 2 milhões de anos. A experiência de morrer tornou-se gradualmente mais privada ao mesmo tempo que seu reconhecimento passava a ser mais publicamente controlado e definido.

Morrer tornou-se mais privado das seguintes maneiras. Inicialmente, enquanto viagem ao além-mundo, começou como uma questão de toda a comunidade e sinalizado a todos pela morte biológica de um dos seus membros. Com a chegada dos assentamentos, passou a se concentrar nas imediações do leito de morte cercado pela família e parte da comunidade. Essa veio a ser a boa morte, um morrer compartilhado com a parte da comunidade com a qual a pessoa havia passado toda a vida privada e profissional.

Os desenvolvimentos urbanos viram a cena junto do leito de morte partilhado com mais profissionais e ainda menos com a comunidade. O morrer bem administrado transformou-se em um assunto cada vez mais privado compartido com pequenos grupos tal como a pequena família historicamente evoluída, alguns amigos de trabalho e um grupo de profissionais de confiança a visitarem a casa ou em atividade no hospital local. Muito posteriormente, a Idade Cosmopolita viu o morrer ainda mais privatizado, aliás, tanto que o morrente chegava a ser o *único* ciente de que estava morrendo. O morrer como um assunto social compartilhado, isto é, um assunto interpessoal, tem sido ameaçado enquanto forma de conduta publicamente reconhecida. Isto se deve em grande parte a um desenvolvimento paralelo igualmente forte e de uma natureza oposta ao morrer.

O reconhecimento efetivo do morrer nos últimos 2 milhões de anos tornou-se publicamente mais controlado à medida que essa tarefa se transferia de critérios observados pessoalmente pelas comunidades ou pelos indivíduos para critérios institucionais menos claros. A definição do morrer como viagem ao outro mundo era determinada por outros seres humanos ao tomarem conhecimento da morte de um dos seus. Todos os membros da comunidade – vivos, morrentes ou "mortos" – entendiam esse critério de "morrer". Nesse aspecto, havia um consenso claro quanto a julgar quando o morrer começava. Durante a vida de assentamento, este passou a ser um assunto deste mundo, assim como uma jornada ao além-mundo. O fato de o morrer se iniciar nesta vida transferiu o ônus da sua determinação para o morrente. Isto porque, na história, a maioria das pessoas se expunha constantemente à morte e ao morrer, de modo que se esperava que, graças a essa experiência, os indivíduos soubessem quando lhes ocorria o morrer. A essa altura da história, o reconhecimento do morrer cortou as amarras puramente biológicas e se tornou um caso mais psicológico.

Uma história social do morrer

No transcurso desses tempos, a determinação da morte pela comunidade deslocou-se rumo à determinação privada do morrer como principal veículo do reconhecimento do dito processo. Assim, a atual determinação do morrer começou como uma experiência *compartilhada*, mas, na vida do assentamento rural, a tarefa inicial do reconhecimento passou a ser um dever privado. A partir desse período precoce de poder comum, depois privado, todos os desenvolvimentos subsequentes da determinação do morrer viram uma apropriação institucional crescente do próprio critério.

O confisco gradual das experiências de morte e de morrer das elites urbanas e da classe média significou que o acesso a essas experiências regulares, que as classes sociais mais baixas davam por líquidas e certas, decresceram extraordinariamente. Esse tipo de conhecimento cotidiano dos caçadores-coletores, dos camponeses ou dos operários industriais, que sustentava uma consciência confiável da aproximação da morte, foi separado das classes sociais emergentes da sociedade urbana. Isso resultou na necessidade das elites e da classe média urbana de dependerem de outros que as informassem da iminência da morte. Então o sinal do morrer passou a provir de informação de experts compartilhada com o morrente ou de um estudo do vaivém desses experts em torno ao leito do "enfermo". Por essa razão, o reconhecimento do morrer tornou-se um enigma social ou então passou a derivar de uma fonte profissional de consciência, como o médico. Assim, o morrer bem administrado rompeu suas velhas amarras biológicas *e* psicológicas. E passou a ser cada vez mais uma questão de definição de outrem como resultado de uma leitura social da situação de doença da pessoa.

Na Idade Cosmopolita, essa dispersão paulatina do *locus* de reconhecimento do morrer e seu afastamento da própria pessoa e rumo a outras cada vez mais distantes se estenderam ainda mais. Atualmente, o reconhecimento e até a definição do morrer passam a ser o domínio de organizações formais como as casas de repouso ou os governos. Nessa mudança institucional, milhões de pessoas nas casas de repouso são definidas oficialmente não como "morrentes", mas meramente como cronicamente enfermas ou inválidas. Deviam ser vistas como pessoas idosas necessitadas de assistência de enfermagem, como residentes simplesmente com a saúde debilitada. Do mesmo modo, milhões de pessoas que vivem com o HIV na pobreza não devem ser vistas como morrentes, e sim como gente sujeita a "privação", a "saúde precária", ou "gente vivendo com doenças infecciosas".

Tal reclassificação das nossas populações moribundas tem outros paralelos mais sombrios. As pessoas nos campos de concentração do século XX, por exemplo, não são classificadas como "morrentes". "Morrente" como atributo ofenderia seus carcereiros, que, em vez disso, encaram os "presos" como mera mão de obra forçada a serviço do Estado, criminosos ou suspeitos sob investigação. Agora o morrer é cada vez mais fixado pelo Estado com definições institucionalmente tão estreitas em seu escopo que só o reconhecem se ele for considerado como uma experiência de atendimento no fim da vida sob supervisão médica formal.

No mundo atual, a morte ocorre deveras nas casas de repouso, na pobreza ou nos centros de detenção modernos, mas não o morrer. Este – enquanto um conjunto compartilhado de trocas sociais abertas entre os indivíduos morrentes e os que

Uma história social do morrer

o assistem – é cada vez menos reconhecido nos contextos institucionais fora dos hospitais ou das instituições de serviço de saúde, tanto no âmbito global quanto no doméstico. O reconhecimento público, mesmo certo reconhecimento pessoal do morrer, passou a ser uma questão política abstrata agora apartada dos antigos liames biológicos, psicológicos e interpessoais. Grandes proporções do nosso morrer estão comumente escondidas das nossas comunidades. Nós não presenciamos facilmente os números maciços do morrer nas casas de repouso, nos países em desenvolvimento com muita pobreza ou nos momentos totalitários da história recente. A institucionalização que elimina fisicamente as pessoas, o egoísmo mesquinho, prioridades políticas concorrentes ou o desinteresse dos meios de comunicação geralmente nos obstruem a visão. Ainda que ocasionalmente vislumbremos essas imagens, muitos preferem desviar a vista.

Mas isso não é tudo. Esses não são os únicos motivos pelos quais não ouvimos muitas das maiores vozes das pessoas morrentes que povoam a nossa era. Elas mesmas agora têm problemas para se expressar, problemas que nós não presenciamos nos cerca de 12 mil anos de história do assentamento. A demência silencia muitas vozes. A vergonha pessoal cala outras. E ainda tantos morrentes não se reconhecem como tais, enxergam-se como os demais os enxergam: como pessoas simplesmente doentes, inválidas ou presas. Os morrentes modernos muitas vezes desejam ou são mais e mais aconselhados, convencidos ou coagidos a desempenhar uma diversidade de papéis substitutos. Por sua vez, esses papéis alternativos não conseguem contra-arrestar a tendência cultural geral às definições estreitas do morrer.

O sequestro do morrer moderno foi um tema contínuo da literatura da pesquisa social do fim do século XX. Entretanto, os comentaristas das ciências sociais dessa época, obcecados com o morrer hospitalar em seus países ricos, estavam convencidos de que se tratava essencialmente de um problema médico. Essa ênfase acadêmica permitiu que se esquecessem ou negligenciassem as dimensões e formas políticas explícitas do morrer. Mas o sequestro do morrer não é simplesmente uma questão médica ou de serviços de saúde na Idade Cosmopolita, apesar do fato de o morrer baseado na doença ser fundamental na nossa compreensão de algumas experiências de morrer.

Nós observamos repetidamente, ao examinar as dimensões moral e política mesmo do morrer baseado na doença, que esta não exaure (e não deve exaurir) o nosso entendimento da experiência de morrer como um todo. Vimos nestas páginas que as estruturas políticas e morais, na forma de relações interpessoais, de políticas tribais ou estatais ou mesmo de perseguições religiosas ou vitimação em diversas sociedades, criam formas de morrer tão seguras quanto as causadas pelas próprias doenças. É o que vemos no morrer do sacrifício humano, no suicídio, nas caças às bruxas e nas guerras, bem como nas influências fatais do patriarcado, da colonização, do desapossamento ou da "limpeza étnica". Assim, toda forma de morrer ao longo da história humana tem exibido importantes dimensões políticas e morais. Agora vivemos em uma época em que essas dimensões emergem à frente de sua influência sociológica sobre o morrer, determinando até a própria definição deste e quem é apto a sua outorga. Morrer é uma experiência definida pelo Estado cujos exemplos recentes agora juncam o globo.

Uma história social do morrer

Vimos, por exemplo, em Treblinka, em Auschwitz e em uma centena de outros centros de detenção, que o morrer indigno é um processo com uma história longa e infame no século XX. Todas as características da morte indigna das casas de repouso ou do morrer na pobreza têm paralelos inequívocos com essas outras formas mais amplas, ainda que menos óbvias, de morrer no século XX.

Os temas sociais da morte indigna representam reiteradamente o seu trágico personagem em todos esses cenários de pobreza, institucionalização e encarceramento: a falta do reconhecimento do morrer pelo roubo de identidade, pela negação ou pelas mentiras endossados pelo Estado; a consequente falta de apoios da comunidade a esses morrentes; o engano e a substituição de narrativas sobre o morrer por narrativas sobre a saúde, e o problema do tempo para esses morrentes: demasiado, insuficiente; sua prematuridade ou ausência total.

Recordemos o documentado logro a que eram submetidos os que chegavam de trem a Treblinka[1] e a Auschwitz.[2] Diziam a muitos deles que iam tomar banho e ser desinfetados. E os levavam a salões com chuveiros polidos cuja única finalidade real era a de emitir gases venenosos. A outros, antes de levá-los às câmaras de gás, diziam que iam passar por uma "terapia de repouso". Falsas narrativas de saúde pública para moribundos que serão vítimas de assassinato endossado pelo Estado.

Bruno Bettelheim,[3] psicanalista e sobrevivente de campo de concentração, recordou que "ninguém possuía relógio".

---

1 Chrostowski, *Extermination Camp Treblinka*.

2 Kraus; Kulka, *The Death Factory: document on Auschwitz.*

3 Bettelheim, *The Informed Heart*, p.40, 169.

Obviamente, os nazistas não tinham tempo para os judeus, e, como sabemos pelas nossas discussões sociológicas sobre tempo e morrer, "não ter tempo" para os judeus significava "não ver utilidade" neles. Sem "tempo", as pessoas dos campos de extermínio viviam no presente, não podiam planejar nem estabelecer relações duráveis. Como já vimos, essas são características sociais fundamentais das pessoas que hoje morrem na pobreza ou em casas de repouso.

Nesses tipos de contextos cosmopolitas, os que estão no poder sempre negam o morrer. Consequentemente, as pessoas morrentes em tais circunstâncias vivem em um espaço sem tempo em que são obrigadas a adotar comportamento infantil a fim de chamar a atenção para suas necessidades. Sempre têm de abrir mão de sua individualidade. Sempre lhes arrebatam a capacidade de autodeterminação e de prever o futuro.

Essas observações feitas por Bruno Bettelheim[4] sobre a desvalorização da vida humana nos campos de extermínio não se aplicavam a uma peculiaridade qualquer da imaginação nazista da década de 1940. Campos como esses proliferam no período moderno – na China, no Camboja, na Iugoslávia ou na Armênia, para citar apenas alguns – e são um traço crescente do nosso tempo.[5] O apequenamento dos valores humanos apartados da conexão e da responsabilidade sociais de uns para com outros é uma característica crescente, paradoxal, da modernidade[6] e uma fonte constante de interesse e análise políticos. Os desenvolvimentos vergonhosos e preocupantes da vida

---

4 Ibid., p.130-1.

5 Mann, *The Dark Side of Democracy: explaining ethnic cleansing*.

6 Dean, *Capitalism and Citizenship: the impossible partnership*.

política e social contemporânea continuam a se expressar com igual força, ainda que insidiosamente, na nossa conduta e nas nossas relações com o morrer. No entanto, há contrainfluências antigas, bem que sutis, que nos dão um pouco de esperança de superar essas formas novas de alienação.

Pesquisa recente em comportamento infantil sugere que a alienação social mútua não é inevitável, inclusive pode não ser uma parte natural da nossa íntima constituição social ou física. Em um conjunto de observações marcadamente contrastantes sobre as nossas características modernas de seres humanos, Warneken e Tomasello[7] relatam o resultado de um estudo de 24 crianças de 18 meses de idade e suas reações a seres humanos em apuros. O resultado mostra que crianças de tão pouca idade são motivadas a ajudar adultos para elas desconhecidos, mesmo sem recompensa, contanto que entendam a natureza do objetivo perseguido. O chimpanzé, nosso parente primata mais próximo, também apresenta esse desejo de auxiliar os demais, desde que também compreenda a tarefa enfrentada pelo que precisa de ajuda e desde que dita tarefa não envolva elementos de competição.[8]

Esse resultado indica que ajudar é uma característica profundamente arraigada e possivelmente presente em um ancestral comum do chimpanzé e dos seres humanos. É provável que essa antiga atitude remonte a milhões de anos. Os autores desse estudo acreditam que tal feição pode ser importante para

---

7 Warneken; Tomasello, Altruistic helping in human infants and chimpanzés, *Science*, v.311, n.3, 2006.

8 Melis; Hare; Tomasello, Chimpanzees recruit the best collaborators, *Science*, v.311. n.3, 2006; Silk, Who are more helpful, humans or chimpanzees? *Science*, v.311, n.3, 2006.

explicar a "vantagem evolucionária" geral que a cooperação e o auxílio conferem aos animais superiores como nós.

Mas, e isso tem igual importância, é possível que ela também faça parte de um conjunto de razões pelas quais, quando outro ser humano jaz morto ou agonizante, nós quase sempre mostramos o desejo de lhe dar apoio. No decurso de toda a história humana, nós vimos prestando esse apoio aos nossos morrentes através de oferendas sociais de reconhecimento, de presença, de dar e receber e de ritual. Infelizmente, agora essas arraigadíssimas reações aos nossos moribundos parecem cada vez mais ameaçadas. E, se elas correm perigo, se nós nos atrevemos a abandonar essas reciprocidades no fim da vida, então é preciso reconhecer mais uma possibilidade grave. Devemos entender que os motivos pelos quais nós escolhemos viver geralmente residem nesse precioso punhado de intimidades humanas, e, como companheiros, podem seguir o mesmo rumo e enfim desaparecer com elas.

Referências bibliográficas

ABLIN, R. J.; GONDER, M. J.; IMMERMAN, R. S. Aids: A disease of Egypt? *Nova York State Journal of Medicine*, v.85, n.5, p.200-1, 1985.

ACKERKNECHT, E. H. Death in the history of medicine. *Bulletin of the History of Medicine*, v.42, p.19-23, jan.-fev. 1969.

ACKERMAN, R. *J.G. Frazer*: his life and work. Cambridge: Cambridge University Press, 1987.

ADAMS, A. Ships and boats as archaeological source material. *World Archaeology*, v.32, n.3, p.292-310, 2001.

ADDY, J. *Death, Money and the Vultures*: inheritance and avarice, 1660-1750. Londres: Routledge, 1992.

ADLER, U. *A Critical Study of the American Nursing Home*: the final solution. Nova York: Edwin Mellon Press, 1991.

ADLER-COHEN, M. A.; ALFONSO, C. A. Aids Psychiatry: psychiatry and palliative care and pain management. In: WORMSER, G. P. (Org.). *Aids and Other Manifestations of HIV Infection*. San Diego: Elsevier, 2004. p.537-76.

AGAMBEN, G. *Homo Sacer*: sovereign power and bare life. Trad. D. Heller-Roazen. Califórnia: Stanford University Press, 1998.

AKER, F.; CECIL, J. C. The influence of disease upon European history. *Military History*, v.148, n.5, p.441-6, 1983.

ALLEN, J. R. Epidemiology United States. In: EBBERSEN, P.; BIGGAR, R. J.; MELBYE, M. (Orgs.). *Aids*: a basic guide for clinicians. Copenhague: Muuksgaard, 1984. p.15-28.

AMINOFF, B. Z.; ADUNSKY, A. Dying dementia patients: too much suffering, too little palliation. *American Journal of Alzheimer's Disease and Other Dementias*, v.19, n.4, p.243-7, 2004.

ANABWANI, G.; NAVARIO, P. Nutrition and HIV/aids in sub-Saharan Africa: An overview. *Nutrition*, v.21, p.96-9, 2005.

ANÔNIMO. *Thysia*: an elegy. Londres: George Bell & Sons, 1908. p.257.

ANÔNIMO. Editors: suicide huge but preventable public health problem says WHO. *Indian Journal of Medical Sciences Trust*, v.58, n.9, p.409-11, 2004.

ARENS, W. *The Man Eating Myth*. Oxford: Oxford University Press, 1979.

ARIÈS, P. *The Hour of our Death*. Harmondsworth: Penguin, 1981.

_____. *Western Attitudes toward Death*. Londres: Johns Hopkins University Press, 1974.

ARMSTRONG, D. Silence and truth in death and dying. *Social Science and Medicine*, v.24, p.651-7, 1987.

ARMSTRONG, M. *How to Be an Even Better Manager*. Londres: Kogan Page, 2004.

ARMSTRONG-COSTER, A. *Living and Dying with Cancer*. Cambridge: Cambridge University Press, 2004.

BAHN, P. G. Dancing in the dark: probing the phenomenon of Pleistocene cave art. In: BONSALL, C.; TOLAN-SMITH, C. (Orgs.). *The Human Use of Caves*. BAR International Series, 667. Oxford: Archaeopress, 1997. p.35-7.

BAILEY, F. G. The peasant view of the bad life. In: SHANIN, T. (Org.). *Peasants and Peasant Societies*. Harmondsworth: Penguin, 1971. p.299-321.

BALDWIN, J. W. From the ordeal to confession: in search of lay religion in early 13th century France. In: BILLER, P.; MINNIS, A. J. (Orgs.). *Handling Sin*: confession in the Middle Ages. Woodbridge: York Medieval Press; Reino Unido: Suffolk, 1998. p.191-209.

Uma história social do morrer

BALLHATCHET, K.; HARRISON, J. *The City in South Asia*: pre-modern and modern. Londres: Curzon Press, 1980.

BARATAY, E.; HARDOUIN-FUGIER, E. *Zoo*: a history of zoological gardens in the West. Londres: Reaktion, 2002.

BARDOU, J. P. et al. *The Automobile Revolution*: the impact of an industry. Chapel Hill: University of North Carolina Press, 1982.

BARNARD, A. Images of hunters and gatherers in European social thought. In: DALY, R. H.; LEE, R. B. (Orgs.). *The Cambridge Encyclopedia of Hunters and Gatherers*. Cambridge: Cambridge University Press, 1999. p.375-86.

BARRETT, J. C. The living, the dead, and the ancestors: Neolithic and early Bronze age mortuary practices. In: _____; KINNES, I. (Orgs.). *The Archaeology of Context in the Neolithic and Bronze Age*. Sheffield: University of Sheffield, 1988. p.30-41.

BARTLEY, M. Coronary heart disease: a disease of affluence or a disease of industry? In: WEINDLING, P. (Org.). *The Social History of Occupational Health*. Londres: Croom Helm, 1992. p.137-53.

BATCHELOR, J.; CHANT, C. *Flight*: the history of aviation. Nova York: Mallard Press, 1990.

BAUM, D. J. *Warehouses of Death*: the nursing home industry. Don Mills: Burus & MacEachern, 1977.

BAUMAN, Z. *Mortality, Immortality and Other Life Strategies*. Cambridge: Polity Press, 1992.

BECK, U. *Risk Society*: towards a new modernity. Londres: Sage, 1992.

BECKER, E. *The Denial of Death*. Nova York: Free Press, 1973.

_____. *The Birth and Death of Meaning*. Harmondsworth: Penguin, 1972.

BEDNARIK, R. G. A major change in archaeological paradigma. *Anthropos*, v.98, p.511-20, 2003.

BEHRINGER, W. *Witches and Witch-hunts*: a global history. Cambridge: Polity Press, 2004.

BELL, D. A. *Lawyers and Citizens*: the making of a political elite in old regime France. Nova York: Oxford University Press, 1994.

BENDER, T. The erosion of public culture: Cities, discourses and professional Disciplines. In: HASKELL, T. L. (Org.). *The Authority of Experts*: studies in history and theory. Bloomington, Ind.: Indiana University Press, 1984. p.84-106.

BENEVOLO, L. *The History of the City*. Londres: Scolar Press, 1980.

BENSMAN, J.; VIDICH, A. J. The new class system and its lifestyles. In: VIDICH, A. J. (Org.). *The New Middle Classes*: lifestyles, status claims and political orientations. Nova York: Nova York University Press, 1995. p.261-80.

BERGER, A. et al. (Orgs.). *Perspectives on Death and Dying*: cross-cultural and multidisciplinary views. Filadélfia: Charles Press, 1989.

BERGESEN, A. Turning world system theory on its head. In: FEATHERSTONE, M. (Org.). *Global Culture*: nationalism, globalization and modernity. Londres: Sage, 1990. p.67-81.

BERMAN, M. *All that is Solid Melts into Air*: the experience of modernity. Harmondsworth: Penguin, 1988. [Ed. bras.: *Tudo que é sólido desmancha no ar*. São Paulo: Companhia das Letras, 2007.]

BERTA, P. Two faces of the culture of death: relationship between grief work and Hungarian peasant soul beliefs. *Journal of Loss and Trauma*, v.6, p.83-113, 2001.

_____. The functions of omens of death in Transylvanian Hungarian peasant death culture. *Omega*, v.40, n.4, p.475-91, 1999-2000.

BETTELHEIM, B. *The Informed Heart*. Nova York: Peregrine Books, 1986.

BILLER, P.; MINNIS, A. J. (Orgs.). *Handling Sin*: confession in the Middle Ages. Woodbridge: York Medieval Press; Reino Unido: Suffolk, 1998.

BINFORD, L. R. *Constructing Frames of Reference*: an analytic method for archaeological theory building using hunter-gatherer and environmental data sets. Berkeley: University of California Press, 2001.

BINGHAM, P. M. Human uniqueness: a general theory. *Quarterly Review of Biology*, v.74, n.2, p.133-69, 1999.

BLACK, W.; ALMEIDA, O. P. A systematic review of the association between the behavioural and psychological symptoms of dementia and burden of care. *International Psychogeriatrics*, v.16, n.3, p.295-315, 2004.

BLOCH, M. Death and the concept of a person. In: CEDERROTH, S.; CORLIN, C.; LINDSTROM, C. (Orgs.). *On the meaning of death*: essays on mortuary rituals and eschatological beliefs. Uppsala: Almqvist & Wiksell International, 1988. p.11-29.

_____. *Prey into Hunter*: the politics of religious experience. Cambridge: Cambridge University Press, 1992.

_____; PARRY, J. (Orgs.). *Death and the Regeneration of Life*. Cambridge: Cambridge University Press, 1982.

BONSALL, C.; TOLAN-SMITH, C. (Orgs.). *The human use of caves*. British Archaeological Reports, International Series 667. Oxford: Archaeopress, 1997.

BOWKER, J. *The Meanings of Death*. Cambridge: Cambridge University Press, 1991.

BRADBURY, M. Representation of "good" and "bad" death among death workers and the bereaved. In: HOWARTH, G.; JUPP, P. C. (Orgs.). *Contemporary Issues in the Sociology of Death, Dying and Disposal*. Londres: Macmillan, 1996. p.84-95.

BRADLEY, R. *The Significance of Monuments*: on the shaping of human experience in Neolithic and Bronze age Europe. Londres: Routledge, 1998.

BRAND, P. *The Origins of the English Legal Profession*. Oxford: Blackwell Publishers, 1992.

BREMMER, J. *The Rise and Fall of the Afterlife*. Londres: Routledge, 2002.

BROCK, D. B.; FOLEY, D. J. Demography and epidemiology of dying in the US with emphasis on deaths of older persons. In: HARROLD, J. K.; LYNN, J. (Orgs.). *A Good Dying*: shaping health care for the last months of life. Nova York: Haworth Press, 1998. p.49-60.

BRODY, S.; POTTERAT, J. J. Assessing the role of anal intercourse in the epidemiology of aids in Africa. *International Journal of STD and Aids*, v.14, p.431-6, 2003.

Allan Kellehear

BRONIKOWSKI, A. M. et al. The aging baboon: comparative demography in a non-human primate. *Proceedings of the National Academy of Sciences*, v.99, n.14, p.9591-5, 2002.

BRONOWSKI, J. *The Ascent of Man*. Londres: BBC, 1973.

BROWN, J.; HILLAM, J. *Dementia*: your questions answered. Londres: Churchill Livingstone, 2004.

BROWN, N. O. *Life against Death*: the psychoanalytic meaning of history. Londres: Routledge & Kegan Paul, 1959.

BRUCE, S. *God is Dead*: secularization in the West. Oxford: Blackwell, 2002.

BUER, M. C. *Health, Wealth and Population in the Early Days of the Industrial Revolution*. Londres: Routledge & Kegan Paul, 1968.

BYRNE, J. P. *The Black Death*. Westport: Greenwood Press, 2004.

BYTHEWAY, B. *Ageism*. Buckingham: Open University Press, 1995.

_____; JOHNSON, J. The sight of age. In: NETTLETON, S.; WATSON, J. (Orgs.). *The Body in Everyday Life*. Londres: Routledge, 1998. p.243-57.

CAMPBELL, C.; LEE, J. Z. A death in the family: household structure and mortality in Liaoning 1792-1867. *History of the Family*, v.1, n.3, p.17, 1996.

CANNADINE, D. War and death, grief and mourning in modern Britain. In: WHALEY, J. (Org.). *Mirrors of Mortality*: studies in the social history of death. Londres: Europa Publications, 1981. p.187-242.

CAREY, J. R.; TULJAPURKAR, S. (Orgs.). *Life Span*: evolutionary, ecological and demographic perspectives. Nova York: Population Council, 2003.

CASSELL, E. J. The changing concept of the ideal physician. *Daedalus: Proceedings of the American Academy of Arts and Sciences*, v.115, n.2, p.185-208, 1986.

CASTELLS, M. *End of the Millennium*. Oxford: Blackwell Publishers, 1998.

_____. *The Rise of the Network Society*. Oxford: Blackwell, 1996.

CAUWE, N. Skeletons in motion, ancestors in action: Early Mesolithic collective tombs in southern Belgium. *Cambridge Archaeological Journal*, v.11, n.2, p.147-63, 2001.

CHAMPLIN, E. *Final Judgements*: duty and emotion in Roman wills 200 BC-AD 250. Berkeley: University of California Press, 1991.

CHARDON, M. L. G. *Memoirs of a Guardian Angel*. Baltimore: John Murphy & Co., 1873.

CHARLE, C. *Social History of France in the 19th Century*. Oxford: Berg, 1991.

CHARMAZ, K. *The Social Reality of Death*. Reading, Mass.: Addison-Wesley, 1980.

CHENG, T. O. Glimpses of the past from recently unearthed ancient corpses in China. *Annals of Internal Medicine*, v.101, p.714-5, 1984.

CHISHTI, P. et al. Suicide mortality in the European Union. *European Journal of Public Health*, v.13, p.108-14, 2003.

CHROSTOWSKI, W. *Extermination Camp Treblinka*. Londres: Vallentine Mitchell, 2004.

CLARK, G. A. Neandertal Archaeology: implications for our origins. *American Anthropologist*, v.104, n.1, p.50-67, 2002.

CLARKSON, L. *Death, Disease and Famine in Pre-industrial England*. Dublin: Gil and Macmillan, 1975.

CLOTTES, J.; LEWIS-WILLIAMS, S. *The Shamans of Prehistory*: trance and magic in the painted caves. Nova York: Harry N. Abrams, 1998.

COHEN, D. *The Wealth of the World and the Poverty of Nations*. Cambridge, Mass.: MIT Press, 1998.

COLEMAN, P.; BOND, J.; PEACE, S. Ageing in the twentieth century. In: _____; _____; _____. (Orgs.). *Ageing in Society*. Londres: Sage, 1993. p.1-18.

COONEY, M. The privatisation of violence. *Criminology*, v.41, n.4, p.1377-406, 2003.

CORFIELD, P. J. *Power and the Professions in Britain 1700-1850*. Londres: Routledge, 1995.

COULIANO, I. P. *Out of this World*: otherworld journeys from Gilgamesh to Albert Einstein. Londres: Shambhala, 1991.

Allan Kellehear

COUNTS, D. A.; COUNTS, D. The good, the bad, and the unresolved death in Kaliai. *Social Science and Medicine*, v.58, n.5, p.887-97, 2004.

COUNTS, D. R. The good death in Kaliai: preparations for death in Western New Britain. *Omega*, v.7, n.4, p.367-72, 1976.

CRANDALL, W. H.; CRANDALL, R. *Borders of Time*: life in a nursing home. Nova York: Springer, 1990.

CRIMMINS, E. M. Trends in the health of the elderly. *Annual Review of Public Health*, v.25, p.79-98, 2004.

CULLEN, T. Mesolithic mortuary ritual at Franchthi cave, Greece. *Antiquity*, v.69, n.263, p.270-90, 1995.

CURTIN, T.; HAYMAN, D.; HUSEIN, N. *Managing a Crisis*: a practical guide. Basingstoke: Macmillan, 2005.

DANIEL, G. *The First Civilizations*: the archaeology of their origins. Londres: Phoenix Press, 2003 [1968].

DANSKY, S. F. *Now Dare Everything*: HIV-related psychotherapy. Nova York: Haworth Press, 1994.

DAVID, N.; KRAMER, C. *Ethnoarchaeology in Action*. Cambridge: Cambridge University Press, 2001.

DAVIES, D. J. *Death, Ritual and Belief*. Londres: Cassell, 1997.

DAWKINS, R. *The Blind Watchmaker*. Essex: Longman Scientific and Technical; Reino Unido: Harlow, 1986.

DEAN, K. *Capitalism and Citizenship*: the impossible partnership. Londres: Routledge, 2003.

DE BEAUVOIR, S. *A Very Easy Death*. Harmondsworth: Penguin, 1969. [Ed. bras.: *Uma morte muito suave*. Rio de Janeiro: Nova Fronteira, 1984.]

DEL VECCHEIO GOOD, M.-J. et al. Narrative nuances on good and bad deaths: internists' tales from high-technology work places. *Social Science and Medicine*, v.58, n.5, p.939-53, 2004.

D'ERRICO, F. et al. Archaeological evidence for the emergence of language, symbolism and music: an alternative multidisciplinary perspective. *Journal of Prehistory*, v.17, n.1, p.1-70, 2003.

476

DESPELDER, L. A.; STRICKLAND, A. *The Last Dance*: encountering death and dying. Nova York: McGraw-Hill, 2005.

DIAMOND, J. *Guns, Germs and Steel*: the fates of human societies. Londres: Jonathan Cape, 1997.

DOBSON, J. E. The iodine factor in health and evolution. *Geographical Review*, v.88, n.1, p.1-28, 1998.

DONNAN, C. B.; CLEWLOW JR., C. W. (Orgs.). *Ethnoarchaeology*. Monograph IV. Los Angeles: Institute of Archaeology, University of California, 1974.

DORSON, R. M. (Org.). *Peasant Customs and Savage Myths*. v.1. Londres: Routledge & Kegan Paul, 1968.

DUPLESSIS, R. *Transitions to Capitalism in Early Modern Europe*. Cambridge: Cambridge University Press, 1997.

DURKHEIM, E. *The Elementary Forms of the Religious Life*. Nova York: Free Press, 1965.

_____. *The Division of Labour in Society*. Nova York: Free Press, 1947.

DYCHTWALD, K. Retirement is dead. *Journal of Financial Planning*, v.15, n.11, p.16-8, 20, 2002.

ECKERSLEY, R. Culture, health and well-being. In: _____; DIXON, J.; DOUGLAS, B. (Orgs.). *The Social Origins of Health and Well-being*. Cambridge: Cambridge University Press, 2001. p.51-70.

ECONOMIC and Social Commission for Asia and Pacific. *HIV/Aids in the Asian and Pacific Region*. Nova York: United Nations, 2003.

ELDER, G. *The Alienated*: growing old today. Londres: Writers and Readers Publishing Group, 1977.

ELIAS, N. *Time*: an essay. Oxford: Blackwell, 1992.

_____. *The Loneliness of Dying*. Oxford: Basil Blackwell, 1985.

ENGELHARDT JR., T. Death by free choice: modern variations on an antique theme. In: BRODY, B. A. (Org.). *Suicide and Euthanasia*: historical and contemporary themes. Dordrecht: Kluwer Academic Publishers, 1989. p.251-80.

ENRIGHT, D. J. (Org.). *The Oxford Book of Death*. Oxford: Oxford University Press, 1987.

EPSTEIN, B. G. The demographic impact of HIV/aids. In: HAACKER, M. (Org.). *The Macroeconomics of HIV/Aids*. Washington D.C.: IMF, 2004. p.1-40.

EPSTEIN, F. H. Contribution to the epidemiology of understanding coronary heart disease. In: MARMOT, M.; ELLIOT, P. (Orgs.). *Coronary Heart Disease Epidemiology*. Oxford: Oxford University Press, 1992. p.20-32.

EUNSON, B. *Behaving*: managing yourself and others. Sydney: McGraw-Hill, 1987.

EVANS-PRITCHARD, E. E. *The Nuer*: a description of the modes of livelihood and political institutions of a Nilotic people. Oxford: Clarendon Press, 1940.

FAUVE-CHAMOUX, A. Introduction: adoption, affiliation and family recomposition: inventing family continuity. *History of the Family*, v.3, n.4, p.1-7, 1998.

FEISAL, A. A.; MATHESON, T. Coordinating righting behaviour in locusts. *Journal of Experimental Biology*, v.204, n.4, p.637-48, 2001.

FERNANDEZ-JAVO, Y. et al. Human cannibalism in the early Pleistocene of Europe. *Journal of Human Evolution*, v.37, n.3/4, p.591-622, 1999.

FERRANTE, P.; DELBUE, S.; MANCUSO, R. The manifestation of aids in Africa: an epidemiological overview. *Journal of Neurovirology*, v.1, p.50-7, 2005.

FICHTEL, C.; KAPPELER, P. M. Anti-Predator behaviour of group living Malagasy primates: mixed evidence for a referential alarm call system. *Behavioural Ecology and Sociobiology*, v.51, Springer-Verlag, on-line, 2002.

FIELD, D. Palliative care for all? In: _____; TAYLOR, S. (Orgs.). *Sociological Perspectives on Health, Illness and Health Care*. Oxford: Blackwell Science, 1998. p.192-210.

FISHMAN, R. Bourgeois utopias: visions of suburbia. In: FAINSTEIN, S. S.; CAMPBELL, S. (Orgs.). *Readings in Urban Theory*. Oxford: Blackwell Publishers, 1996. p.23-60.

FLEMING, P. L. The epidemiology of HIV and aids. In: WORMSER, G. P. (Org.). *Aids and Other Manifestations of HIV Infection*. San Diego, Califórnia: Elsevier, 2004. p.3-29.

FLINT, J. *Viruses*. Burlington, N.C.: Carolina Biological Supply Co., 1988.

FLORY, J. et al. Place of death: US trends since 1980. *Health Affairs*, v.23, n.3, p.194-200, 2004.

FOGEL, R. W. *The Escape from Hunger and Premature Death, 1700-2100*. Cambridge: Cambridge University Press, 2004.

FOWLER, W. W. *The City-state of the Greeks and Romans*. Londres: Macmillan, 1963.

FOX, M. *Religion, Spirituality and the Near-death Experience*. Londres: Routledge, 2004.

FRAZER, J. G. *The Belief in Immortality and the Worship of the Dead*. v.1. Londres: Dawsons of Pall Mall, 1913a.

_____. *The Belief in Immortality and the Worship of the Dead*. v.2. Londres: Dawsons of Pall Mall, 1913b.

_____. *The Belief in Immortality and the Worship of the Dead*. v.3. Londres: Dawsons of Pall Mall, 1913c.

_____. *The Golden Bough*: a study of magic and religion. 3.ed. p.II. Londres: Macmillan, 1911a.

_____. *The Golden Bough*: a study of magic and religion. 3.ed. p.III. Londres: Macmillan, 1911b.

FREE, J. B. *The Social Organization of Honeybees*. Londres: Edward Arnold, 1977.

FREUD, S. *Totem and Taboo*. Londres: Routledge & Kegan Paul, 1960. [Ed. bras.: *Totem e tabu*. São Paulo: Companhia das Letras; Penguin, 2013.]

_____. *Civilization and its Discontents*. Londres: Hogarth Press, 1930. [Ed. bras. *O mal-estar na civilização*. São Paulo: Companhia das Letras; Penguin, 2011.]

_____. *The Future of an Illusion*. Londres: Hogarth Press, 1927. [Ed. bras.: *O futuro de uma ilusão*. São Paulo: Companhia das Letras, 2014. v.17.]

FREYFOGLE, E. T. *The New Agrarianism*: land, culture and the community of life. Washington, D.C.: Island Press, 2001.

FRIEDSON, E. *Professional dominance*. Chicago: Aldine, 1970.

FUSE, T. *Suicide, Individual and Society*. Toronto: Canadian Scholar's Press, 1997.

GAGE, T. B. The comparative demography of primates: with some comments on the evolution of life histories. *Annual Review of Anthropology*, v.27, p.197-221, 1998.

GARBER, M. *Dog Love*. Londres: Hamish Hamilton, 1997.

GARDNER, I. Not dying a victim: living with aids. In: KELLEHEAR, A.; RITCHIE, D. (Orgs.). *Seven Dying Australians*. Bendigo: St. Lukes Innovative Resources, 2003. p.41-59.

GAT, A. The pattern of fighting in simple small-scale, prestate societies. *Journal of Anthroplogical Research*, v.55, p.563-83, 1999.

GATES, C. *Ancient Cities*: the archaeology of urban life in ancient Near East and Egypt, Greece and Rome. Londres: Routledge, 2003.

GELLNER, E. *Plough, Sword and Book*: the structure of human history. Chicago: University of Chicago Press, 1988.

GENDELMAN, H. E. et al. The neuropathogenesis of HIV-1 infection. In: WORMSER, G. P. (Org.). *Aids and Other Manifestations of HIV Infection*. San Diego, Califórnia: Elsevier, 2004. p.95-115.

GENICOT, L. Recent research on the medieval nobility. In: REUTER, T. (Org.). *The Medieval Nobility*: studies on the ruling classes of France and Germany. Amsterdã: North-Holland Publishing Co., 1978. p.17-35.

GHOSH, A. *The City in Early Historical India*. Shimla, Nova Déli: Indian Institute of Advanced Study, 1973.

GIACALONE, J. A. *The US Nursing Home Industry*. Armonk, Nova York: M. E. Sharpe, 2001.

GIBBS-SMITH, C. H. *Aviation*: an historical survey. Londres: Her Majesty's Stationery Office, 1985.

GIBRAN, F. Z. Dying or illness feigning: an unreported feeding tactic of the comb grouper Mycteropaerca Acutirostris (Serranidae) from the southwest Atlantic. *Copeia*, v.2, p.403-5, 2004.

GIDDENS, A. *Runaway World*. Londres: BBC, 1999.

_____. *The Consequences of Modernity*. Stanford: Stanford University Press, 1990.

_____. *The Constitution of Society*: outline of a theory of structuration. Cambridge: Polity Press, 1984.

GILL, R.; HADAWAY, C. K.; MARLER, P. L. Is religious belief declining in Britain? *Journal of the Scientific Study of Religion*, v.37, p.507-16, 1998.

GISSELQUIST, D. et al. Let it be sexual: how health care transmission of aids in Africa was ignored. *International Journal of STD and Aids*, v.14, p.148-61, 2003.

GLADWELL, M. *The Tipping Point*: how little things can make a big difference. Londres: Abacus, 2000.

GLASER, B. G.; STRAUSS, A. L. The ritual drama of mutual pretence. In: SCHNEIDMAN, E. S. (Ed.). *Death*: current perspectives. Palo Alto, Califórnia: Mayfield, 1976. p.280-92.

_____; _____. *Time for Dying*. Chicago: Aldine, 1968.

_____; _____. *Awareness of Dying*. Nova York: Aldine, 1965.

GODINHO, J. et al. *HIV/Aids and Tuberculosis in Central Asia*. Washington, D.C.: World Bank, 2004.

GODWIN, B.; WATERS, H. "In solitary confinement!": planning end-of-life wellbeing with people with advanced dementia, their family and professional carers. DDD7 – The social context of death, dying and disposal. 7th International Conference, University of Bath. *Mortality*, v.10, supplement 33, 2005.

GOFFMAN, E. *Stigma*: Notes on the Management of Spoiled Identity. [S.l.]: [s.n.], 1963.

GOODY, J. *Death, Property and the Ancestors*. Stanford, Califórnia: Stanford University Press, 1962.

GOSDEN, C. *Prehistory*: a very short introduction. Oxford: Oxford University Press, 2003.

_____. *Anthropology and Archaeology*: a changing relationship. Londres: Routledge, 1999.

GOTTLIEB, B. *The Family in the Western World from the Black Death to the Industrial Age*. Nova York: Oxford University Press, 1993.

GOULD, R. A. Some current problems in ethnoarchaeology. In: DONNAN, C. B.; CLEWLOW JR., C. W. (Orgs.). *Ethnoarchaeology*. Monograph IV. Los Angeles: Institute of Archaeology, University of California Los Angeles, 1974. p.29-42.

GREENBERG, J.; PYSZCZYNSKI, T.; SOLOMON, S. A perilous leap from Becker's theorizing to empirical science: terror management theory and research. In: LIECHTY, D. (Org.). *Death and Denial*: interdisciplinary perspectives on the legacy of Ernest Becker. Westport: Praeger, 2002. p.3-16.

GREENE, V. W. Personal hygiene and life-expectancy improvements since 1850: historic and epidemiologic associations. *American Journal of Infection Control*, v.29, p.203-6, 2001.

GREGG, P. *Black Death to Industrial Revolution*: a social and economic history of England. Londres: Harrap, 1976.

GRIFFETH, R.; THOMAS, C. G. *The City-state in Five Cultures*. Santa Barbara, Califórnia: ABC-Clio, 1981.

GUBRIUM, J. F. The social worlds of old age. In: JOHNSON, M. L. (Org.). *The Cambridge Handbook of Age and Ageing*. Cambridge: Cambridge University Press, 2005. p.310-5.

_____. *Living and Dying at Murray Manor*. Nova York: St. Martin's Press, 1975.

GUNNEL, D. et al. Influence of cohort effects on patterns of suicide in England and Wales, 1950-1999. *British Journal of Psychiatry*, v.182, p.164-70, 2003a.

_____ et al. Why are suicide rates rising in young men but falling in the elderly? *Social Science and Medicine*, v.57, p.595-611, 2003b.

GUTKIND, E. A. (Org.) *International History of City Development*. v.6. Nova York: Free Press, 1971.

HAAN, M. N.; WALLACE, R. Can dementia be prevented? Brain aging in a population based contexto. *Annual Review of Public Health*, v.25, p.1-24, 2004.

Uma história social do morrer

HALL, P. *Cities in Civilization*. Londres: Weidenfeld & Nicolson, 1998.

_____; SCHRODER, C.; WAEVER, L. The last 48 hours in long term care: a focussed chart audit. *Journal of the American Geriatrics Society*, v.50, p.501-6, 2002.

HALL, S. Burial and sequence in the later Stone Age of the Eastern Cape, South Africa. *South African Archaeological Bulletin*, v.55, p.137-46, 2000.

HAMERS, F. F.; DOWNS, A. M. The changing face of the HIV epidemic in Western Europe. *The Lancet*, v.364, p.83-94, 2004.

HANNERZ, U. Cosmopolitan and locals in world culture. In: FEATHERSTONE, M. (Org.). *Global culture*: nationalism, globalization and modernity. Londres: Sage, 1990. p.237-51.

HARLEN, W. R.; MANOLI, T. A. Coronary heart disease in the elderly. In: MARMOT, M.; ELLIOT, P. (Orgs.). *Coronary Heart Disease Epidemiology*. Oxford: Oxford University Press, 1992. p.114-26.

HAWKES, K. Grandmothers and the evolution of human longevity. *American Journal of Human Biology*, v.15, p.380-400, 2003.

HAWLEY, C. L. Is it ever enough to die of old age? *Age and Ageing*, v.32, n.5, p.484-6, 2003.

HAYDAR, Z. R. et al. Differences in end of life preferences between congestive heart failure and dementia in a medical house calls program. *Journal of the American Geriatrics Society*, v.52, p.736-40, 2004.

HAYES, J. N. *The Burdens of Disease*: epidemics and human response in Western history. New Brunswick, N. J.: Rutgers University Press, 1998.

HE, Z. X.; LESTER, D. Elderly suicide in China. *Psychological Reports*, v.89, p.675-6, 2001.

HEALEY, J. (Org.). *HIV/Aids*. Sydney: Spinney Press, 2003.

HERBERT, C. P. Cultural aspects of dementia. *Canadian Journal of Neurological Sciences*, v.28, s.1, p.S77-S82, 2001.

HERTZ, R. *Death and the Right Hand*. Aberdeen: Cohen & West, 1960.

HICK, J. *Death and Eternal Life*. Londres: Collins, 1976.

HIGGINSON, J.; MUIR, C. S.; MUNÑOZ, N. *Human Cancer*: epidemiology and environmental causes. Cambridge: Cambridge University Press, 1992.

HIGHSMITH, A. L. Religion and peasant attitudes toward death in 18th century Portugal, 1747-1785. *Peasant Studies*, v.11, n.1, p.5-18, 1983.

HIMMELFARB, G. *The Idea of Poverty*: england in the early industrial age. Londres: Faber & Faber, 1984.

HINTON, J. *Dying*. Harmondsworth: Penguin, 1967.

HOCKEY, J. *Experiences of Death*. Edimburgo: Edinburgh University Press, 1990.

_____; JAMES, A. *Growing Up and Growing Old*: ageing and dependency in the life course. Londres: Sage, 1993.

HOPKINS, D. R. *The Greatest Killer*: smallpox in history. Chicago: University of Chicago Press, 1983.

HOSER, R. Little Whip Snake *Unechis Flagellum* (McCoy, 1878). *Litteratura Serpentium*, v.10, n.2, p.82-92, 1990.

HOULBROOKE, R. *Death, Religion and the Family in England, 1480-1750*. Oxford: Clarendon Press, 1998.

HOWARTH, G. Dismantling the boundaries between life and death. *Mortality*, v.5, n.2, p.127-38, 2000.

HOWITT, W. *A Popular History of Priestcraft in all Ages and Nations*. Londres: Effingham Wilson, 1846.

HUNT, T. L.; LIPO, C. P.; STERLING, S. L. (Orgs.). *Posing Questions for a Scientific Archaeology*. Westport: Bergin & Garvey, 2001.

HYBELS, C. F.; BLAZER, D. G. Epidemiology of late-life mental disorders. *Clinics in Geriatric Medicine*, v.19, p.663-96, 2003.

ILIFFE, J. *The African Poor*: a history. Cambridge: Cambridge University Press, 1987.

ILLICH, I. *Limits to Medicine – Medical Nemesis*: the expropriation of health. Londres: Marion Boyars, 1976.

INEICHEN, B. The epidemiology of dementia in Africa: a review. *Social Science and Medicine*, v.50, p.1673-7, 2000.

INGLIS, B. *The Diseases of Civilization*: why we need a new approach to medical treatment. Nova York: Paladin, 1981.

JACOBSEN, M. H. And death shall have no dominion? *Mortality*, v.10, n.4, p.321-5, 2005.

JAFFE, L.; JAFFE, A. Terminal candor and the coda syndrome: a tandem view of terminal illness. In: FEIFEL, H. (Org.). *New Meanings of Death*. Nova York: McGraw-Hill, 1977. p.196-211.

JALLAND, P. *Australian Ways of Death*: a social and cultural history 1840-1918. Melbourne: Oxford University Press, 2002.

_____. *Death in the Victorian Family*. Oxford: Oxford University Press, 1996.

JAY, R. *How to Handle Tough Situations at Work*: a manager's guide to over 100 testing situations. Londres: Prentice-Hall, 2003.

JEWSON, N. D. The disappearance of the sick man from medical cosmology 1770-1870. *Sociology*, v.10, n.2, p.225-44, 1976.

JOHNSON, E. S.; WILLIAMSON, J. B. *Growing old*: the social problems of aging. Nova York: Holt, Reinhart & Winston, 1980.

JOHNSON, P. *Saving and Spending*: the working class economy in Britain 1870-1939. Oxford: Clarendon Press, 1985.

JOSEFSSON, C. The politics of chaos: on the meaning of human sacrifice among the Kuba of Zaire. In: CEDERROTH, S.; CORLIN, C.; LINDSTROM, J. (Orgs.). *On the Meaning of Death*: essays on mortuary rituals and eschatological beliefs. Uppsala: Almqvist and Wiksell International, 1988. p.155-67.

KANNEL, W. B. The Framingham Experience. In: MARMOT, M.; ELLIOT, P. (Orgs.). *Coronary Heart Disease Epidemiology*. Oxford: Oxford University Press, 1992. p.67-82.

KAPLAN, D. The darker side of the "original affluent society". *Journal of Anthropological Research*, v.56, n.3, p.301-24, 2000.

KAPLAN, H. S.; ROBSON, A. J. The emergence of humans: the coevolution of intelligence and longevity with intergenerational transfers. *Proceedings of the National Academy of Sciences*, v.99, n.15, p.10221-6, 2002.

KAYSER-JONES, J. The experience of dying: an ethnographic nursing home study. *The Gerontologist*, v.42, p.11-9, 2002.

KEARL, M. *Endings*: a sociology of death and dying. Nova York: Oxford University Press, 1989.

Allan Kellehear

KELLEHEAR, A. *Compassionate Cities*: public health and end of life care. Londres: Routledge, 2005.

_____. *Experiences Near Death*: beyond medicine and religion. Nova York: Oxford University Press, 1996.

_____. *Dying of Cancer*: the final year of life. Coira, Suíça: Harwood Academic Publishers, 1990.

_____. Are we a "death-denying" society? A sociological review. *Social Science and Medicine*, v.18, n.9, p.713-23, 1984.

_____; RITCHIE, D. (Orgs.). *Seven Dying Australians*. Bendigo: St. Luke's Innovative Resources, 2003.

KELLERMAN, S. et al. Changes in HIV and aids in the US: entering the third decade. *Current HIV/Aids Reports*, v.1, p.153-8, 2004.

KELLOGG, S.; RESTALL, M. (Orgs.). *Dead Giveaways*: indigenous testaments of colonial Mesoamerica and the Andes. Salt Lake City, University of Utah Press, 1998.

KILLICK, J.; ALLAN, K. *Communication and the Care of People with Dementia*. Buckingham: Open University Press, 2001.

KINNIER WILSON, J. V. Diseases of Babylon: an examination of selected texts. *Journal of the Royal Society of Medicine*, v.89, n.3, p.135-40, 1996.

KITWOOD, T. Frames of reference for an understanding of dementia. In: JOHNSON, J.; SLATER, R. (Orgs.). *Ageing and Later Life*. Londres: Sage, 1993. p.100-6.

KLEIN, R. *The Human Career*: human biological and cultural origins. Chicago: University of Chicago Press, 1999.

KOEBNER, L. *Zoo Book*: an evolution of wildlife conservation centers. Nova York: Tom Doherty Associates Book, 1994.

KOPCZYNSKI, M. Old age gives no joy? Old people in the Kujawy countryside at the end of the 18th century. *Acta Poloniae Historica*, v.78, p.81-101, 1998.

KOSKY, R. J. et al. *Suicide Prevention*: the global context. Londres: Plenum, 1998.

KOZLOFSKY, C. M. *The Reformation of the Dead*: death and ritual in early modern Germany, 1450-1700. Londres: Macmillan, 2000.

486

KRAUS, O.; KULKA, E. *The Death Factory*: document on Auschwitz. Oxford: Pergamon Press, 1966.

KUBLER-ROSS, E. *On Death and Dying*. Nova York: Macmillan, 1969.

KUNG, H. *Global Responsibility*: in search of a new world ethic. Londres: SCM Press, 1991.

_____. *Eternal Life?* Londres: Collins, 1984.

LAMBERT, T. D. et al. Mechanisms and significance of reduced activity and responsiveness in resting frog tadpoles. *Journal of Experimental Biology*, v.207, p.1113-25, 2004.

LANCASTER, H. O. *Expectations of Life*: a study in the demography, statistics and history of world mortality. Nova York: Springer-Verlag, 1990.

LANDES, D. *The Wealth and Poverty of Nations*. Londres: Abacus, 1998.

LANE, P. *Flight*. Londres: B. T. Batsford, 1974.

LANGBAUER, W. R. Elephant communication. *Zoo Biology*, v.19, p.425-45, 2000.

LARSON, C. S. Biological changes in human populations with agriculture. *Annual Review of Anthropology*, v.24, p.185-213, 1995.

LARSSON, L. Mortuary practices and dog graves in Mesolithic societies of southern Scandinavia. *L'Anthropologie*, v.98, n.4, p.562-75, 1994.

LASCH, C. *The Culture of Narcissism*. Londres: Abacus, 1980.

LAST ACTS. *Means to a Better End*: a report on dying in America today. Washington, D. C.: Last Acts, 2002.

LAWRENCE, E. A. *Rodeo*: an anthropologist looks at the wild and the tame. Knoxville: University of Tennessee, 1982.

LAWTON, J. *The Dying Process*: patients' experiences of palliative care. Londres: Routledge, 2000.

LEE, H. S. J. *Dates in Oncology*. Londres: Parthenon Publishing Group, 2000.

LEICHT, K. T.; FENNELL, M. L. *Professional Work*: a sociological approach. Oxford: Blackwell Publishers, 2001.

LEVINE, A. J. *Viruses*. Nova York: Scientific American Library, 1992.

LEWIN, R. *Human Evolution*: an illustrated introduction. Malden: Blackwell Science, 1999.

LEWIS-WILLIAMS, J. D. Chauvet: the cave that changed expectations. *South African Journal of Science*, n.99, p.191-4, 2003.

_____. Putting the record straight: rock art and shamanism. *Antiquity*, v.77, n.295, p.165-73, 2001.

_____. Quanto: The issue of "many meanings" in Southern African San rock art research. *South African Archaeological Bulletin*, v.53, n.168, p.86-97, 1998.

LIAO, Y. et al. Socioeconomic status and morbidity in the last years of life. *American Journal of Public Health*, v.89, n.4, p.569-72, 1999.

LIDDELL, C.; BARRETT, L.; BYDAWELL, M. Indigenous representations of illness and aids in sub-Sahara Africa. *Social Science and Medicine*, v.60, p.691-700, 2005.

LIDDELL, H. G.; SCOTT, R. *A Greek-English Lexicon*. Oxford: Clarendon Press, 1897.

LIECHTY, D. (Org.). *Death and Denial*: interdisciplinary perspectives on the legacy of Ernest Becker. Westport: Praeger, 2002.

LLOYD, L. Mortality and morality: ageing and the ethics of care. *Ageing and Society*, v.24, p.235-56, 2004.

LOCKWOOD, D. Marking out the middle classes. In: BUTLER. T.; SAVAGE, M. (Orgs.). *Social Change and the Middle Classes*. Londres: UCL Press, 1995. p.1-12.

LODHI, L. M.; SHAH, A. Factors associated with the recent decline in suicide rates in the elderly in England and Wales, 1985-1998. *Medicine, Science and the Law*, v.45, n.1, p.31-8, 2000.

LUCAS, G. M. Of death and debt: a history of the body in Neolithic and early Bronze age Yorkshire. *Journal of European Archaeology*, v.4, p.99-118, 1996.

LUNNEY, J. R. et al. Patterns of functional decline at the end of life. *Journal of the American Medical Association*, v.289, n.18, p.2387-92, 2003.

MA, J. 10 Yuan can mean life and death for rural poor. *South China Morning Post*, v.61, n.275, p.A7, 4 out. 2005.

MCDANNELL, C.; LANG, B. *Heaven*: a history. New Haven: Yale University Press, 1988.

MCDONALD, D. H. Grief and burial in the American southwest: the role of evolutionary theory in the interpretation of mortuary remains. *American Antiquity*, v.66, n.4, p.704-14, 2001.

MCINERNEY, F. Heroic frames: discursive constructions around the requested death movement in Australia in the late-1990s. *Social Science and Medicine*, v.62, p.654-67, 2006.

_____. Requested death: a new social movement. *Social Science and Medicine*, v.50, n.1, p.137-54, 2000.

MCINTOSH, J. *Communication and Awareness in a Cancer Ward*. Londres: Croom Helm, 1977.

MACKINLEY, E. Death and spirituality. In: JOHNSON, M. L. (Org.). *The Cambridge Handbook of Age and Ageing*. Cambridge: Cambridge University Press, 2005. p.394-400.

MCMANNERS, J. *Death and the Enlightenment*. Oxford: Oxford University Press, 1985.

_____. Death and the French historians. In: WHALEY, J. (Org.). *Mirrors of Mortality*: studies in the Social History of Dying. Londres: Europa, 1981. p.106-30.

MCNAMARA, B. Good enough death: autonomy and choice in Australian palliative care. *Social Science and Medicine*, v.58, n.5, p.929-38, 2004.

_____. *Fragile Lives*: death, dying and care. Sydney: Allen & Unwin, 2001.

_____. Dying of cancer. In: KELLEHEAR, A. (Org.). *Death and Dying in Australia*. Melbourne: Oxford University Press, 2000. p.133-44.

MCNEILL, W. H. Disease in history. *Social Science and Medicine*, v.12, n.2, p.79-81, 1978.

MAKINEN, I. H. Suicide in the new millennium: some sociological considerations. *Crisis: Journal of Crisis Intervention and Suicide Prevention*, v.23, n.2, p.91-2, 2002.

MALINOWSKI, B. *Magic, Science and Religion*. Londres: Souvenir Press, 1948.

MANCHESTER, K. Tuberculosis and leprosy in antiquity: an interpretation. *Medical History*, v.28, p.162-73, 1984.

MANN, M. *The Dark Side of Democracy*: explaining ethnic cleansing. Cambridge: Cambridge University Press, 2005.

MARAIS, E. N. *The Soul of the Ape*. Harmondsworth: Penguin, 1973.

MARMOT, M. Coronary heart disease: the rise and fall of a modern epidemic. In: MARMOT, M.; ELLIOT, P. (Orgs.). *Coronary Heart Disease Epidemiology*. Oxford: Oxford University Press, 1992. p.3-19.

MARSHALL, V. W. A sociological perspective on aging and dying. In: _____. (Org.). *Later Life*: the social psychology of dying. Beverly Hills: Sage, 1986. p.125-46.

MARX, P. A.; APERTREI, C.; DRUCKER, E. Aids as zoonosis? Confusion over the origins of the virus and the origin of the epidemic. *Journal of Medical Primatology*, n.33, p.220-6, 2004.

MEAD, G. H. *Mind, Self and Society from the Standpoint of a Social Behaviorist*. Chicago: University of Chicago Press, 1934.

MELIS, A. P.; HARE, B.; TOMASELLO, M. Chimpanzees recruit the best collaborators. *Science*, v.311. n.3, p.1.297-300, 2006.

MENDELSON, M. A. *Tender Loving Greed*: how the incredibly lucrative nursing home "industry" is exploiting America's old people and defrauding us all. Nova York: Vintage Books, 1975.

MERTON, R. *Social Theory and Social Structure*. Glencoe: Free Press, 1957.

MICCOLI, G. Monks. In: LE GOFF, J. (Org.). *Medieval Callings*. Chicago: University of Chicago Press, 1987. p.37-73.

MICHENER, C. D.; MICHENER, M. H. *American Social Insects*. Nova York: Van Nostrand Co., 1951.

MIDDLEKOOP, P. Tame and wild enmity. *Oceania*, v.40, n.1, p.70-6, 1969.

MIDGLEY, M. *Beast and Man*: the roots of human nature. Londres: Routledge, 1995.

MILLS, C. W. Managerial and professional work histories. In: BUTLER, T.; SAVAGE, M. (Orgs.). *Social Change and the Middle Classes*. Londres: UCL Press, 1995. p.95-116.

MINICHIELLO, V. *The Regular Visitors of Nursing Homes*: who are they? Lincoln Gerontology Centre work-in-progress reports. v.4. Melbourne: La Trobe University, 1989.

MITHEN, S. The hunter-gatherer prehistory of human-animal interactions. *Anthropozoos*, v.12, n.4, p.195-204, 1999.

MITROFF, I. I.; PEARSON, C. M. *Crisis Management*. San Francisco: Jossey-Bass, 1993.

MITTERAUER, M.; SIEDER, R. *The European Family*: patriarchy to partnership from the Middle Ages to the present. Oxford: Blackwell, 1982.

MONIRUZZAMAN, S.; ANDERSSON, R. Relationship between economic development and risk of injuries in older adults and the elderly. *European Journal of Public Health*, v.15, n.5, p.454-8, 2005.

MOR, V. The compression of morbidity hypothesis: a review of the research and prospects for the future. *Journal of the American Geriatrics Society*, v.53, p.S308-S309, 2005.

MORLEY, J. *Death, Heaven and the Victorians*. Londres: Studio Vista, 1971.

MORRIS, R. J. *Men, Women and Property in England, 1770-1870*: a social and economic history of family strategies amongst the Leeds middle classes. Cambridge: Cambridge University Press, 2005.

MOSCHOVITIS, C. J. P. et al. *History of the Internet*: a chronology, 1843 to the present. Santa Barbara: ABC-Clio, 1999.

MOSLEY, A. Does HIV or poverty cause aids? Biomedical and epidemiological perspectives. *Theoretical Medicine*, v.25, p.399-421, 2004.

MOSS, C. *Elephant Memories*: 13 years in the life of an elephant family. Nova York: William Morrow & Co., 1988.

MOSS, M. S.; MOSS, S. Z.; CONNOR, S. R. Dying in long term care facilities in the US. In: KATZ, J. S.; PEACE, S. (Orgs.). *End of Life in Care Homes*: a palliative approach. Oxford: Oxford University Press, 2003. p.157-73.

MULLER-WILLE, M. Boat graves: old and new views. In: CRUMLIN-PEDERSON, O.; MUNCH THYE, B. (Orgs.). *Ship as Symbol in Prehistoric and Medieval Scandinavia*. Copenhague: Nationalmuseet, 1995. p.101-9.

MUMFORD, L. *The City in History*: its origins, its transformations and its prospects. Nova York: Harcourt, Brace and World Inc., 1961.

NAVARRO, V. *Class Struggle, the State and Medicine*. Londres: Martin Robertson & Co., 1978.

NIETZSCHE, F. *Thus Spake Zarathustra*. Trad. T. Common. Mineola, N.Y.: Dover Publications, 1999. [Ed. bras.: *Assim falou Zaratustra*. São Paulo: Companhia das Letras, 2011.]

NISHINO, H. Motor output characterizing thanatosis in the cricket Gryllus Bimaculatus. *Journal of Experimental Biology*, v.207, p.3.899-915, 2004.

NOLAN, P. Toward an ecological-evolutionary theory of the incidence of warfare in pre-industrial societies. *Sociological Theory*, v.21, n.1, p.18-30, 2003.

NORRIS, K. R. General biology. In: NAUMANN, I. D. (Org.). *Systematic and Applied Entomology*: an introduction. Melbourne: Melbourne University Press, 1994. p.60-100.

NORTON, A. C.; BERAN, A. V.; MISRAHY, G. A. Electroencephalograph during "feigned" sleep in the opossum. *Nature*, v.204, n.162, p.162-3, 1964.

NOWOTNY, H. *Time*: the modern and postmodern challenge. Cambridge: Polity Press, 1994.

NOYES, B. *The Culture of Death*. Oxford: Berg, 2005.

NULAND, S. B. *How We Die*. Londres: Chatto & Windus, 1993.

OBAYASHI, H. (Org.). *Death and Afterlife*: perspectives of world religions. Nova York: Praeger, 1992.

OCHS, D. J. *Consolatory Rhetoric*: grief, symbol and ritual in the Greco--Roman era. Columbia: University of South Carolina Press, 1993.

O'CONNELL, H. et al. Recent developments: suicide in older people. *British Medical Journal*, v.329, p.895-9, 2004.

O'DAY, R. The anatomy of a profession: the clergy of the Church of England. In: PREST, W. (Org.). *The Professions in Early Modern England*. Londres: Croom Helm, 1987. p.25-63.

OECD. *Health at a Glance*: OECD indicators 2005. Paris: Organization for Economic Co-Operation and Development, 2005.

OMELANIUK, I. *Trafficking in Human Beings*. Nova York: UN Expert Group Meeting on International Migration and Development, 2005. 6-8 July.

ONG, L. M. L. et al. Doctor-patient communication: a review of the literature. *Social Science and Medicine*, v.40, n.7, p.903-18, 1995.

ORUM, A. M.; CHEN, X. *The World of Cities*: places in comparative and historical perspective. Oxford: Blackwell Publishing, 2003.

OSBORNE, R. *Classical Landscape with Figures*: the ancient Greek city and its countryside. Londres: George Philip, 1987.

OXFORD English Dictionary: a new English dictionary on historical principles. Oxford: Clarendon Press, 1933.

OXFORD English Dictionary. 1989. Tame: http://dictionary.oed.com/cgi/display/50246608?keytype=ref&ijkey=IEbUDo8UPakCc; Wild: http://dictionary.oed.com/cgi/display/50285467?keytype=ref&ijkey=Df57iqFADpx36.

PAGE, S.; KOMAROMY, C. Professional performance: the case of unexpected and expected deaths. *Mortality*, v.10, n.4, p.294-307, 2005.

PALM, F. C. *The Middle Classes*: then and now. Nova York: Macmillan, 1936.

PARTRIDGE, E. *Origins*: a short etymological dictionary of modern English. Londres: Routledge & Kegan Paul, 1958.

PASCAL, B. *Pensees*. Trad. W. F. Trotter. Nova York: Random House, 1941.

PEACE, S. The development of residential and nursing home care in the UK. In: KATZ, J. S.; PEACE, S. (Orgs.). *End-of-life Care Homes*: a palliative approach. Oxford: Oxford University Press, 2003. p.15-42.

PELLING, M. Medical practice in early modern England: trade or profession? In: PREST, W. (Org.). *The Professions in Early Modern England*. Londres: Croom Helm, 1987. p.90-128.

PENNINGTON, R. L. Causes of early human population growth. *American Journal of Physical Anthropology*, v.9, p.259-74, 1996.

PERIS, T. Centenarians who avoid dementia. *Trends in Neurosciences*, v.27, n.10, p.633-6, 2004.

PERKIN, H. *The Third Revolution*: professional elites in the modern world. Nova York: Routledge, 1996.

PETTITT, P. B. Neanderthal lifecycles: developmental and social phases in the lives of the last archaics. *World Archaeology*, v.31, n.3, p.351-66, 2000.

PFEIFFER, S.; CROWDER, C. An ill child among mid-Holocene foragers of South Africa. *American Journal of Physical Anthropology*, v.123, p.23-9, 2004.

PHILLIPS, P. *Early Farmers of West Mediterranean Europe*. Londres: Hutchinson, 1975.

PIN, E. Social classes and their religious approaches. In: SCHNEIDER, L. (Org.). *Religion, Culture and Society*. Nova York: John Wiley & Sons, 1964. p.411-20.

POMERANZ, K. *The Great Divergence*: China, Europe and the making of the modern world economy. Princeton: Princeton University Press, 2000.

PREST, W. (Org.). *The Professions in Early Modern England*. Londres: Croom Helm, 1987.

_____. (Org.). *Lawyers in Early Modern Europe and America*. Londres: Croom Helm, 1981.

PRIORESCHI, P. *A History of Human Responses to Death*: mythologies, rituals and ethics. Nova York: Edwin Mellon Press, 1990.

RAE, J. B. *The American Automobile*: a brief history. Chicago: University of Chicago Press, 1965.

RATHER, L. J. *The Genesis of Cancer*: a study of the history of ideas. Baltimore: Johns Hopkins University Press, 1978.

RAVEN, R. W. *The Theory and Practice of Oncology*. Londres: Parthenon Publishing Group, 1990.

READER, W. J. *The Middle Classes*. Londres: Batsford, 1972.

REDFIELD, R. *Peasant Society and Culture*: an anthropological approach to civilization. Chicago: University of Chicago Press, 1956.

_____; ROJAS, A. V. *Chan Kom*: a Maya village. Chicago: University of Chicago Press, 1934.

REICHERT, C. M.; KELLY, V. L.; MACHER, A. M. Pathological features of aids. In: DE VITA, V. T.; HELLMAN, S.; ROSENBERG, S. A. (Orgs.). *Aids*: etiology, diagnosis, treatment, and prevention. Philadelphia: J. B. Lippincott & Co., 1985. p.111-60.

RIFKIN, J. *Time Wars*: the primary conflict in human history. Nova York: Henry Holt & Co., 1987.

RITCHIE, K.; LOVESTONE, S. The dementias. *The Lancet*, v.360, p.1759-66, 2002.

RIVERS, V. Z. Beetles in Textiles. *Cultural Entomology Digest*, v.2, fev. 1994. Disponível em: insects.org.

ROBB, J. E. The archaeology of symbols. *Annual Review of Anthropology*, v.27, p.329-46, 1998.

ROBBINS, R. H. *Global Problems and the Culture of Capitalism*. Boston: Allyn & Bacon, 1999.

ROBERTS, J. M. *The New Penguin History of the World*. Londres: Allen Lane, 2002.

ROBERTSON, R. *The Three Waves of Globalization*: a history of a developing global consciousness. Londres: Zed Books, 2003.

_____. Mapping the global condition: globalization as the central concept. In: FEATHERSTONE, M. (Org.). *Global Culture*: Nationalism, globalization and modernity. Londres: Sage, 1990. p.15-30.

ROOT, A. I. *The ABC and XYZ of Bee Culture*: an encyclopedia pertaining to scientific and practical culture of bees. Medina: A. I. Root Co., 1975.

ROSENER, W. *The Peasantry of Europe*. Oxford: Blackwell, 1994.

ROSSIAUD, J. The city dweller and life in cities and towns. In: LE GOFF, J. (Org.). *Medieval Callings*. Chicago: University of Chicago Press, 1987. p.139-79.

ROTH, N. *The Psychiatry of Writing a Will*. Springfield: Charles C. Thomas, 1989.

RUXRUNGTHAM, K.; BROWN, T.; PHANUPHAK, P. HIV/aids in Asia. *The Lancet*, v.364, p.69-82, 2004.

SAGAN, L. A. *The Health of Nations*: true causes of sickness and well-being. Nova York: Basic Books, 1987.

SAID, E. *Culture and Imperialism*. Londres: Chatto & Windus, 1993. [Ed. bras.: Cultura e imperialismo. São Paulo: Cia. das Letras, 1995.]

_____. *Orientalism*: Western conceptions of the Orient. Harmondsworth: Penguin, 1978. [Ed. bras.: Orientalismo: o Oriente como invenção do Ocidente. São Paulo: Cia. das Letras, 2007.]

SANDMAN, L. *A Good Death*: on the value of death and dying. Maidenhead, Berkshire, Reino Unido: Open University Press, 2005.

SAUM, L. O. Death in the popular mind of pre civil war America. In: STANNARD, D. E. (Org.). *Death in America*. Pensilvânia: University of Pennsylvania Press, 1975. p.30-48.

SCARRE, C.; FAGAN, B. M. *Ancient Civilizations.* Upper Saddle River: Prentice-Hall, 2003.

SCHINZ, A. *Cities in China*. Berlim: Gebruder Borntraeger, 1989.

SCHNEIDER, H.; FASSIN, D. Denial and defiance: a socio-political analysis of aids in South Africa. *Aids*, v.16, p.S45-S51, 2002.

SCHOUB, B. D. *Aids and HIV in Perspective*: a guide to understanding the virus and its consequences. Cambridge: Cambridge University Press, 1999.

SEABROOKE, J. *Landscapes of Poverty*. Oxford: Basil Blackwell, 1985.

SEALE, C. Changing patterns of death and dying. *Social Science and Medicine*, v.51, p.917-30, 2000.

_____. *Constructing Death*: the sociology of dying and bereavement. Cambridge: Cambridge University Press, 1998.

_____. Heroic death. *Sociology*, v.29, n.4, p.597-613, 1995.

_____; ADDINGTON-HALL, J. Dying at the best time. *Social Science and Medicine*, v.40, n.5, p.589-95, 1995.

_____; _____. Euthanasia: why people want to die earlier. *Social Science and Medicine*, v.39, n.5, p.647-54, 1994.

SEALE, C.; VAN DER GEEST, S. Good and bad death: an introduction. *Social Science and Medicine*, v.58, n.5, p.883-5, 2004.

SENNETT, R. *Flesh and stone*: the body and the city in Western civilization. Nova York: W. W. Norton & Co., 1994.

_____. *The Conscience of the Eye*: the design and social life of the cities. Nova York: Alfred Knopf, 1990.

SHAROFF, K. *Coping Skills Therapy for Managing Chronic and Terminal Illness*. Nova York: Springer Publishing Company, 2004.

SHEA, J. Neandertals, competition and the origin of modern human behaviour in the Levant. *Evolutionary Anthropology*, v.12, p.173-87, 2003.

SHIELD, R. R. *Uneasy Endings*: daily life in an American nursing home. Ithaca: Cornell University Press, 1988.

SHIH, S. N. et al. The forgotten faces: the lonely journey of powerlessness experienced by elderly single men with heart disease. *Geriatric Nursing*, v.21, n.5, p.254-9, 2000.

SHIPLEY, J. T. *Dictionary of Word Origins*. Nova York: Philosophical Library, 1945.

SHNEIDMAN, E. S. *Deaths of Man*. Nova York: Quadrangle Books, 1973.

SIDDELL, M.; KOMAROMY, C. Who dies in care homes for older people? In: KATZ, J. S.; PEACE, S. (Orgs.). *End-of-life Care Homes*: a palliative approach. Oxford: Oxford University Press, 2003. p.43-57.

SIKICH, G. W. *It Can't Happen Here*: all hazards crisis management planning. Tulsa: PennWell books, 1993.

SILK, J. B. Who are more helpful, humans or chimpanzees? *Science*, v.311, n.3, p.1.248-9, 2006.

SILVERMAN, M.; MCALLISTER, C. Continuities and discontinuities in the life course: experiences of demented persons in a residential Alzheimer's facility. In: HENDERSON, J. N.; VESPERI, M. D. (Orgs.). *The Culture of Long Term Care*: nursing home ethnography. Westport: Bergin & Garvey, 1995. p.197-220.

Allan Kellehear

SJOBERG, G. *The Pre-industrial City*: past and presente. Nova York: Free Press, 1960.

SLACK, P. Responses to plague in early modern Europe: the implications of public health. *Social Research*, v.55, n.3, p.433-53, 1988.

SNODGRASS, M. E. *World Epidemics*. Jefferson: McFarland & Co., 2003.

SNOWDON, J.; BAUME, P. A study of suicides of older people in Sydney. *International Journal of* Psychiatry, v.17, p.261-9, 2002.

SONGWATHANA, P.; MANDERSON, L. Stigma and rejection: living with aids in Southern Thailand. *Medical Anthropology*, v.20, n.1, p.1-23, 2001.

SONTAG, S. *Illness as Metaphor*. Nova York: Farrar, Straus & Giroux, 1978. [Ed. bras.: Doença como metáfora / Aids e suas metáforas. São Paulo: Companhia das Letras, 2007.]

SOURVINOU-INWOOD, S. To die and enter the House of Hades: Homer, before and after. In: WHALEY, J. (Org.). *Mirrors of Mortality*: studies in the social history of death. Londres: Europa Publications, 1981. p.15-39.

SOUTHALL, A. *The City in Time and Space*. Cambridge: Cambridge University Press, 1998.

SPENCER, A. J. *Death in Ancient Egypt*. Londres: Penguin, 1982.

SPRONK, K. Good and bad death in ancient Israel according to biblical lore. *Social Science and Medicine*, v.58, n.5, p.987-95, 2004.

STAHL, A. B. Concepts of time and approaches to analogical reasoning in historical perspective. *American Antiquity*, v.58, n.2, p.235-60, 1993.

STANNARD, D. E. Disease, human migration and history. In: KIPLE, K. F. (Org.). *The Cambridge World History of Human Disease*. Cambridge: Cambridge University Press, 1993. p.35-42.

STEIN, B. *Peasant State and Society in Medieval South India*. Déli: Oxford University Press, 1994.

STEWART, B. W.; KLEIHUES, P. *World Cancer Report*. Lyon: WHO-IARC Press, 2003.

ST. LAWRENCE, J. S. et al. The stigma of aids: fear of disease and prejudice toward gay men. *Journal of Homosexuality*, v.19, n.3, p.85-101, 1990.

STRANGE, J. M. *Death, Grief and Poverty in Britain, 1870-1914*. Cambridge: Cambridge University Press, 2005.

SULLIVAN, M. D. The illusion of patient choice in end-of-life decisions. *American Journal of Geriatric Psychiatry*, v.10, n.4, p.365-72, 2002.

TAKAHASHI, L. M. *Homelessness, Aids and Stigmatization*. Oxford: Clarendon Press, 1998.

TANN, J. *The Development of the Factory*. Londres: Cornmarket Press, 1970.

THANE, P. M. Changing paradigms of aging and being older. In: WEISSTUB, D. N. et al. (Orgs.). *Aging*: culture, health and social change. Dordrecht: Kluwer Academic Publishers, 2001. p.1-14.

THATCHER, A. R. The long term pattern of adult mortality and the highest attained age. *Journal of the Royal Statistical Society*, v.162, n.1, p.5-43, 1999.

THOMAS, J. Death, identity and the body in Neolithic Britain. *Journal of the Royal Anthropological Institute*, v.6, p.653-68, 1999.

THORPE, I. J. N. Anthropology, archaeology and the origin of war. *World Archaeology*, v.35, n.1, p.145-65, 2003.

TOLSTOY, L. *The Death of Ivan Ilyich*. Harmondsworth: Penguin, 1960. [Ed. bras.: *A morte de Ivan Ilitch*. São Paulo: Editora 34, 2006.]

TOMATIS, L. *Cancer*: causes, occurrence and control. Lyon: WHO--IARC Press, 1990.

TONNIES, F. *Community and Association*. Trad. C. P. Loomis. Londres: Routledge & Kegan Paul, (1889) 1955.

TOULMIN, S. *Cosmopolis*: the hidden agenda of modernity. Nova York: Free Press, 1990.

TRIGGER, B. G. Ethnoarchaeology: some cautionary considerations. In: TOOKER, E. (Org.). *Ethnography by Archaeologists*: 1978 Proceedings of the American Ethnological Society, The American Ethnological Society, p.1-9, 1982.

TURNER, C. G.; TURNER, J. A. Man corn: cannibalism and violence in the prehistoric American Southwest. Salt Lake City: University of Utah Press, 1999.

UN-HABITAT (Org.). *State of the World's Cities 2004/2005*: globalization and urban culture. Nairóbi: UN-Habitat, 2004.

URRY, J. A middle class countryside. In: BUTLER, T.; SAVAGE, M. (Orgs.). *Social Change and the Middle Classes*. Londres: UCL Press, 1995. p.205-19.

VAFIADIS, P. *Palliative Medicine*: a story of doctors and patients. Sydney: McGraw-Hill, 2001.

VANCE, J. E. *The Continuing City*: urban morphology in western civilization. Baltimore: Johns Hopkins University Press, 1990.

VAN GENNEP, A. *The Rites of Passage*. Chicago: University of Chicago Press, 1960.

VAN HOOFF, A. J. L. Ancient euthanasia: "Good death" and the doctor in the Graeco-Roman world. *Social Science and Medicine*, v.58, n.5, p.975-85, 2004.

VEATCH, R. M. *Life Span*: values and life extending technologies. São Francisco: Harper & Row, 1979.

VEIT, U. Burials within settlements of the Linienbandkeramik and Stichbandkeramik cultures of central Europe. On the social construction of death in early Neolithic society. *Journal of European Archaeology*, v.1, p.107-40, 1992.

VILLA, P. Prehistoric cannibalism in Europe. *Evolutionary Anthropology*, v.1, p.93-104, 1992.

VITEBSKY, P. *The Shaman*. Londres: Duncan Beard Publishers, 1995.

VOLKOW, P.; DEL RIO, C. Paid donation and plasma trade: unrecognised forces that drive the aids epidemic in developing countries. *International Journal of STD and Aids*, v.6, p.5-8, 2005.

WADDINGTON, I. The role of the hospital in the development of modern medicine: a sociological analysis. *Sociology*, v.7, n.2, p.211-24, 1973.

WAITE, G. Public health in pre-colonial East-Central Africa. *Social Science and Medicine*, v.24, n.3, p.197-208, 1987.

WALKER, A. R. P.; WADEE, A. A. WHO life expectancy in 191 countries, 1999 – What of the future? *South African Medical Journal*, v.92, n.2, p.135-7, 2002.

WALKER, P. L. A bioarchaeological perspective on the history of violence. *Annual Review of Anthropology*, v.30, p.573-96, 2001.

WALKEY, F. H.; TAYLOR, A. J. W.; GREEN, D. E. Attitudes to aids: a comparative analysis of a new and negative stereotype. *Social Science and Medicine*, v.30, p.549-52, 1990.

WALTER, T. *The Eclipse of Eternity*: a sociology of the afterlife. Londres: Macmillan, 1996.

_____. *The Revival of Death*. Londres: Routledge, 1994.

WARD, M. *50 Essential Management Techniques*. Aldershot: Gower, 1995.

WARE, M. E. *Making of the Motor Car 1895-1930*. Buxton, Derbyshire, Reino Unido: Moorland Publishing Co., 1976.

WARNEKEN, F.; TOMASELLO, M. Altruistic helping in human infants and chimpanzés. *Science*, v.311, n.3, p.1301-3, 2006.

WASSEN, S. H. On concepts of disease among Amerindian tribal groups. *Journal of Ethnopharmacology*, v.1, p.285-93, 1979.

WATANABE, S. *The Peasant Soul of Japan*. Londres: Macmillan, 1989.

WATTS, S. *Disease and Medicine in World History*. Nova York: Routledge, 2003.

WEBER, M. *The Sociology of Religion*. Londres: Methuen & Co., 1965.

_____. *The Theory of Social and Economic Organization*. Nova York: Oxford University Press, 1947.

WEITZEN, M. S. et al. Factors associated with site of death: a national study of where people die. *Medical Care*, v.41, n.2, p.323-35, 2003.

WHITING, R. *The Blind Devotion of the People*: popular religion and the English Reformation. Cambridge: Cambridge University Press, 1989.

WHITROW, G. J. *Time in History*: views of time from prehistory to the presente day. Oxford: Oxford University Press, 1989. [Ed. bras.:

O tempo na história: concepções sobre o tempo da pré-história aos nossos dias. Rio de Janeiro: Jorge Zahar, 1993.]

WILDLIFE Protection Society of South Africa. Elephant herd-leader puts an end to ailing aged cow. *African Wildlife*, v.20, p.239-40, 1966.

WIMO, A. et al. The magnitude of dementia occurrence in the world. *Alzheimer's Disease and Associated Disorders*, v.17, n.2, p.63-7, 2003.

WITZEL, L. Behaviour of the dying patient. *British Medical Journal*, v.2, p.81-2, 1975.

WOBST, H. M. The archaeo-ethnology of hunter-gatherers or the tyranny of the ethnographic record in archaeology. *American Antiquity*, v.43, n.2, p.303-9, 1978.

WOLF, E. R. *Peasants*. Englewood Cliffs: Prentice-Hall, 1966.

WOOD, B. Dementia. In: JOHNSON, M. L. (Org.). *The Cambridge Handbook of Age and Ageing*. Cambridge: Cambridge University Press, 2005. p.252-60.

WOOD, E. M. *Peasant-citizen and Slave*. Londres: Verso, 1988.

WOOD, G. Staying secure, staying poor: the Faustian bargain. *World Development*, v.31, n.3, p.455-71, 2003.

WOODBURN, J. Social dimensions of death in four African hunting and gathering societies. In: BLOCH, M.; PARRY, J. (Orgs.). *Death and the Regeneration of Life*. Cambridge: Cambridge University Press, 1982. p.187-210.

WORLD Health Organization. *Aids Epidemic Update 2005*. Genebra: UNAIDS, 2005.

WORLD Health Organization. *Dementia in Later Life*: research and action. Genebra: WHO Technical Report, 1986.

WRIGLEY, E. A. *People, Cities and Wealth*: the transformation of traditional society. Oxford: Basil Blackwell, 1987.

WU, Z.; ROU, K.; CUI, H. The HIV/aids epidemic in China: history, current strategies and future challenges. *Aids Education and Prevention*, v.16, p.7-17, 2004.

WYLIE, A. The reaction against analogy. *Advances in Archaeological Method and Theory*, v.8, p.63-111, 1985.

YAZAKI, T. *Social Change and the City in Japan*. Tóquio: Japan Publications Inc., 1968.

YOUNG, M. *The Metronomic Society*. Cambridge: Harvard University Press, 1988.

_____; CULLEN, L. *A Good Death*: conversations with East Londoners. Londres: Routledge, 1996.

ZALESKI, C. *Otherworld Journeys*: accounts of near-death experiences in medieval and modern times. Nova York: Oxford University Press, 1987.

ZOLA, I. K. Medicine as an institution of social control. *Sociological Review*, v.20, n.4, p.487-504, 1972.

Índice remissivo

"a última dança", 25
abordagem psicológico-religiosa da morte, 122-4
abordagem sociológica-religiosa da morte, 122
abordagens defensivas da morte, e da religião, 123
absurdo de uma vida fadada a acabar na morte (Bauman), 335-6
administração da morte, países prósperos, 430
adoração do antepassado, 211-4
advogados, 241, 244, 245-6, 247-8, 268, 277
afluência, e doenças cardíacas, 259, 260, 275
África,
 agricultura na, 131
 aids, epidemia de, 373, 377
 tolerância com os idosos, 407
agricultores ver camponeses

agricultura, 131
agricultura, como motivo de assentamento, 135
agricultura, desenvolvimento da, 131-9
aids ver HIV/aids
aleatoriedade da morte, 336
ambivalência para com os mortos, 198-202
 experiência de grupo, 202
 pessoal, 202-8
ambivalência pessoal com os mortos, 202-8
ambivalência tribal com os mortos (Freud), 198-202
ambivalência vivo-morto, 202-3
América do Sul, agricultura na, 132
analogia etnográfica, interpretação, 66-8
ancestrais humanos, 41
ancestralização, 56

animais
  canibalismo nos, 51
  consciência da morte, 31-7
  desenvolvimento de colônia, 229-31
  e a propagação de doença nos seres humanos, 144
  fingindo-se morto, 35
  não como negação da morte, 119
animais domésticos, coabitação e propagação de doença, 145
animais selvagens, 313, 316-23
animais totêmicos, assassinato ritual, 200
anjo da guarda, e a boa morte, 190-1
ansiedade com o destino individual, e necessidade aconselhamento religioso, 222-3
antecipação do morrer, Idade da Pedra, 60-1, 91-5
  como ímpeto para a construção da cultura, 107
  reações compreensíveis à espantosa viagem ao outro mundo, 92-4
antigo Egito
  camponeses recrutados para projetos cívicos, 151
  viagens ao além-mundo, 154
antigos israelitas, boa morte, 177
apego aos mortos, e o desenvolvimento da identidade por

referência aos antepassados, 136
apoio à pessoa morrente, 211
Ariès, Philippe, 39, 189, 190, 223
  sobre a morte domada, 314, 317-25, 328, 333-4
  anomalias, 321-4
  crítica, 318-21
armas e desenvolvimento do armamento, Idade da Pedra, 50, 102
arqueologia, dependência do pensamento analógico, 69
arte rupestre aborígine, cenas de luta, 49
arte xamanística, 54, 55, 64
arunta, cerimônias de caça ao fantasma, 83-5
ascensão exponencial na modernidade, 347-88
assassinato ritual
  pessoas comuns, 71-2, 92
  reis deuses, 72, 430
assentamentos permanentes, 128
  contexto social e físico, 133-141
  desenvolvimento dos, 131-64
  vínculo com os cemitérios, 136
assentamentos rurais, 131-3
  relações sociais, 273
astecas, natureza política da boa morte, 184-5

Uma história social do morrer

Atenas antiga, cidadãos como agricultores, 139-8
atitudes para com a morte, 115
ato social de herança, 64, 76-7, 293-4
através da provisão para família e casa, 172
classe média, 274-5
como rito crucial para os sobreviventes, 87
e boa morte, 167, 172-4, 188
herança de herdeiro único, 173
herança disputada, 222
herança partível, 173
herança transitória, 174
intervenção dos parentes, 188
precariedade da herança, 187
sociedades pastoris, 166
australopitecíneos, 42, 48
autoconsciência da proximidade furtiva da morte, como característica da "boa morte", 165, 167, 170
autopreparação para a morte *ver* preparar-se para a morte
babuínos, reconhecimento da morte, 32
barcos funerários, 53, 154
Bauman, Zygmunt
negação da morte, 116-9
sobre a morte domada, 325, 333-8
Becker, Ernest, 30, 112-6

beleza, 335
benefícios pessoais e sociais de se preparar para morrer, 208-18
apoio, 211-2
consolação e conforto, 214-6
controle social e contenção da ameaça, 208-10
esperança, 211-2
manter a continuidade, 210-1
poder social e pessoal, 213-4
reinvenção do *self*, 216-8
benefícios sociais de se preparar para morrer *ver* benefícios pessoais e sociais de se preparar para morrer
bens tumulares
antigo Egito, 154
australianos indígenas, 77, 86
caçadores-coletores, 78, 85
como desperdício econômico, 78
enterro de bens tumulares significativos, 78
Homo sapiens, 76
Idade da Pedra, 53, 75, 78
papel na jornada ao além-mundo, 78
para manter os fantasmas a distância, 85, 86
bichos ferozes, 315
boa morte, 19, 394, 459
acordos de divisão do poder, 328

astecas, 184-5

autoconhecimento da proximidade furtiva da morte, 165, 166, 170

camponeses e agricultores, 169, 175, 176, 336

camponeses maias, 176

camponeses portugueses, 175

classe média, 250, 265-8, 286

com fins ideológicos, 185-6

como morte bem administrada, 268, 269, 271-309

como morte tranquila sem tumulto, 303

como retrato pessoal duradouro de uma vida boa, 169

como rito de passagem, 168-9

como um ato comunitário, 211, 297

condizente com as prescrições da vida camponesa ou agricultora, 170

desenvolvimento nas sociedades pastoris, 161

desenvolvimentos solapadores, 218-25

e preparação para a morte, 172, 175, 177, 197-202, 297-8

e requisitos religiosos, 175

envolvimento de profissionais, 241, 244-5, 297, 394

exemplos, 175-9

fusão de Ariès com a morte bem administrada, 318

gentrificação da, 263-8

horticultores Lusi-Kaliai na Nova Bretanha Ocidental, 177

imperativo de preparar, 192

início, 276-8

intervenção dos parentes para garantir a herança, 188

israelitas antigos, 177

mudança para a morte bem administrada, 274-81

nascimento da, 185-194

natureza política da, 182-92

O que é isso?, 170-5

origem etimológica, 170

para o paciente que sofre, 308

ponto de vista médico/de enfermagem, 171, 304

ponto de vista moral, 170

pontos de vista das comunidades cristãs, 190-1

questão social da herança, 166, 172-3, 186-7

relações cooperativas e persuasivas, 299

reproduzindo a ordem social, 194

sociedades pastoris, 331

valores da comunidade, 175

bouba, Idade da Pedra, 46

Bowker, J., 122-7

Brown, Norman O., 111-6

caçada ao fantasma, povo arunta, 83

caçadores-coletores, 23, 133
- assassinato compassivo, 74
- assassinatos rituais, 72
- bens tumulares, 77, 85
- breve duração do morrer, 74
- características do morrer, 89-91
- expectativa de vida dos, 46
- experiência de viagens ao além-mundo através de sonhos, 105
- infanticídio, 47
- medo de "ficar sozinho no escuro", 111, 112
- morte como parte de uma ordem natural e social, 314
- morte como um modo de vida, 124
- morte provocada por influências malignas, 397
- mortes súbitas, 168
- papel do tempo, 438
- percepção das cavernas como entradas de outro mundo, 54
- perigos na necrofagia, 48
- reconhecimento do morrer, 461
- transição para o pastoralismo, 133-7

vida dura para, 47

cães, 31, 53

camponeses maias, boa morte, 176

camponeses portugueses, boa morte, 175

camponeses, 129
- abordagem fatalista da morte, 161
- arautos da morte, 166
- atitudes para com a morte e o morrer, 114, 115
- atividades de artes e ofícios, 236
- boa morte, 168, 175, 177, 336
- características culturais, 142
- como apoio para as grandes cidades-Estado, 143
- como espinha dorsal das "civilizações antigas", 133
- como população dominante da Idade Pastoril, 144
- como trabalhadores rurais, 143
- conexão com a terra, 142
- dependência dos animais, 144
- "devorador de pecados", 154
- dispositivos sociais para prognosticar a morte, 155
- efeito da fome sobre, 155, 159
- expectativa de vida, 151

gentrificação, e desenvolvimento das cidades, 223
herança transitória, 174
pastoralismo e morte, 153-8
pedidos religiosos da pessoa morrente, 175
plano para uma "rodada" de tempo, 161
práticas culturais que afetavam a saúde e o risco de mortalidade, 149
preparação para a morte, 23, 175, 177, 336
prosperidade e sofrimento físico, 218, 219-20
reconhecimento do morrer, 461
saúde, doença e morte, 149
subestimação da importância na história, 142
subnutrição, 151
tamanho da população, 141
tarefas práticas do morrer, 337
testamentos, 176, 284
usados como conscritos militares e civis, 143-4
usados como sacrifício humano, 152
visões no leito de morte, 156-7, 189
campos de concentração, 445, 462-6
câncer, causas do, 262

canibalismo, 51
capacidade de matar "remotamente", 45, 102
capitalismo, 235
casas de repouso, 455
atitude do pessoal para com paciente moribundo com demência, 412
causas médicas, 378
consciência do morrer, 394
críticas, 391
erosão da consciência do morrer, 385
erosão do apoio ao morrente, 386
incômodo e constrangimento ao falar preocupação com o morrer cedo, 415-6
morrer nas, 461-2
"mortes incômodas" nas, 390
mortes indignas, 410-6, 450-1
mortes nas, 342, 373, 378, 390, 434, 462-3
nível de invalidez e demência entre os residentes, 369
preparação para a morte, 398
problema de estigma, 387
tratamento do pessoal ao paciente moribundo, 411
cavalos, 31-2
cemitérios, vínculos com os assentamentos permanentes, 136-7
centros de detenção, 445, 462, 465

China
  agricultura na, 131
  expectativa de vida, 147
  saúde do camponês, 149, 297
cidades
  abordagem individual da morte nas, 252
  anonimidade como traço cultural, 271-3
  arrimadas em monarcas e governantes absolutistas, 234
  ascensão e disseminação, 229-69
  classe média, 236, 239, 241-69, 340
  como lugares de liberdades sociais, 233, 237
  como lugares que atarem o pobre rural, 237
  como nódulos urbanos, fim do século XX, 341
  como sedes de afluência e cultura, 233, 239
  como sedes de aprendizado, 233
  condições de vida ligadas a mortes, 257
  contexto epidemiológico, 255-62
  contexto social e físico, 229-37
  desenvolvimento das, 23, 133, 139-40, 224, 231-6
  desenvolvimento do mercado, 235
  desenvolvimento ligado a comunidades agrícolas, 140
  doença cardíaca e afluência, 260-1
  doenças infecciosas, 255-6
  e desenvolvimento dos subúrbios, 251
  epidemia de câncer, 261-2
  epidemias nas, 141
  expansão do poder, 141
  experiência internacional de morte nas, 341
  força de trabalho especializada, 234-5
  gentrificação, 236, 239, 394
  interesse social e político por coisas "rurais", 241
  mercantilismo, 235, 239
  morte bem administrada, 24
  mortes lentas, 257
  nobreza rural, 236-7
  número de mortes, 256
  origem, 229-37
  profissionalização, 236, 241-7
  relações sociais, 271-3
  viver e morrer nas, 237-41, 255-6, 394
cidades gregas, 234
cidades romanas, 234
cidades-Estado, 224, 232, 235
civilizações antigas, comunidades agrícolas como base das, 133, 139

classe média urbana, 241-8

classe média, 236, 239

    administração da morte, 280

    administração das crises pessoais, 281

    afluência e cardiopatia, 259

    alívio da dor nas doenças, 276

    ansiedades subjacentes, 249, 254

    auxílio de médicos, advogados e padres, 267

    boa morte, 250, 266, 268, 269, 286

    clero arrumando a paz com Deus, 267

    como grandes usuários de serviços de assistência à saúde, 282

    como solucionadores ativos de problemas, 255

    desejo de evitar a morte, 263-4

    determinantes da saúde, 252

    estilo de vida e vida mais longa, 258-9

    expectativa de vida, 254

    individualismo, 252

    morte bem administrada, 274-81, 340

    morte exigindo atenção de especialistas para resolver assuntos financeiros, 276

    mortes ruins, Inglaterra vitoriana, 179-80

    papel dos advogados, 268

    planejamento antecipado, 267

    planejamento financeiro e jurídico, 283

    preparativos para a morte, 279, 283

    previsão de serviço para, 248, 268

    psicologia da, 253

    questão social da herança, 275-6

    reconhecimento do morrer, 461

    reformas sociais, 251

    remuneração de serviços, 286-7

    salvação religiosa, 286

    testamentos, 284-5

    urbana, 241-7

classes trabalhadoras

    cardiopatia nas, 259

    expectativa de vida, 255

    negação da vulnerabilidade, 284

clérigos *ver* clero

clero católico, responsibilidades, 247

clero, 247, 267, 277

coisa "selvagem" chamada morte, 313, 325, 333

    desejo urbano de domar, 316, 333

coleta de órgãos, 443

colmeias, organização social, 230-1

colonialismo, 235, 239

   impacto sobre o desenvolvimento da pobreza, 362-3

compartilhamento de informação, 347-8, 351-3

compensação cultura/sociedade, perspectiva psicanalítica, 111

comportamento infantil, 466

comportamento no morrer, 14, 38, 203

   como rito de passagem, 157

comportamento pré-histórico

   e problemas de pensamento analógico, 66-9

   insights etnográficos modernos, 67

comportamento prestativo, 466-7

comunicações, 103, 352-3

comunidade cristã

   anjo da guarda na luta com satanás na hora da morte, 190-1

   morrer a boa morte como uma disputa moral, 190

comunidade global, 352

comunidades agrícolas, doenças nas, 144

comunidades do Novo Mundo, e disseminação de doença, 144-5

comunidades horticultoras, 112

   assassinato ritual, 72

boa morte, 177-8

características do morrer, 89-90

conduta no morrer, 14, 39, 318

confissão, 244, 286

confrarias, 250

conhecer a morte, 103-5

cônjuges, opiniões sobre o *timing* do morrer, 434

consciência da mortalidade, aurora da, 30-61

consciência do morrer

   casas de repouso, 394

   como característica da "boa morte", 165-7, 394

   morte bem administrada, 394

consciência pessoal do morrer, Idade da Pedra, 55, 63

consciência social, 353

consolação e conforto, 214-6

controle comunitário do morrer, 64, 85-7, 91, 277, 293, 305, 398

controle do morrer *ver* controle comunitário do morrer; controle pessoal do morrer

controle pessoal do morrer, 295, 450-4

crenças religiosas acerca da morte, diversidade das, 127

crenças sobrenaturais, Idade da Pedra, 54

cuidados paliativos, 19, 283, 312

cultura, como transcendência, 116

culturas de assentamento, 23
    impacto do fim da Idade do Gelo, 136
    razões do desenvolvimento, 133-7

Darwin, Charles, 200

deficiência de iodo, Idade da Pedra, 47

déficit de vitamina A, Idade da Pedra, 46

demência, 457
    como estigmatizante, 406
    em pacientes com HIV/aids, 373, 386-7, 398
    em pessoas idosas, 370-1, 381, 387, 397

democracia, 234

depósitos mortuários, Idade da Pedra, 52

depressão
    HIV/aids, 422
    pessoas idosas, 420, 423

desaprovação moral de pessoas rotuladas, 403

desejo de manter a morte a distância, 99

desejo de morrer, 414-5, 422, 449-50

desejo de prever a chegada da morte, 99-100

desejo de saber mais sobre a jornada ao além-mundo, 93

desenvolvimento cognitivo dos seres humanos, 44

desenvolvimento cultural, pela antecipação do morrer, 107-8

desenvolvimento da aldeia, 140

desenvolvimento fetal, 43

desenvolvimento neurológico dos seres humanos, 43

desenvolvimento social nos seres humanos, 43

desenvolvimento tecnológico, nos seres humanos, 43-4

desenvolvimentos solapadores contra a boa morte, 218-25
    herança disputada, 222
    prosperidade e sofrimento físico, 219-20

desespero
    em pessoas idosas, 420
    em residentes de casa de repouso, 413-4

destinos escatológicos, 89

determinação comunitária da morte, 461

determinantes da saúde, 252

"devorador de pecados", entre os camponeses, 154

direito e ética, 244

diretivas antecipadas, 451

disperão humana, 42

diversificação ocupacional, 273

doação de órgão, 443

Uma história social do morrer

doença
  comunidades pastoris, 144,
    146, 152
  Idade da Pedra, 48
  prevenção e tratamento, so-
    ciedades camponesas, 149
  propagação pela coabitação
    com animais, 145
  ver também epidemias; doenças
    infecciosas
doença cardíaca coronária *ver*
  doença cardíaca
doença cardíaca, 219-20, 339, 380
  e afluência, 259, 260, 275
  estatísticas pouco confiáveis,
    259
  mortes lentas de, 260
  obsessão urbana pela, 342
doença estigmatizante, morrer de,
  383, 387, 391
doença neurológica, 339, 370
doença terminal, viver com, 422
doenças degenerativas, 220, 275,
  339, 378
doenças do Velho Mundo, propa-
  gadas pela coabitação com animais domésticos, 144
doenças infecciosas
  e conhecimento da iminência
    da morte, 153
  e o morrer lento, 219
  efeito sobre médicos e sacer-
    dotes, 340

  impacto sobre as diferentes clas-
    ses sociais das cidades, 255
  propagação nas cidades, 256
  propagação nos povos pasto-
    ris, 144-5, 153-8
doenças infectocontagiosas, 145
domação médica, 328, 330
domação religiosa, 325-9
domar a morte, 311-43
  ameaças e ironias, 339-43
  desafio de, 306-9
  domação médica, 328
  domação religiosa, 375-9
  domar o selvagem, 330
  elite urbana, 339
  "naturalidade" da morte, 330
  o manso e o selvagem, 311-7
  origem, 312, 314, 317
domar a morte, 314
  como um tipo de lugar, 325
  exemplos da Europa medieval,
    318-26
  opinião de Bauman, 325,
    333-8
    críticas, 336-8
  ponto de vista de Ariès, 314,
    317-25, 328, 333
    críticas, 318-24
domar, definição, 312
domesticação de plantas e animais, 132, 136-8, 314
economia camponesa, papel do
  morrer gradual na, 160

economismo, 252

elefantes, 33-4

Elias, Norbert, 30, 408-10, 438

elite urbana,
  boa morte, 140
  domar a morte, 339
  morte bem administrada, 336
  poder político e social, 331
  reconhecimento do morrer, 461
  resolução de assuntos, 276
  ver também nobreza rural; realeza

elite *ver* elite urbana

emoções para com a morte, 15, 202

empresas transnacionais, 360-6

enterrado vivo, 430

enterro de árvore, 84

epidemia de câncer, cidades, 260-2

epidemias, 141, 366
  atribuídas a grupos minoritários, 151
  desenvolvimento, 357
  e pobreza, 376
  HIV/aids, 373
  impacto da subnutrição sobre, 151
  sociedades pastoris, 144-6
  varíola, 165-6

epidemiologia
  aplicada às cidades, 255-62

da Idade Pastoril, 140-52
da modernidade, 366-78

época medieval *ver* Idade Média

Escandinávia, navios túmulos, 53, 154

escopo da mudança social, mundo moderno, 357-62

escravidão, 364-5

especialização ocupacional, 248

espíritos morrentes, agência nos, 89

esqueletos de cretinos, 47

estados morrentes "vida nua", 442-7
  como "estados liminares", 446-7

Estados-nação, 353, 359-60

estigma, origem, 402

estigmatização
  etapas no processo, 417
  pacientes com demência, 406
  pacientes com HIV/aids, 383, 387, 391, 406-7, 417, 443-5
  pessoas idosas, 387, 404, 418, 443

estilos de morrer, 20

estruturação, 437

estruturas familiares, mundo moderno, 362

etnoarqueologia, 67

eu thanatos, 170

Europa Ocidental, agricultura na, 132-3

eutanásia, 72, 170, 305, 342
   pacientes com HIV/aids, 341
   residentes de casa de repouso, 416
evolução humana, 42
expectativa de vida
   camponeses, 151
   e gênero, 147
   e medidas de saúde pública, 220, 342, 366, 447
   e *status* socioeconômico, 219, 255
   e vida urbana, 385
   era pastoril, 148
   países ricos, 368
   pessoas idosas, 369
expectativas sociais da sociedade em relação ao morrer, 203
experiência de morrer logo, 37
experiência de morrer *ver* experiência de morrer
experiência de morrer, 15, 20, 37, 83
experiência de pré-morte, ausência de, Idade da Pedra, 94
experiência filosófica de morrer, 37-8
experiência pessoal de morrer, caçadores-coletores recentes, 89
experiências de quase morte, 92, 362
explosão demográfica, 357
fábricas, 239

fantasmas
   pessoas morrentes transformando-se em, 64, 87-8
   queima de crânios do povo kwearriburra para manter os fantasmas a distância, 86
   práticas concebidas para dar um adeus verdadeiramente definitivo, 87
fase terminal do morrer, 302, 303
   "precoce" e "tardio", 440-1
   prevenção da, 443
ferramentas, 43
fertilidade e regeneração, 213, 216
fijianos
   assassinato dos parentes idosos, 74
   assassinatos rituais, 72
   preparar-se para a morte, 105
   viagens ao além-mundo, 81-5
finalidade da vida, papel da religião/sociedade de proporcionar, 109
fingir-se de morto nos animais, 35
folclore para prever a morte, 155
fome, sociedades pastoris, 151, 155, 159, 166
formação da cidade, teoria da, 232
formigas, organização social, 231
Frazer, *sir* James, 72, 78, 79-87, 198

Freud, Sigmund, 199-202, 214, 216
funções econômicas da morte, 124
funções sociais da morte, 124
gambás, 35
gênero, e expectativa de vida, 147
gente pobre, 364-5, 452
estratégias de gestão de curto prazo, 453-4
gentrificação, 236, 239, 253, 394
afluência e cardiopatia, 262
da boa morte, 263-7
e desenvolvimento de profissionais especializados, 248
processo de, 223, 240
geografia, 353
gerenciamento de crise, 282, 283
gerenciamento de risco para evitar a morte, 103
gestão de informação, 283
globalização, 351
glória, 335
Goody, Jack, 197, 202
grupos, ambivalência para com os mortos, 202
guerra, entre os povos da Idade da Pedra, 49
guerras
como motivo da existência de cidades, 232
mortes nas, 152, 154, 158

guerreiros capturados, boa morte, 184-5
habilidade em metalurgia, 234-5
habitantes urbanos, preparação para a morte, 23
herança de herdeiro único, 173
herança disputada, 221
herança para o morrente
Idade da Pedra, 63-4, 75-6
ver também ato social de herança
herança partível, 173
herança transnacional, 174
hibridação do trigo, 137-8
hipótese da "avó", 45
história humana, problemas para interpretar, 41-4
histórias da ultravida, interesse popular por, 362
histórias de morrer, 19
HIV/aids, 19, 148, 341, 369, 457
controle pessoal do morrer, 296
depressão, 421
desejo de eutanásia, 422
e demência, 370, 383, 386, 463
e pobreza, 374-5, 433, 462
e suicídio, 383, 423
efeito das drogas antivirais sobre o tempo de sobrevivência, 376
estigma associado a, 383, 387, 392, 406-9, 417, 443-4

fontes de infecção, 373, 409

incidência, 373-4

isolamento social entre os pacientes, 409

morrer de, 375

morte indigna, 384-6, 397, 409, 440-2, 444

morte prematura, 408

países afetados pela doença, 374, 377, 392

resistência pela tentativa de "passar" por normal, 417

temores quanto à "capacidade de funcionar adequadamente", 384

timing do morrer, 435, 440-2

hominídeos, 41

Homo erectus, 42, 71

Homo neanderthalensis, 42

Homo sapiens, 42, 76

horda primal, 200

horticultores Lusi-Kaliai

boas mortes, 177-9

mortes ruins, 179

horticultura, Idade da Pedra, 134

hospitais

morte de idosos em, 379

timing do morrer em, 432

hospitais de cuidados paliativos

filosofia de cuidado, 432

ideia de viver até morrer, 301, 303

sedação de pacientes, 304

hostilidade dos mortos, 198

humanos

desenvolvimento fetal, 43

desenvolvimento neurológico e cognitivo, 44

desenvolvimento social, 44

desenvolvimento tecnológico, 44

padrões de comunicação, 44

sobrevivência da espécie, 45

Idade Cosmopolita, 24

características, 353-4

confisco do morrer, 464

e pobreza, 364

estados "vida nua" de morrer, 442-4

expectativa de vida, 24

globalização e doença, 24

morrer na, 25, 378-84, 392, 394, 401, 450-1, 457

resumo, 384

"velhice" como causa de morte, 407

morte indigna, 433, 440-2, 454-5

política de assistência ao idoso, 449

privatização da morte, 459

programar o morrer, 430, 435

reconhecimento do morrer, 460

Idade da Pedra, 38, 41-51

Idade do Gelo, fim da, impacto sobre o assentamento, 135

Idade Média
comportamentos da boa morte como métodos para manter a morte domada, 321
descrições de Ariès do morrer na elite, 319-20, 327
morrer incomunicado, 324
pessoa morrente mantendo poder, 322
Idade Pastoril, 129, 131-64, 194
camponeses como população dominante, 144
crescimento demográfico, 148
epidemiologia, 141-52
mortes previsíveis de doença infecciosa, 144, 153, 158
identidade
assassinato da velha em prol da renovação, 205
morte da, 39
perda da, pacientes com demência, 412
identidade velha, assassinato para renovação, 206, 217
idoso *ver* pessoas idosas
Igreja católica, anjo da guarda e a boa morte, 190
imortalidade comunitária, 210
imortalidade, 106-9, 116
como desafio e negação da morte, 116-7
comunidade, 210

crença na, sociedades caçadoras-coletoras, 64
impacto social da morte, 210
ameaças aos valores, normas e relações da sociedade, 208-10
de pessoas ilustres, 210
imposição coligativa, 45
imprensa, 352
incerteza e ansiedade com a viagem ao além-mundo, 92-5
incerteza religiosa, e prosperidade, 218-22
indígenas australianos
Austrália central, crença na reencarnação, 83, 85
bens tumulares, 77
motivos da provisão, 86
conceitos de ultravida ou viagens, 66, 72
deposição de lanças e ferramentas em túmulos, 77, 85
enterro de árvore, 84
provisão de alimento e abrigo em túmulos, 85
viagens ao além-mundo, 84
índios chiriguanos, América do Sul
assassinato de parentes idosos, 73
assassinatos rituais, 72
índios do Paraguai, assassinato ritual, 73

individualismo, 252

industrialização, 239

infanticídio, sociedades caçadoras-coletoras, 47

Inglaterra vitoriana
medidas de saúde pública, 366
mortes ruins, classe média, 180

início da humanidade
contexto epidemiológico, 47-52
contexto social e físico, 41-6

inimigos domados, 325

inimigos selvagens, 326

inovação tecnológica, 352, 358

insetos sociais, 230-1

insetos, 35, 230-1

instinto de morte, 111

intelectualismo, 253

interpretação religiosa da morte, rejeição da, 122

intervenção tecnológica
na vida bem administrada, 454
no morrer biográfico, 441

Isabel I, rainha, encontro com a varíola, 294

jogo do morrer, 204, 206

jornadas ao além-mundo, 38, 72
australianos indígenas, 66
e religiões, 126, 360
Idade da Pedra, 53, 55-6, 61, 66

ver também viagens ao além-mundo

jornadas de morrer, 430-1

kalos thanatos, 170

kamants da Abissínia, assassinato ritual, 72

Kennedy, John F., assassinato de, 209

Lasch, Christopher, 110, 254

literatura, 19

livros de teoria social sobre o morrer, 19

luta entre os povos da Idade da Pedra, 49

luto, 32-3, 89, 207

macacos-vervet, compreensão das ameaças de morte, 31

mal de Alzheimer, 371, 372

malária, 366

Malinowski, B., 198

mamíferos, 42-3, 51

mangaios do Pacífico Sul, assassinato ritual, 72

Marais, Eugène, 32

matar a distância, como estratégia de sobrevivência humana, 45, 102

Mead, George Herbert, 204

Mead, Margaret, 202

médicos especialistas, 283

médicos *ver* profissões médicas

medidas de saúde pública
e expectativa de vida, 221, 342, 366

para adiar a morte potencialmente, 443

medo da morte, 110, 113-5

medo do aniquilamento, 113-5

memória causal, 32

mercadores, 235, 243, 258

mercados, 235

mercantilismo, 234, 239

"mestre" encarregado das orações, 176

migração em massa, 274

migração rural, 236

modernidade

    ascensão exponencial na, 347-88

    contexto epidemiológico, 366-77

    contexto social e físico, 351-66

    declínio no modo como nos relacionamos com a religião, 361

    impacto pessoal e social, 357

    início da, 349

    resumo das características, 384

morrer

    antecipação da, Idade da Pedra, 60-1

    como algo que se pode ver chegar, 155-64

    como atividade *post mortem*, Idade da Pedra, 56

    como experiência definida pelo Estado, 462

    como experiência deste mundo, 154, 161, 168, 147, 328, 388, 461

    como indigno *ver* mortes indignas

    como jornada à ultravida, 64, 69, 78-85, 154, 156, 167, 277, 293, 297, 305, 328, 395, 459

    como jornada interpessoal, 38

    como questão social de identidade, 300

    como sentimento de ser capaz de uma consciência da morte, 37

    como um julgamento ou um conjunto de julgamentos, 386

    como uma provação dramática e pessoal, 156

    confisco do, 461-2

    consciência pessoal do, 55, 63

    controle comunitário *ver* controle comunitário do morrer

    controle pessoal *ver* controle pessoal do morrer

    definições, 15, 38, 461

    desenvolvimento de uma presença social, 168

    desintegração do, 394-401

    e expectativas sociais da sociedade, 203

em comunidades caçadoras-
-coletoras e horticultoras
em escala reduzida recen-
tes, 89-91
Idade da Pedra, 57-61
idade pastoril, 153-8
jogo do, 203, 204
literatura sobre, 19
natureza assistida do, 249,
268
natureza cíclica do, 434
no mundo cosmopolita mo-
derno, 25-6, 378-84
no ponto da morte da identidade da pessoa, 38
no tempo "certo", 426-8,
429-30
O que é isso?, 15
perspectiva dos pacientes de
clínica, 302
preparativos para *ver* preparativos para a morte
reconhecimento do, 459-62
reconhecimento público do,
462
requisitos sociais do, 415
significado do, 37-40
morrer biográfico, 440-7
idade como indicador de valor
econômico e político para
os outros, 441
intervenções tecnológicas,
442

precoce ou tardio, 441
morrer institucional, 318, 322,
462
morrer lento, 426
associado a expectativa de vida
mais longa, 393
de doença cardíaca, 261
e morte ruim, 179-80
em razão de doenças degenerativas, 220
em razão de subnutrição ou
infecções, 219
morrer na Idade da Pedra, 71-88
como jornadas ao além-mundo, 64, 70, 78-84, 90, 92
reações espantosas, 92
como uma experiência pós-
-morte, 57, 58
o *self* disperso em uma identidade mais ampla, 60
resumo das características,
57-61
segunda vida como a vida
"real" do morrente, 89
morrer na Idade Pastoril, 153-8
resumo das características,
158-64
morrer público, autoindulgente,
astecas, 185
morrer urbano, 255-69
gerenciamento de crise do, 282
resumo das características,
268-7

mortalidade perinatal
Idade da Pedra, 45-6
Idade Pastoril, 147, 158
morte
arautos da, 166
associação com a renovação da fertilidade, 213
aversão à interpretação religiosa da, 121
base metafórica como viagem própria, 125
como "nada" ou "incognoscível", 117, 121
como ameaça à legitimidade dos valores, normas e relações da sociedade, 208
como continuação da vida, 118
como jornada social do espírito humano, 61
como morrer, 63-71
como um lugar, 325
como um modo de vida, 124, 329
como uma coisa "selvagem", 312
como vida a ser dada pela vida, 126
consciência animal da, 31-7
de parentes, 202
e valores da classe média, 248-55
emoções rivais para com (Freud), 202

experiências internacionais de, 341
funções econômicas e sociais úteis, 124
nas casas de repouso, 342, 373, 378, 384-6, 390, 434, 462-3
nas comunidades agrícolas, 144
preparação para ver preparação para a morte
reação instintiva à, 199
repentina ver morte súbita
sentido último da (Freud), 214
visão multicultural dos costumes, 199
ver também boa morte; mortes bem administradas
morte biológica, 15, 39, 127
coordenação com aspectos sociais da morte, 435
e vida subsequente, australianos indígenas, 83-4
início de um novo período da vida post mortem, 82
morte burguesa, 277-8
morte encefálica, 442
"morte invisível", 318
morte social, 122, 435
morte súbita, 307
caçadores-coletores, 168
como "boa morte" para pacientes sofrentes, 308

Uma história social do morrer

Idade da Pedra, 51, 57, 92, 101

pessoas idosas, 381

sem aviso como mortes "ruins", 175, 179

morte voluntária, 72

mortes administradas *ver* mortes bem administradas

mortes bem administradas, 268, 269, 271-309, 454, 459

administração por atendentes, 305

boas, ruins e incompreendidas, 300-5

classe média, 274-81, 340

começo das, 277-8

como modelo individualista, 280

como morte "em equipe", 269

como parte da vida bem administrada, 455

como privatizada e confiscada, 276, 461

controle pessoal nas, 295

derivadas da boa morte, 274-81

e poder médico, 287-93, 297

exemplos de, 293-9

fase terminal, pacientes de hospitais de doentes terminais, 301

natureza idiossincrática das, 298

o encontro da rainha Isabel I com a varíola, 294

O que é isso?, 281-7

questões de identidade pessoal e social, 300

ruptura com a comunidade geral, 278

serviços profissionais nas, 274-81, 394, 397

sociedades assentadas, 331

transferência para equipe de serviços de saúde, 304

mortes de câncer, 19, 219-20, 261, 275, 297, 302, 307, 339, 342, 378

como dolorosas, 261-2

mortes indignas, 15, 388, 393, 400, 446, 465

características

cedo ou tarde como condição para, 441

centros de detenção, 465

como fracasso moral e social em prover assistência social aos morrentes, 454-5

erosão da consciência de morrer, 384

erosão do apoio ao morrente, 386

estratégias pessoais para evitar, 450-2

exemplos, 410-6

Idade Cosmopolita, 433, 440-2, 450-4

nascimento das, 390-428

nos idosos, 384-7, 441, 443
O que é isso?, 401-9
origem, 401
países em desenvolvimento,
450
pessoas com HIV/aids, 384-
7, 397, 409, 440-2, 443
problema de estigma, 387
vida nua, 442, 445-9
ver também pessoas idosas;
HIV/aids; casas de re-
pouso
mortes ruins, 167-9, 175, 178-
82, 192, 303, 338
a perspectiva cristã, 189
classe média, Inglaterra vitoriana, 180
como desafio à ordem social,
194
como mortes súbitas, 179
como questões de interesse
público, 180
e a preparação para a morte, 197
e a promoção da desordem na
sociedade, 179-80
e o morrer lento, implicações
sociais, 180-2
incapacidade do morrente de
saldar dívidas e obriga-
ções, 179
"vergonha", elementos de, 179
mortos

ambivalência para com os,
198-202
"hostilidade" dos, para com os
vivos, 198
tratamento ritual dos, 197-
202
morto-vivo, 452
mosteiros, 243
movimentos de eutanásia voluntária, 305, 422, 432
mudança climática, impacto sobre
o pastoralismo, 135
mudança social
escopo da, mundo moderno,
358-62
índice de, mundo moderno,
354-8
Mumford, Lewis, 229
mundo moderno
escopo da mudança social,
359-62
índice de mudança social,
355-8
nacionalismo, 352
não cônjuges, opiniões sobre o *timing* do morrer, 434
nativos do Estreito de Torres, cerimônias fúnebres, 88
"naturalidade" da morte, 330
natureza gradual do morrer, Idade
Pastoril, 153, 158, 160
natureza política da boa morte,
182-92

importância da herança para os sobreviventes, 189
para guerreiros capturados, 184
visão da Igreja da luta entre o bem e o mal, 190
neandertais, 42
bens tumulares, 75
corpos enterrados em posição fetal, 75
esqueletos, 47
ferimentos traumáticos na caçada, 48-9, 101
morrer, 90
necessidades sexuais, residentes de casa de repouso, 406
e viagens ao além-mundo, 93
xamanismo, 79, 103
necrofagia, pelos ancestrais da Idade da Pedra, 48
negação da morte
perspectiva de Bauman, 116-9
perspectiva de Becker, 112-5, 116
perspectiva de Brown, 111, 112, 115, 116
perspectiva de Lasch, 110
perspectiva de Seale, 119
versus antecipação da morte, 109-22
nobreza rural, 236-7
expectativa de vida, 255

o homem da Idade da Pedra
antecipação do morrer, 60-1, 91-5, 107
armamento, 49, 102
arte rupestre, 49, 54
assassinatos deliberados, 74
ato social de morrer, 64
bens tumulares, 53, 76, 78
breve consciência do morrer, 71-6
canibalismo, 51
causas de morte, 45, 49
como caçadores-coletores, 49, 133
comunicações, 103
consciência pessoal do morrer, 55, 63
controle comunitário do morrer, 64, 85-7, 91
de matar "remotamente", 102
desenvolvimento de ritos mágicos e supersticiosos, 101
despedida ambivalente, 87-8
ferimentos traumáticos na caçada, 50, 101
herança para o morrente, 64, 75-8
Idade Média, 45
identificação dos riscos que trazem morte, Idade da Pedra, 100-3
interesse em manter os mortos no lugar em que estão, 123

jardinagem, 134
morte súbita, 51, 58, 92, 101
mundos dos mortos, 51-7
necrofagia, 48
práticas de sepultamento, 52-3
problema da predação, 48, 100
ritos de despedida, 65
viagem pós-vida, 56, 57, 61, 66
violência, 49-50, 101-2
ver também australopitecíneos; neandertais
obrigações dos parentes, 106-7
obrigações sociais do morrente, 204
ordens de não ressuscitação, 452
organização social
e tempo, 436
matança circundante de animais, 50
órgão políticos transnacionais, 360-6
Oriente próximo
agricultura no, 131
primeiras cidades, 234
pacientes com demência, perda da identidade, 413
padres, 241-3, 247, 268, 340
ver também clero
padrões de comunicação, 44
países em desenvolvimento

condições de trabalho perigosas, 365
HIV/aids nos, 373, 375, 377, 391
ver também países pobres
países pobres
estratégias para evitar a morte indigna, 451
falta de medidas de saúde pública, 447
mortes indignas, 450
países prósperos
administração do morrer, 450
medidas de saúde pública, 447-8
países, 353
parentes
intervenção para se assegurar da herança, 188-9
lutas pelo poder, e recursos alimentícios, 135
provisão de herança aos, 172
parescatologia, 89, 127
pastoralismo
advento do, 131-3
camponeses e morte, 153-8
contexto epidemiológico, 141-52
contexto social e físico, 133-41
desenvolvimento no fim da Idade do Gelo, 135
e desenvolvimento do trigo de pão, 137-9

e pressões demográficas, 135
e transferência de bactérias
e vírus entre as espécies,
146
impacto da mudança climática, 135
transição da caça e da coleta
para, 134-7
pecados, preocupação com, 244
pedidos religiosos da pessoa morrediça, 176
peixe, 35, 42
pensamento analógico, 67-9
período cosmopolita
atendimento de saúde/enfermagem a pacientes cuja
perspectiva de morte não
é clara, 397
status em curso no mundo social do, 394
períodos de morrer, 430
pessoal de serviços de saúde, administração da fase final, pacientes moribundos, 303
pessoas estigmatizadas, 401-9
pessoas idosas, 19, 362
amargura e desamparo, 425
causas da morte, 379-80
consciência do morrer, 394
consternação com a aparência
física, 404
demência nas, 370-3, 381,
386, 397

depressão nas, 420
desespero e desesperança, 420
doença e invalidez aumentadas, 369
e a boa morte, 187-9, 221
e morte por doenças degenerativas, 220, 275
e mortes por câncer, 261,
378-9
encontrar o tempo certo para
morrer, 428
estigmatização, 387, 404-7,
417, 435-6, 444
expectativa de vida aumentada, 369
fragilidade e saúde precária,
381, 433
insuficiência orgânica, 381
morrer em hospitais e casas de
repouso, 378, 390, 398
morte indigna, 385-6, 442-4
morte súbita, 381
padrões do morrer, 381
países ricos, 369
preparativos para a morte, 394
recusa a ter um período de
"aposentadoria", 443
resistência pela tentativa de
"passar" por normal, 417
sofrer na morte, 382
solidão, 409, 425
suicídio, 72, 369, 382, 418-
24, 427

timing do morrer, 435, 441

"velhice" como causa da morte, 407

viver demais, 426-7

viver na comunidade, 379

ver também residentes de casa de repouso; casas de repouso

pessoas ilustres, reações à morte de, 210

pessoas morrentes,

acordos de divisão do poder, 322

ambivalência da vida cotidiana, 202-8

como categoria social de toda a história humana, 399-400

como fantasmas sociais, 87, 293

como interação com o outro mundo, 156

como parentes, 87

deixar bens para os sobreviventes, 166

deixar morrer sozinho, 291, 324

desejo de morrer, 414-5, 422-5, 450

dividindo tarefas de apoio, continuidade e controle, 211

e a relação médico-paciente, 290

e o papel dos parentes na boa morte, 188

e vida antes da morte, 302

eludir as obrigações consuetudinárias, 299

esperança de vida nova, 212

eu participante dos planos de funeral ou sepultamento, 158-60

morrer em silêncio e incomunicável, época medieval, 324

papel na preparação para a futura jornada, 167

reclassificação, 461, 462

requisitos religiosos, 175

silêncio das, 463

pessoas rotuladas, 402

peste bubônica, 153, 256, 340

peste negra, 256

peste, 153, 256, 340

pinturas rupestres, 54-5, 61, 65

representação do xamanismo, 79, 104

representação dos mortos ou do espírito dos mortos, 104

planejamento da sucessão, 107, 158

planejamento para a morte, 105-9

pobres rurais, atraído pelas cidades, 237

pobres urbanos, boa morte, 275

pobreza, 237, 341, 448, 452, 454

e colonialismo, 363-5

e epidemias, 376

e HIV/aids, 376, 377, 433

impacto sobre o mundo cosmopolita, 364

países em desenvolvimento, 365

ver também países pobres; gente pobre

poder médico, visão sociológica, 290

poder social e pessoal, 213-4

política de assistência ao idoso, Idade Cosmopolita, 449

pós-modernidade, 349

pós-modernismo, 252-3

postura cosmopolita, 354

povo das Novas Hébridas

assassinato ritual, 72

preparação para a morte, 105

viagens ao além-mundo, 79-80, 105

povo kwearriburra, bens tumulares para arredar os fantasmas, 86

povo negador da morte, os humanos não como, 120

práticas de sepultamento, Idade da Pedra, 52-3

práticas mortuárias, Idade da Pedra, 52-3

predação dos nossos ancestrais da Idade da Pedra, 48, 100

pré-história, percepção da morte na, 119

preparação religiosa para a morte, classe média, 268, 275, 286-7

preparação religiosa para a viagem disponível ao morrente vivo, 167

preparar-se para a morte, 38, 105, 170, 192, 195-225, 300, 393, 456

afirmação de nova vida, 212

benefícios pessoais e sociais, 208-18

camponeses e agricultores, 23-4, 175-6, 336

casas de repouso, 398

como questão de identidade pessoal e social, 300

componente herança, 186-7, 395

e ambivalência da vida cotidiana, 202-8

e boa morte, 172-5, 177, 197-202, 297-9

estratégia de gerenciamento da informação, 283-4

habitantes urbanos e rurais, 23-4

Idade da Pedra, 93

individualista, classe média, 278

morrer idoso, 396

motivos para, 205

mundo cosmopolita, 378, 394

povo das Novas Hébridas, 105

sociedades pastoris, 158, 159, 168, 172, 194

sociedades urbanas, 338

ver também planejamento para a morte

preparativos após a morte, 197

motivos, 197-202

pressagiar a morte, nas sociedades camponesas, 155

pressão demográfica, e pastoralismo, 135

prevenção do morrer, 432

prever a morte, 97-128

reações aceitantes, 103-9

aprender acerca da morte, 104-5

planejar a morte, 106-9

preparar-se para a morte, 105-6

reações defensivas

identificar os riscos causadores de morte, 101-3

o desejo de manter a morte a distância, 100-1

o desejo de prever a chegada da morte, 99-100

versus a negação da morte, 109-22

prever a morte, folclore para, 156

primatas

canibalismo entre, 51

compreensão da morte, 31

idade dos, 41-2

primeiros humanos, 40

vida e morte, 42

privatização da morte, 459

processo pós-morte de morrer, 56-8

profissionais especialistas, 246, 248

profissionais urbanos, 274

profissões

auxílios à classe média, 267

convergência com empresas, 246

desenvolvimento das, 241-7

especialista, 248-9

estilo de vida e vida mais longa, 259

papel na morte bem administrada, 274-81, 394

papel no gerenciamento da boa morte, 241, 246-7, 248, 394

perigos e incertezas, 249-50

poder das, 247

provimento de serviço, 249, 269

ver também advogados; profissões médicas; padres

profissões médicas, 241, 243, 246, 268, 277

Uma história social do morrer

administração da morte, 266
como desapoderadora, 322
críticas, 290-1
e a morte bem administrada, 287-92, 297, 340
prevenção de morrer, 432
relações com pacientes, 290-2
tabu/silêncio sobre discutir a morte, 291, 320
visão da boa morte, 170, 303
programar a morte, 426-8, 429-57
controle pessoal, 450-4
prosperidade
e herança disputada, 222
e incerteza religiosa, 221-2
e sofrimento físico, 218-20
prostituição, 365, 375
provisão de serviço, 249, 266-7, 268
psicanálise, 109
como o inconsciente coletivo, 116
como visão associológica da história humana, 110
e viagens ao além-mundo, 110
na interpretação da negação da morte, 109-22
psicologia, como nova "religião", 116
realeza
e sacerdócio, 241

manter animais selvagens, 314, 317-25
reencarnação, 89
crença na, nações aborígines da Austrália central, 83
e cerimônias de caça ao fantasma dos aruntas, 83-4
transição para, através do "estado intermediário", 83
reinvenção do self, 205, 216-7
reis deuses, assassinato ritual, 72, 429
relação médico-paciente, 290
relações sociais
assentamentos rurais, 273
cidades, 271-3
relações sociais, e tempo, 436-40
relações vivo-morto, ambiguidade, 207
religião/sociedade
perspectiva psicanalítica, 109-11
prover compreensão da finalidade da vida, 109
religiões
abordagem psicológica da morte, 122-4
abordagem sociológica da morte, 122
como parte da "negação da morte", 122
criação de ritos para os mortos, 198
e a ultravida, 127, 361

533

e abordagens da morte aceitantes e defensivas, 122-8
mudança no mundo moderno no modo como nos relacionamos com, 359
papel de preparar seus adeptos para a viagem na morte, 126
provisão de consolação e conforto, 214-6
visão da morte como perenemente importante, 126
requisitos sociais do morrer, 416
residentes de casa de repouso
classificados de cronicamente enfermos ou inválidos, 462
desejo de morrer, 414-7, 422, 424
desespero, 414
encontrar o tempo certo de morrer, 428
impotência e inutilidade dos, 405
necessidades sexuais, 406
solidão, 409, 413-4, 420
ver também pessoas idosas
resumo, 22-6
Revolução "Profissional", 246
revolução agrícola, 351
revolução da comunicação, 359
Revolução Industrial, 239, 246, 272, 351

Revolução Neolítica, 246
ritos comunitários para apoiar a pessoa morrente, 56
ritos de despedida
ambivalentes, povos indígenas, 87-8
Idade da Pedra, 64
ritos de passagem, 56, 57, 168-9
pela boa morte, 168-9
ritos do morrer, 211
consolação e conforto, 214-6
e reinvenção do eu, 216-8
e senso de poder social e pessoal, 213
ritos fúnebres, 214
consolação e conforto, 214, 216
ritos mágicos, desenvolvimento, 101
ritos mortuários, 56, 168-9, 187, 197, 202, 211, 214-6
ritos sacrificiais, 202
ritos supersticiosos, desenvolvimento, 100
"rodada" de tempo, sociedades pastoris, 161
sacrifício animal, origem, 200-1
sacrifício humano voluntário, 172, 184-5
sacrifício humano, 150, 152, 155, 158, 172, 219
astecas, 184-5
sarampo, 147

Uma história social do morrer

sarcoma de Kaposi, 383, 398

saúde dentária, 144

saúde pública, obsessão urbana pela, 342

Seale, Clive, 119, 422

Sedentarismo
    e desenvolvimento de doença do "tipo multidão", 145
    surgimento do, 131-64

segunda vida, 89

seguro saúde, 282

self
    criador, criação como outro *self*, povo aborígine arunta, 83
    e autocontrole sobre o processo de morrer, Idade da Pedra, 60, 63
    participação na preparação para o enterro, Idade Pastoril, 158-9
    reinvenção do, 203, 216-8

self morrente, 60

selvagem, definição, 312

seres humanos
    como primatas, 41-2
    consciência da mortalidade, 30

serpentes, 35

serviços de atendimento à saúde
    provisão a pacientes cuja perspectiva de morte não é clara, 397
    uso da classe média, 282

sintomas médicos da morte que se acerca, 99

sobrevivência pós-menopáusica, Idade da Pedra, 45

sociedade conectada, 349

sociedades caçadoras-coletoras
    crença na imortalidade, 64
    morrer nas, 279
    o papel do xamã, 242

sociedades de assentamento
    morrer nas, 280
    morte como "boa" ou "ruim", 397
    mortes bem administradas, 331
    "naturalidade" da morte, 330

sociedades do tipo *Gesellschaft*, 272

sociedades pastoris
    abordagem fatalista da morte, 162
    ato social de herança, 166
    boa morte, 331
    consciência da iminência da própria morte, 165
    desenvolvimento da boa morte, 162
    mortes ruins e promoção de desordem, 179
    papel do tempo, 437
    preparação para a morte, 157-8, 168, 194
    "rodada" de tempo, 161

sociedades urbanas, 272

preparação para a morte, 338
sociologia médica, 288-90
sociologias históricas, 21-2
sofrimento de morrer, 311-2
sofrimento físico, e prosperidade, 220
solidão
em residentes de casa de repouso, 409, 412-3, 420
pessoas idosas, 409, 424
sonhos, e viagens ao além-mundo, 104
status socioeconômico, e expectativa de vida, 219, 252
subnutrição
entre os povos pastoris, 151, 156, 219
Idade da Pedra, 48
subúrbios, desenvolvimento dos, 251
sudeste da Ásia, agricultura no, 132
suicídio, 340, 450
como desobediência civil, 425
como fim "anti-heroico", 424
como mortes "ruins", 175, 179
de idosos, 71, 369, 381, 418-9, 422-3, 427
de pessoas com HIV/aids, 383, 422
incidência, 417
preço social do, 424

protesto, 340, 341
ver também eutanásia
suicídios por protesto, 340-2
tanatose, 36
taxa de mudança social, mundo moderno, 355-9
taxas de mortalidade, 148
tempo
e relações sociais, 436-40
experiências sociais de tempo "certo" e lugar "certo", 438
nas sociedades de escala reduzida, 438
natureza social do, 438
organizado para atender os fins humanos, 438, 439
tempo "certo" de morrer, 426-8, 429-57
coordenação dos aspectos biológico e social da morte, 435
desafios biográficos, 440-7
desafios terminais, 430-1
Idade Cosmopolita, 430-3
opiniões de cônjuges/não cônjuges, 434
poder do *timing*, 447-50
Quando é?, 433
Terceira Revolução, 246
terra agricultável, disponibilidade na Idade do Gelo, 135
testamentos nuncupativos, 284

Uma história social do morrer

testamentos vitais, 451

testamentos, 175, 176, 284-5, 312

ver também testamentos vitais

totemismo, origem, 200

trabalhadores da classe média, 239

trabalho especializado, 235

trajetória do morrer, 434

tratamento ritual dos mortos

    abordagens religiosas, 199

    visão de Freud, 199-202

    visão multicultural dos costumes, 199

trigo de pão, 137-9

trigo farro, 137

tuberculose, 146, 276

túmulos, provisão de alimento e abrigo sobre, nações aborígines, 85

"últimas horas" de moribundos, 304

"um mundo", 353

urbanismo, contexto social e físico, 231-7

valores da classe média, e morte, 248-55

valores humanos, apequenamento dos, 466

varíola, 166, 256, 294

velhice *ver* pessoas idosas

viagens ao além-mundo, 64-5

    antigo Egito, 154

australianos indígenas, 71, 83-7

controle comunitário do morrer, 85-6, 279

crença das pessoas nas, 119

desafio nas, 118

desejo de aprender, 93

desejo de saber quando ocorrerão, 92

despedida ambivalente, 87-8

e sonhos, 105

e xamanismo, 93, 104

Escandinávia, 53

fijianos, 81-3, 85, 105

Idade da Pedra, 64, 70, 78, 90, 92

incerteza e ansiedade com, 91-2

morrer como, 64, 69, 78-85, 154, 156, 166, 277, 293, 296, 298, 303-5, 328, 399, 460

morrer na, leva à imortalidade, 106

nativos do Estreito de Torres, 88

natureza arriscada das, 91

negação da estrutura das, 121

Novas Hébridas, 105

outras culturas, 79

papel dos bens tumulares, 77

perspectiva psicanalítica, 111

povos das Novas Hébridas, 80

preparação para, 94
processo de morrer, 395
reações espantosas às, Idade da Pedra, 92
resumo, 22-6
trapaceiros e trapaça nas, 106
vida
  absurdidade da, 335
  monotonia da, 334
vida bem administrada, 454-5
vida boa, fim da, 161
vida urbana, 271
violência entre os povos da Idade da Pedra, 49-50
visão espiritual do morrer, 15
visões do leito de morte, 156, 189, 362
xamanismo, 79, 103
xamãs, 242
zoológicos, 315-6

SOBRE O LIVRO

Formato: 14 x 21 cm
Mancha: 23 x 44 paicas
Tipologia: Venetian 301 12,5/16
Papel: Off-white 80 g/m² (miolo)
Cartão Supremo 250 g/m² (capa)
1ª edição: 2016

EQUIPE DE REALIZAÇÃO

Capa
Patricia Fujita

Edição de texto
Mauricio Santana (Preparação de original)
Nair Hitomi Kayo (Revisão)

Editoração eletrônica
Sergio Gzeschnik (Diagramação)

Assistência editorial
Alberto Bononi
Jennifer Rangel de França